근대계몽기 학술 잡지의 학문 분야별 자료
권4 법·사회·생물·수산

이 자료집은 한국학중앙연구원 '한국학 총서' 개발 사업 '근현대 학문 형성과 계몽운동의 가치'(AKS-2014-KSS-1230003)의 지원으로 이루어졌음.

〈근현대 학문 형성과 계몽운동의 가치〉 연구진

허재영(연구 책임자, 단국대)
김경남(공동 연구원, 단국대)
김슬옹(공동 연구원, 인하대)
강미정(공동 연구원, 서울여대)
김정애(공동 연구원, 건국대)
서민정(공동 연구원, 부산대)
고경민(공동 연구원, 건국대)
김혜련(공동 연구원, 성신여대)
정대현(공동 연구원, 협성대)

근대계몽기 학술 잡지의 학문 분야별 자료
권4 법·사회·생물·수산

© 허재영, 2017

1판 1쇄 인쇄_2017년 06월 20일
1판 1쇄 발행_2017년 06월 30일

엮은이__허재영
펴낸이__양정섭

펴낸곳__도서출판 경진
        등록__제2010-000004호
        블로그__http://kyungjinmunhwa.tistory.com
        이메일__mykorea01@naver.com

공급처__(주)글로벌콘텐츠출판그룹
        대표__홍정표 편집디자인__김미미 노경민
        주소__서울특별시 강동구 천중로 196 정일빌딩 401호
        전화__02) 488-3280 팩스__02) 488-3281
        홈페이지__http://www.gcbook.co.kr

값 25,000원
ISBN 978-89-5996-543-4 94000
ISBN 978-89-5996-539-7 94000(세트)

근대계몽기 학술 잡지의 학문 분야별 자료

권4 법·사회·생물·수산

허재영 엮음

경진출판

근대 학술 잡지의 학문 분야별 자료

  1880년대 이후 한국의 학문은 급속도의 변화를 보인다. 황준헌의 『조선책략』, 정관응의 『이언』을 비롯하여 서양 학문과 접촉한 중국인들의 저서가 국내에 유입되고, 『한성순보』, 『한성주보』와 같은 신문 매체가 등장했으며, 각종 근대식 학교가 설립되기 시작했다.

  이러한 흐름에서 1894년 갑오개혁과 1895년 근대식 학제의 도입, 재일 유학생의 출현, 독립협회 조직, 『독립신문』 발행 등 일련의 근대화 과정은 사상뿐만 아니라 각 분야별 학문 진보에도 큰 영향을 미친다. 특히 1896년 재일 관비 유학생 파견과 독립협회 조직에 따라 『대조선 재일유학생 친목회회보』와 『독립협회회보』가 발행된 것은 비록 잡지 형태이기는 하지만, 학술 담론에도 큰 변화를 가져왔다.

  이로부터 일제에 의해 국권이 상실되기까지 이른바 '애국계몽시대'에 발행된 학술 잡지가 대략 40여 종에 이른다. 이는 이 시기 조직된 학술 단체의 활동과 밀접한 관련이 있는데, 『만세보』 1907년 3월 30일자 '논설'을 참고하면 이 시기 활동한 각종 학회와 단체가 대략 40개 이상에 이르는 것으로 보인다. 이들 단체의 명칭을 살펴보면 다음과 같다.

1907년 당시의 각종 단체

  (…전략…) 近日 我國 民族의 智識이 漸次 開進ᄒᆞᄂᆞᆫ 現狀이 有ᄒᆞ야 各般 社會를 組織홈이 雨中竹筍과 如ᄒᆞ니 其名目을 略擧ᄒᆞ건ᄃᆡ

  自彊會, 一進會, 國民敎育會, 東亞開進敎育會, 萬國基督靑年會, 懿法會,

西友學會, 漢北學會, 同志親睦會, 法案研究會, 普仁學會, 大東學會, 天道
敎會, 天主敎會, 基督敎會, 淨土敎會, 佛宗會, 神籬敎會, 眞理敎會, 神宮敬
奉會, 婦人學會, 女子敎育會, 國債報償會(各種), 養正義塾討論會, 普專親
睦會, 實業硏究會, 殖産奬勵會, 商業會議所, 手形組合, 農工銀行, 漢城銀
行, 天一銀行, 韓一銀行, 合名彰信會社, 湖南鐵道會社, 東洋用達會社, 紳
商會社, 少年韓半島社, 夜雷雜誌社, 朝陽雜誌社, 大東俱樂部, 官人俱樂部
(…하략…)

—『만세보』, 1907.3.30

 한국 근현대 학문 형성과 계몽운동의 가치를 연구하는 과정에서 학
술 잡지는 매우 귀중한 자료가 된다. 〈부록 1-1〉에 제시한 바와 같이,
이 시기 학술 잡지(또는 격주 신문 형태 포함)는 대략 55종 정도로 파악된
다. 이 가운데 일부 자료는 원자료를 보기 어려운 경우도 있고, 일부
자료는 발굴되지 않은 경우도 있다. 근현대 학술 담론을 좀 더 철저히
규명하기 위해서는 이와 같은 자료를 좀 더 체계적으로 수집하고 분류
할 필요가 있다. 구장률(2012)의『근대 초기 잡지와 분과 학문의 형성』
(케이포북스)과 같은 분류 시도가 없었던 것은 아니나, 분과 설정이나
자료에 대한 전수 조사가 이루어진 것은 아니기 때문에, 이 시기 학술
담론의 전모를 파악하는 데는 어려움이 따른다.
 이 자료집은 2014년 한국학중앙연구원 '근대 총서 개발' 사업 가운데
'근현대 학문 형성과 계몽운동의 가치'(AKS-2014-KSS-1230003)를 연구
하는 과정에서 수집·분류한 자료를 모은 것이다.
 작업을 처음 시작할 때에는 온라인상 자료 공개가 활발하지 않았던
데 비해, 현재 일부 자료는 '한국사데이터베이스'(db.history.go.kr) 근현
대 잡지 자료나 빅카인즈(www.bigkinds.or.kr), 네이버 뉴스라이브러리 등
에서 자료를 확인할 수도 있다. 일부 자료는 국립중앙도서관의 디지털
라이브러리에서도 전자문서 형태로 열람할 수 있다. 그렇지만 각각의
자료를 수집하고 분류하는 작업은 쉬운 일이 아니다.

처음에는 각 자료를 수집·분류하고 가급적 현대어로 번역하고자 하였으나, 분량이 방대하여 짧은 연구 기관에 번역 작업을 수행하기 어렵다는 판단 아래, 분류 작업만 진행하기로 의견을 모았다. 특히 총서 7권을 개발하는 과정에서 다수의 통계 자료가 산출되었는데, 이를 총서에 싣기 어려워 자료집의 부록 형태로 수록한다.

이 자료집이 나올 수 있도록 연구를 지원해 주신 한국학중앙연구원의 한국학진흥사업 관계자 여러분과 묵묵히 작업을 수행해 준 연구원, 그리고 수익 사업과는 전혀 무관한 자료집 출간을 결심해 주신 도서출판 경진 양정섭 대표님께 감사의 말씀을 드린다.

2017년 2월 13일
'근현대 학문 형성과 계몽운동의 가치' 연구책임자 허재영

이 자료집은 '근현대 학문 형성과 계몽운동의 가치'를 연구하는 과정에서 근대 학술지에 수록된 글을 학문 분야별로 분류하여 편집한 것이다. 1896년『대조선독립협회회보』와 재일유학생 친목회의『친목회회보』이후 1910년까지 발행된 근대 학술지(잡지 형태 포함)는 55종이 발견된다. 이 자료집에서는 현재까지 발굴된 학술지를 전수 조사하고, 그 가운데 필요한 자료를 모아 분야별로 분류하고자 하였다. 자료집의 편집 원칙은 다음과 같다.

1. 학문 분야별 분류 기준은『표준국어대사전』의 전문 용어 분류 원칙을 따르고자 하였으며, '격치(格致)', '이과(理科)', '지문(地文)', '학문 일반(學問一般)', '해외 번역 자료(海外飜譯資料)'는 근대계몽기의 학술상의 특징을 고려하여 별도로 분류하였다.
2. 분류 항목은 '가정, 격치, 경제, 광물, 교육, 농업, 동물, 문학, 물리, 법, 사회, 생물, 수산, 수학, 식물, 심리, 언어, 역사, 윤리, 이과, 정치, 종교, 지리, 지문, 천문, 철학, 학문 일반, 화학, 해외 번역 자료' 등 29개로 하였다.
3. 분류 항목의 배열은 가나다순으로 하였으며, 부록의 분류표를 포함하여 총 9권으로 발행한다.
4. 각 항목마다 수록한 글의 분류표(순번, 연도, 학회보명, 필자, 제목, 수록 권호, 분야, 세분야)를 실었다.
5. 한 편의 논문이 여러 차례 연재될 경우, 한 곳에 모아 편집하였다.

일부 논문은 학술지 발행이 중단되거나 필자의 사정으로 완결되지 못한 것들도 많다.

6. 현토체의 논문과 한문체의 논문 가운데 일부는 연구 차원에서 번역을 하였으나, 완결하지 못한 상태로 첨부한 것들도 있다.

7. 권9의 부록은 근대 학회보 목록(총 55종), 학문 담론 관련 분야별 기사 목록, 일제강점기 발행된 잡지 목록, 근대 교과서 목록, 일제강점기 교과용 도서 목록, 일제강점기 신문의 서적 광고 목록 등 연구 과정에서 산출한 목록을 별도로 구성하였다.

이와 함께 근현대 학문 형성과 계몽운동의 가치를 연구하는 과정에서 살펴본 지석영의 상소문, 논학정(論學政), 박영효의 '건백서', '동문학', '원산학사', '육영공원' 관련 한문 자료와 조사시찰단 보고서인 조준영의 『문부성소할목록』을 번역하여 별도의 책으로 구성하였다.

총 7권의 학술 교양서를 집필하고 10여 권의 자료집을 발행하기까지 어려움이 많았다. 특히 방대한 자료를 체계적으로 다루는 일은 결코 쉽지 않았는데, 자료 편집상의 오류, 번역상의 오류가 적지 않을 것으로 판단된다. 이러한 잘못은 모두 편자의 책임이다.

목차

10.
법

순번	연대	학회보명	필자	제목	수록 권호	분야	세분야
1	1908	기호흥학회월보	홍정유	회사법 초략	제4, 5, 6, 7호(4회)	법	경제법
2	1906	소년한반도	정교	國際法/國際公法	제1~4호	법	국제법
3	1907	대한유학생회학보	이승근	국제공법론	제2, 3호	법	국제법
4	1907	대한자강회월보	석진형	평시 국제공법론	제12, 13호(2회)	법	국제법
5	1907	서우	한광호	영사의 재판권	제7호	법	국제법
6	1907	서우	한광호	외국인의 공권 급 공법상 의무	제10호	법	국제법
7	1908	대동학회월보	한천자	치외법권	제7호	법	국제법
8	1910	대한흥학보	곽한탁	조약개의	제12, 13호(2회)	법	국제법
9	1898	친목회회보	유치학	민법의 개론	제6호	법	민법
10	1907	서우	박성흠	민법 강의 개요	제7, 8, 9, 13호(4회)	법	민법
11	1908	대한협회회보	조완구 이종린	민법총론	제1, 2, 9, 10, 11, 12호(6회)	법	민법
12	1908	대한협회회보	안국선	민법과 상법	제4호	법	민법
13	1907	태극학보	오석유	학창여담 (법과 국가관련)	제11, 12호(2회)	법	법사상
14	1907	동인학보	채기두	법률과 전제사상	제1호	법	법사상·
15	1896	대조선독립협회회보	편집국	법률적요	제2호	법	법학
16	1897	친목회회보	정재순	법률개론	제5호	법	법학
17	1897	친목회회보	김상순	법률의 정의	제5호	법	법학
18	1906	소년한반도	상호	법학	제3~4호, 6호	법	법학
19	1907	대한유학생회학보	이창환	법률과 도덕의 구별	제1호	법	법학·

순번	연대	학회보명	필자	제목	수록 권호	분야	세분야
20	1907	공수학보	현석건	법률과 도덕의 차이	제1호	법	법학
21	1907	낙동친목회학보	김영기	법학 정의 개론	제1호	법	법학
22	1908	대동학회월보	두천생	법률 발생의 원인	제1호	법	법학·
23	1908	대동학회월보	법률 독서인	형벌에 관한 법정주의	제3, 4, 6, 11, 12호(5회)	법	법학
24	1908	대한협회회보	석진형	법률의 필요	제2호	법	법학
25	1908	대동학회월보	이종하	공법사법의 구별	제5호	법	법학
26	1908	대한협회회보	원영의	법률개론	제4호	법	법학
27	1908	대한협회회보	변덕연	법률이 사세에 시행되는 이유	제5, 6호(2회)	법	법학
28	1908	호남학보	이기	법학설	제4, 5, 6, 7, 8, 9호(6회)	법	법학
29	1908	대한협회회보	중악산인	법률을 불가불학	제7호	법	법학
30	1908	기호흥학회월보	이범성	법률학	제4~10호(6회)	법	법학
31	1909	기호흥학회월보	홍정유	법학	제8, 9호(2회)	법	법학
32	1909	대동학회월보	이종하	법률학에 관한 개견	제18, 19, 20호(3회)	법	법학
33	1907	대한자강회월보	설태희	법률상의 권위	제8,9,10,12호 (4회)	법	법학일반
34	1908	서우	편집부	법학의 범위	제15호	법	법학일반
35	1908	태극학보	김원극	법률 학생계의 관념	제22호	법	법현상·
36	1908	대한협회회보	한상초자	재판심급의 제도	제3호	법	법현상
37	1909	대한협회회보	정달영	정당방위권을 허한 이유와 기허하는 범위	제10호	법	법현상
38	1908	대한학회월보	편집자	선거법의 종류 급 이익 폐해의 비교	제7, 9호(2회)	법	선거법
39	1908	서우	한광호	이혼법 제정의 필요	제17호	법	신분법

순번	연대	학회보명	필자	제목	수록 권호	분야	세분야
40	1908	대동학회월보	권보상	법률학	제1, 2, 3, 5호(4회)	법	연구방법
41	1908	기호흥학회월보	홍정유	조세의 정의	제1호	법	조세
42	1906	태극학보	최석하	조세론	제5, 6, 7호	법	조세법
43	1909	대한협회회보	이종린	채권법 총론	제12호	법	채권법
44	1908	대한협회회보	금릉거사	관리의 민사책임	제2, 3호	법	행정
45	1907	태극학보	곽한탁	헌법	제6, 7, 9호(3회)	법	헌법
46	1908	대한협회회보	설태희	헌법서언	제3, 5, 6호(3회)	법	헌법
47	1908	대한학회월보	편집자	각국 헌법의 연혁 급 연대 참고의 대략	제6호	법	헌법
48	1897	친목회회보	장규환	감옥제도론	제5호	법	형벌론
49	1897	친목회회보	이면우	형법 의의의 약론	제5호	법	형법
50	1908	서우	편집부	형법과 형사소성법의 관계 여하	제16호	법	형법
51	1897	친목회회보	유창희	형사소송법의 연혁	제5호	법	형사법

10.1. 경제법

◎ 會社法 抄略, 홍정유, 〈기호흥학회월보〉 제4호, 1908.11.
(법학)

▲ 제4호

會社의 定義

一. 會社는 社團이니 社團이란 者는 一定혼 目的으로 集合혼 人의 團體
를 云홈이니 會社도 亦 社團 中의 一種이라. 故로 此를 組織홈에는 普通
二人 以上의 集合을 要ㅎ는 바ㅣ나 株式會社에 在ㅎ야는 一定혼 員數를
要홈으로 若其會社 成立 後에 定額員數 以下에 減少될 時는 會社는 卽
時 解産되는 者ㅣ니라.

二. 會社는 社團法人이니 法人이라 稱홈은 吾人과 如혼 自然人이 아니
오, 法律上으로 人格을 與혼 無形人을 稱홈이니 羅馬法을 據홀진ㄷ 會
社는 卽 當事者가 共同事業으로부터 生ㅎ는 바 利益을 分配ㅎ고 損失을
分擔ㅎ는 計算上 關係를 生ㅎ는 契約에 不過홈이나. 近世 學說과 列國
立法 例에 在ㅎ야는 異議가 層生ㅎ야 或은 會社는 總히 契約關係에 不
過라 홈도 有ㅎ며, 或은 會社는 總히 法人이라 ㅎ는 者도 有ㅎ며 或은
會社의 種類를 隨ㅎ야 或 法人되는 者와 或 契約關係에 不過혼 者도
有ㅎ다 ㅎ며, 日本 舊商法과 如홈은 該文 中 第七十三條에 會社는 特立
혼 財産을 所有ㅎ고 獨立혼 權利를 得ㅎ며 義務를 負ㅎ고 訴訟上에 原
告 或 被告되는 事를 得홈이라 規定ㅎ야 總히 會社는 法人됨과 갓치
規定ㅎ얏스나 夏히 第一百十六條에 會社 財産에 屬혼 物은 其社會에
對혼 債權者가 其債權을 爲ㅎ야 此를 其會社에 對ㅎ야 請求홈을 不得홈
이라 規定ㅎ얏스니 是를 由ㅎ야 觀ㅎ건ㄷ 此는 最後說을 從홈과 如ㅎ

고 新商法에는 斷然히 各會社는 法人이라 規定ㅎ야 民法의 組合規例와 區別ㅎ 쑨이니라.

三. 會社는--

會社의 種類

一. 合名會社:

二. 合資會社:

三. 股本會社(고본회사):

四. 股本合資會社:

▲ 제5호 고본합자회사(속)

股本合資會社는 股本會社의 長處와 合資會社의 長處를 採取ㅎ 者ㅣ라 云ㅎ이 可ㅎ지니, 合資會社의 有限責任 社員이 其所有ㅎ 部分을 讓與 或 賣與ㅎ에 對ㅎ야 無限責任 社員 全部의 承諾을 必須ㅎ는 等 事의 制限이 有ㅎ, 此 會社에 在ㅎ야는 股本主가 其股本의 移轉에 對ㅎ야 自由ㅎ을 得ㅎ고, 又 此를 取得ㅎ에 就ㅎ야 自由ㅎ을 得ㅎ며, 又 股本會 社에는 會社를 代表ㅎ야 其 業務를 執行ㅎ는 者 總務院이 其 會社 隆替 에 利害關係가 頗히 重大치 아니ㅎ 故로 事務를 處理ㅎ에 竭力殫心(갈

력탄심)치 아니ㅎ야 往往히 股本主의게 莫大ᄒ 損害를 被케 ᄒᄂ 事가 不無ᄒᆯ지나 股本合資會社에 至ᄒ야ᄂ 無限責任 社員으로 此 地位를 當케 홈으로써 業務의 完全홈을 企圖ᄒᆯ지라.

會社의 設立

會社 設立에 當ᄒ야ᄂ 其 種類를 因ᄒ야 各自 不同ᄒ니 一種 事爲로 滿足히 ᄒᄂ 者도 有ᄒ며 各種 事爲를 必要ᄒᄂ 者도 有ᄒᆯ지라. --

定款의 作成

定款의 成立은 二個 方面으로 觀察홈이 可ᄒᆯ지니--

第一 定款의 性質

會社ᄂ 卽 法人인 故로 其 基礎되기 可ᄒ 規則을 必要ᄒᄂ니 此 規則은 卽 會社 設立 內容을 作成ᄒᄂ 者오, 此를 記載ᄒᄂ 文字ᄂ 卽 定款이라. 此 性質에 就ᄒ야 或은 曰 定款은 會社의 設立을 目的ᄒᄂ 一種 契約이라 ᄒ야 其 內容의 絕對的 必要 事項으로서 會社 設立 契約의 要素로 認定ᄒᄂ 者ㅣ 有ᄒᄂ 然이나 實노 贊同키 不能ᄒ 까닭은 盖 法律은 絕對的 必要 事項을 定款에 記載홈이 可ᄒ다 明白히 規定ᄒ고, 更히 會社 設立의 事爲로 特立된 者ㅣ라 ᄒ 以上은, 定款은 卽 會社의 基礎되ᄂ 條件을 確定ᄒ 文字ㅣ라 謂홈이 可ᄒᆯ지라. 故로 法典에 事項을 記載ᄒ야 署名홀 쑨이라 ᄒ노라.

▲ 제6호

第二 定款을 作成ᄒᄂ 人

會社는 定款의 作成과 其外 一定흔 順序를 經ᄒ야 成立되는 故로 定款 作成者는 本來 會社 以外에--

▲ 제7호

第三. 定款에 記載흠이 可흔 事項

一. 目的

目的은 會社 定款의 必要 事項이라. 此를 不可揭載흘지니 目的이라 흠은 該會社의 營業코져 ᄒ는 商行爲의 種類를 指稱흠이니 例如 鐵道 運輸와 電氣 煤氣 等 營業을 目的흠과 如ᄒ니라.

二. 名稱

會社에 在ᄒ야는 此를 商號라 謂흘지니, 盖 會社는 商人인 故로 自己의 名을 表示흘 必要가 有ᄒ니, 例如 韓米電氣會社, 漢城銀行 等이 是니라.

三. 事務所

此는 卽 營業所니 營業所에도 本店과 支店의 區別이 有흔지라. 此를 記載흠에는 其細密흠을 [某署 某坊 某契 幾統 幾戶] 必要치 아니코 某署 某洞에 設置흠을 記載흠이 十分 滿足ᄒ니라.

四. 資産에 關흔 事項

--

第四. 定款 作成의 規式

  定款 作成의 規式에 關ᄒ야ᄂᆞᆫ 商法上에 詳細ᄒᆫ 規定이 無ᄒ나 法定의
條項을 書面에 記載홈이 必要ᄒ고, 其 作成者ᄂᆞᆫ 責任을 明白히 ᄒ기 爲
ᄒ야 定款에 署名홈을 必要ᄒ니라.

第五. 定款 作成의 效力

――

  (完)

10.2. 국제법

◎ 國際法/國際公法 – 한문 기록임, 鄭喬

▲ 제1호

▲ 제2호: 國際公法

▲ 제3호: 國際公法(한문)

▲ 제4호

◎ 國際公法論, 李承瑾, 〈대한유학생회학보〉 제2호, 1907.4. (법학)

▲ 제2호

吾人 人類 社會上의 互相 生活ᄒᄂᆫ 規則과 國家文明 世界上의 相互 交際ᄒᄂᆫ 公法을 明瞭히 解得지 못ᄒ면 엇지 自愧치 아니ᄒ리오 所以로 余ᄂᆫ 薄識을 不拘ᄒ고 所聞을 略記코져 ᄒ노라.

國際公法의 緣起를 欲知할진ᄃᆡ 반다시 法律의 緣起를 先知할지라 法律 二字ᄂᆫ 中國古書에 亦多記載ᄒ엿스니 尙書五虐之刑을 法이라 稱ᄒ고 漢高約法三章을 法이라 稱ᄒ엿 셧스니 此ㅣ 法의 原이오 蕭何의 次ᄒᆫ 律令과 劉劭의 制ᄒᆫ 新律이 此ㅣ 律의 原이라 但 中國所謂法律은 無非刑法을 指言ᄒᆷ이오 刑法之外에ᄂᆫ 法이라 謂ᄒᆫ빅 無ᄒ고 ᄯᅩᄒ 律이라 稱ᄒᆫ빅 無ᄒ야 郞今日의 所謂民法商法이 古昔에 在ᄒ야ᄂᆫ 全然히 無ᄒ고 國際法은 更히 無論矣라 此ᄂᆫ 隋唐明淸諸律에 考閱ᄒ면 可知할者ㅣ로다 日本明治以前에 所謂法律도 ᄯᅩᄒ 此에 不過ᄒ엿ᄂᆫ 故로 大寶律과 養老律의 所作이 有ᄒ나 然이나 其義極狹ᄒ야 足히써 法律의 範圍를 盡치 못ᄒ엿다 ᄒ리로다.

國際公法의 緣起ᄂᆫ 自來로 論說이 不一ᄒ나 然이나 其易見者로 言ᄒ진ᄃᆡ 習慣과다 못條約을 由ᄒ야 成ᄒᆫ빅니 公使의 派遣ᄒᆷ과 罪人의 拘交ᄒᆷ과 밋 代表者의 享ᄒᄂᆫ 治外法權과 中立國의 商船을 得行함과 如ᄒᆫ 者ㅣ다 其始에ᄂᆫ 習慣에 不過ᄒ엿다가 終乃公法을 成爲ᄒ엿스니 此ㅣ 習慣에셔 出ᄒ엿다 아니치 못ᄒᆯ빅며 又維也納會議의 國際河流法(千八百十五年)과 巴里會議의 海上法(一千八百五十六年)과 戮垿霧會議의 瘡傷救護法(千八百六十四年)과 밋 赤十字條約과 荷蘭海牙萬國條約과 如ᄒᆫ 者를 歐洲 各國이 無不遵從ᄒᆫ즉 此ㅣ 條約에셔 出ᄒ엿다 아니치 못

홀 디로다 至於美國之陸戰法律과 德國之捕獄條約을 各國이다. 稱善效
用ᄒ니 是ᄂᆫ 又國內法을 由ᄒ야 國際法淵源을 變成함이니 然則國際法
을 硏究코쟈 홀진딘 各國之國內 法과 밋 條約外交史를 맛당히 留意홀
지로다. 中國國際公法의 緣起ᄂᆫ 三代로 爲始ᄒ야 其 古籍에 散見ᄒᆫ 者
ㅣ多ᄒ니(孟子) 春秋無義戰이란 說과 及齊人代燕諸章이 皆公法精義에
寓ᄒ야 此ㅣ學說의 公法에 合ᄒᆫ 者ㅣ되고 更히 實例를 擧ᄒ야 証홀진딘
齊桓葵邱의 會와 晉文踐土의 盟과 如ᄒᆫ 者ㅣ公法에 이른바 攻守同盟이
오 河外五城의 略와 兵車文馬의 遣ᄒᆫ 거시 公法에 이른바 割地償款이오
至於東周의 欲爲稻와 西周의 不下水가 卽 公法의 國際河流요 齊楚搆難
에 宋請中立ᄒᆫ 것시 卽 公法의 局外中立也요 齊侯가 平亂함으로써晉을
代ᄒᆷ과 如ᄒᆫ 者ᄂᆫ 公法의 干涉內亂에 合ᄒᆷ이오. 藤薛이 來朝로써 爭長
ᄒᆷ과 如ᄒᆫ 者ᄂᆫ 公法의 列席順序와 相合ᄒ니 此皆中國實行公法의 證이
라 其他類此者를 勝擧키 難ᄒ니 是則公法學의 最發達함이 中國과 如ᄒᆫ
者ㅣ無하다 稱홀지로다. 然이나 中國은 數千年以前에 發明되야 今日에
至ᄒ야ᄂᆫ 反히 煙沒된 者ᄂᆫ 秦漢以降으로 封建을 癈ᄒ고 郡縣이 되여
交隣의 禮를 不講한 故이라. 現今環球交通함에 至ᄒ야 公法이 아니연
競爭之場에 足히 立홀 슈 업스니 固有之法으로 現行之例를 參酌ᄒ면
我國도 此學의 發達을 可以立見ᄒ리로다.

國際公法이 爲法律與否를 自來로 學說이 不一ᄒ야 或 謂國內法은 立
法司法과 及行政法의 設備가 有ᄒ고 國際法은 此機關이 無ᄒ야 法律이
되지 못한다 ᄒ야 是說를 人頗疑之나 然이나 此ㅣ 究非正當之鮮也로다.
何者오 國際法이 國內에 在ᄒ야 議會의 協贊과 主君의 裁可를 經ᄒᆷ인즉
비록 狹義法律되기를 得지 못ᄒ나 엇지 廣義法律이 된다 謂치 못ᄒ리
오. 且國內法이란 者ᄂᆫ 個人과 個人의 衝突를 解釋ᄒᆫ 者이오 國際法
이란 者ᄂᆫ 國家라 國家의 衝突를 調和ᄒᆫ 者이라. 임의 個人에 關係된
ᄂᆫ 者를 法律이라 謂ᄒ니 國際에 關係된ᄂᆫ 者를 엇지 法律이 아니라
ᄒ리오 是則二法이 비록 廣狹義의 다름이 有ᄒ나 其性質은 無不同也ㅣ

니라. 蓋法이란 者는 社會를 由호야 生혼 者이니 一國에 對호야 言호면 一國家ㅣ 一社會가 된고로 國內法이 有호고 各國에 對호야 言호면 各國家ㅣ 一大社會가 된 故로 國際公法이 有호니 비록 此法이 今日에 在호야는 오히려 幼稚時代가 되느 然이나 엇지他日의 完全히 國內法으로 同一한 域에 進호지 아니호리오. 故로 此法의 法律됨이 可히 疑홀비 無호도다.

國際公法의 定名은 英儒(本生) I Ben tham(벤담)氏로 始호야 中國이 西人의 書를 譯호야 名曰 萬國公法이라 호얏스니 실노 國與國交際의 義를 失호얏도다 蓋國際公法이란 者는 國與國間의 法律이오 萬國共通의 法律은 아니라 萬國公法으로써 名호면 是는 萬國共通法律이 되는지라. 故로 日本이 其 書를 譯호야 國際公法이라 호엿스니 蓋(孟子) 交際何心之義를 取혼거시니 비록 何人이 何時에 創始혼바 인지는 不知나 然이나 其義甚當호야 通行의 名稱이 되니라.

國際公法의 主體

國家의 要素

能히 國際公法의 主體되는 者는 其 惟 國家나 然이나 반다시 國家의 要素가 有한 后에 國家라 稱할지니 要素란 者는 何오 卽一定혼 土地와 一定혼 人民과 一定혼 統治權이 有혼 然後에 可히 列國으로 對等并立호야 國際法의 主體가 될지니 定義의 所在를 明瞭鮮釋할딘된 如左호니 何謂一定之土地오 卽 國家疆工의 界를 限定혼 一國內部所有와 範圍也ㅣ니 上古時代에는 或水草를 逐호야 居호고 或荒島를 依호야 處호야 部落渙散호고 遊牧爲生호야 各洲各國이 大抵皆然타가 迄後智識이 漸開호고 彼此의 觀念이 亦 起호야 乃知遊牧之不可爲生호고 始相聚處호야 爲一社會호고 社會를 由호야 成一國家호니 此蓋進化而然也ㅣ로라

苟無一定之領土ᄒ면 쟝찻 遷徙流離ᄒ야 靡有定跡ᄒ리니 비록 人民이 有ᄒ나 엇지 國家를 成ᄒ리오. 但旣有領土則 비록 僅小ᄒᄂ 亦是領土ㅣ라 稱하ᄂ니라.

何謂一定之人民이라 ᄒᄂ고 蓋人民이 一定이 無ᄒ면 郞領土가 亦定而不一定ᄒ야 彼島合의 衆이 易聚易散하야 쟝찻 多數를 由하야 少數를 成흠이 勢所必然이니 若人數過少ᄒ면 外界의 侵入을 捍禦ᄒ야새 其土地를 保全키 難ᄒ니 엇지 國家ㅣ 되리오. 故로 一定之人民이라 稱ᄒᄂ니라.

何謂一定之統治權이라 稱ᄒᄂ고 蓋領土人民이 旣爲一 定ᄒ미 一政府를 其 上에 組織ᄒ야새 領土의 人民을 統治ᄒ지 아니면 亂ᄒ고 政府가 一般服從의 權이 不有ᄒ면 亦亂ᄒᄂ니 何也오. 政府른 者ᄂ써 一國을 代表ᄒ야 國際種種의 交涉을 辦理ᄒᄂ 者ㅣ니 진실노 其下에 服從치 아니ᄒ다가 一旦에 國際有事ᄒ면 人人 各殊ᄒ리니 果用誰何ᄒ야써 對付ᄒ리오 비록 政府의 組織이 君主와 共和의 異가 有ᄒ고 政府와 更替가 新黨舊派의 爭이 有ᄒ나 國際法인즉 此를 不問ᄒ고 다만 其有政府를 求흘 ᄲᅮᆫ 이니오 작 更替之間에 久爭不決ᄒ고 有曠政權ᄒ야 無從交涉이면 國際가 得以干涉ᄒᄂ니 然則共同之政權이 無論爲君主爲共和爲新爲舊ᄒ고 統히 其 下에 服從ᄒᄂ 거시 夫復何疑리오. 故로 一定之統治權이 必要ᄒ니라.

大凡國家의 組織이 國民을 由ᄒ야 成ᄒ고 卽 國家의 權利가 亦國民을 由ᄒ야 保ᄒ니 是以로 國民의 資格이 有ᄒᆫ 者ᄂ 반다시 共同獨立의 目的이 有ᄒᆫ 後에 內界에 對ᄒ야 團體心이 有ᄒ고반 다시 各人生存의 目的이 有ᄒᆫ 後에 外界에 對ᄒ야 競爭心이 有ᄒᄂ니 譬컨딘 無數ᄒ 商人이 一處에 聚集ᄒ야 聯合成會ᄒ야 公擧一長이 非不儼然ᄒ 一國家로되 진실노 國家가 된다. 謂치 못할 바ᄂ 其 目的이 此에 不在ᄒ 故이오

쏘 無數혼 盜賊이 盤山踞寒ᄒ야 强者ㅣ一呼에 餘黨이 四應홈이 又非不儼然혼 一國家ㅣ로 되던 실노 國家가 된다. 謂치못홀 者는 亦 其 目的이 此에 不在혼 故이라. 此를 由ᄒ야 觀홀딘딘 國家에 共同獨立과 各人生存의 目的이 顧可少哉아 此를 有ᄒ면 權利를 保ᄒ야 國家ㅣ써 成ᄒ고 否ᄒ면 權利를 失ᄒ야 國家ㅣ亦隨亡ᄒᄂ니라.

以上所述數者之間에 人民이 有ᄒ고 領土ㅣ 無ᄒ며 領土有ᄒ고 人民이 無혼 則國無基礎ᄒ고 領土와 人民이 有ᄒ고 服從主權을 不知혼 則國無機關ᄒ고 土地人民과 服從政權이 有ᄒ고 共同獨立과 各人生存의 目的이 無혼 則國無精神ᄒ니 數者ㅣ 具備ᄒ야써 互相組織ᄒ여야 是를 集合體라 謂ᄒ고 是들 國家라. 謂ᄒ고 是를 國際法主體의 國家라 謂ᄒᄂ니라. (未完)

▲ 제3호=영토의 구역

여러분— 諸君. 우리가 言必稱 國家的 思想이라 ᄒᄂ 國家之 何以爲 國家를 반다시 硏究홀 거시오.

土地者는 人民이 賴ᄒ야서 生活ᄒ고 國家 主權의 範圍를 반다시 是로써 定홈이 된 者ㅣ니 此中의 國際에 關혼 者ㅣ 有二ᄒ니 一曰 領土의 取得이오, 一曰 領土의 區域이라. 今에 領土之區域을 先論ᄒ리로다.

區域의 要는 國界에 在ᄒ야 自昔으로 定界의 法이 地面으로만써 爲限ᄒ더니 今日에 降及ᄒ야는 空中에 能乘氣球ᄒ니 於是에 空中境界之問題가 生ᄒ고 地下에 能鑿隧道ᄒ니 於是에 地下境界之問題가 又生ᄒ리로다. 在昔普法之戰에 英人이 法의 間諜이 되여 氣球를 乘ᄒ고써 普軍虛實를 窺ᄒ엿스니 可히 空中境界를 知홀 거시오 쏘혼 有國者의 맛당이 知할 비로다. 至於隧道를 人國에 設홈은 바록 近日에 實例가 無ᄒᄂ 然이나 異日에 此事ㅣ 無할지 엇디 알 슈 잇스리오. 故로 此 二者는 國際法規定함에 均當ᄒ나 但 今日에 尙未議及혼 者이오 玆에 已規定之

24

地面으로만 言論ㅎ노라.

地面國界를 兩種分ㅎ엿스니 一曰 末然이오 一曰 人定이라. 天然者는 兩國間 天然的 山川江湖의 類를 謂흠이니 卽 我國이 淸國으로 더부러 鴨綠江과 長白山으로 爲境함과 如흔 者 | 是也요 人定者는 兩國間 人爲的 標石穿溝의 類를 謂함이니 卽 淸國이 露國으로 더부러 立碑分界함과 如흔 者 | 是也 | 니라.

陸地

昔時에는 山脈으로뼈 國境을 定하되 大抵 分水最高峰으로부터 定ㅎ
는 然이나 其脈의 高低起伏이 不一ㅎ야 最高峰이 반다시 分水界가 되
지 못ㅎ고 超出高峰之外에 쏘흔 遠峯爆流된 者 | 有흔즉 此 | 可히 據
ㅎ야 原則이 되지 못ㅎ는 故로 近日採用ㅎ는 바는 或 分水線으로뼈 ㅎ
고 或 山脈의 最高點으로뼈 ㅎ야 不拘一法ㅎ고 만일 山脈으로뼈 界될
者 | 無흔즉 大槪 某地로 由ㅎ야 某地에 至흠에 界線을 劃定ㅎ고 或
經緯度를 據ㅎ야써 爲準ㅎ니 要而言之ㅎ면 結約者의 悉心考察함에 在
ㅎ니라.

水面

水面은 數類에 分ㅎ니 一曰 海요 二曰 河川이요 三曰 運河요 西曰
湖 | .

海

海의 區別은 有二ㅎ니 一曰 公海요 二曰 領海니라.
公海: 公海者는 交通不可缺之航路 | 니 一國에 能히 專有흔 빅 아니니
此義近數百年에 已爲發明矣라. 다만 古昔之時에는 私有領海者多矣러

니 一千四百九十二年에 哥崙布 컬넘부스가 美洲를 發見홈이 羅馬敎皇
이 太西洋을 分爲二ᄒ야 其一은 西班牙에 屬ᄒ고 其一은 葡萄牙에 屬ᄒ
야 二國으로 ᄒ야금 海賊을 專備케 ᄒ니 二國이 敎皇의 言으로써 ᄯ흔
極力히 他國을 沮排ᄒ야 於是에 太平洋墨西哥灣은 西班牙의 節制에 歸
ᄒ고 亞弗利加와 밋 東方亞細亞海權은 葡萄牙占領에 歸ᄒ야 公海가 幾
爲一國之私海矣라. 自是以降으로 英國이 「威內薩」ᄂ「亞度里亞海」를 「
게누아」ᄂ「利古利安」海를 其 主權의 可及할 範圍內가 된다 主張ᄒ야
他國의 通航漁業을 專權ᄒ야 無不因以妨害러니 和蘭人 히유ㅡ쇼ㅡ, ᄭ로
디유ㅡ스가 海洋自由論을 始著ᄒ야 海洋開放홈을 主張홈이 其時의 海權
을 專ᄒ 者ᄂ ᄯ흔 閉海論을 著ᄒ야써 抵抗ᄒ엿스나 其 後學者ㅣ[ᄭ]氏
의 所論을 主張ᄒᄂ 者ㅣ 多ᄒ야 天下靡然從之ᄒ엿스니 公理가 自在人
心을 可見ᄒ리로다. 故로 今日 公海交通이 各國自由에 任ᄒ야 一國에
專屬ᄒ 者ㅣ 無ᄒ니라.

領海: 領海者ᄂ 一國主權之下에 屬ᄒ걸 謂홈이라. 蓋國家가 和平을 維
持ᄒ고 不意의 攻擊을 避코져 ᄒ즉 其 主權이 不可不沿海에 及ᄒ고 國
民의 貿易과 밋 漁業을 維持코져 ᄒ즉 其 主權이 亦不可不沿海에 及ᄒ
니 此主權所及之範圍를 領海라 稱ᄒᄂ니 蓋一國의 領ᄒ 빈 됨을 謂홈이
라. 領海ᄂ 廣義와 狹義의 分이 有ᄒ니 狹義領海者ᄂ 六海里以外에 防
禦力이 有ᄒ 境內가 是也요 廣義領海者ᄂ 通常領海와 밋 狹義領海을
合ᄒ야 統稱의 名詞ㅣ되니라. 其所領之廣狹과 所享之權利ᄂ 下에 論홈.

領海區域의 廣狹은 빙게루의 學說을 據ᄒ야 謂ᄒ되 彈丸의 距離를 視ᄒ
야 爲度홈이 可當ᄒ다 ᄒ야 當時 各國이 均遵其義ᄒ니 第其時彈丸이
祗能達三海里故로 領海ᄂ 三海里로써 爲限ᄒ니라. 近則技藝發達되여
彈丸所及之地가 三四倍於前則舊說은 不可再行이라 一千八百九十五年
에 巴里에서 萬國國際法協會를 開ᄒ고 平時領海區域을 決定ᄒᆞᆯᄉᆡ 距海
岸六海里로써 爲限ᄒ고 戰時則其守禦之線을 視ᄒ야써 延長ᄒ야 六海

里以外에 超出홈이 可다ᄒᆞᄂ 아즉 實行치 못ᄒᆞ엿ᄂᆞ니라.

領海應享의 權利ᄂ 其 大槪를 言ᄒᆞ면 此海를 領ᄒᆞᆫ 者ᄂ 海岸의 地를 得畫ᄒᆞ야 兵備를 設ᄒᆞ고 砲臺를 築ᄒᆞ야뼈 其 疆域을 自固케 홈이니 其 中 細別ᄒᆞᆫ則 各國主張ᄒᆞᄂ 바 者 ㅣ 如是ᄒᆞ니 (一)은 他國이 我領海를 超越ᄒᆞ면 本國이 詰問理由의 權이 有ᄒᆞ고 (二)ᄂ 司法及警察의 權이 有 ᄒᆞ고 (三)은 封港及禁遏偸漏의 權이 有ᄒᆞ고 (四)ᄂ 沿海漁業의 權이 有 ᄒᆞ고 (五)ᄂ 制定稅關의 權이 有ᄒᆞ고 (六)은 拒絶外國船舶의 權이 有ᄒᆞ 니 以上 諸權이 領海者의 應享ᄒᆞᄂ 비 되니라.

領海의 區別이 有四ᄒᆞ니 (甲) 沿岸海 (乙) 海峽 (丙) 內海 (丁) 港灣이니 其 領海의 名은 雖同이나 其 情形은 亦各有異ᄒᆞ니 下에 分別言之홈.
　(甲) 沿岸海 沿岸海者ᄂ 大洋을 沿ᄒᆞ야뼈 岸이 된 者 ㅣ 라. 凡大洋이 不可爲領海ᄂ 固爲近世의 所公認이나 然이나 其 國境으로 더부러 毗連 ᄒᆞ면 亦不可不領海之區域으로뼈 與홀지니 不然則其國之防備가 不固故 로 其沿岸六海里로뼈 領海를 定ᄒᆞᄂ니라.
　(乙) 海峽 海峽者ᄂ 兩岸이 逼近陸地ᄒᆞ고 其中에 水 ㅣ 有ᄒᆞ야뼈 海를 接ᄒᆞᆫ 거슬 謂홈이라. 此峽의 類別이 有二ᄒᆞ니 一은 公海로 自ᄒᆞ야 領海 에 入ᄒᆞᄂ 海峽이 되고 二ᄂ 兩海를 通ᄒᆞ고 或 兩大洋徑路의 海峽이 되니 公海로 自ᄒᆞ야 領海에 入ᄒᆞᄂ 者ᄂ 其 兩岸이 一國에 屬ᄒᆞ고 幅圓 이 六海里以上에 不超ᄒᆞᆫ즉 全혀 其國의 領海되고 倘屬兩國則兩國主權 이 各及其半ᄒᆞ고 若屬兩國而幅圓이 又不及六海里者則中央의 一線으로 뼈 爲界ᄒᆞ니 所享權利ᄂ 領海原則에 照ᄒᆞ야 行할 거시오 ᄯᅩ 兩海 或 兩大洋經路를 通ᄒᆞᆫ 者 則定例에 無論何國ᄒᆞ고 商兵船이 皆可通行ᄒᆞᄂ 故로 能히 領海의 說를 執ᄒᆞ야써 萬國海路를 禁치 못ᄒᆞᄂ니 英法海峽 이 西으로 太西洋에 至ᄒᆞ고 東北으로 北海에 至ᄒᆞᄂ 英法이 人之航行을 禁치 못홈이 是其例也니 又 若 西班牙摩洛哥의 直布羅陀海峽(現屬英) 과 日本의 津輕海峽이 亦與英法으로 同例니라.

(丙) 內海 內海者는 領海一方面의 水를 由ᄒ야 國內之一部分에 曲入훈 거시니 此海雖涉闊無邊이나 然이나 其四圍陸地와 及其扼守海峽이 同屬一國 則 비록 六海里以上에 超出ᄒᄂ 亦爲領海ᄒ야 應享의 權利를 行ᄒᄂ니 例如董多爾克灣의 廣이 六海里에 逾ᄒᄂ 英國이 主張ᄒ야 其 版圖에 屬ᄒ고 康加魯海의 廣이 七灣里에 及ᄒᄂ 法國이 亦主張ᄒ야 其 版圖에 屬홈이 是也니라.

(丁) 港灣 港灣者는 陸地削落之部分而海水ㅣ 由ᄒ야써 曲入훈 者也라. 此地가 만일 一國流域에 屬ᄒ야 其 幅員이 六海里以上에 不踰훈즉 主權이 能히 其 全部에 及ᄒ고 六海里以外則視其防禦ㅣ 若何오 此는 內海規定으로 蓋同一例ᄒ니 兩國에 屬훈 者는 兩國이 各有其主權之一 部ᄒᄂ니라.

河川

河川은 一國版圖에 屬훈 者는 主權이 能히 其 全部에 及ᄒᄂ니 淸國 의 黃河揚子江의 類是也요 兩國之間에 介훈 者는 主權이 各有其一部ᄒ 니 淸國과 露國의 黑龍江을 共훈 類ㅣ 是也라. 大抵 河不通航路者는 河 의 中央으로써 爲界ᄒ고 通航路者는 水의 極深으로써 爲界ᄒᄂ니라.

萬國通航의 河流를 國際河라 謂ᄒᄂ니 其 普通의 規則이 有三ᄒ니 (一)은 領河國이 河에 對ᄒ야 其 主權을 不失ᄒ고(如司法權警察權之類) 航行國이 亦領河國의 權利侵犯을 不得홈. (二)는 領河國이 맛당이 萬國 自由航行을 許ᄒ고 徵收租稅를 不得홈(若河流損壞則亦可課繕修費). (三)은 領河國이 國際河에셔 決議할 事ㅣ 有ᄒ면 列國委員會를 須開ᄒ ᄂ니라.

運何

運河者는 兩面이 皆接大洋ᄒ고 中隔陸地ᄒ니 人力을 用ᄒ야 鑿以通

之흔 거시라(此는 專指兩面通海者而言이니 若內地運河則與國際無涉故로 不論喜). 公海自由航行之例를 準흔즉 運河가 大海에 通흔 者는 萬國의 航行을 應任ᄒᆞᆫ 故로 今日 運河所有權이 비록 領河國에 屬ᄒᆞᆺ스나 實則各國所公有ㅣ니 蘇彛士巴拿馬尼加拉哇와 如흔 三運河ㅣ 是也ㅣ니라.

湖

湖의 一國領土內에 在흔 者는 國際로 더부러 干涉이 無ᄒᆞ니 淸國의 五湖와 日本의 琵琶湖와 露國의 貝加爾湖와 如흔 者ㅣ 是也요 兩國 或 數國以上에 介흔 者는 國際湖라 謂ᄒᆞᄂᆞ니 露西亞의 波斯로 더부러 裏海를 共喜과 德奧의 瑞士로 더부러 康斯但湖를 共흔 거시 是己라 國際湖의 原則은 河流로 더부러 同ᄒᆞ니 但 河流는 淺瀨沙洲가 生ᄒᆞ기 易ᄒᆞ나 湖則比類ㅣ 甚少흔 故로 兩國間에 介흔 者는 定例에 水面之中央으로써 爲界ᄒᆞᄂᆞ니라.

國際湖之原則이 以上所述과 如ᄒᆞᄂ 然이나 但 其中에 例外가 亦有ᄒᆞ니 何者오 裏海가 露西亞와 밋 波斯之間에 介在ᄒᆞᆺ스니 原則으로써 論之ᄒᆞ면 其漁獵航行을 兩國이 應당 共享其權利할 터이아늘 波斯微弱ᄒᆞ야 裏海遂爲露之專有ᄒᆞᆺ스니 此ㅣ 一千八百二十八年에 兩國이 土耳其之圖爾各曼賽에 在ᄒᆞ야 所定約條也라. 蓋雖有國際公法이나 平等의 權力이 無ᄒᆞ면 ᄯᅩ흔 國際法의 權利를 享키 難ᄒᆞ니 波斯의 前鑑이 是也요 黑海도 亦露國의 專有흔 빈 되엿스니 國內湖之例로써 推之ᄒᆞ면 他人이 駛行之權은 本不應在而歐洲諸國이 尙能通航於其地者는 其 地中海에 通홈이 國內湖로 더부러 微有不同ᄒᆞ고 且各國權力이 足히 露國으로 더부러 相抗ᄒᆞᄂ 故ㅣ니라. (未完)

◎ 平時 國際公法論, 石鎭衡 講述,
〈대한자강회월보〉(1907.6.) (국제법)

▲ 제12호

緒言

　國際公法을 講論홈애 當ㅎ야 世人의 迷見을 先述ㅎ노니 或者는 妄論
의 迷執으로써 國際公法이 不如大砲一門이라 云ㅎ니 大砲가 一門이면
萬國의 數千年慣習과 萬國의 累會合條約을 能히 打破乎아 假使或者의
所論과 ㅈㅊ 大砲의 一門으로 能히 打破라ㅎ야도 若一箇의 抵抗國이 有
홀 時는 不可不 戰時公法의 適用을 反見홀지니 或者의 所論이 一血勇少
年男子의 言論의 不過홈은 此에 再辯홀 處가 初無ㅎ고

　或者는 空想의 迷執으로 國際公法은 國法과 加ㅎ야 國家가 土偶木像
ㅈㅊ 拱手無爲로 他國家가 自來ㅎ야 我國을 到底히 保護홀 意로 自信
ㅎ니 一定혼 國法下에 生活ㅎ야 生命財産을 完全혼 法律에 依托혼 人
民이라도 自主自活의 能力이 不促혼 者는 法律上 禁治産의 宣告와 後
見의 制度가 有ㅎ거던 何況六大洲覇界에 生活ㅎ는 國家가 土偶갓치 拱
手無爲ㅎ야도 他國家가 自來保護ㅎ기로 思想ㅎ고야 自國을 豈能保存
ㅎ리오.

　或者는 妄想의 迷執으로써 國際公法은 國內法의 成文法과 갓치 成條
成編ㅎ야 每條每章에 照律處斷ㅎ는 意로 推想ㅎ니 條約은 國際法의 一
淵源이라 該條約締結國間에 或其條約을 解釋適用ㅎ는 者가 不無홈은
아니로딕 成條成編ㅎ야 內國의 成文法法典體로 編纂된 者는 아닐 쑨더
러 又 況 國際問題가 多數는 國際上 慣例를 依ㅎ야 解決되는 者ㅣ리오.

大抵 國際公法은 以上 三或者의 妄論空想과 如흔 者ㅣ아니라 假令 箇人 國內에 生活ㅎ면 其 箇人을 拘束하ᄂ 法律을 知흘 必要가 有하고 國家ᄂ 世界에 生活하면 其國에 關係되ᄂ 國際上 原理原則을 知할 必要가 生하ᄂ니 此ㅣ 卽 吾人에 國際法을 硏究코져하ᄂ 目的이로다.然이나 如此흔 大學問을 淺見薄識으로 焉敢히 其 學理의 蘊奧를 盡發하야써 讀者의 滿足흠은 得게 하리오 마ᄂ 我國에 斯學에 關흔 著書ᄂ 初無하고 以上 三或者의 妄想空論과 如흔 訝惑은 滋甚흠으로 淺學을 不顧하고 玆에 斯法을 五編에 分하야 其 大綱領을 講述하야셔 剞劂에 付흠은 不得已 斯學校에 敎授코져 흠이오 公衆社會에 發表흠은 아니라 他日 學窓의 餘日이 有ㅎ거던 此에 修正을 更加ㅎ야 社會에 公佈흠을 自期ㅎ노라.

本 講義의 大 目次

第一編 總論

第一章 國際의 本質

今에 國際法을 硏究코져 흠애 自然羅馬時代 以來로부터 今日에 至ㅎ기 갓지 斯學上의 一大問題되ᄂ 法律論非法律論에 追及ㅎ야 其 根本的 論理와 驅西諸學者의 立說을 參考ㅎ야써 斯法의 本質을 確定ㅎ고 其 枝項을 追次分析흘 必要가 有흠을 認할지로다 故로 左에 此 問題에 關

혼 諸學說의 贊論과 反論을 蒐擧ᄒ고 又 述者의 贊成ᄒᄂᆫ 學說과 其 理由를 說明코져 ᄒ노라.

第一節 國際法이 法律歟아

第一 國際法을 非法律로 論駁ᄒᄂᆫ 諸學者의 說.

法理學者에 分析派가 有ᄒ니 <u>쌘삼</u>氏의 分析說과 <u>오-스티</u>氏의 分類法說이 是라 氏等의 學說이 當時一世를 捲掌할 時에 國際法에 關ᄒ야 曰 國際法은 法律이 아니라 ᄒᄂᆫ 說이 盛行ᄒ얏고 其次斯法에 非法律論을 主張ᄒ야 有力흔 者를 <u>콜네릿지</u>氏라 云ᄒ지라 以外에 以上 三氏와 同說을 主張ᄒᄂᆫ 學者가 其數ㅣ 甚多호ᄃᆡ 是說은 皆三氏의 學說을 基因흔 者라 ᄒ야도 可흘지로다.

以上과 갓치 國際法 非法律論은 甚히 英國 學者間에 盛行흔 바ㅣ니 此 說中에 其 有力흔 者를 擧흘진ᄃᆡ

<u>오-스틴</u>氏 曰 成文法의 特徵을 說明코져 ᄒ면 必先 主權 主權과 暫時라도 可히 相離치 못흘 關係를 有흔 服從及獨立政治會三者를 銳明흠을 要흘지라 大抵 成文法은 單單主權者或集合體로 成立흔 主權團體가 政治團體의 一員 或 集員에 向ᄒ야 發布흔 者ㅣ라 帝王 或 主權의 團體로브터 此에 對ᄒ야 服從의 關係를 有臣民에게 下흔 者ㅣ니 成文法 卽 正當히 法이라 可稱흘 法律은 下命이 是ㅣ라 下命이 아닌 法律은 法律이라 云흠은 適當흔 命名이 아니오 ᄯᅩ 法律中 某 種類의 法律은 與論을 依ᄒ야 設定된 者ㅣ라 假令 紳士間 與論을 依ᄒ야 設定된 者가 有ᄒ니 是名譽法이라 稱ᄒ고 ᄯᅩ 流行社支의 與論을 依ᄒ야 定ᄒᄂᆫ 者ㅣ 有ᄒ니 是ᄂᆫ 流行의 基因흔 法이오. 又 獨立흔 諸政治的 團體의 互相關係를 規定흔 者가 有ᄒ니 是ᄂᆫ 國民間의 與論을 依ᄒ야 諸國民及諸主權

者上에 設定된 者ㅣ니 此를 萬國公法 或 國際法이라 稱ㅎ나니라 大抵 此等輿論의 依ㅎ야 設定된 者를 法이라 稱함은 畢竟 法律上에 不當히 命名혼 者ㅣ라 云홀지라 換言ㅎ면 法의 字意를 不適當히 擴張ㅎ야 用혼 者ㅣ라 云홀지로다.

▲ 제13호

오-스틴氏가 又 曰 國際法은 自然法 卽 人類上에 規定된 者오 制裁를 具치 아니혼法律을 意味흠이라. 若 法律로 制裁를 有치 아니혼 者는 正當혼 法律이 아니니 然則 國際法은 法律이 아니오 一道德律에 不過홀지 라 故로 是를 正當히 法律이라 云ㅎ기 不能ㅎ도다 若各國國民에 共通ㅎ 는 裁判所가 有ㅎ야 國際法을 執行ㅎ야도 此亦一道德上 組織에 不過ㅎ 니 何故오. 如此혼 裁判所를 維持코져 ㅎ는 各國 國民의 同意는 何時라 도 法律上의 危險이 無ㅎ고 繳消흠을 可得홀 所以니라.

우-스틴氏의 國際法 非法律論은 右와 如ㅎ거니 <u>와스티분</u>氏의 非法 律論은 左와 如ㅎ니

우스틔氏 曰 國際法「인테슨날로우」는 不正確혼 者인 故로 誤解ㅎ기 易 ㅎ니 何者오, 此字意는 亂雜濫用ㅎ야 正當히 法이라 稱홀 者及不然者를 同一히 通用ㅎ야 來혼 所以라 國際法名稱下에 包含혼 諸般規則을 類別 ㅎ야 其 互相의 關係를 硏究흠은 實로 利益과 興味가 有餘혼 硏究라 云 홀지로다 蓋國際字法意에 (一) 或時에는 國際間에 發生혼 規則에 適用 ㅎ는 事도 有ㅎ며 (二) 或時에는 他國民에 關係를 有혼 國法에 適用ㅎ는 事도 有ㅎ느니 前者는 卽 國際間에 行ㅎ는 規則에 法律名稱을 定ㅎ는 時는 其法律字意에 謬誤가 有혼 者ㅣ라 何故오 如此혼 法은 共通權力者 에 依ㅎ야 可히 强行홀 者가 안닌 所以오 後者의 境遇에 至ㅎ야 國法의 規定을 法이라 云흠은 其意多少間 正當ㅎ나 國際的「인티네슨날」形容

詞는 誤錯홈을 不免홀지로다 何故오 此等의 法은 國法이오 國際法이 아닌 所以라 余는 今에 다시 此兩方의 適例를 擧ᄒ노니

條約은 國際法의 一部라 云홈은 往往耳目에 記睹ᄒ는 바ㅣ라 以上에 콜네릿지氏 所論과 ᄀ치 條約設定ᄒ는 義務는 理論上法律的이 아니오 卽 德義的이라 各國은 國際法上 封鎖를 犯ᄒ 船舶貨物을 捕獲ᄒ는 事로 宣告홈을 得혼다 說ᄒ는 者가 有ᄒ니 此境遇에 此規定은 法律的事에 關ᄒ야 疑點이 一無ᄒ야도 熟思ᄒ면 此 規則은 各國國民에 共通ᄒ는法이 되는 者가 아니오 其 捕獲을 行ᄒ는 國의 法이라 此事項卽捕獲에 關ᄒ야는 各國國民이 人類를 爲ᄒ야 一致혼 法을 設立혼 者ㅣ나 然이나 此 法이 右各國國民 全般의 決議를 依ᄒ야 確定된 者는 아니라 各國이 各其 人類一般을 爲ᄒ야 作定혼 事는 各國國民이 海賊의 行爲는 人類一般의 賊이라 規定홈과 如홈이라 云云 以上 列擧혼 바는 分析學派의 有力혼 攻擊이라 吾人은 此等에 說을 認是ᄒ야 旣往 數世紀間 文明國間에 由來 혼 行爲規則에 法律의 名稱付與홈을 拒絶홀지 法律의 名稱付與홈을 贊 成홀지 可히 硏究홀一問題라 若此問題가 單히 法理學上의 無責任論이 라 ᄒ면 國際法學者가 貴重혼 時間을 此問題에 關ᄒ야 徒費홀 必要가 專無ᄒ나 然이나 不幸히 오-스틴氏의 評論과 如혼 者는其 影響이 單히 法學界에 及홀 쑨 아니라 實際國際上신지 影響이 有ᄒ야 外交家로 ᄒ여 곰 國際法 無視의 口實을 得케 홈에 至ᄒ야는 大凡斯學에 從事ᄒ는 者 ㅣ 不可不辨明이 無치 못홀지라 今에 國際法 無視의 一例를 先擧홈진디 西曆千八百八十七年六月頃에 로-드, 소리스부리는 國會上院에셔 萬國 仲裁裁判所建設議案에 對ᄒ야 曰「數年來歐洲大陸의 現象을 觀ᄒ건디 平和의 精神이 減少ᄒ야 戰爭廢止의 方法이 漸次 一層困難됨을 信ᄒ노 라 吾人의 希望이 國際法에 對ᄒ야 誤解된 者ㅣ 甚多ᄒ니 元來 國際法 은 普通難稱ᄒ는 法으로 成立된 者ㅣ 아님으로 如此혼 法을 裁判所가 有ᄒ야 裁判所에셔 執行ᄒ는 者ㅣ 아니어늘 此를 法이라 稱홈은 旣已誤 解됨을 難免홀지라 以上의 誤解가 漸次增長ᄒ야 世界가 永久히 平和의 空想을 生ᄒ게 홈에 至ᄒ얏다」云云ᄒ니 此를 由ᄒ야 觀ᄒ건디 學者의

主說이 漸次 變遷ᄒ야 政治上에 責任이 有ᄒ 外部大臣의 口上에 及ᄒ야 神聖ᄒ 平和를 嘲笑蔑視홈이 如此ᄒ니 不可不 吾人은 斯學을 爲ᄒ야 一筆의 辨論이 無치 못홀지라 故로 以下에 國際法을 法律로 視ᄒ 諸學說을 列擧ᄒ고 次에 述者의 意見及贊成ᄒᄂ 理由를 說明코져 ᄒ노라.

第二. 國際法을 法律로 論ᄒᄂ 諸學者의 說以上 所論의 分析派ᄂ 法理學 沿革上 舊派에 屬ᄒᄂ 者ㅣ니 此 學說은 殆히 歷史學派 메인氏와 굴낙氏 等의게 打破ᄒ 바ㅣ 되니라 然이나 此等國際法을 法律로 論ᄒᄂ 學說도 其 學術의 根據가 歸一치 못ᄒ니 卽左와 如ᄒ도다.

　(一) 法律에ᄂ 制裁를 不要ᄒ다ᄂ 說 此說을 主唱ᄒᄂ 派에도 二派가 有ᄒ니(甲), 夫法律은 國家에 對ᄒ 規則이라. 主權者가 臣民에 下ᄒ고 又臣民互相의 權利義務을 規定ᄒ 者ㅣ 아니오 其職務執行의 格式을 定홈에 不過ᄒ다 說ᄒᄂ 者ㅣ 有ᄒ니 <u>학그스</u>氏와 <u>사</u>의 主說 此說을 依ᄒ면 法을 下命及服從의 關係를 規定ᄒ 者ㅣ 아니오 또 制裁가 有홈을 要치 아니홈이니 然則制裁가 無홈으로써 國際法이 法律이 아니라 홈은 議論이 成立치 못ᄒ다ᄒ며(乙), 他派ᄂ 如此히 極端으로 法律은 一切制裁ᄂ 法律의 最必要ᄒ 原素가 아니라 假今 憲法으로 論ᄒ면 憲法中 君主의게 關ᄒ 條項과 如ᄒ 者ᄂ 上으로 下에 對ᄒ야 下ᄒ 者ㅣ 아니오 ᄯ 制裁가 無ᄒ도다 法朗西國際法學者 되노-氏講義, 同氏 又曰 箇人間에 法律이 有홈과 ᄀᆺ치 國際間에도 法이 有ᄒ니 卽 戰爭이 是라ᄒ니 蓋所謂 制裁가 有ᄒ니 卽 戰爭이 是라 云ᄒᄂ 論點은 誤錯이 有홈을 不免홀지니 何故오 大抵 戰爭者ᄂ 强力應用에 不外ᄒ지라 此强力은 時機와境遇를 從ᄒ야 或 不正當히 應用되ᄂ 者ㅣ有ᄒ니 抑此制裁者ᄂ 法에 不可不必要되ᄂ 條件이 아니라 彼憲法에ᄂ 制裁가 有ᄒ야 皆曰 法이라 稱乎아 ᄒ얏고. (未完)

◎ 領事의 裁判權, 韓光鎬, 〈서우〉 제7호, 1907.6.
  (정치학, 외교학)

大凡 個人이 社會에 生活코져 홈에 當ㅎ야 他人의 權利를 侵害치 아니
ㅎ는 範圍內에서 自由로 行動홈을 可得홈과 如히 國家도 亦 世界生活
코저홈에 當ㅎ야 他國의 有흔 權利를 侵害치 아니ㅎ는 範圍內에서 內
政 及 外交에 關ㅎ야 自由의 意思로 實行ㅎ며 他國이 此에 對ㅎ야 容喙
홈을 不得케 ㅎ는 權利가 有ㅎ니 是以로 國際公法上에 違反치 아니ㅎ
는 以上은 何等의 程度 及 種類의 交際를 締結홀지라도 決코 抱碍홀
事가 無ㅎ니라.
故로 立法行政 及 司法의 三權을 自由로 行使ㅎ야 政體의 變更과 政府
機關의 組織等ᄭ지라도 其國에서 自由로 行使ㅎ는 權利가 有ㅎ니라. 版
圖內에 在흔 主權의 行動은 自國臣民에만 限홀 者ㅣ 아니오 他國의 人
民及財産이라도 其國 版圖 內에 在흔 以上은 其國의 統治를 可受홀 者
오 且其 服從의 關係에 至ㅎ야는 內國의 人民은 國家에 對ㅎ야 絶對的
으로 服從홀 義務가 有흔 故로 비록 版圖以外에 在ㅎ야도 本國主權에
對ㅎ야 服從홈을 要ㅎᄂ니 然이나 外國人民에 至ㅎ야는 法令條約을 因
ㅎ야 權利를 享有홈에 制限을 特設ㅎ야 自國人民과 同一흔 待遇를 不與
홀 섇 아니라 特히 公權에 至ㅎ야는 外國人은 元來 享有치 못홈이 通則
이 되나라.
玆에 注意를 要홀 者ㅣ 有ㅎ니 主權內部에 對흔 行使의 制限이 有흔
境遇가 是라. 國家의 法律規則及其他의 權利가 他國版圖內에 行홈은 國
際公法上 原則으로 此를 不許ㅎ는 者ㅣ로되 然이나 國際公法은 元來
文明國社會에 存在흔 慣例라. 故로 其 法則의 必要條件으로 列國은 文
明思想에 基因흔 國法이 存在ㅎ야 自他人民間에 公平히 民事及刑事의
裁判制度를 實行홈을 要ㅎᄂ니 是以로 日本이 自國의 主權을 完全히
自國 版圖內에 實行코져 ㅎ야 新條約을 締結홀 時에도 新民法의 發布를
條件으로 定흔 事가 有ㅎ니라.

然이나 大槪 國家의 法律이 完備치 못ᄒ거나 又或 法律이 存在ᄒ야도 文明國의 法律과 大差가 有ᄒ 時ᄂ 列國이 自國의 人民과 財産을 完全히 保護ᄒᆯ 必要로 條約을 締結ᄒ야 領事裁判의 制度ᄅᆯ 設置ᄒ야 自國의 人民을 保護ᄒᄂ니라. 歐米諸國이 半開國에 對ᄒ야ᄂ 條約으로 自國領事의게 治外法權 以外에 特權을 有ᄒ 事로 規定ᄒ야 在留國의 法律을 不依ᄒ고 領事로 ᄒ야곰 本國의 法律 及 司法을 行ᄒ야 自國의 人民을 保護ᄒ며 裁判ᄒᄂ 權利가 有케 ᄒᄂ니 如此히 例外ᄅᆯ 設定ᄒ 理由ᄂ 前說과 如히 半開國의 慣習 及 法律은 文明諸國의 慣習 及 法律과 相殊ᄒ야 其 法律과 裁判을 信憑키 難ᄒᆷ으로 如此ᄒ 規定을 設定ᄒᆷ에 不外ᄒ니라.

此 制度ᄅᆯ 被ᄒ 國家ᄂ 自國版圖內에 在ᄒ야 當然히 行使ᄒᆯ 主權의 一部分을 外國과 契約ᄒ 結果로 他國에 對ᄒ야 讓與ᄒ 者ㅣ라 謂치 아니치 못ᄒᆯ지라. 假令 西曆千八百五十六年에 土耳其國은 巴里條約을 依ᄒ야 國際公法社會에 一員됨을 歐洲列强으로브터 認得ᄒ얏스나 其國의 慣習及法律이 一般 文明國의 法律及慣習과 大差가 有ᄒᆷ으로 領事裁判의 制度ᄅᆯ 設置ᄒᆷ을 被ᄒ얏고 該國에 在ᄒ 外國의 人民及財産에 對ᄒ야ᄂ 主權의 行使ᄅᆯ 制限ᄒ 事實이 有ᄒ며(루마이아)(及 쇠르비아) 兩國도 伯林條約을 依ᄒ야 獨立國家ᄅᆯ 成ᄒ고 法律도 亦拿破崙法典에 基因ᄒ야 新法典을 發布ᄒ 事가 有ᄒ나 惡慣習이 尚且未泯ᄒ야 該國의 司法制度ᄅᆯ 確信ᄒ기 不能ᄒᆷ으로 文明諸國이 此國에 對ᄒ야 裁判上 特權을 實行ᄒ 事가 有ᄒ며 又 日淸兩國의 領事裁判의 制度ᄅᆯ 觀察ᄒᆯ진ᄃ 日淸戰爭 以前에 在ᄒ야ᄂ 互相的 領事裁判權을 行ᄒ고 日本도 淸國에 對ᄒ야 領事裁判權을 有ᄒ더니 戰爭後에 至ᄒ야ᄂ 日本만 淸國에 對ᄒ야 此權을 有ᄒ고 淸國은 日本에 對ᄒ야 此權을 不有ᄒ니라.

我韓에 當ᄒ야도 文明의 程度을 尚且 未達ᄒᆷ으로 歐米列邦 及 日本國이 此權을 有ᄒ야 國際公法上에 確實히 一員됨을 不得ᄒ니 我國臣民된 者ᄂ 實로 慨嘆ᄒᆷ을 不堪ᄒᆯ바ㅣ로다.

◎ 外國人의 公權 及 公法上 義務, 東初 韓光鎬, 〈서우〉 제10호, 1907.9. (정치학, 법률학)

*제5호의 정치학 이후 제10호에 수록
*일본법을 기준으로 참정권, 자유권, 청구권의 개념에 대하여 설명함

盖 公權 觀念에 對ㅎ야ᄂ 異說이 紛起ㅎ나 余輩ᄂ 以謂ㅎ되 一私人이 國家에 對ㅎ야 有ㅎ 바 權利를 公權이라 名흠은 此 權利를 大別ㅎ면 其一은 參政權, 其二ᄂ 人權 卽 自由權, 其三은 國家의 行爲를 請求ㅎᄂ 權利니 次第 說明코져 ㅎ노라.

第一 參政權

國家의 機關이 되야 活動ㅎ고 又ᄂ 國家 機關의 組織에 參與ㅎᄂ 權利ᄂ 普通을 參政權이라 謂흠이라. 此 權利ᄂ 各 文明 獨立國에서ᄂ 如何ㅎ 國法이라도 外國人에 對ㅎ야ᄂ 決斷코 參政權을 不許ㅎᄂ니 其 理由가 何에 在흐뇨. 此를 解論흘지딘 盖 一國 政治에 直接 間接으로 參與케 흠이 可ㅎ 者ᄂ 其 國運의 發達 擴張을 誠心으로 冀望(기망)ㅎᄂ 者ㅣ 아니면 不可ㅎ니 若 其 國家 盛衰에 何等 利害가 無ㅎ 外國人과 其 國家에 敵意를 抱ㅎ 外國人으로 其 政權에 干與케 ㅎ면 其國의 生存을 希望흠을 不得흘 쑨 아니라, 反히 其國의 滅亡을 招흘 者ㅣ 有흠에 至ㅎᄂ 故로 參政權은 外國人에 不許흠이 可흠.

參政權은 外國人의 人類 社會에 一員이 되야 必要ㅎ 權利가 아니라 且 參政의 權利ᄂ 同一ㅎ 內國人이라도 何人을 不問ㅎ고 許與ㅎᄂ 者ㅣ 아니니, <u>婦人, 未成年者, 瘋癲(풍전) 白痴者 等은 此等 權利에 參與흠을 不得흠이</u> 普通이온, 況 國家에 對ㅎ야 要意를 抱ㅎ 外國人에 對ㅎ야 許與흠을 得ㅎ리오. 故로 參政은 國民의 權利라. <u>外國人은 國民이 아니니,</u> 以上의 原則은 文明 各國이 普通 一樣이라. 故로 國民은 法律, 命令의

定흔 바 資格에 依ᄒᆞ야 均是 文武官의 任과 及 其他 公務에 就홀 事를 得ᄒᆞᄂᆞ니, 是乃 國民의 特權이라. 故로 條約으로 外國人에 許與흔 各種 權利를 列擧 規定호대 參政權에 至ᄒᆞ야는 外國人은 此等 權利의 許與를 國家에 對ᄒᆞ야 要求홈을 不得ᄒᆞᄂᆞ니 卽 第一 衆議院 選擧權, 被選擧權, 面村會의 議員 選擧權, 第二 文武官吏, 敎官, 技術官되는 權, 第三 貴族 議員되는 權, 第四 公證人 執達吏되는 權은 文明國 一般 制度를 見ᄒᆞ야 도 外國人에 對ᄒᆞ야는 此等 權利를 不許홈이 明白ᄒᆞ니라.

以下에 多少 疑問이 有흔 者는 外國人은 破産管財人되는 權이 有홀가 否홀지 或 解釋에 由ᄒᆞ면 破産管財人은 官의 任命에 係흔 者ㅣ라도 畢竟 債權者의 團體及債務者를 同時에 代表홀 私法上 代理人의 不過ᄒᆞ고 毫末도 公의 權力을 行使ᄒᆞ는 者ㅣ 아니니 恰然히 裁判所로 命흔 鑑定人과 同一ᄒᆞ되 公務는 아니요 또 官吏라 未稱홈은 勿論이오 又 公吏라 稱ᄒᆞ기 果難흔 故로 其國 臣民에만 不限홈과 如ᄒᆞ나 然이나 又 一方으로 見ᄒᆞ면 管財人이 債務者의 財産目錄을 調製ᄒᆞ야 此를 占有ᄒᆞ고 財團의 官理及換價를 行ᄒᆞ고 貸借對照表를 調査ᄒᆞ야 此를 報告ᄒᆞ며 不動産, 動産을 競買 又 賣却ᄒᆞ며 配當案을 作ᄒᆞ야 配當을 行ᄒᆞ고 意見을 提出ᄒᆞ는等 職務는 執達吏의 職務와 相類홀 ᄲᅮᆫ 不是라 司法機關에 參與ᄒᆞ는 者임으로 公務라 稱치 아니홈을 不得홀지니 然則 破産管財人도 上項의 原則을 適用홈이 可홀가 思想ᄒᆞ노라.

又는 商業會議所會員되는 權, 所得稅調査委員, 徵兵參事員 等 되는 權도 外國人에 不許ᄒᆞ는 說이 有ᄒᆞ니 所得稅調査委員, 徵兵參事員 等은 決議의 方法을 依ᄒᆞ야 國家의 稅務를 管理ᄒᆞ고 又는 徵兵事務機關에 參與ᄒᆞ고 商業會議所會員도 官廳諮問에 應ᄒᆞ야 國家機關에 參與ᄒᆞ는 故로 公務를 行ᄒᆞ는 者로 見홈이 相當ᄒᆞ니라.

以外에도 公務로 觀察홀 者ㅣ 許多ᄒᆞ나 總히 列擧키 未遑홈으로 玆에 省略ᄒᆞ노라.

第二 人權 卽 自由權

玆에 所謂 人權이라 흠은 佛國 學者는 此를 固有 意義에 公權이라
名ᄒ고, 狹義의 公權이라 흠은 卽 人類社會의 一員된 人이 國家에 對ᄒ
야 有흔 權利를 指흠이라. 然이나 私權에 關ᄒ야는 內外人 平等의 原則
을 認許흠에 至ᄒ야, 人權도 外國人으로 其大部分을 許與흠에 至ᄒ니라.

盖 私權과 人權이 共히 人權 生存에 必要흔 權利오 私權은 一私人에
對흔 權, 人權은 國家에 對흔 權의 區別에 不過흠이라. 然이 此等 公權
은 日本法으로 論ᄒ면 日本 臣民은 日本 憲兵으로 保障될 者오, 外國에
對ᄒ야는 淸, 我韓 二國과 如히 不待等 條約의 國民을 除흔 外에 對等
條約의 國民 例如 日英條約과 歐米條約에 依ᄒ야 締盟 國民에 其 大部
分을 許與흔 者라.

一. 身體自由權, 旅行及居住의 自由權

明治二十七年日英條約第一條에 曰 兩締盟國 一方의 臣民은 他版圖內
에 旅行ᄒ고 居住흠은 全히 隨意라. 然이 其 身體財産에 對ᄒ야는 完全
흔 保護를 亨受ᄒ고 其他 各國도 條約으로 此種權利를 認許ᄒ고 條約國
人은 此等自由를 有ᄒ야도 其 旅行, 居住 等에 警察上 必要흔 節次에
關ᄒ야는 條約國 一方이 多少 法令을 設흠도 無妨ᄒ다 ᄒ니 例如面村에
居住흘 目的으로 住居ᄒ는 外國人은 氏名, 國籍, 職業 其他事件을 警察
署에 對ᄒ야 提呈ᄒ고 又 移轉ᄒ는 時에도 亦 提呈ᄒ는 義務를 設흠과
如ᄒ고 其他 或國에 旅行券을 不要흠이 卽是라.

外國人도 在留國 司法權에 服從ᄒ는 結果로 內國臣民과 同ᄒᄂ니 故
로 法律에 依ᄒ야 逮捕, 監禁, 審問, 處罰를 受ᄒᄂ 點에 制限이 無흠은
勿論이라. 以下 二個 境遇에는 外國人은 以上 自由權에 制限을 受ᄒᄂ
니 第一 追放 第二 犯罪人拿交가 是라.

第一. 追放에 對ㅎ야는 或 外國人이 國內에 居住ㅎ는 事가 國家의 安寧秩序를 害홈으로 認한 時는 其 國家는 此를 追放홈을 得ㅎ느니 是는 國際法上 各 獨立國의 有한 權利오 又 各國法制가 殆히 相同ㅎ고 學者도 一般히 承認ㅎ는 바ㅣ라 國을 依ㅎ야 或은 法律로 追放의 條件을 定ㅎ고 或은 行政處分으로 追放홈. 盖 外國人 上陸을 拒絕홈도 追放權 適用에 不過홈이니라.

第二. 犯罪人拿交에 對ㅎ야는 假令 日本에 來한 外國人이 外國에서 罪를 犯ㅎ고 日本으로 逃來한 境適에 外國政府의 請求가 有한 時는 日本國家는 其外國人을 外國政府에 拿交홈을 謂홈이니 但 政事等 犯罪의 境遇에는 拿交ㅎ는 事가 無ㅎ느니라.

二. 所有權及住所의 不可侵權 日英條約

第一條는 前述과 如히 身體, 財産에 關ㅎ야는 完全한 保護를 享受홈으로 定ㅎ고 第四條에는 兩締盟國 一方의 臣民이 他版圖內에서 住居及 商業을 營爲홀 家宅, 製造所, 倉庫, 店舖及此에 屬한 總附屬的 構造物의 不可侵과 右家宅 等에는 敢히 侵入, 搜索치 못ㅎ고 又 帳簿, 書類 或은 簿記帳을 檢査 點閱치 못홈. 但 內國臣民에 對ㅎ야 法律, 勅令及規則으로써 制定한 條件及定式에 依據홀 時는 此限에 不在홈이라.

三. 良心의 自由, 宗敎의 自由, 言論, 著作, 集會, 結社의 自由 日英條約 第一條第 三項에 云 一方의 臣民은 一方의 版圖內에서 良心에 關ㅎ야 完全한 自由及法律, 勅令及規則에 從ㅎ야 禮邦를 行ㅎ는 權利, 宗敎上 慣習에 從ㅎ야 埋葬ㅎ는 權利를 認許한 故로 外國人은 內國人과 同히 一定의 宗敎文는 哲理를 信홀 事를 自由로ㅎ고 卽 良心思想의 自由는 有ㅎ야도 其 信仰이 外形에 表홀 禮拜 又는 埋葬에 對ㅎ야는 法令規則을 從ㅎ는 義務가 有한 故로 國家는 秩序安寧에 抵觸될 宗敎의 儀式禮邦 等은 此를 禁홈을 得홈.

41

言論, 著作, 集會, 結社의 自由도 良心自由를 外部에 表호는 結果에 不過홈이니 條約으로 此를 明記호즉 議論이 不生호디 若 明記치 아니 호즉 此를 許否호는 權利는 國家가 任意로 定홀 바ㅣ라. 日本治安警察 法第六條에 云 日本臣民이 아닌 者는 政事上 結社에 參入호고 政談集會 에 發起人될 事를 不得홈이라 是는 外國人은 參政權을 不有홈과 同一의 趣旨로 出호 例外라 故로 其他事項에 關호 集會, 結社는 日本人과 同一 호 規定에 從홈. 又 新聞紙 條例, 著作權法 等은 外國人에 著作印行權을 不禁홈으로써 外國人은 新聞紙를 發行호고 出版著作을 호는 自由가 有 호 者라.

四. 敎育 及 就學의 自由

此 自由에 對호야는 思惟컨디 今日 學生은 明日國家의 支柱될 國民이 라 然이 敎師는 其 學生에게 感化力이 甚多호고 愛國誠을 培養홈으로써 外國人으로 國家敎育事業에 一任호면 頗히 危險호지라 故로 國家 敎育 事業에 關호 職務는 此를 外國人에게 不許홈이 各國의 普通規例라. 盖 官立人 公立學敎에 管理者及敎師는 此를 管理 又는 准官吏될 者임으로 外國은 此에 參與홈을 不得홈은 參政權에 所述홈을 因호야 明瞭호지라 然이 官吏의 資格을 不與호고 單히 或 講座를 擔任호거나 又는 外國語 學校에 外國人을 敎師로 使用홀 事가 有홀지라도 是는 不得已홈에 出호 例外라 但 外國語의 敎師는 外國人을 使用홀 事는 歐洲에도 其例가 亦 有호니라.

然이나 以上은 國家의 負擔에 屬호 官立 又는 公立敎育에 關호 者ㅣ오 私立學校에 對호야는 外國人에도 敎育의 自由를 認호 者ㅣ 有호니라. 然이나 條約의 何等規定이 無호 時는 國家는 此를 監督홈은 勿論이 오 必要호 境遇에 此를 設立홈을 禁홀 事를 得호느니라. 就學 自由에 對호야는 法律 又는 條約에 何等規定이 無호 時는 外國 人의 子弟에도 此를 許홈이 可호니 又 實際 外國學生의 入學을 許홈은

外國에서 屢屢히 見受ᄒᆞᄂᆞᆫ바ㅣ로되 我國에ᄂᆞᆫ 아즉 如斯ᄒᆞᆫ 例가 無ᄒᆞ니
라. 但 入學을 禁흠도 亦是國家의 自由니라.

五. 營業 又ᄂᆞᆫ 職業의 自由

各人은 或 職業을 營爲ᄒᆞ야 自己及親族의 生活에 必要ᄒᆞᆫ 資力을 獲得
ᄒᆞᆯ 事도 亦 人類社會의 一員될 人의 權利오 國家가 認許흠이 可ᄒᆞᆫ 者ㅣ라.
故로 一方의 國民은 他一方版圖內何處所든지 工業 又ᄂᆞᆫ 手工業에 從事ᄒᆞ
고 各種에 生産物及貨物을 賣買흠을 得ᄒᆞ고 又 右營業에 從事흠에 當ᄒᆞ
야 自身이 此를 ᄒᆞ고 又ᄂᆞᆫ 代理人으로 使爲ᄒᆞ고 又ᄂᆞᆫ 一人이든지 或은
外國人과 及內國人과 組合을 結ᄒᆞ야 此를 營爲흠도 其 隨意오 又 必要ᄒᆞᆫ
家屋店鋪을 所有ᄒᆞ고 或은 此를 借受ᄒᆞ야 使用住居ᄒᆞ며 及營業을 흠에
一時나 長期限의 契約으로써 土地를 借受ᄒᆞᆯ 事를 得ᄒᆞ고 但 內國民과
最惠國民과 同樣으로 其國의 法律及規則을 遵守흠을 要ᄒᆞᄂᆞ니라.
盖 此等職業에 關ᄒᆞ야ᄂᆞᆫ 此를 許ᄒᆞ고 否흠은 亦 其國의 自由라 然而
法律의 明文 又ᄂᆞᆫ 精神에 抵觸이 無ᄒᆞᆫ 以限은 人類社會의 一員되야 營
爲ᄒᆞᆯ 職業과 如흠은 外國人에 許ᄒᆞᆯ 者로 解釋흠이 可ᄒᆞ니 然이 外國人
에 不許ᄒᆞᆯ 職業을 擧ᄒᆞ면 左와 如흠.

甲. 去來所의 會員 又ᄂᆞᆫ 仲買人의 職業
乙. 鑛業權者되ᄂᆞᆫ 事
丙. 辯護士되ᄂᆞᆫ 事

第三. 國家의 行爲를 請求ᄒᆞᄂᆞᆫ 權利

外國人은 條約上으로 身體나 財産에 對ᄒᆞ야 完全ᄒᆞᆫ 保護를 享有ᄒᆞᆫ
故로 國家에 對ᄒᆞ야 保護를 請求ᄒᆞᆯ 事를 得흠은 其 當然의 結果라 故로
外國人은 其 享有ᄒᆞᆫ 바 公私의 權利를 保護ᄒᆞ기 爲ᄒᆞ야 國家의 行爲를

請求홀 權利를 有홈이 通則이라.

一. 司法上 行爲를 請求ᄒ는 權利

司法上 行爲에 對ᄒ야는 日佛條約第一條 第三項에 曰 右兩國民은 其 權利를 伸張ᄒ고 防護ᄒ기 爲ᄒ야 法律로써 定흔 各審各種의 裁判所에 訴出홀 事를 得ᄒ고 又 如何흔 境遇에도 自由로 其 適當홈으로 認홀 法律家, 代言人辯護士及各種의 代人을 選擇使用홀 事를 得ᄒᄂ니 然이 右等 事에 關ᄒ야는 內國民에 許與ᄒ고 又는 許與홈이 可홀 者와 同一 의 權利及特典을 享有홈이 可홈으로 出訴홀 權利, 各種 登記請求의 權 利 其他 非訟事件 節次를 請求홀 權利는 條約上으로 享有홀 者라. 然이 內國民에 許與홀 者와 同一의 權利를 有흔 故로 民事訴訟法上의 內外人 間 區別을 設흔 訴訟上 保證을 立홀 義務(日本民事訴訟法 八十八條) 訴 訟上 救助를 請求홀 權利(日本民事訴訟法 九十二條)와 如홈은 右條約 實施의 時로 條約國民에 對ᄒ야는 其 區別이 無홈에 至흔 事를 注意홈 이 可홈.

二. 行政上의 行爲를 請求ᄒ는 權利

行政上 行爲의 請求에 對ᄒ야도 行政裁判所에 出訴홀 權이 有ᄒ니 旣爲行政裁判所에 出訴홀 權이 有흔 以上은 訴願도 亦 許홈은 勿論이라 何則고 租稅에 關한 件, 營業免許에 關흔 件等과 如홈은 外國人도 納稅 의 義務가 有ᄒ고 又 營業의 自由가 有흔 以上은 此等事項에 關흔 訴願 도 許홈이 可흔 者로 解釋홈이 至當홈 又 時許를 請求ᄒ는 權, 意匠, 商標登錄, 著作權의 登錄을 請求ᄒ는 權利 其他各種의 認可 又 認可를 請求ᄒ는 權利와 如홈은 內國民과 同一의 保護를 與ᄒ고 又 前段의 旣 述홈과 如히 著作의 自由, 營業職業自由의 大部分을 外國人에 許與흔 結果로 外國人이 此等 行政上 行爲를 請求홀 權을 與홈이 相當ᄒ니라.

三. 立法上의 行爲를 請求ᄒᆞ는 權利

此 權利는 請願權을 指홈이니 國法의 明文이 有혼 以上은 難問이 不生ᄒᆞ되 若 何等의 明文이 無혼 以上은 此를 不許홈이 可ᄒᆞ다 論ᄒᆞ즉 外國人이 人類社會에 一員이 되야 享有홀 私權 又는 自由權에 關ᄒᆞ야 議會에 請願홀 事를 拒絶홈은 或은 過酷혼 疑端이 無혼가 ᄒᆞ고 或은 請願의 性質及目的을 從ᄒᆞ야 外國人의 私權及自由에 關혼 者와 國家의 公益及政治에 關혼 者를 區別ᄒᆞ야 前者는 前者는 此를 許ᄒᆞ고 後者는 此를 不許홈이 穩當ᄒᆞ다. 何則고 前者는 人類社會의 一員이 되야 請求홀 緣由라 云ᄒᆞ니 此에 對ᄒᆞ야 衆說이 紛紜ᄒᆞ나 不遑枚擧ᄒᆞ노라.

第四. 公法上의 義務

盖 國際法上 獨立國家는 完全혼 領土主權이 有홈으로 其國에 居住ᄒᆞ는 外國人은 其 國法令에 服從홈은 勿論이오 其國 行政權, 司法權에 服從홀 義務가 有홈이 是乃 當然혼 結果라 日本은 新條約締結 以前에는 從來 外國의 領事裁判權이 有ᄒᆞ더니 新條約을 依ᄒᆞ야 領事裁判權을 撤去혼 結果로 領土主權을 全體로 恢復홈으로 日本에 住居한 外國人民은 日本 領土主權에 服從홈은 勿論이라 以上 所述혼 結果로 外國人은 內國人民과 同히 納稅의 義務가 有홈이 是라. 卽 關稅는 勿論ᄒᆞ고 他稅, 所得稅, 營業稅, 登錄稅, 印紙稅 其他 各種의 國稅及地方稅를 納付홀 義務가 有홈이 是라 又 兵役義務에 對ᄒᆞ야는 外國人은 例外로 服從의 義務를 免ᄒᆞᄂᆞ니라.

第五 對等條約國 以外의 國民의 公權 及 公法上 義務

理想은 外國人의 公權 及 公法上 義務의 一般을 述혼 바ㅣ라. 然이나 對等條約國 國民에 對ᄒᆞ야 論述홀 者ㅣ니 然즉 不對等條約 又는 無條約

國 國民에 對ᄒ야ᄂ 如何ᄒᆯ고. 一般으로 言ᄒ면 此等 外國人이라도 第二 人權과 如ᄒᆷ은 人類 社會의 一員되야 與ᄒᆯ 者라 ᄒ면 通例로 此를 享有케 ᄒᆷ이 相當ᄒ고, 又 第三 國家의 行爲를 請求ᄒᆯ 權利와 如ᄒᆷ은 公私의 權利를 許ᄒᆯ 程度에 附隨ᄒ야 此를 許ᄒᆷ이 可ᄒᆫ 者니 各國의 定例도 亦然ᄒᆫ 바ㅣ라.

◎ 治外法權, 寒泉子, 〈대동학회월보〉 제7호, 1908.8. (법학)

今日 我國人士의 大部分은 治外法權이 何等物인지 不知ᄒ깃고 此의 眞正ᄒᆫ 知得者ᄂ 極少ᄒᆷ에 不過ᄒᆯ 터이오. 又 一部分은 此를 誤解ᄒ야 治外法權은 卽 外人을 治ᄒᄂ 法權이라 ᄒ야 以爲ᄒᄃᆡ 我國은 治外法權이 無ᄒ다ᄒᄂ니 其 誤解ᄒᆫ 結果와 從來 外交關係의 現象이 多少 符合ᄒᄂ 點은 不無ᄒᄂ 學術上 意味로ᄂ 各別ᄒ니

抑 治外法權이라 ᄒᆷ은 統治權 外에 法律을 用ᄒᄂ 權利를 謂ᄒᆷ이니 卽 一國 內에셔 其 主權者가 制定ᄒᆫ 法律 以外에 他國人民이 自國法律을 行使ᄒᆷ을 容認ᄒᆷ이 是也라. 蓋治外法權은 國際上 關係에 種種 原因으로 由ᄒ야 文明國間에 依例히 行ᄒᄂ 特權도 有ᄒ고 又 文明程度가 不平等ᄒᆫ 國家間에 行ᄒᄂ 領事裁判權도 有ᄒ니 我國人의 普通說道ᄒᄂ 者ᄂ 卽 後者를 指ᄒᆷ이라. 蔽之 所謂 文明이라. 統治權이라 ᄒᆷ은 治外法權과 密接ᄒᆫ 關係가 有ᄒᆫ 즉 左에 此를 略論ᄒᆷ.

統治權의 何物됨을 知得ᄒ랴면 不得不 國家의 意義를 先究ᄒᆯ지니 卽 國家라 ᄒᆷ은 土地, 人民, 主權의 三者로써 組織ᄒᆫ 法人團體가 是也라. 國家를 成立ᄒᆫ 土地ᄂ 國土라ᄒ고 其 人民은 國民이라 ᄒᄂ니 此等 解說은 別論에 讓ᄒ고 爲先 主權이라 ᄒᆷ은 內로 國民을 統治ᄒ며 外로 國際間에 自由를 有ᄒᄂ 權力이니 卽 國家가 成立ᄒᆫ 以上에ᄂ 此를 保

護捍衛하며 又其安寧秩序를 維持하기 爲하야 不得不 相當한 權力을 要
할지라. 此 權力의 對內關係는 即 所謂 統治權이오 對外關係는 即 所謂
獨立權인디 合하야 主權이라 名홈이오. 又 此 國家的 現象의 發達如何
는 即 所謂 文明程度가 是也라.

　主權은 前述과 如히 統治權과 獨立權의 兩方面으로 行하느 其 獨立權
의 行하는 바 作用은 即 國際法關係를 成하고 其 統治權의 行하는 바
作用은 國內法 即 普通 所謂 法律의 關係를 成立하느니 法律은 如是히
統治權에 由하야 行하는 바 手段에 在하느 然 其 行하는 바 範圍에 至하
야는 許多異樣의 關係를 釀出하는지라 古昔 國家에 在하야는 種族遊牧
時代의 餘習으로써 屬人主義의 觀念을 基하야 法律을 行홈에 當하야
自國種族에 屬한 人民은 如何한 他外國에 在하야도 自國의 法律로써
此를 治하는 同時에 自國 內에 在한 他種族의 國民은 自國法律로써 此
를 統治홈 必要가 無홈으로 認하얏스나 然이나 文明程度가 漸進홈에
隨하야 種族的 觀念이 退休하고 國土的 觀念이 增長하야 於是乎 法律屬
地主義가 漸行하니 屬地主義라홈은 自國 內에 在한 人民은 內外國人을
勿論하고 一切 自國法律로 治御홈이 是也라.

　然이는 文明이 更進한 今日에 在하야는 屬地主義를 絶對的으로 行홈
을 不要하고 國際上 禮儀或利益을 爲하야 慣例或條約上으로 互相間 特
權을 彼此 容認홈이 有하니 即 君主, 大統領 又 大使, 特使, 公使等 與其
家族, 屬員과 領海內 碇泊한 軍艦과 認許를 得하야 領土 內에 通過하는
軍隊 等은 慣例에 由하고 領事官或貿易官 等은 條約에 由한 境遇에 共
히 法律上 特權 即 治外法權이 有하며 又 國家의 文明程度가 有差한
時에 文明國 普通人民이 文明程度가 低한 國 即 法律 特히 裁判制度의
發達이 不完全한 國에 在하야는 該國 裁判의 十分 公平치 못홈을 認하
는 故로 此에 服從홈을 不利益이라 하야 條約으로써 此等 法律의 統治
를 免하고 自國의 領事官或其他相當官員으로써 自國 法律을 用하야 此

룰 管轄케 ᄒᆞ는 特權을 認定ᄒᆞᄂᆞ니 此 特權은 卽 所謂 領事裁判權인듸 其 形式이 他 特權과 同一ᄒᆞᆷ으로 幷稱ᄒᆞ야 治外法權이라 ᄒᆞᆷ이라. 然而 此 名詞는 學術上 多少 非難을 不拘ᄒᆞ고 實地 慣用語가 된 故로 今日에 는 一國이 他國民에게 此 特權을 許ᄒᆞ면 卽 治外法權을 與ᄒᆞ얏다 云ᄒᆞ 고 又 此룰 解除ᄒᆞ면 卽 治外法權을 撤還ᄒᆞ얏다 云ᄒᆞᄂᆞ니라.

如斯히 領事裁判權은 文明程度의 相異ᄒᆞᆷ으로 由ᄒᆞᆷ인 故로 文明이 相 等ᄒᆞᆫ 國家間에는 依例히 此 特權의 行ᄒᆞᆷ이 無ᄒᆞ고 又 一朝 此 特權이 容認된 後라도 文明程度의 增進으로 因ᄒᆞ야 此룰 撤還ᄒᆞᆷ도 亦是 異事가 아니니 實例룰 擧ᄒᆞ건듸 日本이 明治 初年에 西洋各國과 修好通商을 約ᄒᆞᆯ 時에는 法律과 裁判의 制度가 不備ᄒᆞᆷ으로 各國民에 向ᄒᆞ야 一切히 此 特權을 與ᄒᆞ얏더니 明治 三十一年에 至ᄒᆞ야 法制가 完成ᄒᆞᆷ으로 各國 과 條約을 改定ᄒᆞ야 治外法權을 一幷 撤還케ᄒᆞ얏고 今日에 尙且 治外法 權의 行ᄒᆞ는 國은 僅히 土耳其, 暹羅, 支那及我韓에 不過ᄒᆞ니라.

*여규형의 전당론은 정리하지 않음

◎ 條約槪意, 郭漢倬, 〈대한흥학보〉 제12호, 1910.04.
　(법학, 국제법)

▲ 제12호

第一章 條約의 性質

條約은 國家와 國家間의 契約이니 國家는 獨立權作用에 依ᄒᆞ야 國際 公法의 範圍內에셔 何如ᄒᆞᆫ 事項을 勿論ᄒᆞ고 他國과 契約ᄒᆞᆷ을 可得ᄒᆞᄂᆞ 니 其 契約에 依ᄒᆞ야 國際關係上으로는 不可負ᄒᆞᆯ 義務도 負擔ᄒᆞ고 又는

不可享有홀 權利도 取得홈을 得홀지라. 玆에 條約이라 云ㅎᄂᆞᆫ 것은 國家와 國家間, 契約에 限홈으로써 國家와 箇人間,契約 又ᄂᆞᆫ 國家가 箇人의 資格으로 爲혼 契約은 條約이 아니라, 私法範圍에 屬ㅎ야國際公法에ᄂᆞᆫ 硏究홀 必要가 無혼 故로 君主와 他國君主間에 關혼 相續權 其他 箇人的 合意ᄂᆞᆫ 一種 私約이니 條約으로 看做키 不能홈이라.

第一節 條約의 締結

條約을 締結ㅎᄂᆞᆫ 權利를 有혼 者ᄂᆞᆫ 獨立國이니 其 一國內에 在ㅎ야 何人이 其 權利를 行使ㅎᄂᆞᆫ 것은 各國이 其 憲法에 依ㅎ야 定홀지나 思量컨ᄃᆡ 國家主權者의 行爲ᆯ듯 ㅎ도다.

國家가 他國과 條約을 締結홈에ᄂᆞᆫ 列國公會 或은 列國會議의 結果로 出ㅎᄂᆞᆫ 事도 有ㅎ고 又ᄂᆞᆫ 特定혼 一國 或은 數國의 談判에 依ㅎᄂᆞᆫ 事도 有ㅎᄂ 以上 何如혼 境遇든지 條約의 談判及 締結은 全權委員을 當事國에셔 選定ㅎ야 此에 全權書 即 委任狀을 交付ㅎ고 全權委員 等 會合혼 時에, 먼저, 其 委任狀을 互相交換ㅎ야 列國公會 或은 列國會議에셔 此를 議長에게 提呈혼 後, 其 委任狀의 良好妥當홈을 信認혼 時로부터 其 談判에 從事ㅎᄂᆞᆫ 것인 故로 萬一 委任狀이 不正當홀 時ᄂᆞᆫ 對 手國은 此를 正當혼 全權委員이라. 不認홈으로 此와 談判키 不能ㅎ니니 其 一例를 擧ㅎ면 卽「日本 明治 二十八年에 淸日兩國이 媾和談判홀 時에 淸國委員 張蔭桓의 携帶혼 全權書ᄂᆞᆫ 其 委任된 權限에 缺혼 事가 有ㅎ야 日本 全權委員은 此와 談判홈을 拒絶ㅎ얏ᄂᆞ니라.」故로 委任狀 中에ᄂᆞᆫ 其 携帶者가 對 手國에 對ㅎ야 自國을 代表ㅎ고 協議可得홀 權限을 明書혼 後 此에 主權者가 署名鈐璽ㅎ고 外部大臣의 副署가 有혼 書類됨을 要ㅎ야 條約의 談判及 調印홈에ᄂᆞᆫ 此 書類를 不有ㅎ면 不可ㅎᄂ니라.

第二章 條約의 名稱

國家間의 契約은 條約, 約定, 宣言, 協約一般 又는 最終法規, 又는 規定 議定書, 陣中規約 等 其他 數多의 名稱이 有ᄒ나 其 性質 及 效力에 至ᄒ야는 毫末도 異點이 無ᄒ니. 條約은 其 規定ᄒ는 事項이 締約國間의 一般的 且 重要ᄒ 것이요 約定은 特定ᄒ 一事項으로 比較的 國際上, 關係의 小ᄒ 것이오, 宣言은 國家의 意思를 表示ᄒ는 것이며, 協約, 規則, 法規, 議定書와 如ᄒ 것도 國家間에 全權委員으로써 一定ᄒ 事項을 約定ᄒ야 其批准을 經ᄒ 것은, 다, 條약이며 又陣中規약은 戰爭中 交戰國이 俘虜의 交換休戰의 약定과 如ᄒ것 戰場에셔 兩軍 司令官間에 締結ᄒ 약定은 主權者의 批准흠을 不要ᄒ고 兩國을 拘束ᄒ는 것이나 國家間의 약定됨으로써 一種의 條約이라 看做흘지니라.

第二章 條約의 成立

條約을 有效케흠에는 普通契約과 如히 其 締結者 即 國家가 此를 締結흘 權能을 具備흘 事, 條約의 締結을 委任ᄒ 國家 代表者가 其 締結에 關ᄒ야 充分ᄒ 權限을 有흘 事, 及條約을 締結흘 時에 十分協議ᄒ야 合意될 事, 又條約의 目的ᄒ는 바가 國際公法에 違犯되지 아님을 要ᄒ는 外普通契約과 相異ᄒ 點은 國家의 批准을 要ᄒ야 批准ᄒ 後, 條約의 劾力을 有ᄒ는 것이니 左에 此를 分說코자ᄒ노라.

第一節 條約締結의 要素

第一款 締結者의 資格

完全ᄒ 主權國은 國際公法에 違反되지 안는 以上은 修好通商, 交通 其他 政略上, 行政上, 司法上, 經濟上에 基因되는 種類中, 何如ᄒ 條約을

勿論ᄒ고 任意로 他國과 締結홈을 可得ᄒᄂ 然이ᄂ 此權利ᄂ 他國間의
條約으로써 其行使를 制限ᄒᄂ 事가 有ᄒ니 即 永世中立國 又 聯邦의
各州ᄂ 列國間의 條約 及 自國의 憲法에 依ᄒ야 他國과 條約을 締結홈에
對ᄒ야 其 權利의 行使를 制限ᄒ고 又 合衆國의 各州 及 被保護國과
如ᄒ 一部 主權國은 自國이 條約 締結權을 不有ᄒ고 又난 此를 自國以外
의 政治的 團體或은 機關에 與ᄒ야 自國이 其 權利를 行使키 不能홀ᄲᅥ
不啻라 其權限을 超越ᄒ야 他國과 條約을 締結ᄒ 時난 其 條約은 全혀
不成立ᄒ난 故로 效力이 無ᄒᄂ니라. 主權國은 他國間과 條약 締結權이
何人手中에 存ᄒ 與否난 各國 憲法에 依ᄒ야 定ᄒᄂ 一般으로 論홀진딕
君主專制國 又 立憲君主國에셔난 君主에게 在ᄒ고 共和國에셔는 行政長
官 又 行政長官과 上院에셔 掌握홈이 普通이오 其他 海陸軍將帥가 戰地
에셔 其 指揮下에 在ᄒ 軍隊 及 兵士의 行動에 關ᄒ 全權을 有홈으로써
其 職權上 休戰의 約定, 俘虜의 交換, 商業의 免許 或은 軍隊의 降服等에
關ᄒ야 敵國과 陣中規約을 締結홀 權利를 有ᄒ야 此等 規約은 批准을
不要ᄒ고 國家를 拘束ᄒ는 것이ᄂ 此는 全혀 交戰國間에 限ᄒ야 戰爭에
關ᄒ 特別法則에 基因되야 將帥의 職權上 本國主權의 代表者로 其 規約
을 締結홈에 不過ᄒ 故로 如斯ᄒ 境遇에 其 將帥가 職權을 超越ᄒ야
締結ᄒ 約定은 國家가 追認치 아니ᄒ면 其 效力이 無ᄒᄂ니라. (未完)

▲ 제13호

第二欵 意思의 自由

條約을 有效케 홈에ᄂ 合意를 要ᄒᄂ니라.

合意ᄂ 締結國이 互相的 又ᄂ 半面的으로 負擔홀 義務에 關ᄒ야 意思
가 一致됨을 云홈인 故로 條約을 締結홀 時에 錯誤 又ᄂ 詐僞가 有ᄒ면
其 條約은 效力이 無ᄒ니라.

第三欵 目的의 正當흔 事

條約을 有效케 흠에는 其 目的의 正當흠을 要흐느니라.

目的의 正當흠은 其 不能 或은 不法에 背反치 아님을 謂흠이니 目的의 不能은 事實上으로 目的을 實行키 不可흠을 云흠이오 又 目的의 不法은 目的이 國際法上 規定에 背反되든지 或은 文明國에서 普通으로 行ㅎ는 慣習에 違背됨을 云흠이니 假令奴隷의 賣買를 目的삼고 又는 大洋을 私領으로 삼는것, 一國이 世界를 支配ㅎ는 것. 外國人에게 何等 權利든지 不與ㅎ는 것 全然히 宗敎의 自由를 禁止ㅎ는 것等을 締結ㅎ는 것이니 何等條約은 目的의 不正當흠에 因ㅎ야 到底히 成立키 不能ㅎ느니라.

第二節 條約의 形式

條約은 國際公法上에 一定흔 形式이 無ㅎ고 다만 當事者間에 其 行爲 又는 不行爲에 對ㅎ야 適當흔 意思의 表示가 有흔 後此를 互相承諾흘 時는 有效ㅎ느니 故로 嚴正흔 方式을 具備ㅎ는 與否에 因ㅎ야는 效力에 差異가 無ㅎ느 然이느 條約을 規定흔 事項에 關ㅎ야 後日에 紛議가 有흘가 憂念ㅎ야 此를 豫防흘 所以로 書面에 依ㅎ야 締結흠에 不過ㅎ느니 其 書面에 揭載ㅎ는 事項은 如左흠.

(一) 何如흔 事로 條約을 締結흠을 記述흘 事
(二) 締結國及 代表者의 尊號及 名稱
(三) 各 條約의 事件
(四) 意思의 一致된 事
(五) 締結時의 年月日
(六) 全權大臣의 署名捺印

52

第三節 條約의 批准

批准은 代表者가 締結호 條約文에 對호야 國家의 元首가 承認홈을 謂홈이니라.

批准을 或은 條約의 形式的要素라 論호고 或은 實質的要素라 論호는 余는 實質的 要素라 信호노니 即 條約은 批准에 因호야 비로소 條約되는 效力을 生호는 所以로 批准은 條約의 裁可로되 法律엔 此를 裁可라 云호고 條約엔 此를 批准이라 云호는 名稱에 差異가 有홀 쑨이니라.

第一欵 批准種類

批准에는 明示와 默示의 二種이 有호니 左에 分說코자 호노라.
　(一) 明示의 批准은 批准者가 直接으로 批准의 意思를 發表호는 境遇를 云홈이니(言語 或은 書面) 條約의 批准은 大槪 此 方法에 依호느니라.
　(二) 默示의 批准은 批准者가 直接으로 批准의 意思를 明示치 아니는 諸般事情에 因호야 批准의 意思가 有호다고 推測홀 境遇를 云홈이니라.

第二欵 批准의 拒絶

前述홈과 如히 君主 其他 條約締結의 大權을 有흔 者가 直接으로 條約을 締結흔 境遇外엔 條約은 다 批准에 依호야 비로소 效力을 生호는 것인 故로 아직 批准을 經치 아니흔 條約은 條約의 效力을 不有홀 쑨 不啻라. 相對者되는 國家는 批准을 拒絶호야 此를 廢棄홈을 得호느 然이느 此 拒絶에는 重大흔 理由가 有홈을 要호느니 其 重大흔 理由는 如左홈.

　(一) 全權委員이 其 委任흔 權限을 超越흔 時

(二) 全權委員이 其 國憲法에 違反되는 條約을 締結홀 時

(三) 其國이 他國에 對ᄒ야 有홀 義務에 抵觸홀 條約되는 時

(四) 條約의 要點에 關ᄒ야 詐欺又는 錯誤가 有홀 時

(五) 强暴에 依ᄒ야 全權委員을 脅迫홀 時

(六) 調印홀 時에 國에 狀態가 一變홀 時

第三欵 批准의 交換

批准書가 已成홀 時는 其謄本을 作ᄒ야 各 締盟國에 送付ᄒ고 서로 此를 交換ᄒ는 一定홀 處所에서 其 交換을 行홀 時는 委員에게 委任狀을 與ᄒ야 交換을 爲케 ᄒ는니 此 委員이 交換을 行홈에 當ᄒ야 批准의 交換證書를 作ᄒ는니라.

第四欵 批准의 效力

批准의 效力은 遡及力이 有ᄒ니 國家間에 其 批准을 交換홀 時는 條約中에 反對의 明文이 無ᄒ면 其 條約의 效力은 全權委員이 調印홀 當時에 遡及 「條約成立時」ᄒ야 有效ᄒ니라.

10.3. 민법

◎ 民法의 槪論, 兪致學, 〈친목회 회보〉 제6호, 1898.4.9.

*법률과 민법을 법학적인 관점에서 설명한 글임

凡洋의 東西를 勿論ᄒ고 近世 諸文明國에셔는 各其 國內에 一定 固有홀 法典이 有ᄒ는니 其 法典 中에 一部分되는 民法이라 ᄒ는 法律을

其如何ᄒᆞᆫ 性質을 有ᄒᆞᆫ 法律이며 其 法典은 如何ᄒᆞᆫ 理由에 因ᄒᆞ야 編纂ᄒᆞᆫ 者이며 其 編纂은 如何ᄒᆞᆫ 沿革을 經ᄒᆞ며 ᄯᅩ 如何ᄒᆞᆫ 軆裁에 依ᄒᆞ야 編纂ᄒᆞᆫ 者인가. 其 大軆ᄅᆞᆯ 說明ᄒᆞ야 民法이 法律에 對ᄒᆞᆫ 觀念을 闡明ᄒᆞ게 홈이 民法을 畧論홈에 常ᄒᆞ야 第一 緊要ᄒᆞᆫ 者이라. 蓋 民法의 意義ᄅᆞᆯ 論ᄒᆞ고ᄌᆞ 홀진ᄃᆡ 몬져 法律의 性質을 說明치 아니치 못홀지ᄂᆞ 然이ᄂᆞ 法律 性質의 如何ᄒᆞᆫ 槪念은 임의 前號 諸氏 講演 內에 ᄌᆞ셰히 說明ᄒᆞ야 被載ᄒᆞᆫ 바이라. 今에 敢히 重論치 아니ᄒᆞ나 然이ᄂᆞ 其 大軆ᄅᆞᆯ 一言ᄒᆞ리니 蓋 法律의 意義ᄂᆞᆫ 形式上과 實質上 二種의 區別이 有ᄒᆞ니 卽 <u>形式上 意義에ᄂᆞᆫ 法律은 國會 脇贊을 經ᄒᆞ야 發布ᄒᆞᆫ 條規</u>가 是오, 實質上 意義에ᄂᆞᆫ 自古 學說이 區區ᄒᆞ야 一定ᄒᆞᆫ 바이 無ᄒᆞ나 然이ᄂᆞ 多數 學說에 依ᄒᆞᆫ 즉 <u>法律의 本質은 人民 行爲ᄅᆞᆯ 規定ᄒᆞᆫ 主權者의 命令</u>이라. 法律은 卽 主權者의 命令이오 人民 行爲의 準則이라 云홈에 歸着ᄒᆞ리로다.

凡庸愚奴隷의 人類가 生活競爭의 結果로써 互相扶助홈을 爲ᄒᆞ야 聚合 團結ᄒᆞ야 一國家ᄅᆞᆯ 成立ᄒᆞ얏스니 於玆에 各其 意見 所向에 放任ᄒᆞ고 此ᄅᆞᆯ 制抑ᄒᆞᄂᆞᆫ 바이 無홀가. 一次 成立ᄒᆞᆫ 國家의 秩序ᄂᆞᆫ ᄒᆞ야금 紊亂ᄒᆞ야 弱肉强食의 自然狀態에 復ᄒᆞ리며 各自 生活의 幸福 等은 ᄒᆞ야금 危險 狀況에 陷홀지라. 故로 國家의 秩序ᄅᆞᆯ 維持ᄒᆞ고 各人의 共同生活을 安全케 홀진ᄃᆡ 반ᄃᆞ시 各人 行爲에 一定 準則을 制與ᄒᆞ야 此 限界에 隨意 濫越홈을 不許ᄒᆞ며 此 準則을 遵守ᄒᆞ야 人類의 國家的 共同生活을 鞏固케 ᄒᆞ지 아니치 못ᄒᆞ리니 此 準則은 곳 國家의 法律이라. 蓋 <u>宗敎 及 道德의 敎則은</u> 人類의 內界ᄅᆞᆯ 支配ᄒᆞ야 其 心意作用을 規定ᄒᆞᆫ 者이ᄂᆞ 法律은 人類의 外部 關係ᄅᆞᆯ 規定ᄒᆞᆫ 者이니 곳 直接으로 人類의 心意作用을 支配홈이 아니오, 意思가 外部에 發表ᄒᆞ야 行爲ᄅᆞᆯ 作ᄒᆞ야 各其 互相의 關係ᄅᆞᆯ 生ᄒᆞ고ᄌᆞ 홀 際에 其 行爲로 ᄒᆞ야금 共同生活의 道에 適導홈으로써 其 本領을 삼ᄂᆞ니 故로 宗敎 道德 及 法律의 三大則은 다 人類生活을 規定ᄒᆞᆫ 法則이라. ---

◎ 民法 講義의 槪要, 朴聖欽 역초, 〈서우〉 제7호, 1907.6.
   (법학, 민법)

▲ 제7호

　法律은 近世 國家 統治의 大本이니 今日 文明 社會에 生活ᄒᄂᆞᆫ 者ㅣ
無貴無賤無貧無富히 法律을 不知ᄒᆞ면 安穩渡世(안온도세)홈을 不得ᄒᆞᆯ
지니 故로 法律의 硏究ᄂᆞᆫ 一日이라도 不可忽이라. 但 法律學이 學理 深
邃ᄒᆞ야 欲仔細硏究 則到底 非一朝一夕之可得이오, 不可不 數年을 亘ᄒᆞ
야 其硏究에 熱心 從事ᄒᆞ여야 ᄒᆞᆯ지라. 本 講義의 目的은 如此ᄒᆞᆫ 深遠智
識을 授ᄒᆞ며 如此ᄒᆞᆫ 高尙 思想을 養成코저 홈에 不在ᄒᆞ고 只是 民法의
一般 法理와 及 其解釋을 知케 ᄒᆞ야 人으로 社會上에 活動ᄒᄂᆞᆫ 際에
其大體 方針을 不誤케 코저 홈에 在ᄒᆞ니 若 讀者가 諸種學說을 窮究ᄒᆞ
야 深遠ᄒᆞᆫ 法理를 蒐探코저 하면 此 講義로 階梯ᄒᆞ야 或 入於各法律學
校하며 或 涉獵於精細緻密之諸書하야 서 其 智識을 啓發홈이 宜하니라.

　由粗入細(유조입세)ᄂᆞᆫ 學問之順序라. 今民法을 說明홈에 當ᄒᆞ야 由粗
入細ᄒᄂᆞᆫ 方法에 不依ᄒᆞ면 讀者가 茫然하야 五里霧中에 在홈을 不免할
지라. 故로 今에 民法의 大體를 述하고, 且 法律이라 權利이라 하ᄂᆞᆫ 大
畧을 說하야 讀者의게 極히 便利케 하노라.

第一章 法律의 意義

　同名 電氣ᄂᆞᆫ 相衝이오, 異名 電氣ᄂᆞᆫ 相引이라 홈은 物理學上 一 規則
이오, 忠於君 孝於親이라 홈은 道德上 一規則이오, 人不可殺人之物 不
盜라 홈은 法律上 一規則이니 其爲規則은 一也여늘 一爲 物理上 規則이
오, 一爲 道德上 又 法律上 規則은 何故인지 此點이 甚怪異也라. 然ᄒᆞ나
同名 電氣 相衝, 異名 電氣 相引이라 하ᄂᆞᆫ 規則은 人與人의 關係를 定ᄒᆞᆫ

規則에 不在오, 電氣 與 電氣間의 關係를 定혼 規則인즉 忠於君이라 人不可殺이라 ᄒᆞᄂᆞᆫ 規則은 人與人의 間 關係를 定혼 規則될 것은 判然혼지라. 然則 物理上 規則과 道德上 又 法律上 規則의 所異ᄂᆞᆫ 一은 人의 間 規則이 되지 아니하고, 一은 人의 間 規則이 되ᄂᆞᆫ 點에 在하다 홀지라. 物理上 規則은 物에 就혼 規則이 되고, 道德上 又 法律上 規則은 人與人의 關係를 定혼 規則됨이 明ᄒᆞ니라.

然이나 人與人의 關係를 定혼 規則에도 道德規則과 法律規則의 別이 有ᄒᆞ니 此 第二 怪異혼 點이라 不孝於親이면 社會에 擯斥을 見ᄒᆞᄂᆞᆫ 不利益이 有홀지오 盜人之物이면 法律上에 罰를 被ᄒᆞᄂᆞᆫ 不利益이 有홀지니 然則 規則을 破하ᄂᆞᆫ 制裁(卽 不利益)ᄂᆞᆫ 道德規則을 破ᄒᆞ던지 法律規則을 破ᄒᆞ던지 均히 被ᄒᆞᄂᆞᆫ 바이니 制裁를 被ᄒᆞ며 否홈은 道德規則과 法律規則의 區別이 有혼 點이 되지 못홀지니라.

然則 道德과 法律의 異혼 點이 何在오 法律規則은 國家의 强行홈이오 道德規則은 强行이 無하고 唯 人人이 良心上으로 自然遵奉홀 而已니 故로 規則에 道德規則인지 法律規則인지 知코저 홀진딘 其 規則이 果是 國家에서 强制로 守케 홈인지 人人이 自然히 守홈인지 不可不 取調홀지니 人을 勿殺하라ᄂᆞᆫ 規則과 如홈도 人의 良心上 自然히 行ᄒᆞᄂᆞᆫ 點으로 觀ᄒᆞ면 道德規則이라 可謂홀지오 國家에서 强制로 守케 ᄒᆞᄂᆞᆫ 點으로 觀하면 法律規則이라 可謂홀지니라.

由是觀之컨댄 法이 律란 것은 人類間의 關係를 定혼 規則인딘 國家에셔 强行ᄒᆞ난 者를 云홈이니 (一) 人與人의 關係를 定혼 規則되ᄂᆞᆫ 事 (二) 國家에서 强行하ᄂᆞᆫ 規則되ᄂᆞᆫ 事의 二要件을 含有하니라.

然이나 時로 法律이란 語를 狹用홈이 有하니 如憲法 所謂 法律이 是也라. 憲法 所謂 法律은 法律公布式으로 發布된 法律而已를 指홈이오 法律公布式으로 發布치 아니혼 法律은 憲法上에 此를 命令이라 名ᄒᆞ니

卽 憲法은 法律을 分하야 狹意味의 法律과 命令으로 分하니라.

　法律이란 語를 又 或時로 <u>成文法</u> 意味에 單用ᄒᆞᄂᆞᆫ 者ㅣ 有ᄒᆞ니 成文法이란 것은 刑法, 刑事訴訟法, 民法, 民事訴訟法, 及商法과 如ᄒᆞᆫ 法律規則의 文字에 載在ᄒᆞᆫ 者를 云ᄒᆞᆷ이니 <u>慣習法</u>과 如ᄒᆞᆫ 것은 文字에 記載치 아니ᄒᆞ고 惟 習慣上으로 規則이 됨이 不過ᄒᆞᆷ으로 此를 <u>不文法</u>이라 云ᄒᆞ야 成文法에 對立ᄒᆞ니 卽 法律에 成文法 不文法 二種이 有하니라.

規則—人類關係以外의 事를 定ᄒᆞᆫ 者—物理上規則
　　　　　　　　　　　　　—數理上規則
　—人類의 關係를 定ᄒᆞᆫ 者—道德…自然히 行ᄒᆞᄂᆞᆫ 規則
　　　　　　　　　　　—法律…國家强制로 行ᄒᆞᄂᆞᆫ 規則
法律—人類關係를 定하야 國家强制로 行하ᄂᆞᆫ 一切 規則을 指ᄒᆞᆷ(廣義)
　　—單히 法律公布式으로써 發布ᄒᆞᆫ 者而已를 指ᄒᆞᆷ(狹義)
　　—單히 成文法而已를 指ᄒᆞᆷ(狹義)

▲ 제8호

第二章 法律의 種類

　同是人也로되 美人도 有ᄒᆞ며 魂婦도 有하며 善人도 有하며 惡人도 有ᄒᆞ야 諸樣 區別이 有ᄒᆞ니 法律도 此와 如ᄒᆞ야 數多ᄒᆞᆫ 種類가 有ᄒᆞᆫ지라. 然이나 其 非大有益ᄒᆞᆫ 것은 舍置(사치, 버려두고)ᄒᆞ고 肝要ᄒᆞᆫ 種類ᄲᅡᆫ 左에 說明ᄒᆞᆨᄂᆞ라.

(一) 公法 及 私法: 法律 中에 國家 又 國家의 機關과 人民의 關係를 定ᄒᆞᆫ 者도 有ᄒᆞ며 惟 人民 與 人民과의 關係ᄲᅡᆫ 定ᄒᆞᆫ 者도 有ᄒᆞ니 公法이란 것은 前者를 指ᄒᆞᆷ이오 私法이란 것은 後者를 指ᄒᆞᆷ이라. 例컨듸 刑法

은 國家 與 犯罪人(人民)의 關係를 定홈인 故로 公法이오, 其他 訴訟法은 裁判所(國家의 機關) 與 訴訟人(人民)의 間, 市町村制는 國家 與 市町村 人民의 關係를 定홈인 故로 亦 公法이오, 民法 及 商法과 如훈 것은 人民 與 人民의 間 關係를 定홈인 故로 私法이라 홈과 如홈이라. 玆에 一言 說明치 아니ᄒ면 大히 讀者의 疑를 招홀 者ㅣ 有ᄒ니 前云 法律이란 것은 人與人의 間關係를 定훈 規則이라 ᄒ얏스니 今 私法은 人民與人民의 間關係를 定홈인즉 其法律됨이 明白ᄒ거니와 公法은 國家與人民의 間關係를 定홈인즉 國家는 非人이라. 此를 法律이라 하기 法律 定義에 相反ᄒ는 닷하니 此ㅣ 可疑훈 點이라. 然이나 <u>法律上 人은 人을 指홈이 不止하고 雖 人以外의 物이라도 時로 有ᄒ야 此를 人이라 하ᄂ니</u> 國家와 如홈은 雖不是人이나 亦人으로 看做홀 者의 一인 故로 國家與人民의 間關係를 定훈 公法을 法律이라 云하기 少도 妨홈이 無하니라.

(二) 强行法 及 任意法(又云 聽任法) <u>法律에 我의 意思로써 左右홈을 得하며 否하는 別이 有하니</u> 例컨딕 人의 物를 盜홈은 法律의 禁止하는 바이니 此 禁令은 盜者與被盜者의 約束으로 左右홈을 不許하고 苟盜以上에는 法律은 必罰乃己오 又 訴訟法에 初訴난 第一審 裁判所에 不爲홈이 不可ᄒ니 決코 訴訟人의 任意로 第二審 裁判所에 起訴홈을 不許ᄒᄂ니 <u>此等 人民의 任意로 左右홈을 不許ᄒ는 法律의 規定은 强行法이라 云ᄒ고</u> 物의 賣買는 其物의 所有權을 直히 買主에게 移ᄒ야 買主가 直히 所有者됨이 可ᄒ나 賣主가 買主에게 約束하고 賣買훈 後에도 賣主가 所有者됨을 得하는 者ㅣ 有하고 又 賣買契約에 關훈 費用은 當事者ㅣ 雙方으로 平分擔負홈을 規則이라 하나 當事者의 約束으로 依하야 得不平分하는 者ㅣ 有하니 <u>此等 人民의 任意로 左右홈을 許하는 法律의 規定은 任意法 又 聽任法이라 云하ᄂ니</u> 刑法 憲法 訴訟法 行政法等의 公法은 强行法이오 民法 商法 中에도 公共秩序에 關훈 規定은 亦 强行法이오 民法 商法 中 公共秩序에 不關훈 規定은 此是 任意法이니라. 玆에 一言說明훈 者ㅣ 亦有하니 法律은 前에 述홈과 如히 國家의

强行하는 者 ㅣ라. 人民의 任意로 得以左右하는 規則과 如흔 것은 强行이라 云하기 不可흔즉 法律이라 하기 不當흔닷하나 然이나 任意法이란 것은 人民의 任意로 흔다 云흠이 안이오 只是 人民이 其現定을 不從하는 意思를 明白히 表示흔 時에는 强行치 아니하나 此 意思를 明白히 表示하기 前에는 必其規定을 從케 흔다 云흠이니 亦是 國家의 强行이니 卽 法律이라 하기 無妨하니라.

> 律法—公法…國家與私人의 關係를 定흔者…憲法 行政法 刑法 訴訟法
> —私法…私人與私人의 關係를 定흔者…民法 商法
> —强行法…人民의 意思如何를 不拘하고 必使遵奉하는 者…憲法 行政法 刑法 訴訟法 及 民法 商法中 公共秩序에 關흔 規定
> —任意法…遵奉與否를 人民의 意로 任하는者…民法 商法中 公共秩序에 不關흔 規定

第三章 權利義務의 意義

法律이란 것은 人與人의 關係를 定흔 者됨은 已述흠과 如하거니와 人與人의 關係를 定흠의 當하야 法律은 人에게 權利를 與하며 或 義務를 負케 하는 方法으로 依하야 其 關係를 明히 흔 것이라. 法律에 規定흔 바 其 結局이 皆彼는 權利를 有흔다 彼는 義務를 負흔다 하는 事에 歸着흔지라. 故로 法律의 詳細흔 것을 知하기 前에 몬져 權利 義務의 意義를 十分 了解흠이 肝要하니라.

權利라 義務라 하는 言은 從來 人의 普通으로 用하는 바이라. 然이나 若 權利라는 것은 一體 如何흔 意味며 義務라는 것은 一體 如何흔 意味인가 問흠면 博學達識흔 學者도 適當흔 解說를 得흔 者 ㅣ 古來未有하니 然則 今에 鮮說하는 것이 十分 滿足하다 하기 不得흘지나 唯今日學者間 通常 行用하는 說를 從하야 說明하노라.

規則에 法律上規則 道德上規則等 別이 有홈과 如히 權利義務에도 亦
法律上 權利義務 道德上 權利義務 等 別이 有하니

例컨딕 物權이라 債權이라 云호 것은 法律上 權利가 될지나 女子權
利라 朋友權利라 云홈과 如호 것은 法律上 權利에 不在홀지라. 權利라
는 語가 不拘 何用하고 意思의 主張利益 及 他의 保護라 云하는 三原素
를 合有하니 即 或 力의 保護에 依하야 意思로써 其 利益을 主張한다는
意味라 例컨딕 債權이라 云호 것은 債權을 有호 者가 法律 保護下에셔
意思로써 或 利益 得홀 事를 主張호는 意味됨과 如홈인딕 唯 法律上
權利와 道德上 權利의 異호 바는 法律上 權利는 法律保護下에서 利益을
主張한다 云홈이오 道德上 及 其他 權利는 道德 及 其他의 保護에 依호
야 利益을 主張한다 云호는 點에 在호니 法律은 國家의 强行하는 規則
이라. 故로 法律의 保護를 受혼다 홈은 國家의 力으로써 保護홈이오 道
德規則과 如호 것은 自然히 社會의 人에 遵奉홈이 된 規則이라 故로
道德의 保護에 依혼다 홈은 國家의 力이라 홈과 如히 確實호 力의 保護
에는 不在하고 社會諸人의 道德心으로 生혼 自然의 力으로 依하야 保護
됨이라 法律上 權利는 法律의 力에 依하야 保護되고 道德上 權利는 社
會의 道德心에 依하야 保護되고 權利者의 利益을 主張하는 點은 法律上
權利와 其他 權利가 異홈이 毫無하니라.

權利者의 主張에 對하야 或 事를 不爲홈이 不可하던지 又 或 事를
爲홈이 不可하던지 홀 時 는 義務를 負혼다 云홀지니 義務른 것은 畢竟
或 事를 爲하며(行爲) 又 或 事를 不爲호는(不行爲) 責任에 不外호니
例컨딕 負債主는 金을 返홀(行爲) 責任이 即 義務오 子는 親에게 孝홀
(行爲) 責任이 即 義務오 又 官吏는 商業을 不爲하는(不行爲) 責任이 即
義務오 妻는 姦夫를 不通하는(不行爲) 責任이 即 義務라 홈과 如홈인딕
而其 責任이 法律로써 負케 혼 時는 法律上 義務되고 道德上으로 負케
혼 時는 道德上 義務되느니 道德上 義務에 背홀 時는 社會의 擯斥嘲笑
等 道德上 制裁(即 惡報)를 受하고 法律上 義務에 背홀 時는 刑罰損害賠

償等 法律上 制裁를 受하느니 <u>義務는 畢竟 權利者의 主張하는 利益을 滿足케 홀 責任이며 義務라.</u> 債主는 金錢利益 得홀 事를 負債主에게 要求하며 主張ᄒ거든 負債主는 其 主張ᄒ이는 金錢을 償還하야 債主의 利益을 滿足케 홀 責任이 有하고 親은 子에게 孝하기를(利益) 主張하며 要求ᄒ거든 子는 其 主張에 對ᄒ야 孝를 ᄒ야 親의 利益을 滿足케 홀 責務가 有ᄒ니 <u>然則 權利義務는 必相對立ᄒ는 者라.</u> 此에 權利가 有ᄒ면 반다시 義務도 伴ᄒ고 此에 義務가 有하면 반다시 義務도 伴하는 것이라 利益을 主張하는 方으로 觀하면 權利되나 利益을 主張하이는 方으로 觀하면 義務가 되느니라.

權利			相對立	義務		
或 力의 保護에 依하야 意思로써 主張하야 得홀 利益(或 力의 保護意思의 主張, 利益의 三原素를 含ᄒ니라.)	道德上 權利	法律上 權利	相對立	道德上 義務	法律上 義務	權利者에 對하야 或 事를 爲不爲의 責任 即 權利者의 利益을 滿足케 홀 責任이라.
	道德의 力 即 自然의 力에 保護ᄒ이는 者	國家의 力 即 法律의 力에 保護ᄒ이는 者		道德上 即 自然上으로 負흠이 된 者	國家의 力 即 律法의 力으로 負흠이 된 者	

(未完)

▲ 제9호

第四章 權利義務의 大別(公權私權)

權利義務가 道德上과 法律上의 別이 有흠은 前章에 已述ᄒ엿거니와 道德上의 權利義務는 法律의 說明에 何等 關係도 無흔 故로 以上 所述은 專是法律上의 權利義務오 又 權利라 ᄒ면 義務는 반다서 伴ᄒ는 故

로 權利의 分類를 示ᄒ면 義務의 分類는 自然히 明ᄒᆯ지라. 故로 權利의 分類쑨 玆에 說明ᄒ노라.

權利가 觀ᄒᄂ 樣으로 分ᄒ면 多數 區別이 有ᄒᆯ지나 玆에 最大ᄒ 公權 私權의 區別쑨 說明ᄒᆯ지라. 第二章에 已述ᄒᆷ과 如히 法律에 公法 私法의 別이 有ᄒ니 國家 與 私人의 關係를 定ᄒ 것은 公法이오 私人 與 私人의 關係를 定ᄒ 것은 私法인대 其 關係ᄂ 權利를 與ᄒ며 義務를 負케 ᄒᄂ 方法으로 定ᄒᆷ이라. 大抵 公法에 定ᄒ 權利와 私法에 定ᄒ 權利가 其 性質이 大異ᄒ지라. 公法에 定ᄒ 權利를 公權이라 ᄒ고 私法에 定ᄒ 權利를 私權이라 ᄒᄂᄂ 例컨딘 裁判을 受ᄒᆯ 權利ᄂ 憲法 二十四條에 定ᄒ고 道路 鐵道 電信 等을 使用ᄒᄂ 權利ᄂ 行政法 規定에 定ᄒ여스니 何者던지 人民與國家의 權利義務에 關係되ᄂ 것은 公法 中에 定ᄒ야 公權에 屬ᄒ고 此에 反ᄒ야 物을 所有ᄒᄂ 權利貸金을 請求ᄒᄂ 權利相續을 ᄒᄂ 權利 等은 私人 與 私人의 間 權利義務의 關係니 私權이라 故로 私法인 民法中에 定ᄒ니라.

權利란 것은 法律의 保護로 主張ᄒ야 得ᄒᆯ 利益인대公權은 國家與私人의 間에서 法律의 保護로 主張ᄒ야 得ᄒᆯ 利益을 云ᄒᆷ이오 私權은 私人與私人의 間에서 法律의 保護로 主張ᄒ야 得ᄒᆯ 利益을 云ᄒᆷ이라 公權의 詳細ᄒ 說明은 公法의 說明에 讓ᄒ고 以下에 私法의 基本된 權利에 就ᄒ야 略說ᄒ깃노라.

(一) 私權은 利益이라. 例컨딘 余가 馬를 所有ᄒ얏스면 余ᄂ 馬를 使用ᄒ며 賣渡ᄒ며 貸與ᄒᄂ 種種 利益을 受ᄒ기 可得ᄒᆯ지오 又 貸金請求權이 有ᄒ 人은 金錢의 利益을 受ᄒ기 可得ᄒᆯ 것과 如ᄒᆷ이라. (二) 私權은 私人이 私人을 對ᄒ야 有ᄒᄂ 利益이라. 若不然ᄒ야 私人이 國家에 對ᄒ야 有ᄒᄂ 利益에 在ᄒ면 此ᄂ 私權에 不在ᄒ고 公權이라. (三) 私權은 法律의 保護ᄒᄂ 利益이라. 若法律의 保護ᄒᆷ에 不在ᄒ면 此ᄂ 道德其他

의 權利에 不過ᄒᆞ니라. (四) 私權은 主張ᄒᆞ야 得ᄒᆞᆯ 利益이라. 縱令法律의 保護ᄒᆞᄂᆞᆫ 利益이라도 主張ᄒᆞ야 請求ᄒᆞ기 不能ᄒᆞᆯ 것은 權利에 不在ᄒᆞ니 例컨된 運動ᄒᆞ며 睡眠ᄒᆞᆷ도 法律의 保護ᄒᆞᄂᆞᆫ 利益이나 此를 權利라 ᄒᆞ기 不能ᄒᆞᆷ과 如ᄒᆞᆷ이라. (五) 私權은 權利者에 放棄ᄒᆞᆷ을 得ᄒᆞᆯ지라.

權利—公權……國家與私人의 間에 法律의 保護로 主張ᄒᆞ야 得ᄒᆞᆯ 利益
　　　　이라.
　　—私權……與私人의 間에 法律의 保護로 主張ᄒᆞ야 得ᄒᆞᆯ 利益이라.

第五章 民法의 意義

民法의 私法되ᄂᆞᆫ 것은 已述ᄒᆞ야스니 何則고 民法은 財産上及親族上의 關係를 定ᄒᆞᆫ 者인된 私人與私人의 關係를 明히 規定ᄒᆞᆫ 故라. 然이나 財産上의 事에도 商事에 關ᄒᆞᆫ 事ᄂᆞᆫ 商法에 讓ᄒᆞ고 又 財産上 及 親族上의 原則을 規定ᄒᆞᆷ에 止ᄒᆞ고 細微ᄒᆞᆫ 事까지 一切 網羅ᄒᆞᆷ이 아니니 例컨된 供托의 細微ᄒᆞᆫ 것은 供托法에 讓ᄒᆞ고 競賣의 手續 等은 競賣法에 讓ᄒᆞ고 鑛業而已에 關ᄒᆞᆫ 事ᄂᆞᆫ 鑛業 條例에 讓ᄒᆞᆷ과 如ᄒᆞᆷ이니 要컨된 民法이란 것은 私法의 重ᄒᆞᆫ 者인된 商業에 不關ᄒᆞᆫ 者를 云ᄒᆞᆷ이니라.

第六章 民法의 大意

民法을 五編에 分ᄒᆞ니 第一編 總則 第二編 物權 第三編 債權 第四編 親族 第五編 相續이 是也라 已述ᄒᆞᆷ과 如히 民法은 私法으로 私權을 定ᄒᆞᆫ 것이라. 私權은 通常 財産權과 親族權으로 大別ᄒᆞ니 財産權이란 것은 金錢으로 計算ᄒᆞ기 能ᄒᆞᆯ 權利를 云ᄒᆞᆷ이니 物權 債權은 金錢을 見ᄒᆞᆫ 것인 故로 財産權이라 親族權이란 것은 戶主 家族 夫婦 親子 等 親族된 關係가 原因이 되야 生ᄒᆞᄂᆞᆫ 私權을 云ᄒᆞᆷ이라 民法 第二編 第三編은 몬져 財産權(卽 物權債權)을 規定ᄒᆞ고 第四編은 親族權을 規定ᄒᆞ고 第五

編에ᄂᆞᆫ 財産權及親族權이 此者의 手로브터 彼者의 手로 移ᄒᆞᄂᆞᆫ 方法인 相續權을 規定ᄒᆞ고 此等 各編에 通ᄒᆞ야 適用ᄒᆞᆯ 規則을 總則이라 名ᄒᆞ야 第一編에 定ᄒᆞ여스니 以下에 各編의 大意를 次第 說明ᄒᆞ노라.

粗로 由ᄒᆞ야 細에 入ᄒᆞᆷ은 學問ᄒᆞᄂᆞᆫ 順序라 最初브터 民法의 細部分에 說入ᄒᆞ면 恐컨ᄃᆡ 讀者를 迷케 ᄒᆞᆯ ᄲᅮᆫ이라. 故로 於此에 民法 全體의 槪略을 讀者의게 紹介ᄒᆞ야 讀者로 ᄒᆞ야곰 民法을 容易히 知得케 ᄒᆞ노니 讀者ᄂᆞᆫ 此 說明에 注意ᄒᆞᆯ지어다. (未完)

▲ 제13호(9호 속)=民法講義의 槪要(第九號續)

第一編의 大意(總則)

第一章 自然人

權利를 有ᄒᆞ며 義務를 負ᄒᆞᆷ을 得ᄒᆞᄂᆞᆫ 者ᄂᆞᆫ 惟人에 限ᄒᆞ고 馬와 犬은 權利를 有ᄒᆞ며 義務를 負ᄒᆞᆷ을 不得ᄒᆞᆯ지라 如此히 權利를 得有ᄒᆞᄂᆞᆫ 者를 名ᄒᆞ야 法律上 權利의 主體라 ᄒᆞ나니 權利의 主體ᄂᆞᆫ 人에 限ᄒᆞ되 但 法律上 人이라 ᄒᆞᄂᆞᆫ 것은 人生을 指ᄒᆞᆷ에 不止ᄒᆞ고 人의 團結도 人이라 ᄒᆞᆷ이 有ᄒᆞ니 例컨ᄃᆡ 株主의 團結ᄒᆞᆫ 株式會社를 人이라 ᄒᆞᆷ과 如ᄒᆞᆷ이오 又 財産의 集各도 人이라 ᄒᆞᆷ이 有ᄒᆞ니 例컨ᄃᆡ 寄附金을 集ᄒᆞ야 學校를 設立ᄒᆞ야스면 此 學校(卽 財産의 集合)를 人이라 ᄒᆞᆷ을 得ᄒᆞᆷ과 如ᄒᆞᆷ이오 又人이라도 人이라 云ᄒᆞ기 不能ᄒᆞᆫ 者ㅣ有ᄒᆞ니 今에ᄂᆞᆫ 如此ᄒᆞᆫ 事가 無ᄒᆞ나 昔時歐羅巴에셔 奴隷라 名ᄒᆞᄂᆞᆫ 者ㅣ有ᄒᆞ니 此 奴隷ᄂᆞᆫ 其時 法律에 人으로 認치 아니ᄒᆞ고 一物品으로 看做ᄒᆞ야 賣買도 ᄒᆞ며 贈與도 ᄒᆞ야 全혀 商品과 同ᄒᆞᆫ지라 要컨ᄃᆡ 法律上 人이라 云ᄒᆞᄂᆞᆫ 것은 權利를 能有ᄒᆞᄂᆞᆫ 者를 云ᄒᆞᆷ이니 法律이 權利를 不有케 ᄒᆞ면 人이라도 人이라 ᄒᆞ지 못ᄒᆞ고 法律이 權利를 有케 ᄒᆞ면 如何ᄒᆞᆫ 物이라도 人이라 ᄒᆞᆯ지나 唯民法

은 人이라 ᄒᆞᄂᆞᆫ 것이 人與人의 團結財産의 集合에 限홈이라 人中에도 人生은 自然人 又 唯人이라 名ᄒᆞ고 人以外의 人은 法人이라 名ᄒᆞ야 自然人의 事ᄂᆞᆫ 第一章에 定ᄒᆞ고 法人의 事ᄂᆞᆫ 第二章에 定ᄒᆞᄂᆞ라.

自然人[卽人]에 二種이 有ᄒᆞ니 本國人과 外國人이 是也라 本國人은 當然히 私權을 得有ᄒᆞ되 外國人은 法令 又 條約에 禁止홈이 有ᄒᆞ면 私權을 有ᄒᆞ기 不得ᄒᆞᄂᆞ라.

私權를 有ᄒᆞᆫ 者라도 私權을 實際로 行ᄒᆞ기 不能홀 者ㅣ 有ᄒᆞ니 例컨딕 家屋의 所有權을 持ᄒᆞᆫ 人이 通例其家屋을 賣ᄒᆞ거나 抵當ᄒᆞ거나 人의게 貸與홈을 自由로 行홀지나 若 其人이 未成年될 時나 狂人될 時ᄂᆞᆫ 自意로 專擅ᄒᆞ기 不能홀지니 此와 如ᄒᆞᆫ 것은 비록 權利를 享有ᄒᆞ나 權利를 行使ᄒᆞ기 不能홀지니 此를 法律上 語에 無能力者라 홈이라 民法上 無能力者가 有四ᄒᆞ니 未成年者 禁治産者 準禁治産者 妻가 是라 法律이 此等者에게 權利의 行홈을 禁홈은 行年이 未成ᄒᆞᆫ 者와 狂人 等에게 權利行ᄒᆞᄂᆞᆫ 事를 許ᄒᆞ면 反使其者로 損失를 受케 홈에 至홀지니 甚히 未安ᄒᆞᆫ 故니라.

未成年者라 ᄒᆞᄂᆞᆫ 것은 成年(各國이 其 人民의 智識 發達ᄒᆞᄂᆞᆫ 程度를 從ᄒᆞ야 成年를 定ᄒᆞᄂᆞ니 德, 西, 丁, 諾, 葡 等國은 滿二十五歲로 普, 奧, 匈 等國은 滿卄四歲로 荷蘭은 滿卄三歲로 法, 英, 比, 美, 俄 等國은 滿二十三歲로 日本, 瑞西 等國은 滿二十歲로 ᄒᆞ니라)에 未滿ᄒᆞᆫ 者를 云홈이니 未成年者가 權利를 行홈에 法定代理人(親或後見人)의 同意를 得홈이 原則이오 禁治産者이라 ᄒᆞᄂᆞᆫ 것은 瘋癲白痴等精神喪失者에 對ᄒᆞ야 裁判所에셔 治産ᄒᆞᄂᆞᆫ 事를 禁ᄒᆞᆫ 者를 云홈이니 禁治産者ᄂᆞᆫ 後見에 付ᄒᆞᄂᆞᆫ 者오 準禁治産者란 것은 心神耗弱者(精神의 作用이 未完全ᄒᆞᆫ 者) 聾者 啞者 盲者 浪費者 金錢을 濫用ᄒᆞᄂᆞᆫ 者에 對ᄒᆞ야 裁判所에셔 財産을 治ᄒᆞᄂᆞᆫ 幾部分을 禁ᄒᆞᆫ 者가 重大ᄒᆞᆫ 行爲를 홈에ᄂᆞᆫ 不可不保佐人의 同意를 得홀지오 妻도 亦重大ᄒᆞᆫ 行爲를 홈에ᄂᆞᆫ 不可不夫의 許可를 得홀지니라.

未成年者가 法定代理人의 同意를 不經ᄒ고 自爲혼 行爲와 準禁治産
者가 後見人에 不依ᄒ고 自爲혼 行爲와 準禁治産者가 保佐人의 同意를
可得홀 事에 同意를 不得ᄒ고 自爲혼 行爲와 妻가 夫의 許可가 無ᄒ면
爲ᄒ기 不能홀 事에 夫의 許可가 無ᄒ고 自爲혼 行爲ᄂ 其 無能力者
又 後見人, 保佐人, 夫等이 取消홈을 可得홀지라 其 行爲를 取消ᄒ면
其 行爲ᄂ 自初不爲홈과 同ᄒ야 無效에 歸홀지니 例컨딕 未成年者가
後見人의 同意를 不得ᄒ고 家屋을 賣ᄒ야스면 其 後見人 及 未成年者가
其賣혼 行爲를 取消ᄒ야 不賣홈과 同樣으로 看作홈을 得홈과 如홈이라.

以上은 人이 如何혼 程度의 私權를 得有ᄒ며(私權의 享有) 私權를 有혼
者ᄂ 如何혼 時던지 其 權利를 得ᄒ랴ᄒᄂ 能力問題를 畧述ᄒ얏고 自此로
ᄂ 人의 住所와 人이 住所 又 居所로셔 出奔혼 時의 事를 畧說ᄒ깃노라.

住所라 ᄒᄂ 것은 生活의 中心點을 云홈이니 其人의게 何處土地가 最
히 利害關係의 大홈인지 詳考ᄒ야 其 利害關係가 最大혼 場所를 其人의
住所라 홀지니 故로 本籍이 有혼 地라도 期必코 住所라 ᄒ지 못홀지니라.

佳所 又 居所로셔 出奔혼 者가 其 財産을 管理홀 者를 不置혼 時에ᄂ
此를 棄置홈이 不可혼 故로 裁判所에셔 請求홈을 俟ᄒ야 其 財産에 對ᄒ
야 必要혼 處分을 得爲ᄒ고 若 出奔者의 生死가 七年間에 分明치 못홀
時에ᄂ 裁判所에셔 關係者의 請求를 俟ᄒ야 失踪혼 宣告를 得爲ᄒᄂ니
失踪의 宣告를 已爲혼 時에ᄂ 其 出奔혼 者를 死亡혼 者로 看做ᄒ고
相續人이 其後를 相續ᄒ야 財産 及 親族의 關係를 可得明瞭케 홀지니라.

第二章 法人

法人이라 ᄒᄂ 것은 人이 아닌 者를 法律이 假定으로 人이라 ᄒᄂ
者이니 故로 法律의 規定에 不依ᄒ고 自然히 存在혼 法人은 無ᄒ니라

法人에 公法人私法人의 別이 有ᄒ니 公法人이란 것은 府縣郡布町村 等을 云홈이니 專히 公法의 定ᄒᆫ 바 이라 民法이 與ᄒ야 知홀 바 아니오 民法으로 定ᄒᆫ 法人이 有二ᄒ니 人의 集合體를 社團法人이라 云ᄒ고 財産의 團結를 財團法人이라 云ᄒᄂᆫ니 會社와 如홈은 社團法人이오 祭禮宗敎의 傳道慈善敎育 等을 爲ᄒ야 義捐ᄒᆫ 財産의 集合은 財團法人이니 財團法人은 其 利益을 營ᄒᆫ 者에 不在ᄒ나 社團法人 中에ᄂᆫ 利益를 營ᄒᆫ 者도 有ᄒ며 營치 아니ᄒᆫ 者도 有ᄒ니 其 利益를 營ᄒᆫ 社團法人은 營利的 法人이라 名ᄒ고 其 利益을 營치 아니ᄒᆫ 社團法人과 財團法人을 名ᄒ야 公益的 法人이라 云ᄒᄂᆫ니 公益的 法人을 設立홈에ᄂᆫ 不可不各其主務官廳의 許可를 受홀지나 營利的 法人을 設立홈에ᄂᆫ 官廳의 許可를 不受ᄒ야도 可ᄒ니라.

社團法人을 設立ᄒᆫ 者ᄂᆫ 定款이라 ᄒᆫ 것을 作ᄒ야 此에 其 設立ᄒᆫ 目的事務所資産 等의 重大ᄒᆫ 事柄을 不可不記載홀지오 財團法人을 設立ᄒᆫ 者ᄂᆫ 寄付ᄒᆫ 際에 亦 重大ᄒᆫ 事柄을 不可不定홀지니 大抵 社團法人이나 財團法人이 其 設立ᄒᆫ 事를 皆 不可不登記홀지니라.

法人은 人과 如히 生命이 有ᄒᆫ 者아니라 然則 法人이 自己의 事를 行爲홈에ᄂᆫ 人을 其 機關으로 ᄒ야 其手를 不可不借ᄒ리니 法人의 機關은 理事監事 及 社員總會라 理事ᄂᆫ 法人의 事務를 行ᄒᆫ 者오 監事ᄂᆫ 理事를 監督ᄒᆫ 者오 總會ᄂᆫ 每年 一回 理事가 義務로 可히 招集홀 者 又 臨時로 理事監事가 招集ᄒᆫ 者니 總會ᄂᆫ 社團法人에 有ᄒ고 財團法人에ᄂᆫ 無ᄒ니 定款으로써 理事等에게 委任ᄒᆫ 者外에 總히 總會에셔 法人의 事務를 議決ᄒ고 此 外法人의 事務ᄂᆫ 總히 主務官廳의 監督을 受홈이 可ᄒ니라.

法人이 其 目的을 達홀 時나 又 到底히 達ᄒ기 不能홀 時나 最初에 定ᄒᆫ 年限이 來ᄒᆫ 時에ᄂᆫ 此를 存홀 必要가 無ᄒᆫ 故로 解散홈이 可ᄒ니 例컨딘 山의 木을 伐出ᄒ기 爲ᄒ야 法人을 設立홈에 木을 伐ᄒ기 己盡

혼 時는 其 法人이 解散홈과 如홈이오 此 外官廳으로 其 設立혼 許可를
取消ᄒ던지 若 破産혼 時와 如홈이 亦 不可不解散홀지니 大抵 法人이
解散혼 時는 不可不淸算人을 設ᄒ야 其 財産을 處置홀지니라.

人 (權利의 主體)	自然人 (人에 法律上 人인 者)–第 一章	私權의 享有–私權을 得有ᄒ는 程度		
		能力–私權을 行得者 行不得者		
		無能力者(權 利行不得者)	未成年者	親若 後見人의 同意를 要홈
			禁治産者	後見人이 代行홈
			準禁治産者	重大혼 事는 補佐人의 同意 를 要홈
			妻	重大혼 事는 夫의 許可를 要홈
			(右 規程에 不依ᄒ면 取消홈을 得홈)	
		住所		
		失踪		
	法人 (人 以外에 法律이 人이 라 ᄒ는 者)	法人의 區別	公法人(公 法으로 規定)	府縣郡 市町村 等
			私法人	社團法人(人의 團結)–營 利的 法人
				財團法人(財産集合)–公 益的 法人
		法人의 設立	內部	官廳의 許可–公益法人에 는 要ᄒ고 營利法人에는 不 要홈
				重大 事項을 定홈–社團法 人은 定款에 財團法人은 寄 附行爲에 定홈
			外部	登記ᄒ기를 要홈
		法人의 監理	事務를 行ᄒ는 機關–社員의 總會(社團 法人을 謂홈) 理事	
			事務를 監督ᄒ는 機關–官廳–監事	
		法人의 解散		

(미완)

= 이후 연재되지 않음. 〈서우〉는 제14호까지 발행되었으며 제15호부터는 〈서
북학회월보〉로 명칭을 바꾸었다. 이 호수는 〈서북학회월보〉 제3권 제15호로
명명하였으며, 필자 미상의 법률학 관련 논문이 실렸으나 박성흠의 글인지는
알 수 없다.

◎ 民法總論, 趙琬九 述, 〈대한협회회보〉 제1호, 1908.4. (법학)

*제1호와 제2호에 수록됨 / 제9호부터 제12호까지는 이종린의 역술이며, 제
10호에는 이종린 대신 이용재라는 역술자 이름이 등장함. 역술자 명이 달라짐
에도 연속물로 규정한 이유는 〈대한협회회보〉의 편집이 부서별로 이루어졌기
때문으로 추측된다.

▲ 제1호

緒論

我國에는 民法이라 ᄒᆞᄂᆞᆫ 法典이 아즉 編纂ᄒᆞᆫ 者ㅣ 無ᄒᆞᆫ즉 外國의 民
法을 摭拾ᄒᆞ야 講論ᄒᆞᆷ은 卽 難免의 數라. 然則 何國의 法典을 憑據ᄒᆞ야
論柄를 執ᄒᆞᆯ고 故로 我國學界에서 日本의 法典를 主體로 삼아 講義ᄒᆞᆫ
者ㅣ 有ᄒᆞ니 日本의 法典은 泰西의 各國法를 綜合ᄒᆞ야 編成ᄒᆞᆫ 者ㅣ라
可히 硏究ᄒᆞᆯ 材料가 有ᄒᆞ기 不學를 不揣ᄒᆞ고 敢히 伸筆ᄒᆞ노니 其 識見
의 優拙과 學力의 多少ᄂᆞᆫ 諸君子의 高眼를 俟ᄒᆞ고 兼ᄒᆞ야 厚怒ᄒᆞᆷ을 望
ᄒᆞ노라.

第一章 民法의 意義

意義는 何事 何件를 勿論ᄒ고 其 成體의 本質과 理由와 原因과 沿革과 體裁를 先論ᄒᆷ을 謂ᄒᆷ이니 此의 言ᄒ 바를 先究치 안이ᄒ면 其 本體의 結果를 發現ᄒᆷ에 蹉跌이 多生ᄒᆯ지니 故로 民法를 講述ᄒᆷ에 先히 民法은 如何ᄒ 法律이여 且 如何ᄒ 理由로 編纂ᄒ며 其 編纂이 如何ᄒ 沿革으로 如何ᄒ 體裁에 依遵ᄒᆷ을 大槪 先擧 演論ᄒ 後에 其 本體 原理를 講述코져 ᄒ노라.

蓋 民法의 名稱은 其 源이 羅馬市民法에 始ᄒ야 法國이 繼受ᄒ 者ㅣ니 所謂 市民法은 羅馬 內國人에 關ᄒ 法律이라. 今 其 民法의 意義를 知코져 ᄒᆯ진ᄃᆡ 先 其 法律의 意義를 不知ᄒ면 不可ᄒ니 其 法律의 意義라 ᄒᆷ은 形式과 實質의 二種으로 區別ᄒ니 形式上 意義라 ᄒᆷ은 法律者는 國會(立憲國)의 協贊를 經ᄒ야 發布ᄒ 條規오 實質上 意義라 ᄒᆷ은 學者의 辯論이 不一ᄒ나 其 中 適當ᄒ 者는 法律은 人民 行爲의 準則을 規定ᄒ 主權者의 命令이라. 大抵 人類가 生存競爭ᄒᄂᆞᆫ 結果로 互相扶助ᄒ기 爲ᄒ야 互相 團結ᄒ야 國家를 組成ᄒ얏스니 만일 各人의 意思에 放任ᄒ야 抑制ᄒᆷ이 無ᄒ면 國家의 安寧秩序가 紊亂ᄒ야 弱肉强食ᄒᄂᆞᆫ 狀態에 退歸ᄒ야 各人에 生存幸福을 安享ᄒ기 不能ᄒᆯ지라. 故로 國家의 秩序를 維持ᄒ고 各人의 共同生活을 安全케 ᄒᄂᆞᆫ 必要條件으로 互相間 關係된 各人 行爲에 對ᄒ야 一定ᄒ 準則을 定ᄒ야 任意로 此 限界를 濫越ᄒᆷ이 無ᄒ고 各自遵守케 ᄒᄂᆞ니 此 準則이 곳 人類가 國家的 共同生活ᄒᆷ에 不可無ᄒᆯ 必要條件으로 國家의 法律이 되ᄂᆞᆫ 者요 且 宗敎 及 道德은 人의 內部를 團束ᄒ야 其 心意의 趨向를 規定ᄒᆷ이로ᄃᆡ 法律은 各人의 意思가 外部에 發表되야 互相間 關係가 生ᄒᆯ 時에 其 行爲로 ᄒ야곰 共同生活ᄒᄂᆞᆫ 道에 適當케 ᄒᄂᆞᆫ 者라 然ᄒ나 此 準則은 禮儀와 風俗과 起居 動作에 關ᄒ 規則과 갓치 强制的으로 實行ᄒᆯ 者요 希望과 訓誡와 勸告와 助言과 갓치 遵奉 與否을 各人 隨意에 放任ᄒᆯ지면 共同

生活ᄒᆞᄂᆞᆫ 道에 適當케 ᄒᆞᄂᆞᆫ 效力이 無ᄒᆞᆯ지라. 故로 法律은 各人으로 ᄒᆞ야곰 强制的으로 實行ᄒᆞᄂᆞᆫ 準則이니 此 準則은 統治의 權力을 有ᄒᆞᆫ 者 卽 國家의 主權者가 制定ᄒᆞ야 强制的으로 各人에게 對ᄒᆞ야 實行ᄒᆞᄂᆞᆫ 者ㅣ라. (未完)

▲ 제2호

法律이 積極的(積極的은 進行의 名詞라)과 消極的(消極的은 退步의 名詞라)의 命令으로 明示ᄒᆞᆫ 條規外에 所謂 任意法(任意法이라 홈은 其 文義와 如ᄒᆞ니 假令 某事의 行否을 統히 各人 任意의 屬홈이니 民事關 係ᄂᆞᆫ 此 類가 甚多ᄒᆞ니라)과 聽許法과 說明法等이 有ᄒᆞ야 遵奉與否를 各人自意에 放任ᄒᆞᄂᆞᆫ 規定卽 任意法과 行爲를 認許ᄒᆞᄂᆞᆫ 規定卽 聽許法 과 事項을 說明만ᄒᆞᄂᆞᆫ 規定卽 說明法이 有ᄒᆞ되 此等 條規도 畢竟 命令 的 規定이니 若 命令的 規定의 前導가 아니면 裏面에ᄂᆞᆫ 命令의 趣意를 含有ᄒᆞ고 說明의 規定도 命令으로 以홈인즉 人民行爲의 準則되ᄂᆞᆫ 規定 은 皆命令的됨이 確然ᄒᆞ니라.

法律의 意義라홈은 大略 如右ᄒᆞᆫ즉 民法의 本質도 쏘ᄒᆞᆫ 主權者의 命令 으로 人民行爲의 準則이라 謂ᄒᆞᆯ지라. 然ᄒᆞ나 國家的 共同生活ᄒᆞᄂᆞᆫ 人民 行爲에ᄂᆞᆫ 各人이 國家의 對ᄒᆞ야 臣民된 資格으로 行ᄒᆞᄂᆞᆫ 行爲와 一私人 된 資格으로 人民 互相間에 行ᄒᆞᄂᆞᆫ 行爲의 二種區別이 有ᄒᆞᆫ 故로 法律 도 二種이 有ᄒᆞ니 곳 各人이 國家의 臣民된 資格으로 行ᄒᆞᆯ 行爲를 規定 ᄒᆞᆫ 法律은 公法이라 稱ᄒᆞ고 人民互相間 關係의 一私人된 資格으로 行ᄒᆞᆯ 行爲를 規定ᄒᆞᆫ 法律은 私法이라 稱ᄒᆞᄂᆞ니 民法은 國家와 臣民間의 關係 를 規定홈이 아니요 人民互相間 關係를 規定홈인즉 곳 私法이라. 然이 나 私法中에ᄂᆞᆫ 商法(商法은 商事關係를 規定ᄒᆞᆫ 者ㅣ라)과 破産法(破産 法은 文義와 如히 破産ᄒᆞᆯ 際에 利害關係의 權利義務를 規定ᄒᆞᆫ 者) 等이 有ᄒᆞ야 一私人된 資格으로 行ᄒᆞᆯ 行爲를 規定ᄒᆞ얏슨즉 民法과 私法의

意義를 同一히 論홈은 不可혼지라. 然이나 民法은 私人의 法律關係의 通則을 規定혼 法律이니 特別혼 規定이 無혼 以上에는 私人互相間關係에 對하야 專혀 此法을 適用하는 者라. 故로 民法은 私法中의 普通法이오. 또 民法은 外他法律의 實行을 輔助하기 爲하야 制定하는 助法이 아니라 直接으로 人民의 權利 義務를 規定하고 民事訴訟法의 幫助를 因하야 實行하는 者인즉 主法이 되느니 統言하면 民法은 一個私法으로 通法과 主法의 性質을 具有혼 法律이니라.

第二章 民法編纂의 目的及沿革

民法은 各人이 國家的으로 共同生活홈을 當하야 互相間關係規定혼 必要準則이 됨은 已述인바 此ㅣ 必要準則이 되는 故로 民法의 名稱과 成文에 條規가 無홀지라도 國家가 成立되야 各人이 共同生活하는 時에는 不文法律(不文法은 條章의 明示가 無하고 慣習의 由來로 法律이 된 者ㅣ라)이라도 自然民法의 本體가 存在홈은 不待多辨홀지나 然이나 社會의 進步를 隨하야 法律도 漸次進就하고 또 法律學도 發達하야 適當혼 名稱으로 命名하기에 至하느니 國家的으로 共同生活홈에 對하야 各人 互相間關係를 民法이라 稱하고 또 民法도 他法과 갓치 最初에는 不文法으로 漸次成文法(成文法은 條章를 明示혼 者ㅣ라)으로 進就하고 更進一步하야 民法이라는 法典을 編纂홈은 古來 各國立法史에 徵하야 明白혼지라 現今 英國갓치 不文法을 自負하는 邦國도 近來에는 有力혼 學者間에 民法法典의 編纂을 唱導하니 蓋古今列國의 民法法典編纂혼 目的과 理由를 觀察하건디 或은 社會의 秩序를 恢復하기 爲하야 編纂하고 或은 一國內에 行하는 法律의 散亂으로 人民의 國家的 團結이 妨害됨으로 爲先民法을 編纂하야 法律의 統一로 此를 救濟홈을 圖謀하고 或은 法律이 多年積堆하야 實際適用이 不便홈으로 整頓하기 爲하야 編纂하얏스니 卽 有名혼 羅馬의 十二銅律(十二銅律은 銅柱十二의 法律條文을 刻혼 者ㅣ니 古代首先혼 法律이라)은 不文法의 濫用으로 權利의 侵害를

當흔 平民이 不平을 救흐기 爲흐야 制定흔 者오 英國大憲章은 人民의 權利를 擔保흐야써 國家內亂을 鎭定흐기 爲흐야 制定흔 者요 德國民法은 各 聯邦이 固有흔 民法을 採用홈으로 國家的 團結에 妨害됨으로 國家를 統一흘 方便으로 制定흔 者오. 또 羅馬주스지니안帝의 法典은 多年 累積흔 法制를 整頓흐기 爲흐야 編纂흔 者오. 日本新民法은 法令을 統一흐고 對外條約을 改正흐야 國家의 體面을 完全케 흘 目的으로 編纂흔 者 ㅣ라. (未完)

▲ 제9호=民法總論(二號續)/李鍾麟 述

第三章 民法編纂의 體裁

民法의 體裁는 古來 各國의 不一其規라. 或爲不文法而仍置흐고 從其時勢之必要흐야 但 制定一部者도 有흐며 或整理散亂法規흐야 編成一個法典者도 有흐니 其 法典整理에 其 順次配列을 今擧其例컨딕 太略如左흐니라.

第一 無法典派 英國 法系의 諸國은 民法을 初不編纂흐고 但 隨時期之便利와 應用之曲當흐야 編制者ㅣ 不過 一部 或 數部라. 然이나 此等 邦國도 漸次 成文法으로 編成흐는 傾向이 有흐니 英國之 賣買法과 美國 某市府之 民法과 印度 及 濠洲之 民法 等이 近來에 至흐야 業已法典으로 編纂者도 有흐고 將欲編制者도 有흔지라. 由此觀之흐면 英國法界의 諸國도 法典編纂을 認爲必要흐야 必竟 一個完全흔 法典을 制定흘 目的이 有흘 쑨더러 其他 文明諸國의 民法도 必皆法典으로 編纂될지니라.

第二 有法典派 此 派에 屬흘 者는 羅馬法界의 諸國이니 羅馬學說을 信用흐는 邦國은 大槪 羅馬法典의 模倣흐야 民法法典을 編制흔지라. 然이나 此等 邦國도 其 編纂體裁는 各隨不同흐니 今觀其體裁컨딕 左開四種에 區別을 得흘지니라.

一. 沿革體裁編纂法 此 方法은 法律發達의 順序를 從흐야 法規를 編纂

配列者니 古代之法典은 多由此等之體裁라. 蓋 法學上 格言에 法律은 始於助法ᄒᆞ야 轉進于主法이라 ᄒᆞ니 古代之法律은 大部分이 皆 助法이오 所謂 主法은 最後發達者也라. 若說明 其理由컨ᄃᆡ 凡大法律이 此 世界에 發達됨은 立法者가 人民의 權利義務를 認定ᄒᆞᆫ 者 아니오. 人民의 訴訟을 因ᄒᆞ야 判決者ᄂᆞᆫ 前例가 (判決例)가 되고 其 前例ᄂᆞᆫ 法規가 되ᄂᆞᆫ 故로 人民의 權利 義務가 其 由法規而確定者라. 法律中 最先發生者ᄂᆞᆫ 裁判所搆成法 裁判官職務法 及 訴訟節次法 等을 規定ᄒᆞᆫ 助法이니 此謂沿革體編纂法은 卽 從此順序ᄒᆞ야 助法에 屬ᄒᆞᆫ 規定을 先編ᄒᆞ고 主法에 屬ᄒᆞᆫ 規定을 後纂ᄒᆞᆷ이니 古來有名ᄒᆞᆫ 羅馬之十二銅律과 印度之(마이스)法典이 皆由此方法而編纂ᄒᆞᆫ 者니라.

二. 編年體編纂法 此 方法은 隨法律頒布之年月ᄒᆞ야 其所類聚法規를 順次配列者니 羅馬(쥬스지니안) 法典中(고덱스) 法典이 此 方法을 採用而編纂者오 近世에ᄂᆞᆫ 採用者ㅣ 極少ᄒᆞ니라.

三. 韻譜體編纂法 此 方法을 民法規定을 國文次序(卽 가나다 順次)로 編纂配列者라. 古代에ᄂᆞᆫ 多數 採用터니 近世에 其 例 極少ᄒᆞ고 但 美國 메리란도洲에 行ᄒᆞᄂᆞᆫ 法典만 由此種體裁而編纂者니라.

四. 論理體編纂法 此 方法은 基事物之論理ᄒᆞ며 從法規之性質ᄒᆞ야 類別法律而配置整列者라. 採用此法者ᄂᆞᆫ 羅馬쥬스지니안帝의 「인스지쥬도」法典에 始ᄒᆞ야 近世 諸國이 皆 襲用此法이라. 然此 方法을 區別二種ᄒᆞ니 第一은 羅馬以來 所行者니 此稱羅馬式編纂法이라 ᄒᆞ고 第二ᄂᆞᆫ 法國之近世所起者니 此稱法國式編纂法이라 其 大略을 分說于左ᄒᆞ노라.

甲. 羅馬式編纂法 此 法은 卽 始於「인스지쥬도」者라. 其 法典 全部를 分爲三編ᄒᆞ니 第一編에 人事法 第二編에 物件法 第三編에 訴訟法을 順次配列ᄒᆞ고 人事法에ᄂᆞᆫ 家長權, 婚姻, 養子 及 公權 等 事項을 規定ᄒᆞ고 物件法에ᄂᆞᆫ 所有權의 取得方法과 相贖 及 契約 等 事項을 規定ᄒᆞ고 訴訟法에ᄂᆞᆫ 民事訴訟節次를 規定ᄒᆞᆫ 者라. 蓋 此 方法의 基因者ᄂᆞᆫ 基於歷史上理由者니 古代엔 家族制度가 盛行ᄒᆞ야 人民之權利義務가 專由各人身分ᄒᆞ야 判定者라. 故로 人事之所關法規를 法典音部에 配置ᄒᆞᆫ 者이오.

또 訴訟法을 民法中에 加入홈은 此 法典을 敎科書로 使用홀 次로 私法 典部를 網羅而編纂ᄒᆞ는 者오 兼ᄒᆞ야 羅馬에셔는 民事訴訟에 所關法規를 私法之一部分으로 認定ᄒᆞᆫ 緣由라.

現今 法理로 論ᄒᆞ면 民事訴訟法을 民法法典 中에 編入이 不可ᄒᆞ니라. 近來 諸國民法 中에 羅馬式 編製法을 依遵者ㅣ 頗多ᄒᆞ니 其 中 分派가 又 生ᄒᆞ야 各國 法典이 不得同一ᄒᆞᄂᆞ니 今擧其中之最著者컨디 大略 如 左ᄒᆞ니라.

一. 羅馬式에 最著者는 「후로이센」 法典과 和蘭民法이니 此는 首編에 總則을 配置ᄒᆞ고 其 餘를 三分ᄒᆞ야 第一編 人事 第二編 財産 第三編 義務로 次第配置而編制ᄒᆞ니라.

二. 此는 法國系法界에 採用者니 西曆 一千八百年에 發布ᄒᆞᆫ 奈破翁法典 은 其 首部에 前加編을 設置ᄒᆞ고 其 餘를 三分ᄒᆞ야 第一編 人事 第二編 財産 第三編 財産取得으로 逐次編制者라. 此所云前加編者는 非羅馬法 典之模倣者오 法國에셔는 民法을 稱謂國家根이라 ᄒᆞ고 且 民法이 各 法典 中에 最先發布者라. 故로 便利上 如此ᄒᆞᆫ 規定을 民法初頭에 配置 ᄒᆞᆫ 者라.

(乙) 德國式編纂法 始於索遜民法者라. 民法全部를 分爲五卷ᄒᆞ니 第一卷 總則, 第二卷 物權, 第三卷 債權, 第四卷 親族, 第五卷 相續法으로 次第 配置者라. 蓋 社會가 漸次 進化ᄒᆞ야 家族制度時代로 個人制度時代에 變 遷ᄒᆞ야 英國法學大家 멘氏 曰 社會는 身分으로 契約에 遷進ᄒᆞᆫ다 ᄒᆞ니 近世 社會之權利義務가 由身分而定홈보담 多由契約而定이라. 故로 法 律編纂次序도 一變ᄒᆞ야 先編通法ᄒᆞ고 後綴刑法之主義를 取ᄒᆞ야 羅馬 式 人事編을 編入于最後部分ᄒᆞ니라. 然而 法國式 編纂法에 特히 總則編 을 設定ᄒᆞ야 全法典音部에 置ᄒᆞᆫ 者는 各種 權利之共通規制을 一括而一 處規定ᄒᆞ야 使通覽者로 便利케 ᄒᆞ고 且法條之重複錯亂을 避ᄒᆞ며 兼ᄒᆞ 야 法典全體에 貫通適用之理가 明白케 ᄒᆞᆫ 所以라.

此 方法을 由ᄒᆞᆫ즉 總則編次에 物權法, 債權法 二種이 有ᄒᆞ야 索遜民法 은 前者를 採用ᄒᆞ고 쌔쌔리야民法은 後者를 模倣ᄒᆞᆯ지라. 蓋 物權法을

76

先編ᄒᆞ는 理由는 契約과 去來物件與受間所關事ㅣ 多홀 쑨더러 契約의 重大目的物이 物件인 故로 債權法首部에 物權法 規定을 配置홈이 穩當ᄒᆞ고 且 債權法을 先置ᄒᆞ 理由는 元來 債權法은 法律的 諸關係에 重要部分을 占有者라. 債權法 原則은 私法 中 他部分에 適用이 頗廣ᄒᆞ고 且 準用이 甚多 故로 總則編次에 排置債權法이 在於便利ᄒᆞ니 德國新民法은 쌔쌔리야 民法을 模倣ᄒᆞ야 債權法次에 物權, 親族 相續法 諸編을 順次排列ᄒᆞ얏고 日本 新民法은 索遜民法의 主義를 採用ᄒᆞ야 物權法次에 債權 親族 相續 諸編을 次第 排置ᄒᆞ야 編纂ᄒᆞ지라. 今本校之講義도 我國의 整正成文이 無홈으로 專혀 此等主義 卽 索遜 及 日本民法의 體裁를 標準ᄒᆞ야 論理的으로 說明코져 ᄒᆞ노라.

▲ 제10호＝民法總論(續)/李容宰 譯

第一編 總則

民法의 全體를 通覽ᄒᆞ면 各編의 皆 總則을 設定홈이 常例라 然이나 各編 各種의 總則은 其 適用ᄒᆞ는 範圍가 各殊ᄒᆞ되 本編의 總則은 民法 全體 곳, 物權, 債權, 親族相續 四編에 貫通ᄒᆞ야 適用ᄒᆞ는 者ㅣ라. 然而 各種私權에 共通ᄒᆞ는 規則은 權利의 主體된 人에 關ᄒᆞ 通則이 第一인 故로 本編 第一章에 人에 關ᄒᆞ 通則을 說明ᄒᆞ고 其 次에는 生理的 人은 아니요. 權利의 主體된 無形觀念 卽 所謂 法人이라 홈은 法律上에 人과 同等地位를 有ᄒᆞ 者인 故로 此에 關ᄒᆞ 法則을 第二章에 說明ᄒᆞ고 其 次에는 權利의 客體 卽 物件과 ᄯᅩ 人의 行爲라도 權利의 目的될 者인즉 物의 關홈이 多흔 故로 第三章에는 物에 關한 通則을 說明ᄒᆞ고 其 次에는 權利의 得失變更은 此 結果를 目的ᄒᆞ는 各人의 行爲 卽 法律의 行爲에 因ᄒᆞ야 生ᄒᆞ는 故로 第四章에는 法律行爲에 關한 通則을 說明ᄒᆞ고 其次에는 權利의 行使와 存續홈에 對ᄒᆞ야 期間을 定홈이 常例로ᄃᆡ 其 計算法에 關ᄒᆞ야 疑問이 生홀 念慮가 有흔 故로 第五章에는 期間에 關

혼 通則을 說明ㅎ고 最後에는 權利는 法律上 時限의 經過를 由ㅎ야 或
取得ㅎ고 或 消滅ㅎ는 故로 第六章에는 時限의 經過를 因ㅎ야 權利의
取得 及 消滅에 關혼 時效의 通則을 說明코자 ㅎ노라.

第一章 人

法律上의 所謂 人이라 홈은 權利의 主體된 自然人이니 蓋 權利의 主
體라 홈은 法律이 認定ㅎ야 權利를 亨有ㅎ는 本主를 謂혼 者 l 라. 然而
此 主體는 自然人과 法人의 兩種이 有ㅎ나 立法上의 自然人 以外에 法
人을 制定홈은 法律이 發達된 近世의 模擬的 名稱이라. 大凡 人은 法律
이 認定혼 바를 由ㅎ야 權利의 主體됨을 始得ㅎ는 者인 故로 若 法律의
規定이 無ㅎ면 當然히 權利의 主體가 됨을 不得ㅎ는 者 l 라. 古代는 勿
論ㅎ고 近世에 至ㅎ기까지 諸國法律이 皆 自然人으로써 權利의 主體됨
을 認定ㅎ기에 不至ㅎ야 物件과 갓치 權利의 目的되는 奴隷制度를 公認
ㅎ야 人身의 賣買와 贈與가 法律上에 公行ㅎ더니 近時 文明諸國 法律은
此 弊風惡習을 一掃ㅎ야 奴隷制度를 嚴禁홀 섇더러 全身을 擧ㅎ야 他人
處分에 委任ㅎ는 契約을 無效라 ㅎ고 兼ㅎ야 明文을 設定ㅎ고 또 立法
ㅎ는 根本에도 自然人은 皆 權利의 主體로 認定ㅎ니라.

右陳혼과 갓치 人은 皆 權利의 主體로 認ㅎ나 然ㅎ나 此 l 法律의
認許를 由ㅎ야 生혼 資格일 섇더러 各人이 享有ㅎ는 權利도 또혼 法律
이 創設혼 바 l 라. 故로 所謂 天賦人權說을 唱道홈은 法律을 無視ㅎ는
暴論이라 謂치 아니홈이 不可ㅎ고 또 各人이 皆 權利를 享有ㅎ는 能力
이 有ㅎ나 實際生活上에 各人이 自己事情에 基因ㅎ야 權利取得에 分量
이 相異홀 섇 外라. 國家를 組織ㅎ는 必要上에도 各人 身分에 由ㅎ고
或은 民事上 刑事上 制裁의 結果를 由ㅎ야 各人의 享有ㅎ는 權利의 分
量에 差異가 有홈은 不可避홀 事實이라. 故라 各人의 平等을 唱道ㅎ야
其 享有ㅎ는 權利의 分量을 均一케 ㅎ고저 홈은 國家法律的 秩序를 破
壞ㅎ는 激說이라 謂치 아니홈을 不得홀지라. 故로 總言ㅎ면 吾人이 法

律下에 在ᄒᆞ야 平等으로 私權을 享有ᄒᆞᄂᆞᆫ 能力이 有ᄒᆞ니 此 享有ᄒᆞᄂᆞᆫ 分量에 至ᄒᆞ야ᄂᆞᆫ 各 人間에 多少差異가 有ᄒᆞ니라.

第一節 私權享有

私權의 意義를 知코져 ᄒᆞ면 權利의 意義를 先究홈이 必要ᄒᆞ나 然ᄒᆞ나 權利의 意義에 對ᄒᆞ야ᄂᆞᆫ 學說이 歸一치 못ᄒᆞ야 權利ᄂᆞᆫ 法律이 保護ᄒᆞᄂᆞᆫ 各人의 自由意思라. 唱道ᄒᆞᄂᆞᆫ 意思說과 權利ᄂᆞᆫ 法律이 認許ᄒᆞᄂᆞᆫ 各人 行爲의 範圍라 說明ᄒᆞᄂᆞᆫ 範圍說과 權利ᄂᆞᆫ 法律이 保護ᄒᆞᄂᆞᆫ 利益이라 主唱ᄒᆞᄂᆞᆫ 利益等說이 有ᄒᆞ야 皆 古來로 有名ᄒᆞᆫ 大家의 勢力이 今日ᄭᆞ지 有ᄒᆞ나 余ᄂᆞᆫ 全然히 此等 說에 甘服ᄒᆞ기 不能ᄒᆞ니 今에 各說의 欠點을 摘發ᄒᆞ건ᄃᆡ 意思說에 在ᄒᆞ야ᄂᆞᆫ 意思能力이 無ᄒᆞᆫ 者ᄂᆞᆫ 權利의 主體됨을 不得이라 ᄒᆞᄂᆞᆫ 誹評을 難免이오. ᄯᅩ 範圍說에 在ᄒᆞ야ᄂᆞᆫ 形式的으로ᄂᆞᆫ 權利意義의 說明이 되나 實質上 意義를 表露홈에ᄂᆞᆫ 不足ᄒᆞᆫ 嫌疑가 不無ᄒᆞ고 ᄯᅩ 利益說에 在ᄒᆞ야ᄂᆞᆫ 權利行使ᄒᆞᆫ 結果를 執ᄒᆞ야 權利의 本意로 斷定ᄒᆞᄂᆞᆫ 譏議를 難免이라. 玆에 余의 所信을 擧ᄒᆞ건ᄃᆡ 權利ᄂᆞᆫ 一種勢力으로 法律이 創定ᄒᆞ야 各人에게 付與ᄒᆞᄂᆞᆫ 者ㅣ라.

[第一] 權利ᄂᆞᆫ 一種勢力이라. 蓋 權利者가 法律上 何許事爲를 得行홈은 此 勢力이 有ᄒᆞᆫ 故ㅣ라. 假令 所有權者가 代理人을 排斥ᄒᆞ고 自己所有物을 任意處寘ᄒᆞ며 債權者가 債務에 對ᄒᆞ야 何許作爲不作爲를 强請홈과 如홈이 皆 勢力의 緣由니 若權利의 本質이 勢力이 아니면 決코 權利者가 其 所欲을 行홈을 不得ᄒᆞᆯ지라. 故로 權利와 相對ᄒᆞᄂᆞᆫ 義務도 亦 一種勢力이나 權利ᄂᆞᆫ 他動的 勢力이오 義務ᄂᆞᆫ 自己를 拘束ᄒᆞᄂᆞᆫ 勢力이니라.

[第二] 權利ᄂᆞᆫ 法律에 依ᄒᆞ야 創定되ᄂᆞᆫ 者ㅣ라. 蓋 權利ᄂᆞᆫ 法律 以前과 ᄯᅩ 法律 以外에 存在홈이 아니오. 法律에 依ᄒᆞ야 創定되ᄂᆞᆫ 者라. 故로 若 權利가 法律에 力을 不由ᄒᆞ고 自然히 存在홈이라 ᄒᆞᆯ진ᄃᆡ 法律은 決코 權利를 創設ᄒᆞ며 消滅케 홈을 不得ᄒᆞᆯ지니 彼 權利ᄂᆞᆫ 法律以外에 存

在ᄒᆞ야 立法者의 意思로 得喪케 ᄒᆞ지 못ᄒᆞᆫ다. 唱道ᄒᆞᄂᆞᆫ 者ᄂᆞᆫ 所謂 自然法上의 權利와 成文法上의 權利를 混同ᄒᆞ고 ᄯᅩ 天賦人權이 存在ᄒᆞᆷ을 惑信ᄒᆞᆫ 所致라 法律上의 權利를 害코져 ᄒᆞᄂᆞᆫ 者ㅣ 엇지 法律 以外의 權利를 言ᄒᆞ리오.

[第三] 權利ᄂᆞᆫ 法律에 依ᄒᆞ야 付與되ᄂᆞᆫ 者ㅣ라. 蓋 權利의 本質된 勢力은 各人의 固有ᄒᆞᆫ 者ㅣ 아니오. 吾人에게 付與ᄒᆞᄂᆞᆫ 者ㅣ라. 故로 無形擬制에 不過ᄒᆞᆫ 法人도 亦 權利의 主體됨을 得ᄒᆞ고 幼者와 風癲白痴 갓치 意思能力이 全沒ᄒᆞᆫ 者도 亦 權利의 主體됨을 得ᄒᆞᄂᆞ니 此ᄂᆞᆫ 權利의 本質된 勢力이 各人의 固有ᄒᆞᆫ 者ㅣ 아닌 證明이라. 然이나 權利의 行使與否ᄂᆞᆫ 各人의 自由意思에 放任ᄒᆞᄂᆞᆫ 故로 意思能力을 不有ᄒᆞᆫ 者ᄂᆞᆫ 代理人을 由ᄒᆞ야 行ᄒᆞᄂᆞ니라. 以上 說明과 갓치 權利ᄂᆞᆫ 法律에 依ᄒᆞ야 創設 又 付與되ᄂᆞᆫ 他動勢力이라. 此 權利가 公權 及 私權兩種에 區別되ᄂᆞ니 卽 私權은 國民이 施政機關의 轉運에 參與ᄒᆞᄂᆞᆫ 權을 除ᄒᆞᆫ 外에 各自 安寧幸福을 自衛ᄒᆞᆷ에 必要ᄒᆞᆫ 一切 權利를 指ᄒᆞᆷ이니 前項에 說明ᄒᆞᆫ 性質을 具有ᄒᆞᆫ 者ㅣ라. 蓋 公權은 公法에 依ᄒᆞ야 創定된 者ㅣ니 各人이 國家의 臣民된 資格으로 此를 享有ᄒᆞ고 私權은 一私人된 資格으로 行ᄒᆞᄂᆞᆫ 行爲를 規定ᄒᆞᆫ 私法에 依ᄒᆞ야 創定됨이니 亦是 一私人된 資格으로 此를 享有ᄒᆞᄂᆞᆫ 者ㅣ라. 故로 外國人은 私權을 享有ᄒᆞᆷ이 通則이로ᄃᆡ 公權은 享有ᄒᆞᆷ을 不得ᄒᆞᄂᆞ니라.

大凡 人은 皆 私權享有 卽 權利의 主體됨을 得ᄒᆞᆷ이 原則이라. 故로 歐洲 各國 多數 立法例에 法典 第一條에 揭載ᄒᆞᆷ이 常例니 其 立法上 沿革을 推考ᄒᆞ건ᄃᆡ 歐洲에셔ᄂᆞᆫ 近世에 至ᄒᆞ기까지 奴隸制를 公認ᄒᆞ고 或은 刑罰을 施ᄒᆞᆫ 結果로 人權을 剝奪ᄒᆞᄂᆞᆫ 制度가 有ᄒᆞᆷ으로써 此等 弊風을 一洗ᄒᆞ야 人인즉 반다시 權利의 主體되ᄂᆞᆫ 立法本旨를 明晳히 ᄒᆞᆯ 必要가 有ᄒᆞᆷ으로 特히 人의 權利能力에 關ᄒᆞᆫ 規定을 揭載ᄒᆞᆫ 바ㅣ라. 然이나 日本等 國에 至ᄒᆞ야ᄂᆞᆫ 如斯ᄒᆞᆫ 慣例가 無ᄒᆞᆷ으로 私權享有에 關ᄒᆞ야 特히 明文上 記載가 無ᄒᆞ니라.

上陳홈과 굿치 人은 皆 權利能力이 有ᄒ야 何人이든지 私權을 享有홈을 得ᄒ나 其 私權의 享有는 何時로브터 始ᄒ는가 ᄒ는 疑問이 生ᄒ는지라. 玆의 羅馬法 以來로 諸國典法의 採用혼 主義를 據혼 私權의 享有는 出生에 始ᄒ고 胎兒의 利益을 保護홀 必要가 有혼 時는 旣生兒로 看作ᄒ는 例外를 設ᄒ야 明白히 規定ᄒ지라. 左에 其 條件을 詳言ᄒ건디

第一. 出産혼 事 出産이라 홈은 自然分娩과 醫學上 分娩을 不問ᄒ고 胎兒가 母體와 分離ᄒ야 獨立生存ᄒ는 事實이라. 故로 아즉 生出치 아니ᄒ고 母腹 中에 在혼 胎兒는 母體를 分離ᄒ야 獨立存在ᄒ기 不能ᄒ야 母體의 一部分으로 看作홈으로 民法上에 人이라 稱홈을 不得ᄒ고 兼ᄒ야 何許 權利를 認與홀 必要가 有혼 境遇라도 胎兒는 決코 此을 得ᄒ기 不能ᄒ니라. 然이나 此 原則에 例外가 有ᄒ야 不法行爲에 基혼 倍贖請求權에 對ᄒ야는 胎兒를 旣生兒로 看作ᄒ고 其 外에도 相續權이 有ᄒ며 贈遺홈을 得케 ᄒᄂ니 此는 胎兒의 利益을 保護ᄒ기 爲홈이니 此 規定은 相續編에 在ᄒ니라.

第二. 生命을 保有ᄒ야 出産혼 事 生命을 不保ᄒ고 死體로 出生혼 者는 所謂 自然人의 資格이 無ᄒ고 兼ᄒ야 權利享有ᄒ는 能力이 無ᄒ며 또 出産홀 際에 死亡혼 者도 亦然ᄒ니라. 然이나 生命을 保持ᄒ야 出生혼 者는 其 生命의 長短을 不拘ᄒ고 權利能力이 有ᄒ니라.

第三. 生活의 能力이 有혼 事 此 所謂 生活能力이라 홈은 胎兒가 十分 完成ᄒ야 獨立生活을 足爲홀 期間ᄭ지 母體 中에 在홈을 指홈이라. 故로 産期 前에 生出ᄒ야 生活을 得爲홀 身體構造를 不有혼 者는 私權享有의 能力이 無ᄒ니라.

第四. 人類된 身體를 具備혼 事 人類됨에 不可無홀 必要體格이 不備ᄒ야 人形이 變成혼 者는 人類됨을 不得ᄒᄂ니라. 然이ᄂ 人類에 不可無홀 要件은 缺欠치 아니ᄒ고 但 一般人類의 普通的 構成을 缺欠혼 不具者는 人類됨에 無妨ᄒᄂ니 此 要件은 羅馬法 以來로 近世 諸國法律에

採用홀 비라. 然이느 此를 排難ᄒᆞ는 者ㅣ 多ᄒᆞ야 德國臣民法은 此 要件을 排却ᄒᆞ얏스니 設令 此 要件을 排却ᄒᆞ는 主義를 從홀지라도 不具ᄒᆞᆫ 者와 流産ᄒᆞᆫ 者는 區別홈이 可ᄒᆞ니 不具者는 權利를 取得홀지라도 人體 未備ᄒᆞ고 流産ᄒᆞᆫ 血塊 等은 人類라 稱ᄒᆞ기 不能ᄒᆞ니라.

古代法律에 在ᄒᆞ야는 自然人의 私權 享有ᄒᆞ는 資格이 奴隷됨에 由ᄒᆞ야 消滅ᄒᆞ고 准死에 由ᄒᆞ야 終結ᄒᆞ더니 近世에 至ᄒᆞ야는 消滅되는 原因에 二種이 有ᄒᆞ니 一은 生理上 死去오 二는 失踪이라. 失踪에 對ᄒᆞ야는 後節에 說明코ᄌᆞ ᄒᆞ노라. 自然人의 權利能力이 死亡에 由ᄒᆞ야 消滅됨은 多辨을 不待ᄒᆞ고 自明홀지라. 然이느 人의 生存死亡이 法律上에 重大ᄒᆞᆫ 關係가 有홈으로 人의 生存死亡을 證明홈에 法律上에 重要問題가 되고 兼ᄒᆞ야 一種權利를 主張ᄒᆞ는 者는 其 權利의 基因된 事實을 證明홈이 證據法上 原則이라. 故로 生存死亡에 基因ᄒᆞ야 權利를 主張ᄒᆞ는 者는 其 事實을 證明홈이 可홀지라. 左에 各種 境遇에 就ᄒᆞ야 說明ᄒᆞ노라.

(一) 一種權利가 生存ᄒᆞᆫ 事實에 基因ᄒᆞᆫ 時에 其 權利를 主張ᄒᆞ는 者는 其 事實을 證明치 아니홈이 不可ᄒᆞ니 譬컨딕 幼子가 生命을 保持ᄒᆞ야 出生ᄒᆞᆫ 境遇에만 權利能力이 有ᄒᆞᆫ 故로 其 幼子 財産相續ᄒᆞ기를 主張ᄒᆞ는 者는 其 幼子가 生命을 保持ᄒᆞ고 出生ᄒᆞᆫ 事實을 證明홈이 可ᄒᆞ니라.

(二) 一種權利가 一定人이 一定ᄒᆞᆫ 事實에 基因ᄒᆞᆫ 時에 其 權利를 主張ᄒᆞ는 者는 其 事實을 證明치 아니홈이 不可ᄒᆞ니 譬컨딕 死亡者의 相續者가 年金領收ᄒᆞ는 權利를 主張ᄒᆞ는 者는 其 年金期限이 終結된 日에 死亡者가 其時에 生存ᄒᆞ얏든 事實을 證明홈이 可ᄒᆞ니라.

(三) 一種權利가 死亡ᄒᆞᆫ 事實에 基因ᄒᆞᆫ 時에 其 權利를 主張ᄒᆞ는 者는 其 死亡ᄒᆞᆫ 事實을 證明치 아니홈이 不可ᄒᆞ니 譬컨딕 人의 財産을 相續ᄒᆞ는 權利가 有홈을 主張ᄒᆞ는 者는 其 人의 死亡ᄒᆞᆫ 事實을 證明홈이 可ᄒᆞ니라.

(四) 生死 不分明ᄒᆞᆫ 人에 對ᄒᆞ야 一定ᄒᆞᆫ 年齡에 至ᄒᆞ기까지는 生存ᄒᆞ고 其 後에는 死亡홈으로 推定ᄒᆞᄂᆞ니 此 推定은 畢竟 便利홈을 就ᄒᆞ야 設定홈이나 一般境遇에 適用홈은 不可홀지라. 盖 生死가 不確實ᄒᆞ기 以前

에 取得흔 權利에 對ㅎ야 其 權利를 主張ㅎ는 者가 本人의 生存흔 事實을 强히 證明홀 必要가 無ㅎ고 若 反對의 利害關係者가 有ㅎ야 權利主張者가 權利取得ㅎ기 以前에 本人이 死亡흠을 主張홀 時는 利害關係者는 其 本人의 死亡을 證明흠이 可호딕 此에 反ㅎ야 生死 不分明흔 後에 其 本人의 生存에 基因ㅎ야 權利를 主張ㅎ는 者ㅣ 有흔 時는 決코 生存推定으로써 滿足지 못ㅎ고 도리여 積極的으로 此 生存흔 事實을 證明치 아니흠이 不可흔지라. 故로 一般境遇에 此 生存推定을 適用ㅎ면 債務者가 損害를 被홀지니 生存不確實흔 人의 生存 或 死亡을 基因ㅎ야 相續 或 贈與에 關흔 權利를 主張ㅎ는 境遇에만 適用흠이 可흔지라 何者오. 此等 境遇에는 生存推定ㅎ는 法을 不設ㅎ면 權利를 取得코저 ㅎ는 者ㅣ 畢竟 取得ㅎ기 不能흔 結果가 生홀지니 此ㅣ 各國 立法例에 生存推定ㅎ는 制度를 設定ㅎ는 緣故ㅣ라.

(五) 二人 或 數人이 同一事件에 由ㅎ야 同時에 死亡흔 時는 何者가 先死흔가 흠에 對하야 相續ㅎ는 境遇에 重要흔 問題가 되는지라. 此에 關ㅎ야 各國 立法例에 二種規定이 有ㅎ니 (一)은 推定으로 先後를 決定ㅎ는 主義니 此에 對ㅎ야 設定흔 推定이 亦 多ㅎ느 其 中 最著흔 者는 羅馬法 以來로 採用흔 推定이니 同一흔 危難에 由ㅎ야 尊屬親과 卑屬親이 同時에 死亡흔 境遇에는 成年된 卑屬親은 尊屬親보다 後死ㅎ고 幼年의 卑屬親은 尊屬親보다 先死흠으로 推定ㅎ얏고 (二)는 數人이 同時에 死亡흔 境遇와 또 數人 中에 何人이 先死ㅎ얏는지 證明ㅎ기 不能한 境遇에는 同時에 死亡흔 者로 假定ㅎ고 其 同死人 中 一人으로는 他人에게 權利 移轉흠을 不許ㅎ느 或 一般境遇에 此 規定을 適用ㅎ는 者도 有ㅎ고 或 相續ㅎ는 境遇에만 適用ㅎ는 者도 有ㅎ니라. (未完)

▲ 제12호＝民法總論(續)/李鍾麟 述

私權을 享有ㅎ는 能力은 何人[內國人]이던지 當然이 有ㅎ다 흠은 已說흔 바니 然則 外國人도 自國民法下에 當然히 內國人과 同一흔 權利能力

을 保有홀가 不得홀가 ㅎ는 疑問이 不無ㅎ지라. 玆에 外國人의 權利에 關호 法制沿革과 立法例의 槪略을 陳述ㅎ건되 蓋 古來로 外國人의 權利 能力을 定홈에 三種主義가 有ㅎ니 卽 排斥主義 互相主義 及 平等主義가 是라. 羅馬法은 第一主義를 取用ㅎ야 私法上 權利까지 羅馬市民이 아니 면 此를 享有치 못홈으로 原則을 作ㅎ얏더니 其 後에 市外民間에 交通 이 漸次 頻繁홈을 從ㅎ야 一種 寬大호 法律을 制ㅎ야 市外民의 權利를 保護호지라. 今에 其 理由를 詳究ㅎ건되 古代에는 世界交通이 未便ㅎ야 外國人 交際가 不親홈으로 鎖國政略을 固執ㅎ야 排外風習이 盛行ㅎ고 且 國法上利益을 受홀 者는 國民된 資格이 有호 者에 限定ㅎ는 狹隘意 見에 基因ㅎ야 或 外國人의 權利能力을 不許ㅎ고 或 法律保護上에 內外 人을 區別 差等호 바라. 然이나 十九世紀에 至ㅎ야는 時勢一變ㅎ야 內 外人間의 交通이 日益頻繁한 結果로 外國人의 權利能力을 伸張ㅎ는 觀 念이 漸生ㅎ야 法律 或 契約의 互相 主義를 採用ㅎ야 外國人은 其 本國 에셔 法律 或 契約에 依ㅎ야 自國人에게 許與홈과 同一호 權利를 認許 홈에 至ㅎ야 普魯西和蘭意大利 等 國은 法律互相主義를 引用ㅎ고 法國 과 比國은 條約互相主義를 採用ㅎ더니 近來에 至ㅎ야는 多數의 學說이 法律에 禁止호 權利에 對ㅎ야만 互相主義를 採用홀 者ㅣ라 云ㅎ야 義國 比國等 民法을 分明히 外人도 內人과 同一호 私權을 享有홈을 規定ㅎ얏 고 德國 新民法은 特別한 禁止가 無호 以內에는 外國人도 私權을 享有 홈이 當然호즉 別로 明文을 記載홀 必要가 無ㅎ다 云ㅎ야 條文을 不置 ㅎ니라.

上陳홈과 가치 現世 各國 立法例에 皆 平等主義를 採用ㅎ고 互相主義는 其 例가 無호지라. 然이나 外人이 私權을 享有홈에 對ㅎ야 國家公益에 妨害가 有ㅎ며 且 國際上에 互相主義의 原則을 適用치 아니홈이 不可호 境遇에는 任意로 此 通例를 制限홀 必要가 有홈으로 日本民法 第二條에 法令과 條約의 禁止호 外에는 外人이 私權享有홈은 明言ㅎ얏스니 其 法令과 條約의 禁止홈은 大略 土地所有權과 船舶所有와 鑛業會社員과 日本銀行股主 等이라.

第二節 能力

各人의 私權 享有ᄒᆞ는 能力은 前節에 說明홈과 갓치 立法上에 根本的
으로 認許ᄒᆞ는 者오 ᄯᅩ 各人의 意思能力은 事實問題에 屬ᄒᆞ야 其 有無
를 決定홀 者ㅣ니 若 意思가 專혀 不存홀 時는 有效홀 行爲를 行홈을
不得홈이 法律上 原則이라. 故로 本節에 所謂 能力이라 홈은 行爲能力
을 指稱홈이니 行爲能力이란 者는 法律上 完全홀 效力이 生홀 行爲를
得爲ᄒᆞ는 能力이니 其 責任은 本人이 其 行爲를 行홀 意思가 有홀 境遇
에만 生ᄒᆞ는 者라. 然이나 各人의 情況을 通覽ᄒᆞ건ᄃᆡ 或은 身體의 發育
이 不充ᄒᆞ고 ᄯᅩ 疾病老衰等에 因ᄒᆞ며 或은 身分을 因ᄒᆞ야 完全홀 意思
가 不備ᄒᆞ고 ᄯᅩ 意思의 發用이 拘束되야 各人의 意思能力이 平均홈을
不得홀지라. 然而 法律이 實際에 意思能力이 完全홀 者의 行爲와 不完
全홀 者의 行爲를 同現ᄒᆞ야 同一홀 效力이 生케 ᄒᆞ야 其 不利益이 能力
不完全홀 者에 歸ᄒᆞ면 法律의 保護가 適宜치 못홀 嫌疑을 難免홀지라.
又 況 行爲의 責任이 意思存否에 基因ᄒᆞ는 法律原則에 違反홈이 리오.
是故로 法律이 意思能力의 完全與否을 從ᄒᆞ야 行爲의 能力者와 無能力
者를 區別ᄒᆞ야 若 其 行爲가 意思에 基ᄒᆞ는 皆 有效로 其 行爲의 成立을
認許ᄒᆞ되 能力者의 行爲는 其 效力이 生ᄒᆞ고 無能力者의 行爲는 無能力
者가 獨斷으로 行홀 境遇에만 自己利益을 爲ᄒᆞ야 繳銷홈을 得케ᄒᆞ야
意思不完全홀 無能力者도 不利益을 濫受홈이 無케 ᄒᆞᄂᆞ니 此ㅣ 近世
文明諸國에셔 採用ᄒᆞ는 立法主義라.
民法上에 行爲의 能力者로 認定ᄒᆞ는 者ㅣ 四種이 有ᄒᆞ니[第一]未成年者
와[第二]禁治産者와[第三]準禁治産者와[第四]妻가 是라. 此 四種이 均
一히 無能力 立法律上 保護를 受홀 者ㅣ나 然이나 其 程度에 就ᄒᆞ야
差異가 自有ᄒᆞ야 同一홀 保護를 受홀 必要가 全無홀지라. 是故로 法律
이 自己의 利害를 判斷ᄒᆞ는 意思能力이 缺홀 者는 一般 無能力者로 認
ᄒᆞ야 斷獨으로 行홀 全體行爲를 繳銷ᄒᆞᄂᆞ니 卽 未成年者와 禁治産者ㅣ
是오. 輕易홀 事에 就ᄒᆞ야는 利益을 判斷ᄒᆞ는 能力이 有ᄒᆞ되 重大한 事

에 對ㅎ야는 利益을 判斷ㅎ는 能力이 無혼 者는 限定無能力者로 認ㅎ야 其 獨斷으로 行혼 重大行爲만 繳銷흠을 得ㅎㄴ니 卽 準禁治産者와 妻가 是라 左에 其 各種 境遇에 對ㅎ야 分說코져 ㅎ노라.

第一款 未成年者

人의 身體와 智能은 相當혼 年齡에 不達ㅎ면 十分 發育흠을 未得ㅎ는 故로 其 年齡에 達ㅎ기까지는 法律上에 特히 保護홀 必要가 有혼지라. 然이나 身體와 智能의 發達이 各自 不同흠으로써 法律이 不得已ㅎ야 其 國民의 發育ㅎ는 情況을 觀察ㅎ야 各人의 通常完全혼 意思能力을 具備홀 相當年齡을 指定ㅎ야 此를 成年年齡이라 名稱ㅎ야 其 年齡에 應ㅎ야 法律의 結果를 決定케 ㅎㄴ니 此 年齡을 定흠이 關ㅎ야 數種法 制가 有혼지라. (未完)

◎ 民法과 商法, 安國善, 〈대한협회회보〉 제4호, 1908.7. (법학)

我國에는 今日에 至ㅎ기ᄭᅵ지 民法과 商法의 規定이 無ㅎ야 民事와 商事 에 關혼 事項을 總히 慣習에 從홀 ᄲᅮᆫ이라. 然이나 今日에는 諸般 關係가 甚히 複雜ㅎ야 成文의 規定을 要ㅎ는 故로 此를 編纂ㅎ기 爲ㅎ야 諸般 調査에 着手혼다 ㅎ니 其 速成을 期待ㅎ는 바이라. 故로 玆에 民法과 商法의 關係를 陳述흠이 無益의 事가 안이로다.
民法과 商法은 共히 私法이니 人民 相互間 關係에 一私人된 資格으로 行홀 行爲를 規定혼 法律인디 民法은 私人的 關係의 通則을 規定ㅎ야 特別혼 規定이 無혼 以上에는 私人 相互間 關係에 對ㅎ야 專히 此 民法 을 適用ㅎ고 商法은 商에 固有혼 法則의 全體를 謂흠이니 商에 固有혼 法則이라 흠은 商에만 適用ㅎ고 他에는 適用치 안이ㅎ는 法則이라. 私 法 中에도 商의 關係에 適用되는 同時에 ᄯᅩ 民事關係에도 適用되는 것

이 有ᄒᆞ니 如此ᄒᆞᆫ 것은 商法에 屬ᄒᆞᆯ 것이 안이로다. 譬如賣買에 關ᄒᆞᆫ 民法規定의 大部分은 商事賣買에도 適用되고 民事賣買에도 適用되나 此는 商法에 屬ᄒᆞᆷ이 안이오. 特別히 商事賣買에만 限ᄒᆞ야 適用할 法則을 規定ᄒᆞ야 商法에 屬ᄒᆞᄂᆞᆫ 者라. 故로 學者間에 或은 商法을 民法에 對ᄒᆞᆫ 特別法이라 言ᄒᆞᄂᆞᆫ 者도 有ᄒᆞ며 或은 例外法이라 稱ᄒᆞᄂᆞᆫ 者도 有ᄒᆞ며 或은 民法 中의 親族法이ᄂᆞ 相續法과 如히 一篇을 作ᄒᆞᆯ 것이라 ᄒᆞ야 言論이 不一ᄒᆞ거니와 各國 法制에 依ᄒᆞ야 論結이 亦異ᄒᆞ도다. 如此히 商에 固有ᄒᆞᆫ 法則으로 商法을 特別히 制定ᄒᆞᄂᆞᆫ 國에도 商法의 地位가 分明치 못ᄒᆞ거늘 我國에ᄂᆞᆫ 民商法을 一篇 中에 混同ᄒᆞ야 編纂ᄒᆞ기로 決定ᄒᆞ얏다 ᄒᆞ니 商法의 地位가 더욱 分明치 못 ᄒᆞ리로다. 大抵 商法을 商人에 關ᄒᆞᆫ 法律關係를 規定ᄒᆞᄂᆞᆫ 것이라 ᄒᆞ면 此를 特別法이라 ᄒᆞᆷ이 可ᄒᆞ거니와 商事에 關ᄒᆞᆫ 法律인 故로 特別法이라 ᄒᆞᆷ은 不可ᄒᆞ니 萬若 商法을 商事에 特別ᄒᆞᆫ 法律인 故로 特別法이라 ᄒᆞᆯ진딘 民法 中의 親族이ᄂᆞ 相續에 關ᄒᆞᆫ 規定도 特別ᄒᆞᆫ 法律인즉 ᄯᅩᄒᆞᆫ 特別法이라 謂치 안이치 못ᄒᆞᆯ 것이오 ᄯᅩ 親族法 中에도 婚姻에 關ᄒᆞᆫ 것과 養子緣組에 關ᄒᆞᆫ 것과 後見에 關ᄒᆞᆫ 各般 規定이 擦히 特別法안임이 無ᄒᆞᆯ지라. 然則 如此ᄒᆞᆫ 理由로 商法을 民法의 特別法이라 言ᄒᆞᆷ이 不可ᄒᆞ고 商事에 固有ᄒᆞᆫ 法律이라 言ᄒᆞᆷ이 至當ᄒᆞ니 此를 民法에 混合ᄒᆞᆷ이 其 可ᄒᆞᆷ을 未知ᄒᆞ겟고 ᄯᅩ 例外法이라 ᄒᆞᄂᆞᆫ 자ㅣ 有ᄒᆞ나 〈32〉 此ᄂᆞᆫ 正當ᄒᆞᆫ 解釋이 안이니 商法 中에ᄂᆞᆫ 民法에 規定이 無ᄒᆞᆫ 事項에 對ᄒᆞ야 規定ᄒᆞᆫ 것도 有ᄒᆞ고 ᄯᅩ 民法에 規定이 有ᄒᆞ되 不充分ᄒᆞᆷ으로 補充的 規定ᄒᆞᆫ 것도 有ᄒᆞ고 又ᄂᆞᆫ 民法의 適用을 避ᄒᆞ기 爲ᄒᆞ야 特別히 規定ᄒᆞᆷ도 有ᄒᆞ니 此 最後 境遇의 規定과 如ᄒᆞᆷ은 民法에 對ᄒᆞᆫ 例外規定이라 言ᄒᆞᆷ을 得ᄒᆞᆯ지로되 第一과 第二 境遇의 規定等은 不然ᄒᆞ야 例外의 規定이라 稱키 不能ᄒᆞ도다. 大抵 商事에ᄂᆞᆫ 信用을 重히 ᄒᆞ고 敏活을 尙ᄒᆞᄂᆞᆫ 故로 商法은 信用을 保護ᄒᆞ며 事務의 敏活을 計ᄒᆞᆷ이 其 主張이 되야 恒常 民法과 特別히 發達ᄒᆞᆫ 것이오 ᄯᅩ 商事ᄂᆞᆫ 民事와 異ᄒᆞ야 狀況과 範圍가 判然히 區分되ᄂᆞᆫ 것이여늘 今에 此를 混合編纂ᄒᆞ면 商事와 民事를 混同ᄒᆞ야

其 關係로 하야금 解釋키 極難한 境에 至ᄒ리로다.

10.4. 법사상

◎ 學窓餘談, 吳錫裕, 〈태극학보〉 제11호, 1907.6.

*(여담 형식이지만 법, 국가 등과 관련된 간단한 연재물임) = 법, 국가 등의 개념어 소개 / 법과 국가 등을 진화론적 차원에서 해석함(자연도태, 경쟁)

▲ 제11호=국가 발생(생존경쟁, 우승열패, 공동단체 구성, 국가 구성, 불평등 발생)/규율(질서 유지 수단)

法

法은 共同生活의 必要條件이니라. 共同生活이라는 것은 二人 以上의 人이 共通한 目的으로서 有無相通ᄒ며 多寡相應ᄒ야 其 生存을 保全홈을 云홈이라. 元來 自然界에 生을 保ᄒᄂ 者ᄂ 死를 避ᄒ고 生을 欲홈은 是其 天稟이라. 故로 스스로 避死欲生ᄒᄂ 以上에ᄂ 서로 競爭ᄒ야 弱者ᄂ 强者의게 被壓ᄒ고 强者ᄂ 己의 强을 誇特ᄒ야 弱한 者를 制ᄒ고, 自己 호울노 自由로 生存코쟈 ᄒ야 其局終에 自然淘汰의 行홈은 不可爭의 事實이라. 生存을 競爭ᄒᄂ 場裏에 一己 自力으로써其競爭에 不堪할 時에ᄂ 同類 共同一致ᄒ야 外敵을 向ᄒ야 當할지니, 是ᄂ 其 生存을 保全ᄒᄂᄃ 必要한 狀態라. 故로 其 結果ᄂ 同類 共同團體의 鞏固한 者ᄂ 勝을 占ᄒ고, 만일 不然한 者ᄂ 敗를 取ᄒ야 自然이 消滅ᄒ니, 此ᄂ 宇宙間 自然의 狀態오, 또한 自然의 數ㅣ니라.

吾人 人類도 此觀念은 決斷코 差異 업는지라. 딕기 人類ᄂ 社會的 動物

이라. 반다시 集合體로써 生活홀 것이오, 自己 一人만 固有 獨立ᄒ야는
到底 生活키 不能흔 故로 人類가 되야서는 家를 作ᄒ며, 家ㅣ 集ᄒ야
親族을 作ᄒ며 村을 作ᄒ며 郡縣을 作ᄒ야 <u>畢竟에 國을 成立</u>ᄒ는듸 至
ᄒ니 人類가 此 共同團體를 離ᄒ야는 生活을 完圖치 못홀 거슨 可證흘
지로다. 然則 共同團體를 維持ᄒ는 듸는 一秩序가 不可無也ㅣ니라.

元來 人類의 品質이 智力, 腕力, 年齡, 强弱, 性質 其他 種種의 生活ᄒ는
狀態로 因ᄒ야 個人間에 優劣을 生홀 거슨 必然흔 理致라. 故로 此 優劣
을 制ᄒ는 方法이 無홀 時는 自然 優劣에 任ᄒ야 一 共同團體 中에서도
弱肉은 强食되고 智者는 他를 壓制ᄒ야 屈從케 ᄒ고, 腕力者는 他를 奴
隸를 삼아 不平等으로 ᄒ야곰 더욱 <u>不平等이 되게</u> ᄒ야 畢竟 平和를
維持치 못홀 境에 至ᄒ리니, 此 不平等을 公平히 ᄒ고, 쏘흔 共同으로
ᄒ야곰 幸福을 均享케ᄒ야 圓滿 完全흔 生活을 全社會에 周及케 ᄒ랴
면 一條件 卽 <u>規律에 不可不 依케</u> 흘지니라.

此 共同團體의 人類가 可依할 規律은 內部와 外部에 分ᄒ야 此에 使依
케 홈을 <u>秩序라 謂홈</u>이니 卽 內部에 屬할 것은 彼의 夫婦相和ᄒ며 朋友
相信ᄒ는 等인듸 或 分爲道德ᄒ며 或分爲宗敎ᄒ고, 쏘 外部에 屬할 것
은 一權力으로서 强行ᄒ야 其規律에 必依케 ᄒ는 故로 此 外部의 秩序
에 依ᄒ야 <u>强者로 ᄒ야곰 服從케 홈</u>으로 此 規律을 法이라 稱ᄒᄂ니 <u>故
로 曰 法은 共同生活의 必要條件</u>이니라.

▲ 제12호 = 국가

    = 기존의 '국'과 '가'의 개념이 아니라 '토지, 인민, 권력 = 주권이 결합된 무형
    의 단체'라는 새로운 관념이 탄생하는 과정을 서술함

國家

國家라 稱훌 時에는 一見ㅎ면 國가 家를 倂稱한 말 갓흐나 그러치 안코 單히 國이라 함과 同義ㅣ니 國家라는 것은 一定흔 土地와 밋 人民으로 基礎를 삼아 成立한 無形의 團體라. 最高의 權力으로서 統御홈을 意味홈인 故로 近世의 國家의 觀念은 左의 三個 條件을 具備한 然後에야 可得ㅎ나니,

第一 土地 或 領土라고도 稱ㅎ는뒤 國民의 住居ㅎ는 一定흔 處所니--

第二 臣民: 臣民은 國家의 一要素라--

第三 主權: 主權은 最高흔 權力인뒤 國民을 支配ㅎ는 權이 有ㅎ고 國民은 此 權力을 絶對無限으로 服從ㅎ는 故로--

國家는 以上 三個의 要素로써 組織ㅎ야 獨立自存ㅎ는 人格이 有ㅎ니 人格이라는 것은 스사로 權利를 得ㅎ고 스사로 義務를 負ㅎ야 恰然이 한 사람 갓치 諸般 行動을 ㅎ느니라. 國家는 其 國體와 政體의 如何에 因ㅎ며 쏘 國際法上 完全한 主權의 有否에 基ㅎ야 諸種에 分類홈을 得ㅎ는 故로 左에 記述ㅎ노라.

(一) 國體로 觀察한 國家의 種類[1]

君主國: 君主國이라는 것은 君主 國體의 國家라 ㅎ는 意義인뒤 君主가 主權을 總攬ㅎ는 國家를 謂홈이니 天皇, 皇帝 쏘 王의 尊號를 有ㅎ고 國民의 最上 高位를 占흔 一人의 君主가 主權을 總攬흔 者ㅣ니 我國을 始ㅎ야 日, 淸, 露, 獨, 英이 此에 屬ㅎ고,

---

1) 제6호 곽한탁의 '헌법'에서 서술한 국가의 분류와 내용상 대동소이함. 문장도 비슷하므로, 이 시기 국가 또는 헌법학의 역술 대상 자료가 동일했을 가능성이 높음.

民主國: 民主國이라는 것은 民主 國體의 國家라 흐는 意義인딘 國民 全體가 主權을 總攬흐는 國家를 謂흠이니, 如此 民主國에서 國民 全體가 主權을 總攬흔다 흐나 實際는 多衆의 國民이 共同흐야 行使키 不能흠으로서 如何흔 一人을 選擧흐야써 其 主權을 行使케 흐고 通常 此를 稱흐야 大統領이라 흐니, 現今 民主國의 主되는 國은 北米合衆國과 佛國이 此에 屬흐느니라.

(二) 政體로 觀察흔 國家의 種類

專制國: 專制國이라는 것은 專制政體의 國家라 흐는 意義인딘--

立憲國: 立憲國이라는 것은 立憲政體의 國家라 흐는 意義인딘 憲法을 設흐야 主權 行動의 自由를 制限흐는 國家를 謂흠이니--

(三) 國際法上으로 觀察흔 國家의 種類[2]

全部 主權國:

單獨國:

結合國:

聯邦國:

君合國:

---

2) 이 부분은 곽한탁의 역술과 다소 차이가 있음.

政合國:

合衆國:

一部 主權國:

附庸國(又 屬國):

不完全 獨立國:

◎ (학해) 法律과 專制思想,
　 蔡基斗, 〈동인학보〉 제1호, 1907.11. (법학)

　　　 *전제사상 비판 / 법치주의 관련
　　　 *법률 개폐의 절차가 필요한 이유를 논함 / 미완 상태

　世人이 恒言曰 法律이 明ᄒ면 其國이 治라 ᄒ니 此言이 善則善矣라. 然이ᄂ 余ᄂ 以爲호ᄃᆡ 法律이 明이라도 其國이 不治라 ᄒ노니, 此ᄂ 他 故가 아니오 卽 行政官과 執法者의 頭腦 中으로 出來ᄒᄂ 專制思想의 所以라. 時之今古와 洋之東西를 勿論ᄒ고 專制思想은 亡國ᄒᄂ 根本的 惡魔니 專制思想이 一國에 盛行ᄒ면 其國이 必亡ᄒ고, 一地方에 盛行ᄒ면 其地方이 不穩ᄒ고 一家에 盛行ᄒ면 其家必爭ᄒᄂ니 近年 日露戰史 를 參考컨ᄃᆡ 歐米人士ㅣ 日本에 同情을 表ᄒ고 露人의 敗北를 聞之拍手 ᄒᆷ은 日本의 自由團을 贊成ᄒ고 露人의 專制思想을 憎惡ᄒ 結果라.

　大抵 法律은 人類 生活上에 最大 最重ᄒ 關係가 有ᄒ야 專制思想과 絶對的 竝行키 難ᄒ 故로 專制思想이 盛行ᄒ면 法律이 法律되기 難ᄒ

며, 法律이 確立ᄒᆞ면 專制思想이 敢行치 못홈은 理之常也라. 故로 現今 文明國 法의 律 設立制度와 變更 手段을 觀ᄒᆞ건ᄃᆡ 반다시 帝國議會을 經ᄒᆞᄂᆞ니 此ᄂᆞ 立憲政治의 法律 制定ᄒᆞᄂᆞ 順序上의 第一 重要ᄒᆞᆫ 位置를 占領홈인 故로 此을 立法機關이라 稱홈이라. 獨逸 碩儒 사쎄뉴ㅣ 曰 法律은 國民 總意를 代表ᄒᆞ야 發表ᄒᆞ고 ᄯᅩ 國民 總意의 進步를 隨ᄒᆞ야 推移 變遷ᄒᆞᄂᆞ 故로 法律은 造作物이 아니오 發達物이라 ᄒᆞ니, 此ᄂᆞ 實노 千古의 不易ᄒᆞᆯ 言이라. 大抵 社會ᄂᆞ 文明 程度와 生活 狀態을 從ᄒᆞ야 變遷이 無窮ᄒᆞᆫ 故로 今日 社會ᄂᆞ 十年 前 社會와 不同ᄒᆞ고 今日 國家ᄂᆞ 十年 前 國家와 不同ᄒᆞ고, 今日 人民은 十年 前 人民과 不同ᄒᆞ니 法律이 此等 變遷과 如히 變更 廢止ᄒᆞᄂᆞ 方法이 無ᄒᆞ면 人民의 弊瘼(폐막)이 不無ᄒᆞᆫ 故로 唯 一條一項이라도 人民의 弊瘼을--

10.5. 법학

◎ (본회 편집국 수집) 法律摘要, 〈대조선독립협회 회보〉 제2호, 1896.12.15. (국한문)

○ 法律摘要 叢話

爾雅(이아)에 曰 法은 尙也라 ᄒᆞ고 說文에 曰 律은 均布라 ᄒᆞ고 尙書 大傳註奉天之大法에 法亦律也 故로 謂之爲律이라 ᄒᆞ고 又 說文 註에 云 律者ᄂᆞ 所以範天下之不一而歸於一 故로 曰均布也라 ᄒᆞ니 法律 二字 之義ᄂᆞ 不過乎一定의 秩序를 表章홈에 別稱名이라.

○ 法律 定義

法律의 字義가 如右ᄒᆞ나 法學上에 解說ᄒᆞᄂᆞ 法律義ᄂᆞ 如此히 廣汎ᄒᆞᆫ

義를 要치 아니ᄒᆞᄂᆞᆫ 故로 法學上에 法律 定義가 二種이 有ᄒᆞ니 形式上 定義ᄂᆞᆫ 一國의 國法을 依ᄒᆞ야 法律의 外形을 具ᄒᆞᆫ 物件에 求ᄒᆞᆷ이요, 實質上 定義ᄂᆞᆫ 其 外形은 如何ᄒᆞᆷ을 拘치 안코 內部 實容의 求ᄒᆞᆷ이라 ᄒᆞ니 內部 實容의 求ᄒᆞᆫ다 ᄒᆞᆷ은 人의 性理를 本ᄒᆞᄂᆞᆫ 딕 由ᄒᆞ야 法律 觀察ᄒᆞᆫ다ᄂᆞᆫ 主意니 適切이 言ᄒᆞᆯ진딕 法律이란 거슨 人生 共同生活規則에 一種이니 國家ㅣ 此를 勉行ᄒᆞᆷ이라.

○ 法學에 各派

法學 主意ᄂᆞᆫ 法律의 關ᄒᆞᆫ 原理를 研究ᄒᆞᄂᆞᆫ딕 在ᄒᆞ야 惟一不分ᄒᆞᆷ이라. 雖然이나 그 主意에 達코져 ᄒᆞᄂᆞᆫ 攷究 方法은 學者를 從ᄒᆞ야 異ᄒᆞᆫ 故로 天下 法學 各派에 諸說이 從ᄒᆞ야 生ᄒᆞᆷ이니 歸納法에 依ᄒᆞ야 攷究ᄒᆞᄂᆞᆫ 學派와 밋 演繹法에 依ᄒᆞ야 攷究ᄒᆞᆫ 學派의 二種이 有ᄒᆞ고 歸納演繹 兩法派 中에도 ᄯᅩᆫ 各部分이 有ᄒᆞ니 歸納法 中에 三種이 有ᄒᆞ며 演繹法 中에 二種이 有ᄒᆞᆫ지라. <u>歸納法을 依하야 攷究ᄒᆞᄂᆞᆫ</u> 學派 三種 中에 <u>第一은 分析法學派</u>니 此派ᄂᆞᆫ 法律에 關ᄒᆞᆫ 觀念을 解剖 分析ᄒᆞ야 그 本質을 明케 ᄒᆞᆷ으로 主義ᄒᆞᄂᆞᆫ 學派니 譬喩컨딕 化學家가 一箇 物質을 把ᄒᆞ야 分析ᄒᆞ야 그 各部分을 知케 ᄒᆞᆫ 後에 그 同一 方法을 採ᄒᆞᆷ과 如ᄒᆞᆷ이라. 此 攷究方法을 用ᄒᆞ야 一派 學을 成立ᄒᆞᆫ 人은 英國 오스진 氏니 該國 法學家ᄂᆞᆫ 至今ᄭᅥ지 此 方法을 襲用ᄒᆞᄂᆞᆫ 者 不少ᄒᆞ다 云이요, <u>第二ᄂᆞᆫ 沿革 法學派</u>니 此派ᄂᆞᆫ 法律의 現象을 歷史上 事實에 徵照(징조)ᄒᆞ야 其 原理를 顯闡ᄒᆞᆷ으로 旨趣ᄒᆞᄂᆞᆫ 學派라. 此 攷究 方法을 採用ᄒᆞ야 最有盛名ᄒᆞᆫ 人은 獨 사뷔니 氏니 今 英獨間 諸法學家의 此學派에 屬ᄒᆞᆫ 者 甚多ᄒᆞ다 云이요, <u>第三은 曰 比較法學派</u>니 此派ᄂᆞᆫ 各種 法律을 對比 計較ᄒᆞ야 其性質 異同을 辨別ᄒᆞᆫ 걸로 法律 原理를 採求ᄒᆞ랴ᄂᆞᆫ 主意ᄒᆞᄂᆞᆫ 學派라. 古來로 此 方法으로 法律을 攷究ᄒᆞᄂᆞᆫ 者 업ᄉᆞᆷ이 아니나 佛國 몬데싁기유 氏의 〈法律精神〉이라 云ᄒᆞᄂᆞᆫ 書를 著ᄒᆞ야 因ᄒᆞ야 此派의 始祖가 되얏ᄂᆞᆫ딕 今佛國 學者들이 盛히 此 方法을 採用ᄒᆞ다 云이러라.

演繹法을 依ᄒ야 攷究ᄒᄂᆞᆫ 學派 二種 中에 第一은 自然法學派니 此派ᄂᆞᆫ 希臘 스도익 派 哲學에셔 出ᄒ야 羅馬 法律家가 此說을 尊崇ᄒ야 漸漸 널니 世上에 行ᄒᆞᆷ으로 今日에 至ᄒ야 此 學派의 說者ㅣ 多少 異義가 有ᄒᆞᆫ 故로 其 主要ᄒᆞᆫ 學說을 枚擧ᄒᄂᆞ니 一 自然法은 人類가 自然狀態의 生息ᄒᄂᆞᆫ 딕 當ᄒ야 行ᄒᄂᆞᆫ 法이라 ᄒ니 이 쯧시 自然 生態란 거슨 人類가 아즉 社會 編成ᄒ기 前 時代에 狀態를 想像ᄒ야 言ᄒᆞᆷ을 指ᄒᆞᆷ이니 此說은 루스우3) 氏 一派 社會契約主義를 奉ᄒᄂᆞᆫ 學者 唱設ᄒᆞᆷ일네라. 二 自然法은 自然이 一切 動物의 賦與ᄒᆞᆫ 法則이라 ᄒ니 此說은 羅馬 法律家 유루비얀4) 氏가 首唱ᄒᆞᆫ 바요 後世 몬데스기유 氏에 自然法을 說明ᄒᆞᆫ 것도 此意義에 大差가 無ᄒ더라. 三 自然法은 上帝가 指示ᄒᆞᆫ 完全ᄒᆞᆫ 法則이니 人間에 理想으로써 此를 發見ᄒᆞᆷ이라 ᄒ니 此說은 神學派 法學家가 主唱ᄒᆞᆷ이라. 四 自然法은 人의 稟性에 根本을 붓치는 法則이라 ᄒ니 此說을 獨人 구라우제5)가 首唱ᄒ고 아렌스 氏에 至ᄒ야 盛히 世에 行ᄒᆞᆷ이라. 此 學說에 根本ᄒᆞᆫ 바는 實노 스도익6) 派 哲學에 存ᄒ미니 該派 哲學의 旨意ᄂᆞᆫ 人은 其 稟性을 從ᄒᄂᆞᆫ 걸노써 道의 大本을 ᄒᆫ다고 云ᄒᄂᆞᆫ딕 在ᄒᆞᆷ이라. 此派ᄂᆞᆫ 哲學上 原則에 由ᄒ야 法律에 最高 原理를 闡明ᄒ기로 旨ᄒᄂᆞᆫ 學派니 其 淵源은 부라도7) 아리스도둘8) 諸 氏가 法律을 論ᄒᆞᆷ과 又 시세론이 法律을 論ᄒᆞᆷ이 다 人의 理性을 本ᄒ고 從ᄒ야 法律을 觀察ᄒ게 ᄒᆞᆷ이라. 近世에 此學派을 泰斗로 仰ᄒᄂᆞᆫ 者ᄂᆞᆫ 獨國 碩學 에간돈 氏가 其人일네라.

凡 法律에 關ᄒᆫ 諸家 學說이 極多ᄒ나 法理學史上으로 論究ᄒ야 以上

---

3) 루으스: 루소.

4) 유루비얀: 유스티아누스.(?)

5) 구라우제: 크라우제.

6) 스도익: 스토어 학파.

7) 부라도: 플라톤.

8) 아리스도둘: 아리스토텔레스.

諸種만 列擧ᄒᆞ니 其誰家說이 가쟝 學理에 眞髓를 得ᄒᆞ얏ᄂᆞᆫ가. 實노 從來 一大 問題가 됨이라. 盖 人事의 複雜홈과 物理의 森羅홈을 一定의 法則이 秩然(질연)이 綜合ᄒᆞ고 劃一이 貫通흔 原理가 發見키 難흔지라. 然이나 方今에 理想派와 實驗派의 兩派 對峙홈이 古今 社會 學問上에 二大 表觀이 되야 互相 得失이 有ᄒᆞ니 吾人은 不可不 此에 講究홀지라. 理想派ᄂᆞᆫ 純理를 써 事實 上에 置ᄒᆞ고 一定 繩墨(승묵)을 假設ᄒᆞ야 實行케 홈이요, 實驗派ᄂᆞᆫ 事實에 證明흔 處를 把ᄒᆞ야 此를 眞理로 ᄒᆞ야 一定에 繩墨홈으로이니 一은 演繹方法으로 主ᄒᆞ야 事實을 理論 下에 收홈이요, 一은 歸納方法으로 主ᄒᆞ야 理論를 事實에 搜홈이라. 學問 講究의 方法은 一處 膠守(교수)치 말고 彼此 採擇ᄒᆞ야 精一흔 處에 執中홈이니 余輩ᄂᆞᆫ 반다시 以上 法學 各派를 對ᄒᆞ야 偏倚(편의)치 말고 其中에 正鵠를 向ᄒᆞ야 射ᄒᆞ기를 望ᄒᆞ노라.

출처: 〈시사신보〉 복옹백화라고 한 설명이 이 글에도 해당될 가능성이 있음

◎ 法律概論, 鄭在淳, 〈친목회 회보〉 제5호, 1897.9.26.

*법률학의 개념과 특징을 소개한 설명문

法律이라 ᄒᆞᄂᆞᆫ 全體의 槪念은 獨히 法律을 學ᄒᆞᄂᆞᆫ 者의 必要홀 ᄲᅮᆫ 아니오, 一國의 士民되ᄂᆞᆫ 者 ᄯᅩ흔 ᄆᆞᆺ당히 其國法의 大體를 通曉치 아니치 못ᄒᆞ리라 ᄒᆞ오. 此ㅣ 何爲而然가. 國民 公私의 生活은 皆 法律의 統御흔 바ㅣ라. 故로 生命, 身體, 祭典, 自由, 財産은 悉皆 法律의 保護를 賴ᄒᆞ야 비로소 安全홈을 得ᄒᆞᄂᆞ니 一國의 人民되ᄂᆞᆫ 者ㅣ 其 國法의 範圍를 能히 離치 못홈은 天地間에 萬物이 物理上의 法則을 離치 못홈과 何에 異ᄒᆞ리오. 宇宙間의 森羅萬象이 皆 一定흔 秩序ㅣ 有ᄒᆞ야 비로소 成物ᄒᆞᄂᆞᆫ 故로 曰 有物必有則이라 ᄒᆞ거늘 前況 人類 共同生活홈에 際ᄒᆞ

야 엇지 互相 關係를 定흔 各人 行爲의 準繩되는 者ㅣ 無ᄒ리오. (…중략…)

大槪 法律은 治國의 典則이오 人世의 當經이라. 士民되는 者ㅣ 可히 學지 아니치 못ᄒ며 可히 知치 아니치 못홀 바어니와 凡吾人은 法律의 保護ᄒ음을 依ᄒ야 安全홈을 得홈이나 오즉 法律의 保護ㅣ 周到홈으로 吾人은 此를 感覺지 못홈이라. 然이나 法律을 不知홈은 卽 自己의 生命, 身体 及 財産이 如何ᄒ야 如斯히 安全흔지 知得지 못흔 者ㅣ라 云치 아니치 못홀 가시오 또흔 法律을 不知홈으로 當然히 可勝홀 訴訟을 敗 ᄒ야 收得홀 利益을 失ᄒ는 者ㅣ 不尠ᄒ니 然則 法律을 不知홈은 自己 의 存在를 不知홈과 如ᄒ며 自己의 安全을 顧치 아니ᄒ는 者라 云치 아니치 못ᄒ리로다. 或 曰 法律은 實業과 셔로 背馳ᄒ는 者ㅣ라 ᄒ나 然이나 法律을 離ᄒ야 商業과 農工業을 홈이 能치 못흔지라. 卽 實業ᄒ 는 者는 各其 業에 關흔 法律을 知홈이 必要흔 者 有ᄒ니 譬컨딕 會社를 設立ᄒ야 營業ᄒ는 者는 會社法을 可히 知치 아니치 못홀 거시오, 土地 를 所有흔 者는 土地에 關흔 法律을 可히 知치 아니치 못홈과 如ᄒ오. 萬一 物品을 受ᄒ고 所有權의 存在홈을 知치 못ᄒ며, 婚姻ᄒ야 夫婦間 의 權利 義務를 不知ᄒ고 其他 行爲를 ᄒ되 其 行爲는 法律上의 性質 及 效力을 不知ᄒ면 엇지 能히 普通生活의 安全을 求得ᄒ리오. 吾人이 法律을 一般 知了홈은 또흔 偶然흔 事ㅣ 아니라 ᄒ오.

凡 法律은 文化의 反照라 云ᄒ나 各各 邦國의 人情 風俗 地勢 等의 差異홈을 從ᄒ야 法律도 또흔 各各 相異홀 쑨 아니라 一國의 法律도 時勢의 變遷과 文化의 進行홈을 因ᄒ야 漸次 變移홈은 其 性質上의 自 然흔 바어니와 事實上을 觀홀지라도 野蠻國에는 野蠻의 法律이 有ᄒ고, 文明國에는 文明흔 法律이 有ᄒᄂ니 支那에는 支那의 法律이 有ᄒ고 英國에는 英國의 法律이 有ᄒ며 獨逸에는 獨逸의 法律이 有ᄒ야 各各 其 規定흔 바ㅣ 相異홀 쑨 外라, 歷史를 據ᄒ야 觀홀지라도 此等 諸國의

法律이 古代로붓터 千變萬化의 跡이 오히려 今日에 在ᄒ듯 ᄒ오. 然이나 一國의 進化ᄂ 隣國 及 其他 諸邦의 制度를 模範ᄒ야 取長補短홈에 在홀 ᄲᆞᆫ 아니라 怪異ᄒᆞᆫ 法도 ᄯᅩᄒᆞᆫ 比較的 實益이 되리라 ᄒ오. 然이나 我國은 數十年 前ᄀᆞᆺ치 所謂 世事를 不知ᄒᆞ고 高枕短臥의 困睡를 醒覺지 못ᄒᄂ 者ㅣ 我國 外에ᄂ 支那 及 日本이 在홈을 知ᄒ얏스나 歐米諸國이 此地球 中에 有홈을 知ᄒᆞᆫ 者ㅣ 不過 幾人이오. 外國 交通이 오즉 支那 及 日本이라, 是以로 我國 進化의 跡을 尋홈에 法律制度之類ᄂ 周官 六典의 條例를 模倣ᄒ야 六卿으로써 配之ᄒ며 ᄯᅩᄒᆞᆫ 明清의 規模를 採用ᄒᆞᆫ 者ㅣ 不少홈은 諸君의 共知ᄒᄂ 바ㅣ라. 然이나 近來에 至ᄒ야 鎖國主義를 一變ᄒ야 歐米諸國에 條約 締結홈애 交通이 始開ᄒ고 國際의 關係ㅣ ᄯᅩᄒᆞᆫ 頻繁ᄒ니 當此之時ᄒ야 外國 法律을 亦不可以不知오 歐米諸國의 文明을 稱홈도 ᄯᅩᄒᆞᆫ 其法律의 發達 進步홈을 因홈이라, 故로 現今 日本이 歐米 諸國의 法制를 斟酌ᄒ야 獨佛 兩國의 法律을 模範ᄒ니 實노 彼의 長處를 取ᄒ야 自家의 短處를 補코ᄌ 홈이오, 我國이 亦且 其線路를 開ᄒ고 外人을 雇聘ᄒ야 法典所를 設立ᄒ얏다니 此ㅣ 엇지 文化發達의 一淵源이라 아니ᄒ리오.

凡 法律이라 ᄒᄂ 意義ᄂ 前次에 金相淳 氏의 講演홈이 有홈에 今에ᄂ 다시 更煩치 아니ᄒ거니와 法律의 關涉ᄒᄂ 區의 分類와 法律의 材料되ᄂ 淵源의 數語를 玆에 連續ᄒ야 略陳코ᄌ ᄒ오.

*법률이 간섭하는 구역: 국내법 – 사법, 공법
 사법(일 개인의 사사에 관하여 성립 한 자): 민법, 상법
 공법(국내의 공사를 유하여 성립한 자): 국법 급 형법, ---
*성문법과 불문법
*고유법과 계속법
*관습
*조리

*조약

*판결(판례)

*종교가 법률의 연원이라는 뜻

*외국법

*법률의 제정

◎ 法律의 正義, 金相淳,〈친목회 회보〉제5호, 1897.9.26.

*법률의 성격을 설명한 설명문

今에 法律을 略說홈에 各國 法典을 —— 參照ᄒᄂᆫ 煩雜을--

◎ 法學, 石鎭衡,〈소년한반도〉제3호부터
= 법학 문답(청탁 과정 소개)

▲ 제3호－청탁 경위 ▲ 제4호－埃及國의 混合 裁判制度(영사재판제도) ▲ 제5호에는 연재되지 않았음 ▲ 제6호 國際公法에 對흔 世人의 誤解 及 研究의 必要

*근대계몽기 법학 지식은 학부(1895)의〈공법회통〉을 시작으로 유성준(1905)의〈법학통론〉(국민교육회), 유성준(1905)의〈신정 법학통론〉(국민교육회)가 나왔다. 그 이후 의진사(1908)의〈개정형법대전〉(의진사), 김상연(1907)의〈국법학〉(미상), 유동작(1907)의〈물권법〉(보성사), 유치형(1907)의〈물권법 제1부〉(양정의숙), 박만서(1907)의〈물권법 제2부〉(보성사), 신우선(1907)의〈민법총론〉(보성사), 홍재기(1907)의〈민사소송법안 강의〉(보성사), 임학재

(1909)의 〈법규신편〉, 유성준(1907)의 〈법학통론〉(국민교육회), 김상연(1907)의 〈상법요의〉(보성사), 주정균(1907)의 〈상법총론〉(보성사), 김상연(1907)의 〈상법총론〉, 박만서(1907)의 〈상속법〉(보성사), 신우선(1907)의 〈어험법론〉(보성사), 유성준(1907)의 〈신정 법학통론〉(국민교육회), 석진형(1907)의 〈채권법 제1부〉((보성전문), 조성구 역(1907)의 〈채권법 제2부〉(보성사), 안국선 역(1908)의 〈행정법〉(보성관), 장헌식 역술(1907)의 〈행정법 전〉(보성사), 김상연(1907)의 〈헌법〉(보성사), 유치형(1907)의 〈헌법〉(보성사), 장세기·정인호·이재건(1908)의 〈헌법〉, 조성구 강술(미상)의 〈헌법요의〉, 이학재(1907)의 〈형법대전〉, 장훈(1907)의 〈형법총론〉(보성사), 김연지(1907)의 〈회사법강요〉, 김상연 찬술(1907)의 〈회사법〉(보성사) 등이 발행된 것으로 알려져 있다.

▲ 제3호

少年韓半島 雜誌는 方今 敎育에 從事ᄒ는 有志 大家가 我韓半島 八萬九千方哩 疆域 內의 二千萬 同胞로 ᄒ야곰 今日 宇內의 大勢를 通케 ᄒ고, 學界의 大要를 得케 ᄒ야 各其 個人의 行爲 根本되는 敎育의 針路(침로)를 指ᄒ며 一世의 警鐘(경종)을 成ᄒ야 國家의 百年計를 樹立코져 ᄒ는 惟一 機關이라. 是以로 各大家의 立論 解說이 至精且微ᄒ야 疑義를 不留ᄒ고 奧義(오의)를 能現ᄒ야 落日 西天에 有志慨士가 劇孟家(극맹가)에 相逢홈과 如ᄒ 感覺이 生케 ᄒ니, 實로 言界의 好話敵이오 學界의 善接長이라. 如此ᄒ 大方家 言論 舞臺에 拙者와如ᄒ 淺見薄識輩가 一場 言論을 豈敢做出ᄒ야 讀者로 ᄒ야곰 少焉間이라도 有益ᄒ 感覺이 生케 홈을 可得ᄒ리오. <u>然이나 幸히 該社 先智 先覺者의 不棄不卑ᄒ는 繾綣友誼(견권우의)를 因ᄒ야 法學에 關ᄒ 問答的 言論의 著述 囑託을 受ᄒ</u> 故로 不獲己ᄒ야 法學에 關ᄒ 幾個 言論을 做出ᄒ야 大方家의 高評을 待코져 홈이라.

然이나 元來 法學이란 者는 甚히 多端 浩繁(호번)ᄒ야 其法學의 全體

를 通透(통투)히 解了ᄒᆞᄂᆞᆫ 者ㅣ라도 能히 疑義를 不留ᄒᆞ고 說去ᄒᆞ기 不能ᄒᆞ거던 而況 拙者와 如ᄒᆞᆫ 管見 研究者의 能解能演ᄒᆞᆷ을 可得ᄒᆞᆯ 바ㅣ리오. 故로 各般 法律을 講義的으로 說明ᄒᆞᆷ은 玆에 期避ᄒᆞ고 法學界에 散在ᄒᆞᆫ 問題를 一擧一擧ᄒᆞ야 說去ᄒᆞ거나 又 或은 時事問題로 法理에 關係가 有ᄒᆞᆫ 者ᄂᆞᆫ 意見을 添付ᄒᆞ야 短篇으로 說去코져 ᄒᆞᆷ이니 讀者 僉彦의 容許가 有ᄒᆞᆯ진디 拙者의 光榮이오 幸甚이라 ᄒᆞ노라. 問題ᄂᆞᆫ 另擇(영택)ᄒᆞ야 次號에 記載코져 ᄒᆞ노라.

▲ 제4호 埃及國의 混合 裁判制度(영사재판제도)

埃及의 建國과 文明이 世界 歷史上에 最古ᄒᆞ고 最發達ᄒᆞᆷ은 世人이 熟知ᄒᆞᄂᆞᆫ 바ㅣ라. 然이나 今日에 至ᄒᆞ야 其國家의 基礎와 文明이 他國에 比하라진대 最히 薄弱ᄒᆞ고 最히 劣等됨은 其原因이 多有호대 就中 混合 裁判의 制度에도 其一을 可成ᄒᆞᆯ 者로 信ᄒᆞᄂᆞᆫ 故로 特히 此 制度의 來歷 及 現狀을 論ᄒᆞ야 一般 有志 同胞의 注意를 喚起코져 ᄒᆞ노라.

地球上 北緯 二十一度 至三十二度 間 及 東經 二十五度 至三十五度에 在ᄒᆞᆫ 北亞弗利加 埃及國은 建國이 最古ᄒᆞ고 文化에 可觀ᄒᆞᆯ 者ㅣ 稍有ᄒᆞ더니 中世 以來로 各種의 原因을 依ᄒᆞ야 自國 版圖 內에 對ᄒᆞ야 自國의 主權이 完全히 行及치 못ᄒᆞᆫ 所以로 歐米의 列邦이 自國의 官員을 派遣 駐箚(주차)ᄒᆞ야 自國의 法律을 行ᄒᆞᄂᆞᆫ <u>領事裁判 制度</u>라 稱ᄒᆞᄂᆞᆫ 者를 設置ᄒᆞ야 行來ᄒᆞᆫ 事가 有ᄒᆞ니라. 當時 埃及國에ᄂᆞᆫ 十六 十七個 國의 外國 領事가 在留ᄒᆞ야 各其 自國의 法律로 裁判을 行ᄒᆞ며 又 其外에 埃及에 固有ᄒᆞᆫ 裁判所가 有ᄒᆞ야 各國의 國法이 相殊ᄒᆞ고 裁判의 節次도 亦互相 不同ᄒᆞᆷ으로 <u>第一은 當者間에 契約을 締結ᄒᆞᆯ지라도 何國 裁判所에 起訴 ᄒᆞᆷ을 可得ᄒᆞ며 何國의 法律을 依ᄒᆞ야 裁判됨을 豫知ᄒᆞ기 不能</u>ᄒᆞ며, 第二ᄂᆞᆫ 若 訴訟의 原告로 國籍이 相殊ᄒᆞᆫ 多數의 被告가 有ᄒᆞᆫ 訴訟에 至ᄒᆞ야ᄂᆞᆫ 其被告 各人에 就ᄒᆞ야 各其 本國 裁判所되ᄂᆞᆫ 領事裁判所에 各種의

訴訟을 提起호는 結果로 同一호 訴訟事件에 關하야 互相 矛盾호는 多數의 判決이 有홈에 至호며, 第三은 各領事廳의 裁判은 控所(공소)를 各其 本國法廷에 對호야 提起치 아니홈을 不得호는 結果로 非常호 不便을 埃及國에 在留호는 諸國 人民의게 貽及(이급)호며 特히 刑事에 關호야는 愛國國 政府의 權力이 薄弱홈이로 警察官은 列國 領事의 指揮를 從호야 其命令이 互相 抵觸됨을 未免호는 不便이 有홈으로 西曆 千八百七十六年 一月 一日로브터 此 領事裁判의 制度를 廢止호고 其代에 混合裁判의 制度를 採用호야 써 新히 商法, 民法, 海商法, 民商事의 訴訟法 及 刑法, 刑事訴訟法을 發布호야 埃及國人 及 外國人을 不問호고 總히 此法律을 遵守(준수)케 호며, 埃及國中에 三個 裁判所를 設置호고 各裁判所에 七名의 判事를 置호대 就中 四名은 外國人으로 任命호고, 三名은 埃及人으로 任命호며 審判은 五名 判事의 合議制로 行호대 三名은 外國人이오, 二名은 埃及人으로 호며, 裁判長은 外國人에 限호니라. 然而 其判事의 任命은 埃及國 政府에서 此를 行호대 外國人 判事에 關호야는 其外國人 本國 政府의 勸告를 依호야 行홈을 可得홀 者로 定호고 歐米 凡十四個國은 此協定에 同意호야 五個年間을 爲限호고 埃及國에 此制度를 實行호엿더니 其結果를 在前 領事裁判制度에 比較홀진딕 良好호 成績이 稍有홈으로 其期限을 屢屢히 延期호야 今日에 至호기신지 實行호는 바ㅣ니라.

以上 埃及 混合裁判의 來歷 及 現狀은 世人의 熟知호는 바ㅣ어니와 其原因을 推究홀진딕 國家에 有志호 者로 호야곰 可謂 痛哭 泣涕홀 處가 非一不再홈으로 其槪略을 紹介호야 世人의 注意를 喚起코져 홈이라.

(제5호에는 연재되지 않았음)

102

國際公法에 對흔 世人의 誤解 及 硏究의 必要

世人은 恒言ᄒᆞ되 國際公法이른 者는 大砲 一門만 不如ᄒᆞ다 ᄒᆞ야 硏究
ᄒᆞᆯ 必要가 無흔 者ㅣ라 ᄒᆞ니 世人의 恒言을 依ᄒᆞᆯ진대 大砲가 一門이면
萬國의 數千年 慣習과 萬國의 屢會 合條約을 能히 打破홈을 可得乎아.
今此 六大洲 世界에 强力이 惟一獨存ᄒᆞ야 萬國이 惟令 是從ᄒᆞ고 萬民이
惟命是服ᄒᆞ야 此 惟一獨存흔 强力에 對ᄒᆞ야는 唯 一國家 一團體라도
抵抗홈을 不得ᄒᆞᆯ 境遇에는 全此 六大洲 世界가 惟一 强力下에 統一ᄒᆞ는
故로 別項 問題를 釀成ᄒᆞᆯ 餘地가 無ᄒᆞ거니와, 若 此 六大洲 世界 萬國
中에 一國이라도 此 一門 大砲의 打破를 對抗ᄒᆞ는 者ㅣ 有흔 時는 不得
不 此에 應戰ᄒᆞ야 戰爭을 成ᄒᆞᆯ지니 如此흔 境遇에난 畢竟 戰爭에 關흔
法則을 適用ᄒᆞ고 乃已ᄒᆞᆯ지라. 是以로 此言은 一血 勇少年 男子의 一時
偶然的 放言으로 國際法에 對흔 誤見이어늘 世人은 此를 眞理로 信ᄒᆞ니
是 卽 世人이 國際公法에 對흔 誤解의 一點이오.

世人은 恒信ᄒᆞ되 國際公法은 國法과 如ᄒᆞ야 國家가 土偶木像ᄀᆞ치 拱
手無爲ᄒᆞ고 柿木下에 高臥ᄒᆞ야 柿實이 我口에 自落ᄒᆞ기를 希望ᄒᆞᆯ지라
도 他國家는 國際公法上으로 費力費財ᄒᆞ고 自進自來ᄒᆞ야 拱無手爲ᄒᆞ
고 柿木下에 高臥要實ᄒᆞᄂᆞᆫ 國家를 到底히 保護ᄒᆞᆯ 意로 誤信ᄒᆞ니 試思ᄒᆞ
라. 一定흔 國法下에 生活ᄒᆞ야 生命 財産을 完全흔 法律에 依托흔 人民
이라도 自主自活의 能力이 不足ᄒᆞ야 自己의 財産은 自治ᄒᆞ고 自己의
權利를 自行ᄒᆞ기 不能흔 者의게 對ᄒᆞ야는 國法上으로도 禁治産의 宣告
와 後見의 制度가 有ᄒᆞ거던, 何況 六大洲 覇界에 生活ᄒᆞᄂᆞᆫ 國家가 自來
保護ᄒᆞ기로 思想ᄒᆞ니 此는 世人이 國際公法에 對흔 誤解의 一大點이오,

世人은 恒想ᄒᆞ되 國際公法은 國內法의 成文과 如히 成條成編ᄒᆞ야 國
際公法에 違反흔 者를 每條 每章에 照律 處斷ᄒᆞ는 意로 推想ᄒᆞ니 國際
公法 中에도 列國에 關係가 有흔 條約은 或 該 締盟 列國間에 在ᄒᆞ야

條文의 解釋上으로 適用ㅎㄴ 者ㅣ 不無ㅎ되 一般 國際公法이란 者는
國內法의 成文法 法典體로 成條成編ㅎ야 編纂된 者를 適用ㅎㄴ 者ㅣ
아니라 國際問題의 多數ㄴ 國際上의 慣例를 依ㅎ야 解決ㅎㄴ 者ㅣ어늘
世人은 國際公法이 成條成編ㅎ야 每條 每章에 照律 處斷ㅎㄴ 意로 想像
ㅎ니 此亦 世人의 一大 誤點이라.

　大抵 國際公法이란 者는 以上 世人의 妄論 空想과 如ㅎ 者ㅣ 아니라
假令 個人이 家內에 生活ㅎ면 其個人을 拘束ㅎㄴ 法律을 知ㅎ 必要가
有ㅎ고, 國家가 世界에 生活ㅎ면 其國家에 關係되ㄴ 國際上의 原理 原
則을 知ㅎ 必要가 有ㅎ지니, 若 國家의 爲政者 外交者 及 一般 國民이
此 國際上의 原理原則을 誤解치 아니ㅎ고 正當히 透知ㅎ야 一擧一動이
此原理原則에 適合ㅎㄴ 時ㄴ 其國家를 能히 保維홈을 可得홀지로되, 是
와 相反ㅎ야 此를 誤解ㅎ야 擧措가 失當홀 時ㄴ 其國이 保存홈을 不得
홀지니 爲政者 外交者 及 國民된 者의 웃지 愼懼홀 바ㅣ 아니리오.

　　　(이하 소년한반도가 발행되지 않았음)

◎ (학해) 法律과 道德의 區別,
　　李昌煥, 〈대한유학생회학보〉 제1호, 1907.3. (법학)

　　*〈공수학보〉 제1호의 현석건 '법률과 도덕의 차이'와 같은 내용임

　大抵 道德이라홈은 人類社會가 形成됨으로 붓터 事實上 自然存立ㅎ
엿ㅅㄴ 孔子釋迦耶蘇에 至ㅎ야 具體的 組織을 始成혼 비라. 然이ㄴ 道
德의 實體에 關ㅎ야ㄴ 至今ᄭ지 明白혼 定說이 無혼 故로 愚昧淺識혼
本人의 思想으로 論定키 難ㅎㄴ 傳에 有ㅎ되 天性에 循ㅎㄴ 거슬道라
ㅎ고 또 道ㄴ 스룸의게 離치 못홀 거시라 ㅎ엿스니 然則 道德은 吾人의

恒常遵行홀 法則이요 또 吾人의 行爲에 標準될만 홈은 確知홀디로라 然而未開혼 社會에셔ᄂᆫ 道德과 法律이 混淆ᄒᆞ야 道德이 主가 되고 法律은 오직 道德이 無혼 者의게 可히 施홀 制裁를 規定홈에 不過ᄒᆞ야 다한 道德을 補助홀 ᄲᆞᆫ 而己라 元來道德의 目的ᄒᆞᄂᆞ 바ᄂᆞᆫ 吾人 人類의 天性을 純全히 ᄒᆞ야 個人을 完全케 ᄒᆞ며 社會的 生活의 秩序形式을 發達케 홈이니 此로 由ᄒᆞ야 觀홀딘딘 道德과 法律이 皆人類共同生存에 必要혼 者로 最히 密接關係가 有ᄒᆞᄂᆞ 近世에 至ᄒᆞ야 法律과 道德이 各各分離獨立ᄒᆞ얏ᄂᆞ니 於是乎界限이 明定ᄒᆞ고 領域이 各殊혼지라 其 分離된 要點을 四種에 分ᄒᆞ야 道德과 法律의 其 性質이 相異홈을 略述ᄒᆞ노라.

第一 客體의 差異 法律과 道德이 行爲規則은 同一ᄒᆞᄂᆞ 法律은 其 目的物되ᄂᆞ 意思가 外界에 表示된 結果로 行ᄒᆞ야 其原因된 意思善惡의 如何ᄂᆞ 不關ᄒᆞ되 道德은 此에 反ᄒᆞ야 其 行爲의 原因된 意思의 善惡을 定ᄒᆞᄂᆞ 準則이니 卽 所謂 良心을 制裁ᄒᆞᄂᆞ 規則이라 故로 學者들이 恒言ᄒᆞ기를 法律은 行爲의 規則이요 道德은 心意의 規則이라 區別ᄒᆞ고,

第二 威力의 差異 法律의 源泉은 國家主權으로 吾人의 意思以外의 威力을 存홈이요 道德의 源泉은 此에 反ᄒᆞ야엇던 時代ᄂᆞ 엇던 社會에 對ᄒᆞ야 善惡을 確信혼 後에 一般威力을 有홈이요.

第三 制裁의 差異 法律은 吾人以外에 强制力을 國家主權에 依ᄒᆞ야 此를 强行ᄒᆞ되 道德은 吾人自己의 良心의 力을 因ᄒᆞ야 吾人의 行爲의 法則이 됨이라. 故로 學者들이 恒言ᄒᆞ기를 法律은 强制的 規則이요. 道德은 不强制的 規則이라ᄒᆞ고

第四 目的의 差異 法律의 目的은 共公團體의 秩序를 維持ᄒᆞ며 社會의 幸福을 增進ᄒᆞ고 一個人利益을 保護ᄒᆞ며 社會公共의 利益을 發達시킴이요 道德의 目的은 人性의 完全을 期ᄒᆞ며 人의 此社會生存에 對ᄒᆞ야

至善至美에 達홈을 期ᄒ야 社會秩序를 維持ᄒᄂᆫ 間接結果에 不過ᄒᄂ
나라.

然則 道德과 法律이 以上四點에 就ᄒ야 相異ᄒᄂ 此 二者ᄂᆫ 素是互相
反對ᄒ며 互相紙觸함이 無홈으로 原則을 삼ᄂ니 故로 世人이 恒言ᄒᄂ
바 所謂法律上罪人은 道德上罪人이 아니라ᄂᆫ 思想은 一大誤謬뿐 아니
라 現今 法律思想의 根本을 破壞ᄒᄂ 一大虞慮ㅣ니 法律學硏究ᄒ시이
ᄂᆫ 其 誤謬를 明察ᄒ시지 아니ᄒ면 不可ᄒ로다 딕져 道德은 스람이 스
름된 所以를 純全케 ᄒᄂᆫ 갓이요. 法律은 人類의 社會的 生活를 完全홈
이니 此二者가 其 根本의 目的이 同一홈 故로 完全홈 社會에셔ᄂᆫ 道德
上義務가 法律上義務요. 道德上違反이 卽 法律上違反이라 云ᄒᄂ 오직
道德은 法律의 不關홈 點에 對ᄒ야셔도 오히려 行僞의 完全홈을 期ᄒ
ᄂᆫ 거시니라.

◎ 法律과 道德의 差異,
　　玄奭健(현석건), 〈공수학보〉 제1호, 1907.01.31. (법학)

大凡 法律과 道德의 差異ᄂᆫ 古昔 曚昧홈 時代에 在ᄒ야ᄂᆫ 法律은 道
德의 一部分이라 ᄒ고, 或은 道德이 法律의 一部分이라 ᄒ며, 또ᄂᆫ 道德
과 法律이 並行ᄒ야 道德의 不足홈 處를 法律이 補홈이라 ᄒ야, 甲論乙
駁의 一定홈 原則이 無ᄒ더니 近世에 互相 進步ᄒ야 兩者의 分離홈을
自然히 見홈이로다. 左에 道德과 法律의 差異를 論ᄒ노라.

一. 客体上 差異: 法律은 行僞의 規則이오, 道德은 意志의 規則이라. 故
로 法律은 意志가 外界에 發表홈 其 惡意의 結果를 懲戒홈이오, 道德은
行僞의 原因 卽 意志를 勸善홈이니 法律은 行僞를 標準ᄒ고 道德은 良
心을 標準홈이니라.

二. 威力上 差異: 法律은 國家의 主權으로 吾人 意思 以外에 行爲의 惡結果를 禁ᄒᆞᄂᆞᆫ 者오, 道德은 或 時代에 在ᄒᆞᆫ 吾人 良心의 從ᄒᆞᄂᆞᆫ 者이니라.

三. 制裁上 差異: 法律은 吾人 行爲의 規則으로셔 主權者의 强制的 意味를 有ᄒᆞᆷ이오, 道德은 此에 反對로 外部 直接의 强制ᄂᆞᆫ 無ᄒᆞ나 良心의 制裁를 受ᄒᆞᄂᆞᆫ 事ㅣ 明白ᄒᆞᆷ이니라.

四. 目的上 差異: 法律은 公共的 團体를 維持ᄒᆞ고 同時에 一個人 幸福을 保護ᄒᆞᆷ이오, 道德은 一個的 良心을 推ᄒᆞ야 社會的 慈善을 保全ᄒᆞᆷ에 不過ᄒᆞᆷ이니라.

　　法律과 道德의 差異ᄂᆞᆫ 以上 四點에 在ᄒᆞ야 二者의 互相 衝突치 아니ᄒᆞᄂᆞᆫ 者를 原則이라 ᄒᆞᆷ이라. 然이나 假令 一人이 施行ᄒᆞᆯ 時에 道中에셔 飢寒을 不免ᄒᆞ되 其 隣接ᄒᆞᆫ 村人이 此를 不顧ᄒᆞ야 死에 至ᄒᆞᆯ 時ᄂᆞᆫ 法律은 敢히 問ᄒᆞᆯ 處ㅣ 아니나 道德은 此에 對ᄒᆞ야 制裁ᄒᆞᄂᆞᆫ 處ㅣ 不少ᄒᆞ다 ᄒᆞᆯ지로다. 또 玆에 一人이 他人을 害ᄒᆞᆯ 時ᄂᆞᆫ 法律이 此를 爲ᄒᆞ야 執ᄒᆞᄂᆞᆫ 處置ᄂᆞᆫ 多辯을 不待ᄒᆞᆯ 者오, 道德도 또ᄒᆞᆫ 其意志를 誹謗ᄒᆞᄂᆞᆫ 處라 ᄒᆞᆯ지로다. 然則 二者 恒常 衝突치 아니ᄒᆞ고 同時에 欠損치 못ᄒᆞᆯ 者라 云ᄒᆞ리로다.

◎ (학해) 法學 定義 槪論,
　　金永基, 〈낙동친목회학보〉 제1호, 1907.10. (법학)

　　　　*법의 정의＝법의 발생은 자유의 보호라는 차원에서 설명함(로크의 사상과 비슷)
　　　　*법의 개념과 목적 등에 대해 일본 법학자들의 이론을 논박한 글

　　學之爲言ᄂᆞᆫ 卽高尙智識譏之謂也라. 夫 平居에 從事學問者ㅣ 同修一

學 而龍猪가 殊質ᄒ고 共師一人而胡越이 異趣ᄒ니 其故安在오. 不可無說리로다. 其學之之方이 不可不先從言語文字上 硏究ᄃᆡᄃᆡ로니 亦不可拘言語文字 中 泥滯니 得魚忘筌(득어망전)은 可也어니와 認筌爲魚는 未也라. 離文詳究ᄒ야 硏至高尙ᄒ면 一層緻密ᄒ고, 十分精明ᄒ리니 此緻密精明的 高尙智識은 大小가 無碍(무애)ᄒ고 遠近이 無方ᄒ야 緩急難易(완급난이)에 應用이 隨手라. 如是 快活ᄒ 無價一物은 不隨言說 而 或後先ᄒ며 不與簡編 而相新古ᄒ나니 若偏認紙上墨痕(지상묵흔)ᄒ야 以爲實學ᄒ고, 忘却自己活用ᄒ면 譬如對鏡者ㅣ 愛彼鏡裏影ᄒ야 喚作眞相ᄒ고 返忘自家裏好箇主人이니 其相去遠近이 果何如哉아. 直須回光返照ᄒ야 握得其自在運用底大柄覇를 先此爲望이오며,

　法者는 人類上에 維持其生存ᄒ며 齊整其秩序ᄒᄂᆞᆫ 社會的 活動 規則也(定義)라. 規則之云이 似近現狀이나 實非現狀이오 對他現狀ᄒ야 相次而發生ᄒᄂᆞᆫ 順序也니 比之於化學上 規則컨ᄃᆡ 酸素 水素를 各定其量而調合ᄒ야 以電氣로 通之ᄒ면 水卽出生ᄒ나니 兩元素와 電氣의 現狀을 因ᄒ야 水之現狀이 出生ᄒᄂᆞᆫ 順序와 恰似ᄒ야 預爲度量호ᄃᆡ 先於罪未發覺 而自首者은 減刑一等호리라 ᄒ고, 犯罪 自首ᄒᄂᆞᆫ 現狀이 有ᄒ면 輕刑에 處케 ᄒᄂᆞᆫ 現狀이 發生되는 順序를 謂흠이요.

법이라는 것은 인류가 그 생존을 유지하며 질서를 지키는 사회적 활동 규칙이다. (정의) 규칙이라는 것은 현상과 유사하나 실제로 현상은 아니요, 다른 현상에 대해 차례로 발생하는 순서이니 화학의 규칙과 비교하면 산소 수소를 각각 양을 정해 조합하여 전기를 통하게 하면 곧 물이 생성되니 두 원소와 전기의 현상을 인하여 물의 현상이 나타나는 순서와 흡사하여 먼저 양을 정하되 죄가 드러나지 않으나 자수하는 것은 한 등급을 감형할 것이라고 하고, 범죄 자수하는 현상이 있으면 형벌을 가볍게 하는 현상이 발생되는 순서를 말함이요,

法의 目的은 從其意思之衝突ᄒᆞ야 防其行爲之衝突也라. 其在一邊ᄒᆞ
야 束縛人之自由호ᄃᆡ 又在一邊ᄒᆞ야 保護人之自由ᄒᆞ난니 假如罰其加害
之人(束縛 自由)ᄒᆞ면 其被害者之保護(保護自由)는 理自明顯이요, 又抑
制其一個亂暴者ᄒᆞ면 保護其團體各員之自由와 一般 人民之自由은 不待
辯而自明이니 然則 其束縛力은 雖尠이나 其保護功은 甚廣이라. 亦可謂
欲保護人之自由ᄒᆞ야 法其發生也哉ᆫ뎌

법의 목적은 그 의사 충돌을 따라 행위 충돌을 방지하는 것이다. 한편
으로 사람의 자유를 속박하되 또 한편으로는 자유를 보호하는 것이니
가형 가해인을 벌하면(자유를 속박함) 그 피해자를 보호(자유를 보호)
하는 것은 이치가 자명하게 드러남이요, 또 일개 난폭자를 억제하면
그 단체 구성원의 자유와 일반 인민의 자유를 보호하는 것은 변명하지
않아도 자명한 것이니 그런즉 속박력은 비록 드무나 그 보호의 공은
심히 넓다. 또한 가히 사람의 자유를 보호하고자 하여 법이 발생했다고
말할 수 있다.

有云法者는 爲社會上 一分子者ᅵ 不可不由之道也(法學博士 梅謙次
郎9))라 ᄒᆞ니 對此定義ᄒᆞ야 不無疑問이라. 曰 宗敎 曰 道德 云者도 亦是

---

9) 우메 겐지로(梅謙次郎, 1860~1910): 일본의 법학자. 일본의 현행 민법전과 상법전을 기초
하는 데 중요한 역할을 했다. 1884년 사법성 법학교를 졸업한 뒤 이듬해 도쿄[東京] 법학
교 교원이 되었다. 그뒤 프랑스 리옹대학에 유학하여 1889년 법학박사학위를 받았으며,
1890년 귀국하여 도쿄대학 법과대학 교수가 되었다. 교육자로서 특히 와후쓰법률학교
[和佛法律學校: 뒤에 法政大學]와 긴밀한 관계를 유지했는데, 귀국직후 이 학교의 학감·
교장을 거쳐 1903년부터 호세이대학[法政大學] 총리가 되어 평생 동안 후학양성과 학교
경영에 힘썼다. 1904년에는 청나라 유학생의 법학교육을 실시하여 후일 중일 중국정치에 중
요한 역할을 하게 되는 후한민[胡漢民]·왕자오밍[汪兆銘] 등을 배출했다. 한편 프랑스의
법학자 귀스타브 에밀부아 등이 기초한 구민법의 시행과 연기문제를 둘러싸고 소위 민
법전 논쟁(→ 일본 민법전)이 일어났을 때에는 입법시행 입장을 옹호했다. 그러나 결국
구법전 시행이 연기되자, 법전조사회의 기초위원으로서 호즈미 노부시게[穗積陳重], 도
미이 마사아키[富井政章]와 함께 민법을, 다베 요시[田部芳], 오카노 게이지로[岡野敬次
郎]와 함께 상법을 입안·기초하는 등 입법사업의 중심인물로서 활약했다. 1906년 이후에

道也則 何必於法에 獨專其名이며 如禮儀節序와 慈善事業 等도 亦是 不可不由者也則 何必於法에 獨稱其不可不由리요. 若國際公法은 各其國家가 互相對立ᄒ야 所活動之規則인즉 其人類 中에 爲社會之一分子者ㅣ不可不由之道라 홈을 亦難首肯이로다.

법은 사회상 일분자를 위해 불가불 도에서 말미암을 것이라고 말하는 사람이 있으나(법학박사 우메 겐지로) 이 정의를 대하면 의문이 없지 않다. 종교 도덕도 역시 도이지만 하필 법에서 그 말을 쓰며 예의 절차와 자선사업 등도 또한 불가불 도에서 비롯되는 것인데 하필 법에서 유독 그 비롯됨을 일컫는가. 국제공법과 같이 국가가 서로 대립하여 활동하는 규칙이라면 인류 중에 사회의 일분자를 위해 불가불 도에서 비롯된다고 말하는 것은 수긍하기 어렵다.

有云法者ᄂ 依於主權之作用ᄒ야 所制定者니 人類生活關係之秩序며亦爲規則而有一般强制力也(法學博士 富井政章[10]之定義)라 ᄒ니 如此定義도 亦不無疑라. 如憲法 行政法 國際法도 爲人類生活關係而所定者乎아. 彼以國際法으로 爲法之一種이라 ᄒ야 有此定義어니와 國際法은非依於主權之作用而所定者ㅣ 廓然無疑로다.

법은 주권 작용에 따라 정한 것이니 인류 생활 관계의 질서며 또한 규칙이 되어 일반 인민을 강제한다(법학박사 토이미 마사아키의 정의)고 하니, 이러한 정의도 또한 의문이 없지 않다. 헌법, 행정법, 국제법과 같은 것도 인류 생활 관계에 따라 정한 것인가. 국제법이 법의 일종이

는 한일합병 이전의 한국의 입법사업에도 관여했다. 주요저서인 〈민법요의(民法要義)〉(5
권, 1869~1900)는 민법에 관한 개설서로서 아직까지도 사용되고 있다. 〈다음백과〉

10) 토이미 마사아키(富井政章, 1858~1935). 민법학자로 프랑스 유학 후, 동경대학에서 민법
을 강의했다. 법전논쟁에서는 연기론을 주장했고, 일본현행 민법전의 기초에 공헌했다.
〈민법논강〉, 〈민법원론〉 등의 저서가 있다. 〈다음백과〉

라 하여 이러한 정의가 있거니와 국제법은 주권 작용에 따라 정한 것이 아님은 확연하다.

◎ 法律發生의 原因,
　荳泉生, 〈대동학회월보〉 제1호, 1908.2. (법학)

　夫法律은 國家 中에 存在ᄒ며 又ᄂ 國家를 由ᄒ야 存在홈이오 國家를 成立ᄒ기 以前에 法律이 獨立ᄒ야 存在홈은 아니니 法律의 發生은 國家의 成立과 其始가 同一ᄒ얏다 ᄒ야도 不可홈이 無ᄒ즉 國家와 法律의 關係가 如何ᄒᆫ가.

　盖國家ᄂ 多數ᄒ 人類를 集合ᄒ 團體로 一大權力을 掌握ᄒ야 諸個人의 生命과 身體와 財産을 保護ᄒ야 安全ᄒ 生活을 營爲케 홀 責任이 有ᄒᄂ니 此責任을 行홈에 當ᄒ야 엇지 定ᄒ 準則이 無홀가.

　人類ᄂ 元來出生으로브터 自由라 此人類가 아즉 國家를 形成치 아니ᄒ고 自然的狀態로 棲息ᄒ기에 當ᄒ야ᄂ 各各 絶對的으로 此自由를 享有ᄒ얏도다.

　然而各人의 自由ᄂ 悉皆平等이오 互相間의 差別이 無ᄒ즉 各個人은 其生을 營홈에 當ᄒ야 此無限ᄒ 自由를 絶對的으로 享有코져 홀진딕 剛暴ᄒ 者ᄂ 其腕力으로써 微弱ᄒ 者를 抑壓ᄒ야 爭鬪攻伐이 底止홀 日이 無ᄒ야 畢竟은 共同生活의 存立과 發達을 保全치 못홀지라 是以로 諸個人이 互相結約ᄒ야 各個人보다 層一層超絶ᄒ 國家를 形成ᄒ야 無限ᄒ 權力을 付與ᄒ고 諸個人은 此에 對ᄒ야 服從ᄒᄂ 義務를 負擔ᄒ지라 於是乎國家ᄂ 各人行爲의 限界를 區劃ᄒᄂ 法規를 刱定ᄒ야 暴亂의 行爲를 防遏禁止ᄒ며 紛雜ᄒ 事由를 分解排除ᄒ야 社會의 秩序를 維持

홈과 同時에 各個人은 完全호 生活을 營爲홈을 始得호얏시니 此實國家가 多數호 人類를 統御홈에 當호야 法律이 由生호 所以라 然而當時의 法律은 各個人의 私鬪를 斷絶코져 홈으로 主旨를 作호야 復讎的所爲를 行홈에 不過호야 但히 國家의 安寧秩序를 妨害홀 行爲가 有호 時에 此를 責罰호며 又는 抑制홀 쑨이오 其外에는 大槪人民의 慣習에 一任호얏스니 盖此慣習은 人類가 아즉 國家를 成立호기 以前에 發生호 者로 從來行使호야 國家成立以後에 至호야도 安寧秩序와 生活方法에 妨害가 別無호면 舊來의 狀況에 放任호고 又는 放任홀 쑨 아니라 有時乎此에 屈從호니 是는 慣習의 勢力이 大호 所以라 即古代家長의 權力이 强盛홀 時에 在호야 家長은 其 家族을 財産과 如히 賣買호고 다만 賣買홀 쑨 아니라 生殺의 權을 任意로 專行호되 國家는 此를 禁止치 아니호고 反히 容認호야 一家의 秩序를 保全케 호얏든 바ㅣ러니 時勢의 變遷을 隨호야 家長의 權力이 日衰호고 國家의 權力이 强大홈에 至호야 비로소 國家는 一家의 生活에 干涉호야 家長의게 對호야 傳來의 惡習을 禁止호고 家族을 保護호며 敎育호는 義務를 負케 호고 其他公衆에게 對호야 身體生命及財産의 互相間關係에 至호기신지 槪括的으로 命令호니 是即法律發生의 一端이라 然이나 國家는 悉皆明言的으로 如斯히 命令홈이 아니오 裁判과 其他方法에 因호야 默示的認諾으로 此意義를 人民의 道德上觀念에 照호야 了知케 호 바ㅣ라.

且夫 法律의 發現은 裁判의 形式으로 自호얏시니 最初에 在호야 如何호 係爭事件이 有호면 國家와 又는 權力이 有호 者ㅣ 其事實을 審理호야 宗敎上의 信仰에 基因호거나 或慣習上의 節制를 依호거나 又或自己의 臆測을 從호야 是非曲直을 判決호며 一次裁判이 有호 後는 該裁判이 前提를 作호야 此와 同一호거나 類似호 訴訟이 有호면 반다시 先例를 從호야 如斯히 數回를 經過호 時는 문득 裁判例를 成호니 許多年月의 經過를 隨호야 其例가 益益增加홈은 自然의 理勢오 且時局의 必要를 應호야 各種單行法을 制定호며 又는 各種의 學說이 層生호야 紛然히

堆積홈으로 裁判官은 法律의 精神을 了解키 困難ᄒ고 人民은 適從홀 바를 不知ᄒᄂ 故로 此를 蒐輯整頓ᄒ야 一個法典을 編成홈이 人類ᄂ 規律下에 活動ᄒ야 共同生活의 安全을 始得ᄒ얏도다.

◎ 罪刑에 關ᄒ 法定主義,
　 法律讀書人,〈대동학회월보〉제3호, 1908.4. (법학)

　　　　*법률 독서인의 명의로 발표된 법학 논문은 제3호부터 제16호까지 연재되었으
　　　　며, 제16호부터 제20호까지는 이종하의 법률학 논문이 연재되었다. 이를 고
　　　　려할 때 법률 독서인이 이종하였을 가능성도 있다. 그런데 제17호가 누락되어
　　　　이종하의 법률학과 법률 독서인의 글이 어떤 관련을 맺고 있을지는 단정하기
　　　　어렵다.
　　　　*제5호에 수록된 법률 독서인의 논문은 경제학을 주제로 하였으며, 제6호에는
　　　　법학과 경제학(신용 문제) 두 분야를 함께 수록했다.
　　　　*제8호 영토의 성질, 국체의 구별, 제9호 국무대신의 지위 및 책임, 제10호
　　　　의회의 성질 및 조직 등은 정치학 관련 내용으로 볼 수 있다.
　　　　*이 점에서 법률 독서인 명의의 자료는 법학 관련 내용, 정치학 관련 내용,
　　　　경제학 관련 내용으로 나누어 정리한다.

　▲▲ 법학 관련 내용

▲ 제3호 죄형법정주의, 인격의 관념 급 요소
　 (인격과 의사결정=자연인, 법인)

罪刑에 關ᄒ 法定主義

凡國家ᄂ 多數ᄒ 個人이 結合ᄒ야 生活ᄒᄂ 一現象이니 人類가 國家

組織上에 一大要素됨은 多言을 不須홀지라. 然而多數훈 個人이 生活홈에 當ᄒᆞ야 各各絶對的으로 無限훈 自由를 主張홀진ᄃᆡ 結局은 自由가 滅絶ᄒᆞ고 爭鬪가 底止홀 日이 無ᄒᆞ야 畢竟弱肉强食ᄒᆞᄂᆞ 暗黑界를 未免홀지니 是實國家가 成立되ᄂᆞ 同時에 刑罰法令이 有ᄒᆞ야 各個人自由範圍의 限界를 劃定ᄒᆞ고 此 限界를 違越ᄒᆞ야 如何훈 所爲 此ᄂᆞ 別問題에 屬홈으로 省略홈를 行훈 者 卽犯罪者에 對ᄒᆞ야ᄂᆞ 如何훈 制裁 卽 利益을 剝奪ᄒᆞᄂᆞ 刑罰을 加치 아니치 못 ᄒᆞᄂᆞ 바ㅣ라.

如斯히 國家가 犯罪者의게 對ᄒᆞ야 반다시 刑罰을 科ᄒᆞ나 然이나 此ᄂᆞ 決코 復讐的 所爲로 行홈이 아니오 多數훈 人衆을 統御ᄒᆞ야 一定훈 規律下에 棲息ᄒᆞ야 安寧福利를 增進코져 홈이라 故로 此刑罰的觀念에 對ᄒᆞ야 幾多의 條件이 有ᄒᆞ니 第一에 貧富貴賤의 區別을 不立ᄒᆞᄂᆞ니 此ᄂᆞ 萬民平等의 眞理를 發現홈이오 第二에 刑은 一身에 止ᄒᆞᄂᆞ니 此ᄂᆞ 意思와 責任의 關係를 混同ᄒᆞ야 犯人以外의 家族을 處罰홈은 法律의 精神에 違背되ᄂᆞ 所以오 第三에 刑罰은 宣告ᄒᆞᄂᆞ니 此ᄂᆞ 罪惡必罰의 實例를 擧ᄒᆞ야 世人을 鑑戒ᄒᆞ며 且裁判官의 萬一의 私曲을 防塞코져 홈이오 第四에 刑은 裁判確定後가 아니면 執行치 아니 ᄒᆞᄂᆞ니 是ᄂᆞ 法律点及事實点에 關ᄒᆞ야 些少훈 錯誤가 有홀가 虞慮ᄒᆞ야 裁判確定後 一定훈 期間內에 申訴를 許ᄒᆞ야 無辜를 處罰ᄒᆞᄂᆞ 厄險을 避코져 홈이오 第五에 刑罰은 世人을 警戒홈이니 是ᄂᆞ 專主히 犯罪를 未發에 防塞ᄒᆞ야 無刑을 期圖코져 ᄒᆞᄂᆞ 精神이오 第六에 犯人을 改悛홈이니 是ᄂᆞ 犯人의 惡癖을 除去ᄒᆞ야 累犯의 弊害를 減盡코져 홈이라.

旣已 刑罰的 觀念이 如彼ᄒᆞ다 云홀진ᄃᆡ 一步를 轉進ᄒᆞ야 罪와 刑을 定홈에ᄂᆞ 또훈 如何훈 主義를 採用홈이 可홀지 實로 吾人의 硏究홀 問題라.

蓋 犯罪 及 刑罰을 定홈에 當ᄒᆞ야 擅斷主義(천단주의)와 法定主義(법

정주의)가 有ᄒᆞ니 擅斷主義라 홈은 裁判官으로 ᄒᆞ야곰 其 職權으로써 各事實에 就ᄒᆞ야 隨意로 罪의 有無를 決定ᄒᆞ야 適宜ᄒᆞᆫ 刑을 宣告ᄒᆞᄂᆞᆫ 制度를 謂홈이오 法定主義라 홈은 明文으로써 罪될 行爲와 此에 科홀 刑을 預先一定ᄒᆞ야 裁判官은 다만 此를 適用ᄒᆞᄂᆞᆫ 職權만 有ᄒᆞᆫ 制度를 云홈이니 何國을 勿論ᄒᆞ고 原始時代를 遡究홀진ᄃᆡ 刑法法典이라 可稱홀 明文의 刑罰法令이 無ᄒᆞ얏고 其後에 至ᄒᆞ야 一部의 慣習法 或은 純然ᄒᆞᆫ 慣習法을 依ᄒᆞ며 又ᄂᆞᆫ 一定ᄒᆞᆫ 法文을 設ᄒᆞ고 罪의 爲不爲와 此에 科홀 刑을 定ᄒᆞᆫ 徵跡이 不無ᄒᆞ니 是ᄂᆞᆫ 東西의 史乘을 照ᄒᆞ야 可知홀지로다.

今에 此兩主義 卽 法文으로써 犯罪及刑罰을 預定ᄒᆞᆫ 主義와 裁判官의 認定에 放任ᄒᆞᄂᆞᆫ 主義를 比較홀진ᄃᆡ 長短이 互有ᄒᆞ니 만일 放任主義(擅斷主義)를 依ᄒᆞ야 犯罪及刑罰을 總히 裁判官의 認定에 一任홀진ᄃᆡ 裁判官 中에ᄂᆞᆫ 其 職權을 濫用ᄒᆞ야 偏頗不公平ᄒᆞᆫ 裁判을 行홈이 不無홀지오 假使如斯ᄒᆞᆫ 弊害가 無ᄒᆞ다 云홀지라도 幾多의 法官이 悉皆賢明ᄒᆞ야 總히 理論과 實際에 適合ᄒᆞᆫ 裁判을 行ᄒᆞᆫ다 云ᄒᆞᄂᆞᆫ 推測은 事實上 到底히 不得홀 바오 法定主義에 在ᄒᆞ야ᄂᆞᆫ 擅斷主義와 如ᄒᆞᆫ 弊害ᄂᆞᆫ 決無홀지나 또ᄒᆞᆫ 多少의 弊害가 不無ᄒᆞ니 何者오 此 主義를 適用홈에ᄂᆞᆫ 明文에 無ᄒᆞᆫ 所爲ᄂᆞᆫ 如何ᄒᆞᆫ 損害를 社會에 波及홀지라도 此를 除汰ᄒᆞ기 不能ᄒᆞ고 且 如何히 稠密ᄒᆞᆫ 立法者라도 未來의 事實을 推測ᄒᆞ야 千態萬狀의 罪樣을 一一히 網羅ᄒᆞ기 不得홀지라 然이나 近世文明諸國에 在ᄒᆞ야ᄂᆞᆫ 總히 犯罪成立의 條件과 此에 科홀 刑罰의 種類를 法令으로써 預定ᄒᆞ야 所謂 法定主義를 採用ᄒᆞᄂᆞᆫ 바ㅣ라. 我國에 在ᄒᆞ야ᄂᆞᆫ 上古ᄂᆞᆫ 漠然ᄒᆞ나 箕子時代에 至ᄒᆞ야 八條敎를 頒布ᄒᆞ얏스니 就中殺人者死, 盜者爲奴, 鬪者以穀償等 刑罰法文이 有ᄒᆞ얏스며 三韓以後에 至ᄒᆞ야도 또ᄒᆞᆫ 各 其 時代에 應ᄒᆞ야 若干의 法令이 有ᄒᆞ얏스며 本朝에 至ᄒᆞ야ᄂᆞᆫ 聖聖이 相承ᄒᆞ사 由來典章 이 燦然ᄒᆞ얏스니 經國大典, 續錄, 後續錄, 大典會通 等은 可謂 固有ᄒᆞᆫ 良法이오 明律에 至ᄒᆞ야ᄂᆞᆫ 明國의 法律을 直接繼受ᄒᆞᆫ

者로 幾百年을 仍用ᄒᆞ얏스나 時局에 適合치 아니ᄒᆞᆫ 故로 開國五百四年에 至ᄒᆞ야 日本國法學者星亨, 野澤鷄一 兩氏를 雇聘ᄒᆞ야 第一回 草案을 起草ᄒᆞ야 其 全部를 三編三百條에 編成ᄒᆞ얏스니 卽 純然ᄒᆞᆫ 法定主義를 採用ᄒᆞᆫ 者로 學理와 體裁가 頗히 完備ᄒᆞ나 ᄯᅩᄒᆞᆫ 頒行치 못ᄒᆞ고 廢棄ᄒᆞᆷ에 至ᄒᆞ얏스며 其後에 更히 第二回草案으로 大典會通과 明律及單行諸律令을 參互ᄒᆞ야 五編六百八十一條로 定ᄒᆞ얏스니 卽 現行刑法大全이 是라 然이나 此亦明律의 後身됨을 未免ᄒᆞ야 其 第二條에 死刑을 除ᄒᆞᆫ 外에ᄂᆞᆫ 引律比附ᄒᆞᆷ을 許ᄒᆞ얏고 其 第六百七十八條에 當ᄒᆞ야 更히 不應爲의 名稱이 有ᄒᆞ며 其他 各種의 法令이 混淆ᄒᆞ야 時勢에 適合치 아니ᄒᆞᆫ 故로 施行ᄒᆞᆫ지 未幾에 改定草案을 起草ᄒᆞ야 二編四百二十四條에 告成ᄒᆞ얏스나 ᄯᅩᄒᆞᆫ 實施치 못ᄒᆞ고 現今法典調査會에셔 內外國高名大家가 會集ᄒᆞ야 各種의 法典을 起草ᄒᆞᄂᆞᆫ 中인즉 不遠ᄒᆞᆫ 將來에 完全ᄒᆞᆫ 刑法이 頒布됨을 一般히 希望ᄒᆞᄂᆞᆫ 바ㅣ니 現行刑法大全에 對ᄒᆞ야ᄂᆞᆫ 評論ᄒᆞᆯ 價値가 無ᄒᆞ나 今日文明國一般의 刑法을 觀察ᄒᆞ건ᄃᆡ 法定主義를 採用치 아니ᄒᆞᆫ 國이 無ᄒᆞ고 다만 刑의 分量을 定ᄒᆞᆷ에 當ᄒᆞ야 或은 過度히 法定主義에 傾ᄒᆞ며 或은 過度히 放任主義에 傾ᄒᆞᄂᆞᆫ 差異가 有ᄒᆞᆯ ᄲᅮᆫ이라 故로 左에 此 法定主義를 採用ᄒᆞᄂᆞᆫ 結果에 對ᄒᆞ야 略論코져 ᄒᆞ노니,

　第一 刑罰法令에 明文이 無ᄒᆞᆫ 行爲ᄂᆞᆫ 總히 罪되지 아니 ᄒᆞᄂᆞ니 此ᄂᆞᆫ 現今에 在ᄒᆞ야 特히 刑罰法令으로써 犯罪의 一要素中에 列擧ᄒᆞᆫ 所以라 然而此法定主義를 採用ᄒᆞᄂᆞᆫ 國에 在ᄒᆞ야도 刑法에 正條가 無ᄒᆞᆫ 者ᄂᆞᆫ 何等의 所爲를 勿論ᄒᆞ고 此를 罰치 아니ᄒᆞᆫ다 云ᄒᆞᄂᆞᆫ 明文을 設ᄒᆞᆫ 國이 有ᄒᆞ니 此ᄂᆞᆫ 該法을 起草ᄒᆞᆯ 當時에 在ᄒᆞ야 放任主義를 竊憎ᄒᆞᄃᆞᆫ 皮想的 見解에 不過ᄒᆞᆫ 者ㅣ라 何者오 刑法은 人民의 生命財産에 對ᄒᆞ야 直接重大ᄒᆞᆫ 關係가 有ᄒᆞᆫ 者로 明文을 特設ᄒᆞᆫ 바ㅣ나 實際及理論을 勿論ᄒᆞ고 如此ᄒᆞᆫ 條文은 殘留ᄒᆞᆯ 必要가 無ᄒᆞᆫ 바오 且 有罪의 宣告를 行ᄒᆞᆷ에ᄂᆞᆫ 반다시 刑法이나 又ᄂᆞᆫ 何法令第幾條에 依ᄒᆞ야 此를 犯罪라 云ᄒᆞᄂᆞᆫ 正條를 指示ᄒᆞᄂᆞ니 然則刑罰法令의 存在가 形式上卽國法上犯罪成立에 惟

一호 條件이라 云치 아니홈을 不得홀지로다. 第二 民法及商法과 異호야 類似解釋을 禁호고 다만 勿論解釋을 許호느니 蓋民法及商法에 在호야 는 當事者의 意思를 尊重히 호야 大體上原則을 規定호고 且類似호 關係 는 其 原則을 類推호야 適用케 호는 方針으로 編成호는 바ㅣ로되 此와 反호야 刑法은 法定主義를 採用호는 主旨로 正條가 無호 者는 何等의 所爲든지 罰홈을 不得호느지라 因호야 如何히 類似호 境遇라도 明文이 無홀진되 此와 類似호 法文을 援引호야 處罰홈을 禁호느니 是實刑法은 吾人에게 重大호 關係가 有호 生命自由, 財産을 保障호는 바로 其 解釋 을 嚴格케 호는 所以라 然이나 勿論解釋에 至호야는 元來禁止호는 바ㅣ 아니니 譬컨되 甲乙二個境遇의 性質이 全然同一호 者ㅣ有호야 甲의 境 遇는 乙의 境遇보다 其 理由가 一層重大호 事實이로되 乙의 境遇에 對 호는 刑罰法令은 有호고 甲의 境遇에 對호는 明文이 無호 時는 乙의 境遇에 在호 法文을 依호야 甲의 境遇를 處分홈을 得호느니 此와 如홈 은 決코 法文을 比附援引홈이 아니오 實로 法令의 精神을 闡明호야 適 用호는 者ㅣ니 是乃勿論解釋을 許호는 所以라.

人格의 觀念及要素: 인격과 의사 결정(법적 관점에서의 자유 의사 문제)

吾人이 斯世에 生活홈을 當호야 家族에 一員이 되며 社會에 一員이 되며 又는 國家와 世界의 一員이 되며 各種의 地位를 保有치 아니치 못홀지니 此等地位를 保有홀 진되 웃지 人된 資格이 無호리요.

歐西의 格言에 人은 法律에 生호야 法律에 長호며 法律에 死혼다 云 호느니 然혼즉 吾人의 人格을 承認홈이 單純히 法律의 力을 是賴호느 니라.

然而人格이 何者됨에 在호야는 自來重大호 問題로 其 沿革을 ──히

追究ᄒ기 不能ᄒ나 如何ᄒ 理由로 人格의 觀念이 發達됨을 暫論ᄒᆯ진ᄃᆡ

古代社會에 在ᄒᆞ야ᄂᆞᆫ 人格의 觀念이 存在치 아니ᄒᆞ고 다만 人이 如何ᄒᆞᆷ에 就ᄒᆞ야 多少間 硏究ᄅᆞᆯ 試ᄒᆞᆷ에 不過ᄒᆞ고 且人의 觀念을 論究ᄒᆞᆷ에 當ᄒᆞ야도 오즉 肉體的 人即今所謂自然人을 意味ᄒᆞ얏시니 此ᄂᆞᆫ 當時에 社會의 組織이 簡單ᄒᆞ고 文化의 程度가 幼穉ᄒᆞ야 自然人으로써 惟一ᄒᆞᆫ 權利主體로 認ᄒᆞ야 人된 同時에 天然的으로 權利ᄅᆞᆯ 享有ᄒᆞᆯ ᄲᅮᆫ이요 自然人 以外에 權利ᄅᆞᆯ 有ᄒᆞᆫ 者ㅣ 未有ᄒᆞᆫ 故로 自然人에 對ᄒᆞ야 特히 人格의 名稱을 附與치 아니ᄒᆞ고 兼ᄒᆞ야 法律上으로 硏究치 아니ᄒᆞᆫ 바ㅣ니 是ᄅᆞᆯ 由ᄒᆞ야 觀ᄒᆞ건ᄃᆡ 當時에 在ᄒᆞ야도 實質上으로ᄂᆞᆫ 人格의 觀念이 存在ᄒᆞ얏다 云ᄒᆞ야도 過言이 아닐지로다.

然而其後에 社會가 漸次開明ᄒᆞᆷ이 經濟上及公益上의 必要ᄅᆞᆯ 伴ᄒᆞ야 自然人以外에 權利의 主體ᄅᆞᆯ 認定ᄒᆞ야 人格의 範圍가 從前보다 擴張ᄒᆞ얏스니 此實人格의 問題에 就ᄒᆞ야 學者의 硏究ᄅᆞᆯ 惹起케 ᄒᆞᆷ이라.

如斯히 自然人以外에 人格을 認ᄒᆞᆷ에 及ᄒᆞ야 비로소 法人이 現出ᄒᆞ얏스니 玆에 至ᄒᆞ야 自然人은 當然히 人格을 有ᄒᆞᆷ과 如ᄒᆞᆫ 表觀을 呈ᄒᆞ나 然이나 尙且法人과 同一히 法律의 認許에 依치 아니ᄒᆞ면 人格者됨이 不能ᄒᆞᄂᆞ니 詳言ᄒᆞ면 自然人은 固有의 目的을 有ᄒᆞᆷ으로 法律規定을 不俟ᄒᆞ고 直接으로 人格을 有ᄒᆞᆷ이 아니오 法人과 同一히 法律力을 依ᄒᆞ야 始有ᄒᆞᆫ 바ㅣ며 法人의 人格은 法律이 人의 集合體或財産의 集合體의 目的을 附與ᄒᆞᆫ 後에 人됨을 得ᄒᆞᆷ이오 單純ᄒᆞᆫ 集合體ᄂᆞᆫ 人格을 有치 못ᄒᆞᄂᆞ니 法人이 法律擬制ᄅᆞᆯ 依ᄒᆞ야 人格을 有ᄒᆞᆷ은 世人이 一般으로 容認ᄒᆞᆷ이나 自然人이 當然히 人格을 有ᄒᆞ고 法律의 認定을 不竢ᄒᆞᆫ다 ᄒᆞᆷ은 誤謬됨을 難免이니 何者오 法律學上에 所謂 人格이 存在ᄒᆞᆷ에ᄂᆞᆫ 其 人格의 根基되ᄂᆞᆫ 者ㅣ 存在치 아니치 못ᄒᆞᆯ지며 所謂 人格의 根基ᄂᆞᆫ 即 自存獨立의 目的이 是니 此 自存獨立의 目的은 社會上에 生存ᄒᆞᆷ에 自己ᄅᆞᆯ

中心으로 作ᄒᆞ야 存在흠이니 通常 人類의 自然的으로 有흔 바ㅣ오 自然
人은 性質上此目的을 有흠으로 法律이 人格을 認許ᄒᆞᄂᆞᆫ 一大原因이며
法人에 至ᄒᆞ야ᄂᆞᆫ 自然人과 相異ᄒᆞ야 自主自存의 目的을 當然히 有치
아니흠으로 法律이 人格을 認흠에 當ᄒᆞ야 所謂 自存의 目的을 指定附與
흔 後에 人格을 始有흠이니 然則 自然人과 法人의 人格을 承認흠에ᄂᆞᆫ
幷히 法律力을 依흘지나 二者의 相異흔 点은 即 前者ᄂᆞᆫ 人格의 材料ᄅᆞᆯ
自然的으로 具有ᄒᆞ나 後者ᄂᆞᆫ 法律의 附與ᄅᆞᆯ 待ᄒᆞᄂᆞ니 如斯히 人格을
附與흠에 法律力을 一依흠으로 法律이 附與치 아니흘 時ᄂᆞᆫ 物의 集合體
와 人의 集合體ᄂᆞᆫ 單純흔 集合體에 不過ᄒᆞ고 人格을 保有치 못흘지며
自然人에 至ᄒᆞ야도 亦然ᄒᆞᄂᆞ니 譬컨딕 國會의 議員되ᄂᆞᆫ 資格이 有ᄒᆞ다
흘진딕 第一의 相當흔 年齡 相當흔 財産이 有흔 後에 第二에 選擧人名
簿에 登錄흔 後에 完全흔 資格即 人格이 有흠이니 即 第一의 條件은
自存獨立의 條件이오 此ᄅᆞᆯ 法律이 承認ᄒᆞᄂᆞᆫ 第二의 條件을 竣치 아니치
못흘 바ㅣ며 且 古代의 奴隷와 如흠은 비록 實質上으로 自存自主의 條
件이 具備ᄒᆞ나 法律이 其 人格을 承認치 아니흠으로 生理學上의 人格을
有ᄒᆞ나 法律學上에 人格을 未有ᄒᆞ얏스니 由此觀之ᄒᆞ면 自然人은 法律
以前의 固有의 人格이 有ᄒᆞ고 法律의 容認을 不要흔다 흠은 論辨흘 價
値가 無흘 ᄲᅮᆫ 아니라 若夫法律以前에 人格이 固有ᄒᆞ다 ᄒᆞ면 是ᄂᆞᆫ 天賦
人權論者의 主旨와 酷似ᄒᆞ야 法律以前에 權利義務의 關係가 生흔다 흘
지며 且 法律上 觀念이 空漠흔 바ㅣ라 然이나 法律은 人格을 創定흠이
아니오 認定흠에 不過ᄒᆞᄂᆞ니 上述흠과 如히 人格은 所謂 自存自主의
目的이 有흔 者에게 法律이 其 人格을 容認흘 ᄲᅮᆫ이라. 如斯히 人格의
觀念과 法律의 觀念은 ᄌᆞ못 密接흔 關係가 有ᄒᆞᄂᆞ니 玆에 法律上 人格
의 要索ᄅᆞᆯ 略擧ᄒᆞ건딕

　　法律上 人格의 要素ᄂᆞᆫ 自主自存의 目的과 法律의 認定保護가 是니 前
者ᄂᆞᆫ 人格成立에 實質上 要件이오 後者ᄂᆞᆫ 所謂 形式上 要件이라 然而其
自主自存의 目的은 果然 如何흔 者ᄅᆞᆯ 指흠인가 意思ᄅᆞᆯ 有흔 者가 自由

의 活動을 因ᄒᆞ야 一定ᄒᆞᆫ 方向으로 進行홈을 自主自存의 目的이라 云ᄒᆞᆯ 지니

第一. 意思가 有홈으로 要홈 意思가 未有ᄒᆞᆫ 者ᄂᆞᆫ 目的이 無ᄒᆞᄂᆞ니 何者오 自主의 目的은 上述홈과 如히 自由意思에 趨向ᄒᆞᄂᆞᆫ 바ㅣ니 自存目的의 第一條件으로 意思가 必要홈은 多言을 不竢ᄒᆞᆯ 바ㅣ라 然則意思ᄂᆞᆫ 如何ᄒᆞᆫ 者를 云홈인가 卽 吾人의 心神이 發動ᄒᆞᄂᆞᆫ 바ㅣ니 故로 人은 其 心神의 發動이 無ᄒᆞ면 目的이 存在치 못홈은 當然ᄒᆞᆫ 事나 然이나 意思가 有ᄒᆞᆫ 者의 行爲라도 總히 一定ᄒᆞᆫ 目的을 有者ᄂᆞᆫ 아니니 夫意思ᄂᆞᆫ 恒常 永續的으로 活動ᄒᆞᄂᆞᆫ 바ㅣ아니오 意思者의 不知不不識間에 或 事實을 發生홈이 不無ᄒᆞᄂᆞ니 是以로 意思作用이 아닌 所爲에 對ᄒᆞ야ᄂᆞᆫ 總히 責任을 不負ᄒᆞ나 唯刑法上에 過失犯의 名稱이 有ᄒᆞ야 特別ᄒᆞᆫ 理由로 特別ᄒᆞᆫ 制裁를 負홀 ᄲᅮᆫ이니 然則 人格의 要素로 自存의 目的이 必要되며 意思가 自由로 行動홈을 要홈이 分明ᄒᆞᆫ 바ㅣ라.

然이나 如斯히 立論ᄒᆞᆯ 時ᄂᆞᆫ 法人 又ᄂᆞᆫ 意思機能이 欠缺ᄒᆞᆫ 幼者 等도 自主의 目的을 有홈은 勿論이나 如何히 其 目的을 達홈을 說明홈에 當ᄒᆞ야ᄂᆞᆫ ᄌᆞᆺ못 困難ᄒᆞᆫ 바ㅣ라 一派의 學者ᄂᆞᆫ 所謂 擬制主義를 唱道ᄒᆞ야 云法人及幼者ᄂᆞᆫ 事實上에 意思가 無ᄒᆞ나 法律의 假定을 因ᄒᆞ야 意思를 有ᄒᆞᆫ 者와 同一히 看做홈으로 自然人 中에 成年에 達ᄒᆞ고 且 完全ᄒᆞᆫ 者ㅣ一時本心을 喪失홈이 雖有ᄒᆞ나 法律은 此로써 自主의 目的을 失ᄒᆞᄂᆞᆫ 原因으로 認치 아니ᄒᆞ야 依然히 繼續ᄒᆞᆫ 者로 看做ᄒᆞ다 ᄒᆞ며 又 一派의 學者ᄂᆞᆫ 所謂 機關主義를 主張ᄒᆞ야 云法人及幼者ᄂᆞᆫ 本來 意思를 不有ᄒᆞ나 機關은 此等人을 代表ᄒᆞ야 自己의 意思로 本人되ᄂᆞᆫ 法人及幼者의 意思로 看做ᄒᆞᄂᆞ니 夫人格의 要素로 意思가 有홈을 要홈은 勿論이나 法人及幼者ㅣ 自身이 意思를 有홈은 不要홈으로 一定ᄒᆞᆫ 機關을 設ᄒᆞ야 此等者의 意思를 代表케 ᄒᆞᄂᆞᆫ 職務의 範圍를 規定ᄒᆞ고 其 權限을 超越ᄒᆞᆫ 行爲에 對ᄒᆞ야ᄂᆞᆫ 機關으로 ᄒᆞ야곰 其責을 負케 ᄒᆞᄂᆞ니 然則 法人及

幼者는 法律이 認定保護하는 範圍內에 在하야는 意思를 具有홈과 恰然히 完全흔 人格을 有하다 흔지라.

然而 第一의 主義는 一理가 雖有하나 假想的에 不過홈으로 全然 採用하기 不能하며 第二의 主義는 近世代理의 原則을 依하야 一般學者의 是認하는 바ㅣ라.

第二. 意思의 自由的 動作이 有홈을 要홈 故로 意思가 雖有하나 其發動의 制限이 有홀 時는 眞正흔 目的을 達하기 不能하느니 詳言하면 意思와 動作이 一致치 못하야 他人에게 强制或詐欺를 被하는 等不自由의 行動에 對하야는 責任이 無홈이오 刑法上 責任에 至하야는 第一의 境遇와 如히 特殊흔 結果를 惹起홀 샏이라.

上述흔 바는 人格成立의 實質上 要件을 論홈이나 形式上 要件에 至하야는 國法이 認定 又는 附與하야 此를 保護하는 바ㅣ니 認定이라 云홈은 固有흔 人格主體되는 自然人에 對하야 其 人格이 有홈을 認定홀 샏이오 附與라 云홈은 無形人卽人의 集合과 物의 集合 等에 對하야 一定흔 範圍內에셔 人格을 附與홈이니 其 目的及保護하는 形式에 至하야는 各種의 差別이 有하야 商事會社와 如홈은 各國이 大槪一定흔 準則을 從하야 法人됨을 得케 하며 公益法人에 至하야는 主務官廳에 許可를 必要하나 詳細흔 論議는 玆에 煩提치 아니하는 바며 自然人에 至하야는 內國人됨과 外國人됨을 不問하고 一般으로 人格을 有홈이 原則이라 故로 其 認定方法에 至하야도 差別이 本無흔 바ㅣ라.

▲ 제4호 국제 공법, 공권의 의의

國際公法의 性質, 法律讀書人

今日의 世界と 古代와 逈殊ᄒ야 萬國의 交通이 日增月加ᄒ야 各其技能으로써 競爭ᄒと 時代니 國과 國間에 紛擾가 生홈은 事實上到底히 未免홀 바오 此等의 紛擾를 ──히 談判이나 條約으로 處決코져 홀진ᄃᆡ 其繁雜은 조못 勝言키 不得홀지라. 故로 國內에 在ᄒ야 各人行爲의 限界를 規定흔 法則이 有홈과 如히 國際에 在ᄒ야도 各國이 遵守ᄒと 行爲의 法則卽國際公法이 有혼바 | 니 玆에 其 性質의 大要를 擧論ᄒ건ᄃᆡ

第一 國際公法은 文明國間에 行ᄒと 法則이라 凡野蠻人團体間에と 其 團体各自를 管理홀 準則이 無ᄒ며 設或存在ᄒ야도 此로써 國際公法이라 未稱홀지니 卽 今日 所謂國際公法은 文明國間에 行ᄒと 法則을 指稱홈이라 然而所謂文明國은 如何흔 國을 指홈이며 野蠻國과 文明國의 區別은 如何흔 標準이 有흔지容易히 發見치 못 홀 一大問題라.

文明國과 野蠻國을 區別ᄒと 標準은 文明의 優劣을 因ᄒ야 立論키 不能ᄒᄂᆞ니 何者오 古來埃及의 文明, 支那의 文明, 印度의 文明, 歐洲의 文明 墨西哥 等의 文明은 人文의 開進上 各各系統이 相異ᄒ야 其間에 容易히 優劣을 判斷ᄒ기 不能ᄒ며 且同一系統의 文明諸國民間에 在ᄒ야도 其 高低의 程度를 測定ᄒ기 不能ᄒᄂᆞ니 故로 如何흔 程度에 達ᄒ면 文明國이라 稱ᄒ며 又或未開國及野蠻國이라 云홈은 其 標準을 發見ᄒ기 不能홈과 如ᄒᄂᆞ니 然則 文明國或野蠻國이라 稱홈은 오즉 一部感情家의 夢想에 不過홀가 凡世人一般이 此點에 關ᄒと 論議と 姑舍ᄒ고 國際公法의 當事者됨을 得홀 國家と 반다시 文明國됨을 要ᄒ고 決코 野蠻國에 行홀바 | 아니니 元來個個의 國家를 指ᄒ야 文明國되と 與否를 立論홈은 事實問題에 屬ᄒ야 斷案ᄒ기 容易치 아니ᄒ나 然이나 國

122

際公法의 當事者됨을 文明國에 限ᄒᆞᄂᆞᆫ 趣旨를 裏面으로 說明ᄒᆞᆯ 時ᄂᆞᆫ 其意義의 眞象을 認得ᄒᆞᆯ지며 又其野蠻國間에 行치못ᄒᆞᆯ 所以를 了解ᄒᆞ기 不難ᄒᆞᆯ 바ㅣ라.

現今 世界ᄂᆞᆫ 交通의 世界니 理學의 進步를 伴ᄒᆞ야 地球上 如何ᄒᆞᆫ 僻地라도 將來交通의 不使이 少無ᄒᆞᆯ지라 大勢가 如此ᄒᆞᆯ진ᄃᆡ 如何ᄒᆞᆫ 國家又如何ᄒᆞᆫ 人類團体라도 他國又ᄂᆞᆫ 他種族과 交好通商의 關係를 杜絶ᄒᆞ고 鎖國主義를 固執ᄒᆞ기 不能ᄒᆞᆷ은 智者를 不待ᄒᆞ고 可知ᄒᆞᆯ 바ㅣ라. 故로 野蠻人又未開人民의 團体라도 諸國과 交通關係를 難免ᄒᆞ며 且其關係上에 利害가 相同ᄒᆞᆫ 事實과 又或利害가 相反ᄒᆞᆫ 事實이 不無ᄒᆞᆯ지니 如斯ᄒᆞᆫ 團體中에 人智가 發達치 못 ᄒᆞᆫ 者ᄂᆞᆫ 今日 文明國間에 行ᄒᆞᄂᆞᆫ 國際法의 法則을 依ᄒᆞ야 他國間의 關係를 處理ᄒᆞ기 不能ᄒᆞᆫ 境遇가 不尠ᄒᆞᆯ지니 假令 南洋의 野蠻人團体로 ᄒᆞ야곰 他國과 交好通商의 條約을 締結ᄒᆞ야 外交官及領事官을 派遣ᄒᆞ거나 又或戰爭를 際ᄒᆞ야ᄂᆞᆫ 陸上及海上에 關ᄒᆞᆫ 國際公法上 法規, 慣例를 嚴恪히 遵守ᄒᆞᆯ 事를 企望치 못ᄒᆞᆯ지니 元來 其 團体ᄂᆞᆫ 如斯ᄒᆞᆫ 法規, 慣例를 遵守ᄒᆞᆯ 根本的觀念이 缺乏ᄒᆞ며 設或其團体의 行動은 國際法規를 遵據코져 ᄒᆞᄂᆞᆫ 意思가 有ᄒᆞ다 云ᄒᆞᆯ지라도 他國에 對ᄒᆞᄂᆞᆫ 義務를 履行ᄒᆞᆯ 能力이 尠少ᄒᆞ며 旣己此等團体가 交通關係上에 國際法規를 遵據ᄒᆞᆯ 觀念이 無ᄒᆞ고 又國際法의 義務를 履行ᄒᆞᆯ 能力이 無ᄒᆞᆫ 以上은 斯法上權利를 相對國에 向ᄒᆞ야 主張ᄒᆞ기 不能ᄒᆞᆷ은 當然ᄒᆞᆫ 바ㅣ니 故로 如斯ᄒᆞᆫ 團体의 行動은 國際法上의 權利義務로써 規律ᄒᆞᆯ 바 아니며 他國도 ᄯᅩᄒᆞᆫ 其團體로써 國際公法社會의 一員됨을 希望치 아니 ᄒᆞᄂᆞ니 然則 國際公法은 野蠻國又ᄂᆞᆫ 未開人民의 團体間과 又如斯ᄒᆞᆫ 團体와 他文明國間關係에 在ᄒᆞ야ᄂᆞᆫ 行치 못ᄒᆞᆯ 바ㅣ라. 今日 諸國現象에 在ᄒᆞ야 抽象的으로 文明의 程度를 測定ᄒᆞ며 文明, 未開及野蠻의 區別을 劃然케 ᄒᆞᆷ은 困難ᄒᆞᆫ 事며 又實際上行得ᄒᆞᆯ 바ㅣ 아님과 如ᄒᆞ나 然이나 國際公法에 在ᄒᆞ야ᄂᆞᆫ 各國의 文明實質에 對ᄒᆞ야 其種類及程度를 細別ᄒᆞᆯ 必要가 無ᄒᆞ고 但他國과 國際關係上에 斯法의 義務

를 履行홈과 同時에 權利를 主張홀 能力이 有ᄒ며 且斯法上에 法則을 從ᄒ야 行動ᄒ며 他國도 ᄯᅩ호 國際公法의 法規를 依ᄒ야 同國에 對ᄒ는 關係를 有호 後에 國際公法社會의 一員됨을 始得ᄒ며 同時에斯法上의 一員됨을 得홀 性格이 有호 者를 文明國이라 稱ᄒ고 不然호 者를 非文明國이라 稱ᄒᄂ니 然則 國際公法은 非文明國互相間과 文明國과 非文明國間에는 可히 行치 못 홀바ㅣ라 云홀지로다.

　第二, 國際公法은 文明國一般의 承認을 依ᄒ야 行ᄒ는 規則이라. 凡 國際公法은 國家間에 行ᄒ는 法則됨으로 國內法과 如히 一國主權者의 制定或認定에 依ᄒ야 成ᄒ는 바ㅣ 아니니 皆文明國間의 國際關係는 列 國主權이 互相對立호 바ㅣ며 各獨立國의 主權은 並히 絶對無限의 權力 이니 若一國의 主權이 制定或認定호 法則을 他國으로 ᄒ야곰 服從홈을 强制홀진대 其 强制되는 國家는 旣已主權을 喪失ᄒ야 主權國又는 獨立 國이 아니니 是故로 國際公法은 各獨立國이 各自最高權力되는 主權의 作用을 依ᄒ야 其 規則을 遵守홀 事를 承認홈과 同時에 國家行爲의 法 則으로 遵守치 아니치 못ᄒ는 바ㅣ라.

　玆에 所謂 文明國一般의 承認은 如何호 意義인지 是亦容易치 아니호 問題라 若一般이라 云ᄒ는 意義를 廣博히 世界文明諸國이라 並稱홀진 ᄃᆡ 國際公法의 諸法則은 文明國中一國이라 遺漏홈이 無ᄒ고 諸國全体 의 承認을 依치 아니ᄒ면 成立치 아니홀 바와 如ᄒ나 然이나 實際에 在ᄒ야는 不然ᄒ야 文明國中一國或數國의 反對가 設有홀지라도 其 法 則은 國際法上의 法則됨에 無碍ᄒᄂ니 然則 某程度의 例外를 設ᄒ야 諸文明國의 一般承認이 雖無ᄒ야도 國際公法上法規를 可作홀 標準을 求코져 홈은 上述호 바 如何호 國을 文明國이라 云홈과 如히 殆히 不可 能의 疑問를 成홀 듯 ᄒ나 然이나 此文明國一般의 承認이라 云ᄒ는 意 義를 裏面으로브터 反對的으로 說明홀진ᄃᆡ 其 眞意를 容易히 解得홀지 니 左에 畧辨코져 ᄒ노라.

千八百五十六年에 歐洲諸國이 海上戰時法에 關ᄒ야 「巴里宣言」이라 稱ᄒᄂᆫ 四個條約을 締結ᄒ얏스니 (一) 私船을 拿捕用에 供홈은 自今으로 廢止ᄒᆯ 事 (二) 局外中立國의 旗章을 揚ᄒᆫ 船舶에 搭載ᄒᆫ 敵國의 貨物은 戰時禁制品을 除ᄒᆫ 外에ᄂᆫ 拿捕홈이 不可ᄒᆫ 事 (三) 敵國의 旗章을 揭ᄒᆫ 局外中立國의 貨物은 戰時禁制品을 除ᄒᆫ 外에ᄂᆫ 拿捕홈이 不可ᄒᆫ 事 (四) 港口의 封鎖를 有效케 홈에ᄂᆫ 實力을 不用ᄒ며 不可ᄒ니 卽敵國의 海岸에 接到홈을 防止홈에 可足ᄒᆫ 兵備를 要ᄒᄂᆫ 事 等이라 此等 法則은 國際公法上의 法則으로 今日ᄭ지 一般히 承認ᄒᄂᆫ 바ㅣ나 此 宣言이 成立ᄒᆯ 當時에ᄂᆫ 北米合衆國 西班牙國及墨西哥國等은 此를 反對ᄒ야 盟約에 不參ᄒᆫ지라 然而 今日에 在ᄒ야ᄂᆫ 右三國이 該宣言에 加盟치 아니홈을 不拘ᄒ고 依然히 國際公法上의 法則으로 看做ᄒᄂᆫ 所以ᄂᆫ 同規定이 他文明國一般의 承認을 依ᄒ야 戰爭中에 實行될 ᄲᆫ 아니라 米, 西, 墨等三國도 今世 戰爭에 在ᄒ야ᄂᆫ 此를 遵守치 아니치 못ᄒᆯ 實際의 事情이 有홈으로 其 法則을 遵據홈에 至ᄒᆫ지라.

元來 米國等三個國이 巴里宣言에 對ᄒ야 反對홈은 他에 不在ᄒ고 但 私船을 拿捕用에 供홈을 禁止 云云ᄒᄂᆫ 第一條에 對ᄒ야 不認홈으로 千八百六十一年 南北戰爭時에 米國政府ᄂᆫ 第二條以下規定을 遵守ᄒ며 又 當時 政畧上으로 巴里宣言에 加盟홈을 請求홈이 有ᄒᆯ ᄲᆫ 아니라 千八百九十八年 米西戰爭時를 當ᄒ야ᄂᆫ 米, 西兩國이 共히 世界大勢를 因ᄒ야 비록 巴里宣言에 加盟치 아니 ᄒ얏스나 此를 理由ᄒ야 私有商船으로써 巡洋艦의 任務를 作ᄒ야 多數中立國에 對ᄒᄂᆫ 公海上의 臨檢搜索及捕拿를 實行치 못 홈에 至ᄒ얏스니 何者오 交戰國雙方은 戰爭進行中은 他中立國에 對ᄒᄂᆫ 關係를 愼重히 ᄒ야 紛爭을 務避ᄒ며 交戰國에 對ᄒ야ᄂᆫ 全力으로 以ᄒᄂᆫ니 若諸國이 不法으로 認ᄒᄂᆫ 바 私船을 拿補用에 供ᄒ면 多數中立國은 自國의 利害關係上 반다시 陰陽的으로 此를 反對ᄒᆯ지니 如斯ᄒᆯ진ᄃᆡ 交戰國은 敵國에 對ᄒᄂᆫ 外에 多數中立國에 對ᄒ야 不好ᄒᆫ 感情을 惹起ᄒ야 不利益을 被ᄒᆯ 所以라 故로 米, 西戰爭

時에 右兩國은 各自國法律로써 同戰爭中 私船으로 拿捕用에 供치 아니
홀 事를 宣佈ᄒ얏스니 由此觀之ᄒ면 從來巴里宣言으로써 國際公法上
法則으로 看做ᄒᄂ 與否에 關ᄒ야 學者의 論議가 紛紛홈을 不拘ᄒ고
今日에 在ᄒ야 米西兩國이 自進ᄒ야 此를 準據ᄒ 事實이 有홀 ᄲᆞᆫ 아니
라 大勢가 亦然홈에 至ᄒ얏스며 墨西哥國에 在ᄒ야도 戰爭을 當ᄒ야ᄂ
비록 此 法則을 依據치 아니코져 ᄒ나 實際上 不得已準據치 아니치 못
홀 充分ᄒ 理由가 存在ᄒᄂ니 故로 現今에 在ᄒ야ᄂ 巴里宣言에 規定ᄒ
法則은 文明國一般의 承認을 得ᄒ 者ㅣ라 云홀지라.

　以上 巴里宣言에 關聯된 事實로브터 推論홀 時ᄂ 所謂 文明國의 承認
이라 云홈은 반다시 明示의 承認을 不要홀지니 故로 文明國一般의 承
認이 有ᄒ 與否ᄂ 事實을 依據치 아니치 못 홀지라 設或一個規則이 一
國或數國의 承認을 不經ᄒ며 或反對의 態度를 有ᄒ 一國或數國이 有ᄒ
境遇에도 其 規則은 實際他文明國이 承認實行ᄒ야 一種慣例를 成홈에
至ᄒ야ᄂ 此를 反對ᄒᄃ 國과 又或明示的으로 承認치 아니ᄒ 國에 在
ᄒ야도 國際關係上 同一ᄒ 事項을 處理홈에ᄂ 其法規를 依據치 아니치
못 홀지니 然則 承認의 成立이 條約에 基因홈과 國際慣例로 成홈을 不
問ᄒ고 此를 文明國一般의 承認이라 云홀지로다.

　第三, 國際公法은 國家行爲의 法則 國際公法은 前述홈과 如히 國家間
에 行ᄒᄂ 國際關係를 規律ᄒ 法則이니 卽 一國이 他國에 對ᄒᄂ 互相
關係를 定ᄒ 法則이오 一私人及國家, 一私人間의 關係를 規定ᄒ 바ㅣ
아니니 換言ᄒ면 國際法의 主體ᄂ 國家오 個人이 아니라 然이나 學者
ᄂ 往往에 個人도 ᄯᅩ한 國際法의 主體된다 云ᄒ나 然이나 國際公法은
個人互相間及個人及國家間의 權利義務를 規定ᄒ 者 아니니 個人과 個
人間에ᄂ 國內法上의 權利義務關係와 又或一定ᄒ 事項에 對ᄒ야ᄂ 一
國의 國內法及他國의 國內法上關聯을 有ᄒ야 其 適用上問題가 生ᄒᄂ
니 要ᄒ건ᄃᆡ 一國의 國內法 又ᄂ 數國의 國內法上의 權利義務關係에

止ㅎ며 又 個人과 國家間에는 權力關係가 有홀 쑨이오 決코 國際法上의 權利義務關係가 未有ㅎ느니 是以로 國際公法의 法則을 依ㅎ야 權利義務를 有혼 바 卽斯法의 主体는 國家 又는 國家와 同一의 資格을 有혼 者에 限ㅎ며 唯一個人은 其 法則의 客体되는 境遇가 有ㅎ야 斯法의 主体됨과 如혼 表觀이 有홈에 不過혼 故로 國際公法은 國家間에 在혼 國家行爲의 法則이라 云홀지라.

　上陳혼 바를 依홀진뒤 國際公法은 如何혼 性質이 有홈을 可知홀지라 其發達은 前世紀歐洲協調에 始起ㅎ야 以後 各國의 條約及慣例等을 集合ㅎ야 今日 文明國間의 行爲準則을 成혼 者ㅣ나 然而 支那春秋時代를 回想ㅎ건뒤 五伯의 盟約은 實로 國際法의 性質을 帶有혼 者ㅣ니 由此觀之ㅎ면 今日 所謂 國際公法의 萌芽는 此에 在ㅎ다 云홀지로다.

公權의 義意 及 種類, 法律讀書人

　國民은 國家에 對ㅎ야 二種의 關係가 有ㅎ니 卽 一方으로 國家의 統治權에 服從ㅎ는 義務를 負擔ㅎ며 他一方으로는 國家에 對ㅎ야 權利을 享有ㅎ는 主体됨이 是라 前者를 公義務라 謂ㅎ며 後者를 公權이라 稱ㅎ느니 前者 卽 國家에 對ㅎ야 義務를 負擔홈은 何人이든지 容疑ㅎ는 바ㅣ아니나 後者 卽 國家에 對ㅎ야 權利의 主体됨을 得홈은 學者間에 紛議가 頗有혼 바로 或者는 全히 公權의 存在를 否認ㅎ야 曰權利는 오직 對等 地位를 有혼 主体間에 存在홈을 得홀 쑨인즉 國家와 臣民의 地位는 不平等의 關係며 權力服從의 關係라. 國家는 臣民에 對ㅎ야 絶對의 權力을 有ㅎ며 臣民은 國家에 對ㅎ야 絶對의 服從義務를 有ㅎ느니 如斯히 權力服從의 關係를 有혼 主體間에 在ㅎ야 如何히 權利의 存在홈을 思唯ㅎ며 縱令臣民이 國家에 對ㅎ야 權利가 有ㅎ다 云홀지라도 國家는 絶對의 權力을 因ㅎ야 何時든지 自己의 單獨意思로써 其 權利를 剝奪홈을 可得홀지니 一方의 意思로써 何時든지 剝奪홈을 可得홀 者는 權利

127

의 觀念을 未成홀지라. 然則 國民의 享有ᄒᆞᄂᆞᆫ 바 利益은 全主히 國家의 一方的 恩惠오 權利가 아니라 ᄒᆞ니 此論은 一見ᄒᆞ면 正當홈과 如ᄒᆞ나 然이나 公權의 存在를 否認홈은 卽 公法의 存在를 否認홈이며 且國民이 國家의 統治權에 服從홀지라도 此 服從은 絶對의 服從이 아니며 又況近 世의 國家에 在ᄒᆞ야 國民은 奴隷가 아니라 國家에 對ᄒᆞ야도 또ᄒᆞᆫ 一個 人格者됨을 得홈이리오. 是以로 國家ᄂᆞᆫ 法規를 定ᄒᆞ야 스사로 其 統治 權을 制限ᄒᆞ고 其 制限以內에 在ᄒᆞ야 統治權을 行홀 ᄲᅮᆫ이니 是卽 公法 이라 故로 臣民은 又此法規의 範圍內에 在ᄒᆞ야 國家의 權力에 服從홀 ᄲᅮᆫ이며 且國家ᄂᆞᆫ 其 法規를 變更ᄒᆞ기 可得홀지라도 苟其法規의 存在ᄒᆞᆫ 間은 其 範圍外에 出ᄒᆞ야 統治權을 行使ᄒᆞ기 不得ᄒᆞᄂᆞ니 如此히 國家가 스사로 制限을 加홈에 因ᄒᆞ야 國民도 또ᄒᆞᆫ 國家에 對ᄒᆞ야 侵害되지 아 니ᄒᆞᄂᆞᆫ 人格을 有ᄒᆞ며 從ᄒᆞ야 權利의 主體됨을 得홀지라 是를 由ᄒᆞ야 觀ᄒᆞ면 國民이 國家에 對ᄒᆞ야 公權을 有홈은 明確ᄒᆞᆫ 事實이니 卽 公權 은 國家가 統治權에 制限을 加홈에 依ᄒᆞ야 得ᄒᆞᄂᆞᆫ 權利라 左에 其 種類 를 列擧ᄒᆞ야 略論ᄒᆞ건대

第一 自由權: 自由權이라 홈은 法律에 規定ᄒᆞᆫ 制限外에ᄂᆞᆫ 國家權力에 依ᄒᆞ야 個人의 自由를 侵害되지 아니ᄒᆞᄂᆞᆫ 權利를 謂홈이니 近世 公法 의 發達은 卽 此各個人의 自由範圍를 確認ᄒᆞᄂᆞᆫ 必要에 伴ᄒᆞ얏다 云ᄒᆞ야 도 過言이 아일지로다 何者오 北米合衆國의 獨立宣言과 英國의 權利典 章等에 至ᄒᆞ야 國民의 自由權을 漸次 確認ᄒᆞ며 特히 西曆千七百八十九 年 佛國大革命의 憲法에 人權及公民權을 宣言홈을 依ᄒᆞ야 國民의 權利 範圍가 益益擴張ᄒᆞᆫ 爾來로 列國憲法에 個人의 自由權을 保障ᄒᆞᄂᆞᆫ 慣例 를 成ᄒᆞ얏스니 卽 此等諸國의 普通으로 認ᄒᆞᄂᆞᆫ 바 自由權種類의 最著ᄒᆞᆫ 者를 擧ᄒᆞ면 大略 如左ᄒᆞ니

一. 身體及財產의 由由니 卽 法律을 依據치 아니ᄒᆞ면 身體에 當ᄒᆞ야ᄂᆞᆫ 逮捕, 審問, 拘留, 處罰 等 制裁를 不被홀지며 財産에 至ᄒᆞ야도 他個人

의 侵害는 勿論ᄒ고 沒收及公用徵收等處分을 不受홀지오.

二. 居住及移轉의 自由니 法令制限外에는 自己의 意思를 從ᄒ야 內外國을 勿論ᄒ고 何處에 居住ᄒ든지 移轉ᄒ든지 皆其自由며 又는 自己의 家宅에 他人의 侵入을 不受홀지오.

三. 言論及出版의 自由(精神上의 自由)니 此等의 自由도 ᄯᅩ흔 法令에 違反치 아니홀 以內는 如何흔 思想이든지 隨意로 發表ᄒ며 又는 印刷物을 刊行홈을 可得홀지오.

四. 集會及結社의 自由(精神上의 自由)니 苟其公安에 妨害되지 아니홀 時는 多衆이 會同ᄒ야 何許事項이든지 演議홀지오.

五. 信書의 秘密이니 此를 嚴格히 解釋홀 時는 通信을 掌理ᄒ는 官吏라도 封函은 勿論ᄒ고 葉書 等 書信이라도 此를 漏泄홈을 不得홀지오.

六. 信敎의 自由니 此亦 精神上의 自由라 實로 社會의 秩序를 紊亂치 아니홀 時는 如何흔 宗敎든지 隨意로 信仰ᄒ는 等이라.

然而 此等의 權利는 唯一의 權利를 種種의 方面으로 觀察홈에 不過ᄒ고 各各 別個의 權利가 存在홈이 아니니 何者오 自由權은 法規에 依ᄒ야 豫定흔 外에는 國家가 臣民의 自然的 自由를 侵害치 못 ᄒ는 바 消極的의 意義를 有흔 檕括的 權利된 所以라.

第二 國家의 行爲를 要求ᄒ는 權: 國家의 行爲는 總히 直接間接으로 國民의 利益을 爲ᄒ지 아니홈이 未有흔지라 然而國家가 國民을 爲ᄒ야 利益을 與ᄒ는 境遇에 在ᄒ야도 或은 直接으로 個人의 利益을 爲홈이 아니오 一般公共의 利益을 爲홈을 因ᄒ야 個人은 間接으로 此 利益을

享受홈에 不過홈이 有ᄒᆞ니 此 境遇에 在ᄒᆞ야ᄂᆞᆫ 國民의 利益은 所謂 法의 反射 卽 一般公共을 爲ᄒᆞ야 定ᄒᆞᆫ 法規의 間接結果오 權利ᄅᆞᆯ 享有홈이 아니며 此와 反ᄒᆞ야 國家가 公共의 利益을 爲홈과 共히 直接으로 個人의 利益을 認許ᄒᆞ야 個人이 自其利益을 主張홈을 得홈과 同時에 公益에 適合ᄒᆞᆫ 境遇에 在ᄒᆞ야ᄂᆞᆫ 個人은 비로소 權利ᄅᆞᆯ 取得홈이 有ᄒᆞ니 是卽 第二種의 公權公權이라 此種의 公權中 最重ᄒᆞᆫ 者ᄂᆞᆫ 裁判請求權이니 此 權利에 依ᄒᆞ야 國家ᄂᆞᆫ 其 要求ᄒᆞᄂᆞᆫ 바 裁判을 拒絶홈을 不得ᄒᆞ며 各人의 私權은 是ᄅᆞᆯ 由ᄒᆞ야 確實ᄒᆞᆫ 保護ᄅᆞᆯ 受ᄒᆞᄂᆞᆫ 바ㅣ니 此ᄂᆞᆫ 專히 訴權을 論홈이나 其 以外의 行政區域에 在ᄒᆞ야도 ᄯᅩᄒᆞᆫ 如此ᄒᆞᆫ 權利가 不尠ᄒᆞᆫ 바ㅣ라.

然則 權利와 法의 反射ᄂᆞᆫ 此種의 權利에 關ᄒᆞ야 特히 區別치 아니홈을 不得홀지니 卽 外形上은 恰然히 權利와 如ᄒᆞ나 其實은 國家가 公共의 利益을 爲ᄒᆞᄂᆞᆫ 一般制度의 結果에 不外ᄒᆞᆫ지라 譬컨대 告訴, 告發權과 如홈은 眞正ᄒᆞᆫ 權利가 아니오 오즉 檢事의 公訴ᄅᆞᆯ 喚起ᄒᆞᄂᆞᆫ 行爲에 不過ᄒᆞᄂᆞ니 刑罰及警察의 制度ᄂᆞᆫ 恒常一般公共을 爲ᄒᆞ야 存在홈으로 如何ᄒᆞᆫ 境遇에 在ᄒᆞᆫ든지 個人은 刑罰을 請求ᄒᆞᄂᆞᆫ 權利가 未有ᄒᆞ며 營造物의 利用에 就ᄒᆞ야도 ᄯᅩᄒᆞᆫ 許可ᄅᆞᆯ 不要홈이 有ᄒᆞ니 卽 各人의 自由使用에 供ᄒᆞᄂᆞᆫ 道路와 如홈은 個人이 此ᄅᆞᆯ 使用ᄒᆞᄂᆞᆫ 權利가 有홈이 아니라 國家가 오즉 一般 公衆을 爲ᄒᆞ야 道路ᄅᆞᆯ 開設홈으로 各 個人은 此에 通行ᄒᆞᄂᆞᆫ 間接의 利益을 享受ᄒᆞ며 國家ᄂᆞᆫ 다만 禁止치 아니홀 ᄲᅮᆫ이라.

第三 參政權: 元來 國家ᄂᆞᆫ 自然人을 依치 아니ᄒᆞ면 其 意思能力이 全然 未有ᄒᆞᄂᆞ니 國家ᄅᆞᆯ 代表ᄒᆞᆫ 自然人은 卽 國家의 機關이라 然而國家가 其 機關은 或은 國民에게 其 義務ᄅᆞᆯ 課홈에 因ᄒᆞ며 或은 其 權利ᄅᆞᆯ 認홈에 因ᄒᆞ야 此ᄅᆞᆯ 得ᄒᆞᄂᆞ니 義務ᄅᆞᆯ 課홈에 因ᄒᆞ야 國家의 機關됨을 得홈은 兵役의 義務와 如홈이 是오 權利ᄅᆞᆯ 認홈에 因ᄒᆞ야 國家의 機關되ᄂᆞᆫ 境遇에 在ᄒᆞ야 個人은 參政權을 得ᄒᆞᄂᆞᆫ 바ㅣ라. 然이나 參政權과 機關

의 行動은 決코 混視홀 者ㅣ 아니니 卽 機關의 行動은 國家의 行動이오 個人의 權利가 아니며 參政權은 오즉 國家의 機關되ᄂᆞᆫ 地位ᄅᆞᆯ 承認ᄒᆞ ᄂᆞᆫ 權利니 君主가 皇位에 卽ᄒᆞᄂᆞᆫ 權, 官吏가 其 地位에 對ᄒᆞᄂᆞᆫ 權利 等 이며 立憲國에 在ᄒᆞ야ᄂᆞᆫ 議員의 當選者가 議員된 地位에 就ᄒᆞᄂᆞᆫ 權, 選 擧人의 權利와 如ᄒᆞᆷ이 是라.

上陳ᄒᆞᆫ 바 三種의 公權을 個人權及國民權으로 分ᄒᆞ야 第一第二의 公 權은 個人權이라 稱ᄒᆞ며 第三의 公權은 國民權이라 謂ᄒᆞᄂᆞ니 此ᄂᆞᆫ 萬國 의 交通이 頻繁ᄒᆞ야 甲國民이 乙國에 居住ᄒᆞᆷ과 同時에 乙國民이 甲國에 來住ᄒᆞ야 彼我國民의 關係가 縱橫錯雜ᄒᆞᆷ으로 此等의 公權을 享有ᄒᆞᆷ에 當ᄒᆞ야 各國은 大槪法規上으로 外國人의 享受ᄒᆞᄂᆞᆫ 公權에 制限을 加ᄒᆞ 야 國民權은 勿論ᄒᆞ고 個人權에 至ᄒᆞ야도 自國民보다 多少의 制限이 有ᄒᆞ니 是ᄂᆞᆫ 實로 國家의 自衛上必要로 國民의 特權을 作ᄒᆞᆯ 所以라.

▲ 제6호=형벌의 종류/민사소송의 근본적 관념

刑의 種類
法律讀書人
刑罰은 國家가 犯罪者에게 對ᄒᆞ야 其 制裁로 利益을 剝奪ᄒᆞᄂᆞᆫ 最終의 手段이니 刑法上에 數多의 種類가 有ᄒᆞ나 然이나 玆에 但其剝奪ᄒᆞᄂᆞᆫ 利益如何의 點卽其性質을 說明ᄒᆞ기에 適當ᄒᆞᆫ 바로 觀察ᄒᆞ면 生命, 身 体, 自産, 財産, 能力 等에 不外ᄒᆞᄂᆞ니 此 順序ᄅᆞᆯ 從ᄒᆞ야 其 槪要ᄅᆞᆯ 論ᄒᆞ 건ᄃᆡ
第一, 生命刑 此ᄂᆞᆫ 刑罰의 極頂에 居ᄒᆞ야 皇室犯과 國事犯과 常事犯(公 罪, 私罪) 等 重罪의 主刑으로 犯罪人의 生命을 剝奪ᄒᆞᆷ이니 一次 此ᄅᆞᆯ 實行ᄒᆞᆯ 時ᄂᆞᆫ 人間에 復現ᄒᆞᆯ 道가 無ᄒᆞ며 又其殘暴ᄒᆞᆫ 氣象은 可히 形言 키 難ᄒᆞ지라. 故로 歐西에 在ᄒᆞ야ᄂᆞᆫ 宗敎家에서 數百年來로 此刑의 存 廢問題가 現出ᄒᆞ야 法曹界의 一大問題ᄅᆞᆯ 成ᄒᆞᆫ바ㅣ니 其論点을 槪擧ᄒᆞ

면 廢止論者의 主旨도 不一ᄒᆞ야 或은 死刑(卽生命刑)은 回復의 道가 無ᄒᆞ다ᄒᆞ며 或은 犯人으로ᄒᆞ야곰 現世에 絶望케 ᄒᆞᄂᆞ 結果로 更히 暴惡을 重疊ᄒᆞ다 ᄒᆞ며 或은 云裁判의 宣告로브터 刑을 執行ᄒᆞ기ᄭᅡ지 幾多의 時日을 隔ᄒᆞ야 犯人이 無雙ᄒᆞᆫ 恐懼心을 生ᄒᆞ나 然이나 此ᄂᆞ 刑罰이 아니니 一時에 生命을 剝奪ᄒᆞᄂᆞ 死刑을 施ᄒᆞᆷ보다 反히 犯人의 終身을 限ᄒᆞ야 其 自由를 剝奪ᄒᆞᆷ이 優勝ᄒᆞ다 ᄒᆞ며 且此刑을 廢止ᄒᆞᆷ이 不可ᄒᆞ다 論ᄒᆞᄂᆞ 者도 或은 云人은 殺ᄒᆞᆫ 者에게 死刑을 科ᄒᆞᆷ은 正義에 適合ᄒᆞ다하며 或은 此刑은 犯人으로 再犯의 道를 失케ᄒᆞ고 且世人을 警戒ᄒᆞᄂᆞ 實益이 有ᄒᆞ다고 或은 社會에 重大ᄒᆞᆫ 害惡을 與ᄒᆞ며 且國家的制度로 到底히 改心케 ᄒᆞᆯ 方法이 無ᄒᆞᆫ 犯人卽絶對的 不治犯人에게 對ᄒᆞ야ᄂᆞ 此刑을 科치 아니ᄒᆞᆷ이 不可ᄒᆞ다 ᄒᆞ야 甲唱乙駁에 至今ᄭᅡ지 未決ᄒᆞᆫ바ㅣ라. 然이나 此問題의 現出ᄒᆞᆫ 後로 루마이야와 義太利와 露國等數國은 死刑을 全廢ᄒᆞ얏고 其他各國에 至ᄒᆞ야도 死刑을 適用ᄒᆞᄂᆞ 範圍가 漸次 狹少ᄒᆞᆫ 바ㅣ라.

第二. 身體刑 此刑은 直接으로 犯人의 身體에 苦痛을 加ᄒᆞᆷ이니 笞刑이 是라 然이나 如此ᄒᆞᆫ 刑罰은 上古에 行ᄒᆞ든 者오 現世開明各國의 法律에 在ᄒᆞ야ᄂᆞ 其跡이 殆無ᄒᆞᆫ 바ㅣ니 其廢止된 理由를 暫論ᄒᆞ면 第一에 破廉恥ᄒᆞᆫ 犯人에게 對ᄒᆞ야ᄂᆞ 其效가 無ᄒᆞ며 第二에 此刑을 執行ᄒᆞᆷ에 當ᄒᆞ야ᄂᆞ 其打撻ᄒᆞᄂᆞ 力을 一定하기 不能ᄒᆞᆷ으로 執行官吏의 寬嚴을 因ᄒᆞ야 左右되ᄂᆞ 惡習이 生ᄒᆞ야 反히 法律의 強行ᄒᆞᄂᆞ 效力이 無ᄒᆞ며 第三에 犯人의 身體에 健康을 甚害ᄒᆞ야 法律에 命ᄒᆞᆫ 바 以外의 結果를 露出ᄒᆞᄂᆞ 等이라.

第三, 自由刑 此ᄂᆞ 國家가 犯罪의 制裁로 一私人의 自由를 剝奪ᄒᆞᄂᆞ 制度를 謂ᄒᆞᆷ이니 流刑과 役刑과 禁獄刑이 是라.

自由라 云ᄒᆞᆷ은 不羈獨立ᄒᆞ야 何等의 拘束을 不受ᄒᆞ고 任意로 活動ᄒᆞᄂᆞ 狀態를 謂ᄒᆞᆷ이 아니오 法令에 認許ᄒᆞᆫ 바 範圍內에 在ᄒᆞ야 普通國民의 享有ᄒᆞᄂᆞ 바 隨意의 行動을 云ᄒᆞᆷ이니 此에 對ᄒᆞ야 犯罪의 制裁로 多少의 制限을 加ᄒᆞᆷ을 自由剝奪의 刑이라 云ᄒᆞᄂᆞ 바ㅣ니 未決囚에 對ᄒᆞ야

拘留를 命홈과 如홈도 自由를 制限홈이나 然이나 此는 犯罪의 制裁가
아님으로 自由刑이라 未稱ᄒ는 바ㅣ라.

自由刑을 期間의 有無로 觀察ᄒ면 禁獄刑은 純然히 有期刑이오 流刑及
役刑은 無期와 有期의 區別이 有ᄒ지라(第九十五條第九十六條第九十
七條參看)

無期自由刑에 至ᄒ야는 死刑에 對홈과 如히 數種의 批難이 有ᄒ니 第一
에 人의 生命은 長短이 判異ᄒ 즉 假令無期의 刑을 宣告홀지라도 一日
을 不過ᄒ야 死ᄒ는 者ㅣ 有ᄒ며 數十年을 經過ᄒ야도 不死ᄒ는 者ㅣ
有홈은 實際에 明白ᄒ 바ㅣ니 同一ᄒ 刑罰로 如此ᄒ 差異가 有홈은 一
國의 良刑이 아니라 云ᄒ나 此論은 有期刑에도 亦然ᄒ 바ㅣ니 特히 無
期刑에 對ᄒ 缺点이 아니오 且生命의 長短은 人力으로 奈何키 不能홈인
즉 是는 批難홈이 不可ᄒ 바오 第二에 終身自由를 奪홀時는 犯人이 비
록 改心홀지라도 利益이 無ᄒ 故로 改悛ᄒ는 實效가 無ᄒ다 云ᄒ나 此
에 對ᄒ야는 各國에서 特別ᄒ 制度를 取ᄒ는 바ㅣ라.

第四. 財産刑 此는 國家가 犯罪의 制裁로 一私人의 資産을 剝奪ᄒ는 制
度니 沒入이 是라. 沒入은 金錢만 徵收홈이 아니오 其他物品도 包含ᄒ
바ㅣ로딕 此를 徵收홈에 當ᄒ야는 國家가 國家된 資格으로 犯罪의 理由
를 基因홈이오 私法上 關係로 債權者ㅣ라 云홈을 不得ᄒ는 바ㅣ라.

第五. 能力刑 此는 附加刑으로 公權을 享有ᄒ는 能力을 喪矢케 ᄒ는 制
度를 謂홈이니 免官, 免役이 是라 或은 此刑을 名ᄒ야 名譽刑이라 云ᄒ
는 者ㅣ 有ᄒ나 此는 謬誤됨을 難免이니 何者오 能力을 剝奪ᄒ는 同時에
名譽도 毀損됨은 勿論이나 是는 唯其間接의 結果에 不外ᄒ 바ㅣ라.

上陳ᄒ 五個의 種類中 身體刑에 對ᄒ야 或은 生命刑及自由刑과 混同ᄒ
야 論ᄒ는 者ㅣ 有ᄒ나 然이나 自由刑中役刑은 勞役에 服홈이 縱有ᄒ되
此는 決코 身體에 對ᄒ야 苦痛을 感케 홈이 아니오 流刑及禁獄刑에 至
ᄒ야는 元來身體에 何等의 關係가 未有ᄒ며 且死刑은 主ᄒ야 生命을
剝奪ᄒ는 刑이오 身體를 苦痛케 ᄒ거나 毀棄코져 ᄒ는 目的을 有ᄒ 者
ㅣ 아닌 즉 此를 混視홈은 不可홀지로다.

民事訴訟의 根本的 觀念

夫國家는 獨立의 人格과 自存의 目的을 有흔 者ㅣ라 然이나 國民을 離흐
야 國家가 存在흠은 想像키 不得흘 바ㅣ니 是는 人類의 集合으로써 國家
를 構成흔 所以라 故로 國家는 自存上 必要흔 第二의 目的으로 國民의
利益을 保護伸獎흠을 務圖흐느니 因흐야 此目的을 達흐는 一手段으로
私法을 制定흐야 私權의 範圍를 限定흐고 一步를 更進흐야 一私人이
自己權利의 範圍를 超越흐야 他人私權의 範圍를 侵害흐거나 又는 侵害
코져흐는 者ㅣ 有흘 時에 其攻擊及防禦를 私人各自의 腕力에 放任치
아니흐고 國家가 스스로 私權을 保護흐야 完全히 適用흐는 方法을 採用
흐느니 民事訴訟은 卽此方法을 爲흐야 發生흔 바ㅣ라 簡言흐면 民事訴
訟은 私法適用을 目的흐는 國家及私人間의 法律關係라 云흘지로다.
然而國家가 如何흔 方法에 依흐야 私法을 適用흐는 問題는 民事訴訟의
立法主義如何를 因흐야 不同흐니 卽 民事訴訟을 刑事訴訟과 如히 私權
의 侵害者를 國家가 스스로 檢擧흐는 主義도 理論上及歷史上에 認定흔
바ㅣ 不無흐나 然이나 現今發達흔 民事訴訟制度에 在흐야는 國家는 私
人에게 對흐야 一定흔 條件下에 私法適用의 請求權을 認흐고 私人이
其 保護를 請求흠에 當흐야 비로소 此를 保護흘 쑨이오 國家가 自進흐
야 保護치 아니흐느니 換言흐면 國家는 私權의 範圍에 自進흐야 干涉
치 아니흐는 바ㅣ라 故로 刑事訴訟과 逈殊흐야 國家가 스스로 當事者
됨이 無흐고 訴訟은 오직 私人과 私人間에 行흐는 바오 國家는 不偏不
倚흐야 私權을 保護適用흘 쑨이라.
國家가 一定흔 條件下에 在흐야 一私人에게 私法適用의 請求權을 認흠
은 卽一私人에게 對흐야 國家가 스스로 私法適用의 義務를 負擔흠이라.
然이나 或者는 此에 對흐야 異論을 主張흐야 曰國家는 無限의 權力을
有흐고 臣民은 國家에 對흐야 絶對無限흔 服從義務가 有흔則 國家는
萬般의 行爲를 隨意로 改定廢止흠을 可得흘지니 臣民에게 對흐야 何等
의 義務를 負擔흠이 無흐다흐나 是는 謬論됨을 難免이니 何者오 現今

134

法治國에 在ᄒᆞ야는 國家가 스스로 自己의 權力을 制限ᄒᆞ야 一定ᄒᆞᆫ 範圍 內에 在ᄒᆞ야 臣民에게 權利를 認ᄒᆞᄂᆞ니 因ᄒᆞ야 國家自体도 一定ᄒᆞᆫ 方法 을 不依ᄒᆞ면 此範圍를 侵犯ᄒᆞ기 不能ᄒᆞ며 臣民도 ᄯᅩ한 國家에 對ᄒᆞ야 權利를 主張흠을 可得ᄒᆞ는 바ㅣ라.

如斯히 一私人이 國家에 對ᄒᆞ야 一定ᄒᆞᆫ 範圍內에 權利를 享有ᄒᆞ며 從ᄒᆞ 야 訴訟法上에 在ᄒᆞ야도 數多의 義務를 負擔흠으로 私法適用의 請求者 된 當事者(卽私人)와 私法適用者된 國家(卽其機關된 裁判所)間의 諸般 行爲는 互相牽聯흘 ᄲᅮᆫ 아니라 其間에 一種의 法律關係를 惹起ᄒᆞᄂᆞ니 此種의 法律關係를 摠稱ᄒᆞ야 訴訟的法律關係라 云ᄒᆞᆫ 바ㅣ라.

然則 民事訴訟의 根本的 觀念은 訴訟的法律關係(訴訟關係)의 性質을 闡 明흠에 在흠으로 左에 此를 分析的으로 略論ᄒᆞ노니

第一. 訴訟關係는 公法上의 法律關係라 上陳흠과 如히 私法의 適用은 國家의 責任이라 然이나 國家는 箇箇의 事件에 自進ᄒᆞ야 私法을 適用흠 이 아니오 當事者에게 私法適用의 請求權을 認ᄒᆞ고 該請求를 俟ᄒᆞ야 비로소 私法을 適用ᄒᆞᄂᆞ니 此權利義務의 關係卽訴訟的法律關係는 私 法關係와 迥殊ᄒᆞ야 其 關係의 成立은 私法關係의 有無와 何等의 影響이 無ᄒᆞ며 且私法適用의 請求는 私法適用의 行爲 特히 判決에 因ᄒᆞ야 滿足 케ᄒᆞᆫ 바ㅣ라 故로 私法上의 權利는 아직 滿足치 아니흠을 不拘ᄒᆞ고 私法適用의 請求는 其手段을 盡ᄒᆞ며 又는 其手段을 達ᄒᆞ기 不能흠에 至한 時에 消滅ᄒᆞᄂᆞ니 然則訴訟關係됨이 實노 訴訟制度의 特別한 目的 을 達ᄒᆞ기 爲ᄒᆞ야 設定한바 公法上의 法律關係로 訴訟의 創設에 因ᄒᆞ야 此에 參加한 訴訟主體間에 訴訟法上의 效力을 可生흘 公法關係의 全體 를 包含한 바ㅣ라.

第二. 訴訟關係는 二面的法律關係라 訴訟關係는 他法律關係와 相異ᄒᆞ 야 二面的으로 訴訟主體間에 複雜흔 關係를 發生ᄒᆞᄂᆞ니 卽一面은 裁判 所와 原告오 他一面은 裁判所와 被告의 關係가 是라 然則當事者 互相間 의 關係는 訴訟의 前後에 在ᄒᆞ야 發生흠이 不無ᄒᆞ나 此는 반다시 發生 흠이 아니니 裁判管轄의 合意 期日의 變更, 辯論의 延期 又는 訴訟委任

과 如홈은 當事者間에 在亨 關係로 裁判所에 提出치 아니亨 間은 訴訟에 因亨야 生亨바 私法關係에 不過亨 故로 其 行爲의 效力과 如홈은 民法的規定에 依亨야 判斷亨 뿐이오 民事訴訟法의 干與亨 바ㅣ아니라 然이나 當事者가 是等의 合意가 有홈을 主張亨야 裁判所에 對亨야 裁判行爲의 行動을 求亨 時는 此亦訴訟關係를 發生亨는 바ㅣ나 其關係는 同一히 裁判所와 當事者間의 關係에 不過홈인즉 此當事者間의 關係를 算入亨야 三面的 法律關係說을 主張홈과 又는 一面的 法律關係說(卽當事者間의 關係만 立論亨며 或은 原告와 裁判所間의 關係만 指稱홈)과 如홈은 全然히 贊同키 不能亨 바ㅣ라.

第三. 訴訟關係의 創設은 一方的이라 各種의 法律關係가 其 成立에 當亨야 法律上 必要亨 特別의 行爲를 必要홈과 如히(組合關係를 成立홈에는 組合契約을 要홈과 如홈) 訴訟關係의 成立에 在亨야도 또亨 某行爲를 必要홈은 勿論이나 然이나 該成立에 如何亨 行爲를 要亨는 論點에 至亨야는 或은 原告의 起訴에 伴亨야 被告의 應訴로써 訴訟關係의 創設이라亨며 或은 單히 訴의 提起로써 原告와 裁判所間에 訴訟關係를 創設亨얏다 亨야 學者의 紛議가 頗有亨나 玆에는 後說을 主張亨야 前說의 不可亨 点을 略擧亨건딘

(一) 被告의 協力을 不要홈 此는 訴狀提起에 當亨야 一定亨 條件所謂訴訟條件이 具備亨 時는 判斷을 求코져亨는 私法關係卽所謂本案에 對亨야 正當亨 調査와 裁判을 求亨는 權利를 取得亨며 裁判所는 此에 應亨는 義務를 負擔亨는 故로 被告가 出廷亨야 本案에 對亨야 辯論을 行亨는 時는 本案의 判決을 行亨고 若被告가 出廷치 아니홀지라도 原告의 申請에 因亨야 또亨 本案의 判決을 行치 아니홈을 不得亨느니(闕席判決) 是는 被告의 應訴가 被告의 權利오 義務가 아닌즉 權利를 抛棄亨는 者를 因亨야 權利를 主張亨는 者를 保護치 아니치 못亨는 法理에 基因홈이라 然則訴訟關係의 創設에 被告의 協力卽應訴를 不要亨며 且訴訟關係는 被告의 行爲를 必依치 아니홈을 可知홀 바ㅣ라. (二) 裁判所의 協力을 不要홈 今日文明國의 民事訴訟法에 在亨야는 獨逸中古의 民事

訴訟과 如히 訴의 提起에 裁判所의 許可를 不要ᄒ고 訴狀의 送達에 因ᄒ야 訴訟物의 權利拘束이 發生ᄒ며 從ᄒ야 裁判所ᄂ 當事者에 對ᄒ야 訴訟條件을 調査ᄒᄂ 義務와 此條件이 具備ᄒ 時ᄂ 本案에 就ᄒ야 調査 及裁判을 行ᄒᄂ 義務를 負擔ᄒ고 此에 對ᄒ야 爲不爲의 自由가 未有ᄒ 故로 訴訟關係의 成立에 裁判所의 協力을 不要ᄒᄂ 바ㅣ라.

上陳ᄒ 理由와 同一히 被告와 裁判所間에 存在ᄒ 訴訟關係도 ᄯ혼 被告의 一方의 行爲卽應訴에 因ᄒ야 發生ᄒ고 原告 又ᄂ 裁判所의 協力을 不要ᄒᄂ 바ㅣ라.

第四. 訴訟關係에 在ᄒ 履行義務者ᄂ 裁判所라 元來 當事者의 一方은 裁判所에 出廷ᄒ야 辯論에 應訴ᄒ며 且相對者의 陳述에 答辯을 行ᄒ거나 證書認否, 證據의 提出等을 行ᄒ 法律上의 義務가 無ᄒᄂ니 因ᄒ야 如斯히 行爲를 强制ᄒ기 不能ᄒ며 오직 當事者가 此에 應ᄒᄂ 權利를 抛棄ᄒ진디 相當ᄒ 行爲를 行ᄒ 機會를 失ᄒ야 訴訟法上 又ᄂ 實體法上의 地位에 不利益을 受ᄒ 쑨이나(訴訟의 結果ᄂ 私法上의 地位에 影響을 及ᄒᄂ 所以) 此와 反ᄒ야 裁判所ᄂ 專히 訴訟法上의 行爲義務를 負擔ᄒ야 主動的으로 當事者의 行爲에 注意치 아니치 못ᄒ지라 故로 裁判所ᄂ 當事者에게 對ᄒ야 必要ᄒ 行爲卽訴訟指揮의 行爲와 判決과 如ᄒ 訴訟關係를 終局的으로 消滅케ᄒᄂ 行爲를 行ᄒᄂ니 因ᄒ야 當事者ᄂ 恰然히 裁判所에서 負擔ᄒᆷ과 同一ᄒ 行爲를 裁判所에 對ᄒ야 請求ᄒᄂ 權利가 有ᄒᆷ으로 或者ᄂ 國家의 裁判義務와 債務者의 義務及當事者의 訴訟法上權利와 債權者가 債務者에게 對ᄒ야 請求ᄒᄂ 權利를 幷論ᄒᆷ이 有ᄒ나 是ᄂ 公法的 關係와 私法的關係를 混同ᄒᆷ이니 卽訴訟에 在ᄒ야ᄂ 公法的國家의 義務오 財産權이 아니며 且裁判所에 對ᄒ야 執行ᄒᄂ 强制的履行이 無ᄒ고 다만 職務上의 行爲가 有ᄒ 쑨이라 故로 其不行爲 又ᄂ 欠缺의 行爲가 有ᄒ 時ᄂ 上級官廳에 對ᄒ야 救濟ᄒᆷ을 請求ᄒ 쑨이라 然而裁判所ᄂ 其職務上行爲義務를 負擔ᄒ고 當事者ᄂ 此를 請求ᄒᄂ 權利가 有ᄒᆷ으로 裁判所ᄂ 通常法律上의 結果로 强制執行을 行ᄒ야 當事者의 目的을 滿足케ᄒᄂ 바ㅣ라.

第五. 訴訟關係는 單一흔 訴訟關係는 固有흔 公法上의 目的이오 內容에 在흔 私法關係와 相異흔지라 故로 訴訟關係는 複雜흔 法律關係에 不在ㅎ고 終始私法適用으로 同一흔 目的을 有ㅎ야 一次訴訟이 成立흔 時는 單一흔 方法으로 進行ㅎ느니 詳言ㅎ면 私法關係는 此를 生흔 原因이 數種이 有흘지라도 訴訟關係는 恒常起訴에 因ㅎ야 創設ㅎ며 訴訟과 共히 發展ㅎ며 消滅ㅎ는 바ㅣ라.

以上 第三에 陳述흠과 如히 訴訟關係는 當事者의 一方的行爲에 因ㅎ야 發生ㅎ나 然이나 國家는 如何흔 境遇에 在ㅎ야는 當事者가 私法適用의 請求를 行흘지라도 此를 適用치 아니ㅎ느니 若當事者의 請求를 悉皆適用흘 時는 反히 當事者에게 不利益흘 뿐 아니라 國家의 法律的秩序를 維持ㅎ기 不能흔 境遇가 有흔 所以라 故로 國家는 當事者에게 私法適用의 請求權을 認흠과 同時에 一定흔 條件(學者를 依ㅎ야 廣狹의 差異가 有흠)을 加ㅎ느니 玆에 其大槪를 論ㅎ면 裁判所 自體에 關흔 條件(適法히 裁判所를 構成흔 事及管轄權을 有흔 等)과 當事者에 關흔 條件(當事者能力及訴訟能力을 有흔 等)과 訴訟物에 關흔 條件(權利拘束을 生흔 事及訴訟費用保證의 欠缺이 無흔 等) 等 各種이 有ㅎ야 其一을 欠缺흘 時는 裁判所는 當事者의 請求가 有흠에 不拘ㅎ고 私法適用의 義務가 無흔지라 然則訴訟關係에는 二箇의 法律上權利義務가 有ㅎ니 卽一은 訴訟條件을 具備흔 與否에 對ㅎ야 調査判決을 求ㅎ는 權利及此에 應ㅎ는 義務오 其一은 訴訟條件이 具備흔 時는 私法適用을 求ㅎ는 權利及此에 應ㅎ는 義務니 前者를 形式的訴訟關係라ㅎ고 後者를 實質的 訴訟關係라 稱ㅎ는 바ㅣ라.

▲ 제11호＝계약의 종류(계약의 법적인 의미)

契約의 種類
法律讀書人
夫人은 社交的 動物이라 故로 其 生活흠에 當ㅎ야 能히 離索치 못ㅎ고

반다시 他人과 互相關聯홈은 事實上 到底히 未免홀지며 且 其 關聯이 許多錯雜ᄒ야 一一히 擧論키 不能ᄒ나 然이나 通常으로 大部分의 地位를 占據한 者는 契約이니 契約은 卽 人類生活上 必要한 一種의 法律行爲로 當事者間에 在ᄒ야 法律과 如히 重大한 效力을 有한 者ㅣ라. 故로 契約에 定한 義務는 法律에 定한 義務와 同一히 此를 遵守치아님이 不可ᄒᄂ니 因ᄒ야 契約違反 卽 契約의 履行을 怠慢히 ᄒ는 者는 法律을 違背한 者와 如히 法律上 制裁를 必受홀지라.

然而 契約은 元來 一種 事實에 不過홈으로 此를 解釋홈은 實로 事實 問題오 決코 法律問題에 屬홀 者ㅣ 아니니 契約의 當事者는 總히 契約에 定한 바를 因ᄒ야 權利를 得ᄒ며 義務를 負홀지라. 故로 契約의 正當한 解釋을 從ᄒ야 各各 此를 實行치 아니치 못홀지니 其 結果로 言ᄒ면 契約으로브터 生한 權利는 法律이 直接으로 與한 權利와 同一ᄒ야 權利者는 圓滿히 此를 主張홈을 可得홀지며 又 契約으로브터 生한 義務는 法律이 直接으로 命한 義務와 無異ᄒ야 義務者는 반다시 此를 履行치 아님이 不可홀지로다.

如斯히 契約은 法律의 保護ᄒ는 바로 人類生活上에 重大한 影響을 有한 者ㅣ니 實로 吾人의 注意홀 一問題라 故로 左에 新進한 學理를 據ᄒ야 其 意義를 槪括先述ᄒ고 從ᄒ야 其 種類를 分析 略陳코져 ᄒ노라.

夫契約은 其 文字에 至ᄒ야 古來 各國의 用法이 不同홀 뿐 아니라 其 意義에 至ᄒ야도 廣狹의 差異가 有ᄒ야 或은 公法上 關係 卽 國際條約까지 包含ᄒ야 使用ᄒ는 國이 不無ᄒ며 或은 私法上에 關ᄒ야만 使用ᄒ는 國이 有ᄒ되 後者의 意義를 主張ᄒ는 國에 在ᄒ야도 其 範圍를 限定홈에 當ᄒ야는 時代를 隨ᄒ야 不同한 바ㅣ며 且同一時代에 在ᄒ야도 學者의 解釋이 不一ᄒ나 此를 簡單히 論ᄒ면 契約은 法律上 效力을 生케 홈을 目的ᄒ는 二人以上의 意思合致라 云홀지며 且 其 種類를 分析立論홈에 當ᄒ야도 또한 學者를 隨ᄒ야 不同ᄒ나 然이나 今日 一般히 唱道ᄒ는 바를 從ᄒ면 大略如左ᄒ니

第一. 有償契約及無償契約 有償契約이라 홈은 當事者가 互相出捐홈을

謂홈이니 蓋此出捐은 金錢 其他 有形物의 給付를 指稱홈이 아니오 勞務의 供給과 如홈도 一種의 出捐이며 其他 權利를 讓與ᄒ거나 又는 抛棄홈도 또훈 一種의 出捐됨이 無妨ᄒ느니 要컨되 出捐은 卽 自己利益一部를 損失홈을 謂홈이라. 故로 勞務와 如홈도 此를 他處에 使用홀 時는 반다시 相當훈 價格을 得홀지니 其 出捐됨이 勿論이라. 然則 出捐의 種類는 姑舍ᄒ고 當事者雙方이 共히 出捐을 行ᄒ는 契約은 有償契約이오. 此와 反ᄒ야 無償契約은 當事者 一方이 出捐홈에 不拘ᄒ고 他一方은 毫末도 出捐치 아니홈을 謂홈이니 譬컨되 賣買, 賃貸借及債務의 辨償과 如홈은 前者에 屬ᄒ고 贈與, 使用貸借及債務의 免除와 如홈은 後者에 屬훈 바ㅣ니 如斯히 區別ᄒ는 實益은 他人을 代ᄒ야 其 債務를 消滅ᄒ는 者가 有償契約을 因ᄒ야 行훈 時는 求償權을 得홀지라도 若無償契約을 因ᄒ야 行훈 時는 求償權을 未得ᄒ느니 是는 連帶債務 及 保證債務 等 境遇에 屢屢히 發生ᄒ는 바ㅣ며

第二. 要式契約及不要式契約 要式契約이라 홈은 一定훈 方式으로써 意思를 表示ᄒ는 契約을 謂홈이오. 不要式契約이라 홈은 如何훈 方法으로써 意思를 表示ᄒ든지 不可홈이 無훈 契約을 謂홈이니 此種 契約은 成典훈 邦國에 在ᄒ야 至大훈 關係가 有훈지라 何者오. 或은 財産上 契約은 總히 要式契約을 要ᄒ는 國이 有ᄒ며 或은 身分上 契約에 對ᄒ야만 要式契約을 要ᄒ는 國이 有ᄒ야 各 其 國의 風俗及人情如何를 因ᄒ야 立法主義가 不同훈 바ㅣ나 此는 別問題에 屬홈으 玆에 省略ᄒ고 其 效力을 論ᄒ건되 各 其 國의 法律規定을 從ᄒ야 要式契約을 必要條件으로 限定훈 關係에 在ᄒ야 其 方式을 踐行치 아니훈 契約은 總히 無效됨을 未免홀지오. 是와 反ᄒ야 不要式契約은 當事者間에 口頭로 行ᄒ든지 其他 動作으로 行ᄒ든지 互相間 意思가 合致홀 時는 當然히 法律上 效力을 生ᄒ는 바ㅣ며

第三. 主된 契約 及 從된 契約 主된 契約이라 홈은 契約의 成立上 他法律關係의 存在를 要치 아니ᄒ는 契約을 謂홈이오 從된 契約이라 홈은 契約의 成立上 他法律關係의 存在를 必要로 ᄒ는 契約을 云홈이니 譬컨

디 賣買, 贈與 等은 通常 主된 契約이니 賣買 境遇에 在ᄒᆞ야 當事者 間에 豫先何 等의 關係가 無ᄒᆞ고 一方이 其 意思를 表示ᄒᆞ야 他 一方이 此를 承諾ᄒᆞᆫ 時ᄂᆞᆫ 其 賣買契約이 成立ᄒᆞᄂᆞᆫ 바오. 贈與의 境遇에도 亦然ᄒᆞᆫ 바ㅣ며 是와 反ᄒᆞ야 保證契約 及 延期契約 等과 如ᄒᆞᆷ은 從된 契約으로 主된 契約이 未有ᄒᆞ면 到底히 成立ᄒᆞᆷ을 不得ᄒᆞᆯ지니 保證境遇에 在ᄒᆞ야 債務關係된 一種 法律關係가 存在ᄒᆞᆷ을 因ᄒᆞ야 保證債務가 生ᄒᆞᄂᆞᆫ 바ㅣ며 延期契約도 亦然ᄒᆞ야 豫先一種의 債務關係가 有ᄒᆞᆫ 後에 始生ᄒᆞᆷ이니 若債務關係가 未有ᄒᆞᆯ진디 其 履行을 延期ᄒᆞᄂᆞᆫ 契約이 生ᄒᆞᆯ 理가 無ᄒᆞᆫ 바ㅣ라 從ᄒᆞ야 主된 契約은 獨立ᄒᆞ야 存在ᄒᆞᆷ을 得ᄒᆞᆯ지라도 從된 契約은 獨立ᄒᆞ야 存在ᄒᆞ기 不能ᄒᆞ며 且從된 契約의 目的ᄒᆞᄂᆞᆫ 範圍ᄂᆞᆫ 主된 契約의 法律關係를 依ᄒᆞ야 定ᄒᆞᆷ이 原則이라. 故로 保證과 如ᄒᆞᆷ도 主된 債務額에 超過ᄒᆞᆷ이 縱有ᄒᆞᆯ지라도 其 超過部分에 對ᄒᆞ야ᄂᆞᆫ 其 效力이 不生ᄒᆞᄂᆞᆫ 바ㅣ며

第四. 雙務契約 及 片務契約 雙務契約이라 ᄒᆞᆷ은 契約을 因ᄒᆞ야 當事者 雙方에 共히 債務를 生ᄒᆞᄂᆞᆫ 者를 謂ᄒᆞᆷ이오. 此를 反ᄒᆞ야 片務契約이라 ᄒᆞᆷ은 當事者 一方만 債務를 生ᄒᆞᄂᆞᆫ 者를 云ᄒᆞᆷ이니 譬컨디 賣買契約 賃貸借契約 組合契約 等은 皆 雙務契約이오 贈與 寄托 又ᄂᆞᆫ 委任 等은 片務契約이니 此에 對ᄒᆞ야 學者의 議論이 不一ᄒᆞ나 其 槪要를 擧ᄒᆞ면 賣買契約에 在ᄒᆞ야 賣主ᄂᆞᆫ 其有ᄒᆞᆫ 바 權利를 買主에게 移轉ᄒᆞᄂᆞᆫ 義務를 負ᄒᆞ고 買主ᄂᆞᆫ 代金을 支撥ᄒᆞᄂᆞᆫ 義務 卽 金錢의 所有權을 移轉ᄒᆞ나 義務를 負ᄒᆞᄂᆞᆫ 바ㅣ며 賃貸借 契約에 在ᄒᆞ야도 貸主ᄂᆞᆫ 其 目的物된 動産 及 不動産을 使用케 ᄒᆞᄂᆞᆫ 義務가 有ᄒᆞ고 借主ᄂᆞᆫ 貸主에게 對ᄒᆞ야 반다시 借賃을 支撥ᄒᆞᄂᆞᆫ 義務가 有ᄒᆞᆫ 바ㅣ며 且 組合契約에 在ᄒᆞ야도 組合員이 共同ᄒᆞ야 一定ᄒᆞᆫ 目的을 達ᄒᆞᆯ 義務가 有ᄒᆞᄂᆞ니 故로 組合契約이 存續ᄒᆞᆯ 間은 各 組合員은 各其 金錢 不動産 勞力 等을 出資ᄒᆞᄂᆞᆫ 義務가 有ᄒᆞᆫ 바ㅣ라. 然則 此等 契約의 雙務契約됨이 無疑ᄒᆞᆫ 바ㅣ오 贈與와 如ᄒᆞᆷ은 特히 附負擔贈與를 除ᄒᆞᆫ 外에ᄂᆞᆫ 總히 片務契約이며 寄托 委任契約과 如ᄒᆞᆷ은 寄托者 及 委任者가 受托者, 受任者에게 對ᄒᆞ야 報酬를 支撥

홈을 特約홈 境遇에 在호야는 雙務契約이라 云홀지라도 通常 境遇에 在호야는 受托者 及 受任者가 目的物保管의 義務, 或種의 法律行爲를 行호는 義務를 負擔홀 쑨이오. 寄托者 及 委任者는 何等의 義務를 生홈이 無혼 바ㅣ니 如斯히 雙務契約 及 片務契約을 區別홈은 第一에 契約의 履行에 當호야 雙務契約의 當事者 一方이 其 債務의 履行을 提供치 아니호면 他一方도 쏘혼 其 義務를 履行치 아니홈과 第二에 危險負擔의 問題에 在호야 異論이 生호는 바ㅣ니 卽 雙務契約 境遇에 當事者 一方의 義務가 履行不能된 時는 他一方이 單獨으로 其 義務를 履行호는 與否의 關係가 生호는 바ㅣ나 此等 關係는 決코 片務契約 境遇에 生홀 바ㅣ 아니며

第五. 諾成契約 及 實成契約 蓋 當事者의 意思合致만 因호야 成立호는 契約은 諾成契約이오 當事者 一方의 豫約이 有호야 此를 實行홈에 因호야 成立호는 契約은 實成契約이니 譬컨듸 賣買, 賃貸借, 委任 等은 總히 當事者 雙方의 意思合致를 依호야 卽時 成立호는 者로 此는 諾成契約이라 云홀지로듸 是와 反호야 使用貸借, 消費貸借 等은 貸主가 其 目的物을 借主에게 傳授치 아니혼 間은 다만 貸借上 豫約이 有홀 쑨이오. 其 物의 傳授를 因호야 비로소 該契約이 成立호는 바ㅣ라. 然而 羅馬法에 在호야는 此 外에 常且 二種 契約을 算入호는 者ㅣ 有호니 第一에 言成契約 卽 言語의 交換을 因호야 成立호는 者와 第二 書成契約 卽 書面의 記載를 因호야 成立호는 者ㅣ라. 然이나 今日 一般의 區別은 大槪 此를 不認호고 오직 要式契約에 多少 其 痕跡을 殘留홀 쑨이며

第六. 有名契約 及 無名契約 有名契約이라 홈은 法律에 特別혼 名稱을 附호야 別個의 規定을 設혼 者를 謂홈이니 賣買, 賃貸借等과 如홈이 是오. 無名契約이라 홈은 法律에 特別혼 名稱이 無호야 一般의 規定을 從호는 者를 云홈이니 卽 當事者間에 或種의 權利를 讓與호거나 又는 如何혼 行爲를 行홈을 特約혼 境遇에 該契約이 法律上 特定혼 者ㅣ 아니오. 且 公益에 違反호는 者ㅣ 아니면 結局 一種의 無名契約으로 쏘혼 有效호느니 此는 法典 編纂上 各人의 萬般行爲를 ――히 網羅列擧키

不能홈으로 各國이 大概 顯著호 契約은 其 名稱을 附호야 特別호 規定을 設호고 其外에는 汎博히 一般的 規定을 設호야 遺漏의 弊를 防호는 바 | 라.

以上 六種 外에 尙且 著名호 者 | 不無호나 就中實用이 稍有호 者는 實定契約 及 射倖契約이라. 此는 契約으로브터 生호는 利益이 性質上 確定되는 與否를 因호야 區別호는 바 | 니 通常 賣買契約과 如호 等 當事者間에 權利 義務의 範圍가 自初로 一定호 者는 實定契約이오 賭博, 保險契約과 如호 等 當事者 間에 權義의 關係가 不確定호야 偶然의 事實을 因호야 變動호는 者는 射倖契約이라 云호는 바 | 라. 然而 此는 一個 契約에 在호야 總히 學理上 觀察의 方面을 隨호야 種種의 名稱을 附홈이니 決코 個個別立호 契約으로 看做홈은 不可호 바 | 라.

▲ 제12호=회사의 종류 및 성질(회사의 법적 의미)

會社의 種類 及 性質

法律讀書人

上古에 物과 物을 交換호든 時代 卽 實物經濟時代는 姑舍호고 其 後 貨幣經濟時代에 至호야도 交通이 困難호고 貿易이 稀潤호 時期에 在호야는 市場이 極히 狹隘호고 分業이 未行호야 事業의 規模가 甚小홈으로 一個人의 小資本으로도 能히 經濟界의 需要를 支辦홈을 得호얏스나 然이나 交通과 貿易의 進步와 共히 分業이 盛行홈에 至호야는 小規模의 事業은 到底히 大規模의 事業과 競爭호기 不能호며 從호야 大規模의 事業은 一個人의 資力으로써 此를 充當호기 不能홈은 事實上 明白호 바 | 라.

然홈으로 會社의 制度가 發生호야 小資本을 鳩集호야 大規模의 事業을 經營홈에 至호얏스며 特히 近世에 在호야는 科學의 進步와 共히 交通의 便이 大開호야 四海를 比 隣과 如히 通行홈으로 貿易이 日을 逐호야 益益盛大호야 底止홀 바를 不知홀지라. 故로 現今에 至호야는 一個人의

事業은 勿論ᄒᆞ고 會社의 事業에 在ᄒᆞ야도 就中株式會社가 資本合同의 便益이 多大ᄒᆞ야 能히 大規模의 事業을 興起홈에 適當ᄒᆞᆫ 바ㅣ라.

如斯히 會社의 經濟上 作用은 單히 資本을 會同ᄒᆞᄂᆞᆫ 点에 止홀 ᄯᅮᆫ 아니라 危險을 分割ᄒᆞ야 大事業을 經起ᄒᆞᄂᆞᆫ 效能이 有ᄒᆞᆫ 바ㅣ며 特히 株式會社ᄂᆞᆫ 合名會社의 社員과 如히 無限責任을 負擔홈이 아니오 純然ᄒᆞᆫ 物的會社로 其 社員은 自己財産의 一部分을 醵出홀 ᄯᅮᆫ이오 其 外에ᄂᆞᆫ 何等의 責任이 無ᄒᆞᆫ 바ㅣ니 詳言ᄒᆞ면 社員은 卽 自己 所有의 株數에 應ᄒᆞ야 其 金額을 出資ᄒᆞᆫ 以外에ᄂᆞᆫ 會社의 債務가 設有홀지라도 此에 對ᄒᆞ야 些毫의 責任을 負擔홈이 無ᄒᆞᆫ지라. 故로 比較上 冒險的 事業이라도 能히 此를 企圖ᄒᆞᄂᆞᆫ 勇氣가 生ᄒᆞᄂᆞ니 譬컨ᄃᆡ 太西洋 海底電線 事業과 如홈은 其 成否가 實로 不確定ᄒᆞ야 個人의 事業으로ᄂᆞᆫ 到底히 成功을 奏키 不能ᄒᆞᆫ지라. 然而 會社組織에 依ᄒᆞ야 其 危險을 不拘ᄒᆞ고 數多의 年月을 經ᄒᆞ야 드ᄃᆡ여 實效를 逞出ᄒᆞ얏스며 爾後로 該等 事業이 漸次踵起ᄒᆞ야 彼 有名ᄒᆞᆫ 太平洋 海底電線도 能히 竣工홈에 至ᄒᆞ얏스니 此亦 會社制度에 職由ᄒᆞᆫ 바ㅣ바 且 스에스 運河를 開鑿홈과 如홈도 均是 會社制度의 産出物에 不外ᄒᆞᆫ 바ㅣ라 云치 아니치 못홀지로다.

然則 經濟狀態의 進步ᄂᆞᆫ 資本의 合同을 催促ᄒᆞ야 會社制度의 發達을 喚起홈과 同時에 會社制度ᄂᆞᆫ ᄯᅩᄒᆞᆫ 新事業을 勃興ᄒᆞ야 社會經濟의 進步를 輔翼ᄒᆞᄂᆞᆫ 傾向이 不尠ᄒᆞ니 會社의 産業上 必要ᄂᆞᆫ 智者를 不待ᄒᆞ고 可辦홀지라. 故로 左에 其 種類를 列擧ᄒᆞ야 性質을 略述코져 ᄒᆞ노라.

第一. 合名會社 此ᄂᆞᆫ 社員의 全員이 會社의 債務에 對ᄒᆞ야 連帶無限의 責任을 負擔ᄒᆞᄂᆞᆫ 會社를 謂홈이니 換言ᄒᆞ면 會社의 財産으로써 其 債務를 辦償키 不能ᄒᆞᆫ 境遇에 在ᄒᆞ야 其 債權者ᄂᆞᆫ 會社의 財産額 以外의 債權에 對ᄒᆞ야ᄂᆞᆫ 社員의 全員 或 一員에게 向ᄒᆞ야 其 殘餘部分을 請求홈을 可得홀지요. 該 社員도 ᄯᅩᄂᆞᆫ 此를 拒絶ᄒᆞ거나 又ᄂᆞᆫ 他 社員의게 移轉홈을 不得ᄒᆞᄂᆞᆫ 바ㅣ라. 故로 此 會社의 信用 如何ᄂᆞᆫ 專히 資本의 多少에 不在ᄒᆞ고 社員의 信用 如何에 攸關홈으로 學者가 往往 人的會社라 稱ᄒᆞᄂᆞᆫ 바ㅣ라. 從ᄒᆞ야 其 社員中 一人이라도 連帶無限의 責任을 負

擔치 아니ᄒᆞᄂᆞ 者ㅣ 有ᄒᆞᆯ 時ᄂᆞ 決코 合名會社됨이 不能ᄒᆞ나 然이나 社員의 互相間 關係에 至ᄒᆞ야ᄂᆞ 其中 一人 或 數人이 無限責任을 不負ᄒᆞᄂᆞ 者ㅣ 設有ᄒᆞᆯ지라도 此ᄂᆞ 合名會社의 性質에 對ᄒᆞ야 妨害가 少無ᄒᆞ니 何者오. 該 關係ᄂᆞ 純然히 內部關係에 止ᄒᆞᆯ 샏이오 第三者의게 對ᄒᆞ야 何等의 損害가 未有ᄒᆞᆫ 所以라.

第二. 合資會社 此ᄂᆞ 一部의 社員은 會社의 債務에 對하야 連帶無限의 責任을 負擔ᄒᆞ고 他 一部의 社員은 會社에 對ᄒᆞ야 自己所有分을 出資ᄒᆞᄂᆞ 外에 何等의 責任을 負擔치 아니ᄒᆞᄂᆞ 會社를 謂ᄒᆞᆷ이니 卽 一方에 在ᄒᆞ야ᄂᆞ 合名會社의 社員과 如히 無限責任社員이 有ᄒᆞ야 會社의 信用을 取ᄒᆞ고 他 一方에 在ᄒᆞ야 株式會社의 社員과 如히 有限責任社員이 有ᄒᆞ야 資本을 募集ᄒᆞᆷ이 比較的 合名會社보다 容易ᄒᆞ나 然이나 有限責任社員의 出ᄒᆞᆫ 資本은 株式會社의 株式과 如히 自由移轉ᄒᆞᆷ을 不得ᄒᆞᆷ으로 社員間에 互相親信ᄒᆞᄂᆞ 者ㅣ 아니면 合資會社를 組織ᄒᆞ기 不能ᄒᆞᆫ지라. 故로 此 種會社에 在ᄒᆞ야ᄂᆞ 社員 中에 少ᄒᆞ야도 一人이 會社의 債務에 對ᄒᆞ야 無限責任을 負擔ᄒᆞᄂᆞ 者ㅣ 無치 못ᄒᆞᆯ지오. 此와 同時에 有限責任社員이 쏘ᄒᆞᆫ 可히 缺치 못ᄒᆞᆯ지니 何者오. 만일 無限責任社員 或 有限責任社員 中 一種의 社員만 有ᄒᆞᆯ 時ᄂᆞ 비록 他種의 會社ᄂᆞ 成立ᄒᆞᆯ지라도 合資會社라 稱키 不能ᄒᆞ니 是ᄂᆞ 本會社의 性質上 可히 免치 못ᄒᆞᆯ 原則이라 云ᄒᆞᆯ지로다.

第三 株式會社 此ᄂᆞ 總社員의 出資에 因ᄒᆞ야 成立ᄒᆞᆫ 資本을 株式에 分ᄒᆞ야 社員의 責任을 豫定ᄒᆞᆫ 金額에 限度ᄒᆞᄂᆞ 會社를 謂ᄒᆞᆷ이니 詳言ᄒᆞ면 彼 合名會社 及 合資會社와 如히 會社의 債權者의게 對ᄒᆞ야 連帶無限의 責任을 負擔ᄒᆞᄂᆞ 社員이 全無ᄒᆞ고 但 其 所有株數에 應ᄒᆞ야 責任을 限ᄒᆞᆯ 샏이라. 故로 學者가 此를 物的會社라 稱ᄒᆞᄂᆞ 바ㅣ라. 故로 本會社에 在ᄒᆞ야ᄂᆞ 純然ᄒᆞᆫ 有限責任社員샏이오 無限責任을 負擔ᄒᆞᄂᆞ 者ㅣ 未有ᄒᆞᄂᆞ니 若 一人이라도 無限責任을 負擔ᄒᆞᄂᆞ 者ㅣ 有ᄒᆞᆯ진ᄃᆡ 此ᄂᆞ 以下에 說明ᄒᆞᆯ 株式合資會社ᄂᆞ 成立ᄒᆞᆯ지라도 決코 株式會社됨은 不能ᄒᆞᆫ지라. 然而 此 會社ᄂᆞ 特히 經濟社會에 及ᄒᆞᄂᆞ 影響이 至大ᄒᆞᆷ으로 玆

에 其 利害의 大要를 略陳코져 ᄒ노니.

第一에 株式會社의 社員은 其 株金에 對ᄒ야 責任을 負擔홀 ᄲᅮᆫ이며 且 其 株主는 株金을 出홀 者면 足홀 ᄲᅮᆫ이오 其他의 關係가 無홈으로 其 資格에 制限이 無ᄒ야 無能力者, 禁治産者, 其他 法人 等도 均一히 株主 됨을 得홈으로 其 株金을 移轉ᄒ기 容易ᄒ며 從ᄒ야 他 會社보다 巨額 資本을 鳩聚ᄒ기 不難ᄒ며 第二에 社員의 一身上 關係 卽 老幼死亡物을 因ᄒ야 會社에 影響이 毫無홈으로 事業의 永續을 可期홀지며 第三에 巨額資本을 因ᄒ야 個人의 經營키 不能ᄒ 危險的 事業도 能히 企圖ᄒ야 公衆에게 一般히 利益을 普及ᄒᄂ 事業이 不尠ᄒ니 彼鐵道 海底電線 運河 其他 公園의 設置 及 演劇場 等과 如홈은 株式會社의 組織을 依ᄒ 야 實効를 奏홈이 居多ᄒ니 此 三者는 株式會社의 顯著ᄒ 利益点이며 且 弊害도 不尠ᄒ니.

第一에 狡猾ᄒ 流가 株式의 募集이 容易홈을 奇貨로 看作ᄒ야 往往 投 機的 會社를 濫設ᄒ야 公衆을 欺瞞ᄒᄂ 手段이 不少ᄒ며 弟二에 株式會 社는 多數의 株主로 成立홈으로 意見이 不一ᄒ야 商業上 一刻千金의 時機를 失ᄒ야 業務上 敏活을 每失ᄒ며 第三에 株式은 移轉이 容易홈으 로 投機買賣의 材料를 成ᄒ야 社會 全般의 投機心을 增長ᄒᄂ 弊害不無 ᄒ지라. 故로 各國이 大槪 此 會社에 對ᄒ야 特別ᄒ 法規을 設ᄒᄂ니 卽 會社의 社員(株主)과 會社債權者를 保護홈에 關ᄒ 規定이 是라. 詳言 ᄒ면 株主는 特定ᄒ 金額을 醵出ᄒ며 總會에 對ᄒ야 議決權을 行使ᄒᄂ 外에 會社業務에 關係가 無ᄒ고 且 其 責任은 少許의 株金에 不過홈으 로 會社事業의 盛衰에 對ᄒ야 休戚의 感이 尠少ᄒ야 議決權의 行使도 等關히 看做ᄒ야 一朝會社에 損害가 非常홀 時는 此를 塡補홈을 企圖홈 보다 寧히 自己의 所有分을 放賣홈에 汲汲ᄒ며 又는 大株主가 小株主를 抑壓ᄒᄂ 弊가 甚ᄒ 바 l 며 會社의 債權者로 言ᄒ면 會社의 財産에 對 ᄒ야 債務의 辨償을 求ᄒᄂ 外에 何等의 道理가 無ᄒ 故로 會社財産이 唯一ᄒ 擔保를 成ᄒ야 危險이 每多ᄒ지라. 是로 由ᄒ야 各國이 株式會 社에 關ᄒ 規定은 對外關係는 勿論ᄒ고 對內關係에 在ᄒ야도 他 會社와

如히 補充的 性質을 有호 任意規定을 不許호고 公益規定으로 設호야 自由로 規則을 廢止變更홈을 不得케 호며 且 其 規定에 從호야 會社의 一定호 事項을 登記公告케 호야 會社債權者 及 株主와 債權者 及 株主 될 者로 호야곰 會社의 組織 及 事業의 狀態를 知悉케 호야 各稱의 弊害 를 未發에 防禍코져 務圖호는 바ㅣ라.

第四. 株式合資會社 此는 一部社員이 會社의 債務에 對호야 連帶無限의 責任을 負擔호고 他 一部의 社員은 出資로써 株式에 分호야 其 責任을 豫定호 金額에 限호는 會社를 謂홈이니 此 會社는 即 一方으로 無限責 任社員이 有호야 業務를 執行호야 會社의 信用을 吸收호며 他 一方으로 는 有限責任社員이 有호야 其 所持分을 株式에 分호야 此를 容易히 融 通케 호야 資本을 多數히 募集코져 홈이라. 然則 此는 合資會社 及 株式 會社의 中間에 介在호야 兩方의 長處를 取홈이라 云홀지나 然이나 某 程度에 在호야는 其 短處도 쏘호 兼幷호얏다 云치 아니홈을 不得홀지 로다.

上陳호 四種外에 外國會社의 名稱이 有호야 學者가 會社의 種類를 論홈 에 當호야 算入호는 者ㅣ 不無호나 然이나 此는 單히 數國間에 關連호 會社로 何國의 法律을 實行홈이 唯一호 問題오 會社의 制度上別種의 組織을 有홈은 아님으로 玆에 別論치 아니호노라.

◎ 法律의 必要, 石鎭衡, 〈대한협회회보〉 제2호, 1908.5. (법학)

玆에 法律의 必要라 호는 題目下에 數言을 陳호야 社會에 公布코져 호 는 바는 法律學이라 호는 學問을 秩序的으로 研究코져 호는 바ㅣ안이 오. 但其 法律이 吾人의게 對호야 如何호 關係가 有호고 又는 吾人에게 對호야 如何호 必要가 有호 事項을 略論호야 不可不今此 二十世紀의 國民으로 他國民과 竝肩호야 生存競爭場에 立호는 親愛호 兄弟同胞에 게 其 關係와 必要를 泣訴코져 홈에 止홀 쏜이라.

大抵 法律이라 ㅎ는 學問의 觀念은 或 思量ㅎ대 國家의 裁判官이나 辯護士나 行政官에게만 必要ㅎ 學問으로 思量ㅎ나 此는 決코 不然ㅎ 事이로다. 法律의 學問됨이 單純치 안이ㅎ고 極히 繁雜多岐ㅎ야 專門的으로 平生을 此 學界에 從事치 안이ㅎ면 其 蘊奧ㅎ 理致와 浩繁ㅎ 關係를 通透히 解了ㅎ을 不得ㅎ지로대 此는 實로 法律專門家의 事業이어니와 其 槩念을 取ㅎ야 腦髓에 記憶ㅎ야 事爲에 應用ㅎ은 法律專門家 以外의 仕宦家 商業家 工業家 農業家 教育家 及 其他 一般國民으로 人類社會에 在ㅎ야 共同生活을 經營코져 ㅎ는 人士는 不得不無ㅎ이 不可ㅎ지로다. 今日의 世界大勢를 知ㅎ는 人士는 試思ㅎ라 文明國班列에 入參ㅎ을 不得ㅎ 國家는 玆에 論ㅎ 必要가 無ㅎ거니와 少不下自國의 國旗를 高揚ㅎ고 國格上으로 他外國과 並肩ㅎ야 自國의 權利를 欠損치 안이ㅎ고 海陸上에 雄飛ㅎ는 國家를 洋의 東西를 不問ㅎ고 歷歷試觀ㅎ라. 其 國家의 法律程度가 果然如何ㅎ뇨. 其 國은 法治國이오 其 政治는 法治政治오. 其 人民은 法治國民이라. 其 國想이 雖廣雖大ㅎ고 其 民族이 雖繁雖多ㅎ나 國利民福에 適合ㅎ 法律의 一標準을 大立ㅎ고 國家는 此를 依ㅎ야 行動ㅎ고 政治는 此를 依ㅎ야 進行ㅎ고 國民은 此를 依ㅎ야 活動ㅎ이 洽然히 一個人의 動作과 如ㅎ야 上中下 三體가 其 矩規를 不失ㅎ고 其 範圍를 不脫ㅎ고 其 方向을 不違ㅎ야 大事業을 能成ㅎ고 大競爭에 必勝ㅎ야 國家를 泰山과 磐石上에 安置ㅎ고 此에 永遠ㅎ 安樂을 享ㅎ는도다. 昔時의 人格은 家門과 門閥을 依ㅎ야 扶持ㅎ얏거니와 今日의 人格은 國門과 國閥을 依ㅎ야 扶持ㅎ는 事를 不知ㅎ는가 我韓의 文明이 如何히 幼稚ㅎ지라도 二千萬 國民 中에 一人도 外國人과 比肩ㅎ을 可得ㅎ 者ㅣ 無ㅎ리오만은 玉石이 俱焚이라 設令我國民 中에 思想과 學識과 技藝가 外國人보다 優越ㅎ 者ㅣ 有ㅎ지라도 相當한 待遇를 不受ㅎ고 反히 不適當ㅎ 待遇를 受ㅎ은 何오. 是는 無他라 前日의 我國人으로 言ㅎ진대 常漢의 子與孫은 如何ㅎ 學問과 如何ㅎ 技能이 有ㅎ지라도 參科ㅎ야 登仕ㅎ을 不得ㅎ고 僅僅히 勢力家의 所力을 依ㅎ야 參仕ㅎ을 得ㅎ지라도 淸宦은 不許ㅎ과 如히 今日의 我韓國民은 世界의 常漢을 成ㅎ야 個

人으로는 如何히 怜悧ᄒ고 如何히 學識이 有ᄒ고 如何히 技能이 有홀지라도 相當한 人格을 扶持홈을 不得홈은 國閥이 不足ᄒ 人民이 된 所以로다. 何以로 國閥이 不足ᄒ 人民이라 謂ᄒ나뇨. 我國은 建國ᄒ고 營國ᄒ고 治國홈에 基礎되고 根本되는 法律이 開發치 안이ᄒ고 人民이 此를 不知ᄒ야 法治國을 不成한 所以로다.

高官과 大爵에 位居ᄒ야 仕宦界에 從事ᄒᄂ 將來大勳位大功臣後補僉閣下는 試思ᄒ라. 終日點頭粉板白이라더니 終日토록 官房에 兀坐ᄒ야 處辦書類에 意義업시 捺印ᄒ고 大局의 事爲가 如何히 迴轉ᄒ면 如何히 處理되며 此 事件에 捺印ᄒ면 其 結果는 如何히 發生ᄒ며 此 法律을 頒布ᄒ면 國民에게 如何한 結果가 生ᄒ며 此 部令을 頒布ᄒ면 如何ᄒ 影響이 出來ᄒ며 此 事件의 原理는 如此ᄒ니 如許히 處理ᄒ면 如何한 結果가 生홀 事를 不知ᄒ야 呆呆然過日ᄒ고 呆呆然過月ᄒ고 經年ᄒᄆ 勢不得已無能力의 狀態를 表白ᄒ야 國計에 有損ᄒ고 民福에 成弊홀 쑨 안이라 最終에는 自己의 地位도 扶持홈을 不得홈이 間컨딕 何에 由홈이뇨. 此는 無他라 法律을 不知ᄒᄂ 所以로다. 以上에 略論홈과 如히 今此二十世紀 國家의 高官大爵에 住居ᄒ 者가 其 國家의 基礎되고 根本되는 法律을 不知ᄒ고 엇지 法治國의 官吏됨을 可得ᄒ리오. 勸ᄒ노니 建國ᄒ고 營國ᄒ고 治國ᄒᄂ 法律의 素養을 腦髓에 槩念이라도 注入홈이 可홀지로다.」

書宵東西에 汨沒紛走ᄒ야 實業界에 孜孜是務ᄒᄂ 實業諸君이여 此 世界는 競爭이 極程度에 達ᄒ 今日이라. 東馳西走에 書宵를 不顧ᄒ고 熱心으로 營得ᄒ 財産을 一分一厘錢이라도 手中에 一攫ᄒ면 汗出토록 不離ᄒ면 財産家를 是成ᄒ고 實業家를 是成홀 쥴 思量ᄒ나 決코 如此ᄒ 方法으로는 大財産家와 大實業家는 不成홀지로다. 何를 謂홈이뇨. 法律을 不知ᄒ면 一分分一厘厘로 積得ᄒ 財産이라도 自己의 權利를 主張ᄒᄂ 方法을 不知ᄒᄂ 時는 一次의 法律關係를 依ᄒ야 水泡에 歸ᄒᄂ 事가 有홈을 不知ᄒᄂ다. 假令 外國人과 去來를 開始ᄒ야 契約을 締結ᄒᄂ 境遇를 思量ᄒ라. 一文字一句語의 錯誤를 因ᄒ야 累萬金의 財産이

往來ᄒᆞᄂᆞᆫ 事ᄅᆞᆯ 不見ᄒᆞᄂᆞᆫ다. 若如此ᄒᆞᆫ 境遇에 契約의 法則을 槩念이라도 素養이 有ᄒᆞᆫ 時ᄂᆞᆫ 決코 如此ᄒᆞᆫ 損害ᄅᆞᆯ 釀成ᄒᆞᆯ 事ᄂᆞᆫ 無ᄒᆞᆯ지니 法律의 素養이 無ᄒᆞᆫ 實業家ᄂᆞᆫ 今此 二十世紀 實業競爭舞臺에 大實業家됨을 不得ᄒᆞᆯ지로다.

聞ᄒᆞ니 將來世界ᄂᆞᆫ 敎育者手中에 落在ᄒᆞ다 ᄒᆞᄂᆞᆫ 卽 將來世界ᄅᆞᆯ 産出ᄒᆞᆯ 敎育者 諸君이여 將來의 世界ᄂᆞᆫ 何ᄅᆞᆯ 依ᄒᆞ야 此ᄅᆞᆯ 建成ᄒᆞᆯ가 吾ᄂᆞᆫ 必曰 道德과 法律로ᄡᅥ 此ᄅᆞᆯ 建成ᄒᆞᆯ 者ㅣ라 ᄒᆞ노라. 何ᄅᆞᆯ 意ᄒᆞᆷ이뇨. 人類ᄅᆞᆯ 引導ᄒᆞᄂᆞᆫ 方法은 道德으로 基本을 作ᄒᆞ야 內部의 行爲ᄂᆞᆫ 此 道德을 依ᄒᆞ야 其心을 勸奬ᄒᆞ고 其 萌芽ᄅᆞᆯ 防禦ᄒᆞ고 若不幸히 其 不美ᄒᆞᆫ 行爲가 外部에 發表ᄒᆞᄂᆞᆫ 時ᄂᆞᆫ 此ᄅᆞᆯ 法律로 除去ᄒᆞ야ᄡᅥ 社會의 秩序와 安寧을 扶持ᄒᆞᆷ을 可得ᄒᆞᆯ지니 此ㅣ 所謂 敎育家에 在ᄒᆞ야도 法律의 素養이 無ᄒᆞ면 不可ᄒᆞᆫ 所以라. 故로 泰西의 敎育制ᄂᆞᆫ 中學으로브터ᄂᆞᆫ 法學의 通論을 敎授ᄒᆞᄂᆞᆫ 制度가 實로 此에 有ᄒᆞᆷ이로다. 然則 將來의 世界ᄅᆞᆯ 産出ᄒᆞᆯ 敎育家ᄂᆞᆫ 반다시 法學의 素養이 有ᄒᆞᆷ을 要ᄒᆞᆯ 者ㅣ是오. 此外에도 日用 事物上에 必要가 又有ᄒᆞᆷ을 不見ᄒᆞᄂᆞᆫ다. 斯學專門家와 如히 硏究ᄒᆞᆷ은 不得ᄒᆞᆯ지라도 槩念의 素養이 無ᄒᆞᆷ은 不可ᄒᆞᆯ지로다.」

最終에 大呼疾聲으로 一言ᄒᆞᆯ 者ᄂᆞᆫ 一般國民된 者ㅣ 上下老幼貴賤을 勿論ᄒᆞ고 其國에 生活ᄒᆞᄂᆞᆫ 以上은 法律을 不知ᄒᆞᆫ다 ᄒᆞᆷ으로ᄡᅥ 法律上의 責任을 不免ᄒᆞᄂᆞᆫ 事ᄅᆞᆯ 記憶ᄒᆞᆯ지로다. 此 句語ᄂᆞᆫ 羅馬 以來로 有名ᄒᆞᆫ 格言이라(Nuln'est presume iguorer la loi) 以上에 略說ᄒᆞᆫ 各般人士ᄂᆞᆫ 勿論 其 必要가 尤極關要ᄒᆞ거니와 一般人民이 其國에 生活ᄒᆞᄂᆞᆫ 以上은 我ᄂᆞᆫ 法律을 不知ᄒᆞᄂᆞᆫ 所以로 法에 犯ᄒᆞ얏다 ᄒᆞᄂᆞᆫ 言으로 法律上의 責任을 難免ᄒᆞᆯ지니 國家에 對ᄒᆞ야 目的을 同一히 ᄒᆞᄂᆞᆫ 우리 親愛ᄒᆞᆫ 兄弟同胞ᄂᆞᆫ 法律의 槩念이라도 素養을 究得ᄒᆞ야 國家와 社會와 個人上으로 能力이 完有ᄒᆞ야 其 事理에 通曉ᄒᆞ고 不意의 禍ᄅᆞᆯ 免ᄒᆞ기ᄅᆞᆯ 惟惟是望ᄒᆞ노라.

◎ 公法私法의 區別, 李琮夏, 〈대동학회월보〉 제5호, 1908.6.
(법학)

> *이종하의 법학 이론은 제5호에서 미완으로 나타나며, 그 이후 공법 사법에
> 관한 논문은 실리지 않았다. 그런데 제17호(추정)부터 법률학에 관한 개견이
> 3회 연재된 것으로 보인다.

夫羅馬以來로 標準을 立ᄒᆞ야 公法과 私法을 區別홈으로 此에 對ᄒᆞ야
多數의 學說이 有ᄒᆞ나 今에 其最著ᄒᆞᆫ 者를 擧ᄒᆞ면 卽如左ᄒᆞ니 第一說
社會의 公益을 保護ᄒᆞᄂᆞᆫ 者ᄂᆞᆫ 公法이오 個人의 私益을 保護ᄒᆞᄂᆞᆫ 者ᄂᆞᆫ
私法이라. 故로 人을 殺ᄒᆞ면 社會公益을 害홈으로 禁止ᄒᆞᄂᆞᆫ 法을 立ᄒᆞ
ᄂᆞ니 是ᄂᆞᆫ 卽 公法이며 借貸ᄒᆞᆫ 貨物을 還償치 아니ᄒᆞ면 個人의 私益을
害홈으로 保護ᄒᆞᄂᆞᆫ 法을 立ᄒᆞᄂᆞ니 是ᄂᆞᆫ 卽 私法이라 云홈이라. 然이나
利益의 公私ᄂᆞᆫ 實로 辨別키 難ᄒᆞ니 人을 殺홈이 公益에 害가 固有ᄒᆞ나
然이나 被害ᄒᆞᆫ 者ᄂᆞᆫ 個人에 在ᄒᆞ고 借貸를 償還치 아니홈이 私益을 害
홈과 如ᄒᆞ나 然이나 其結果ᄂᆞᆫ 足히 社會의 交通을 妨碍홈에 至ᄒᆞᄂᆞ니
利益을 標準ᄒᆞ야 法의 公私를 區別홈은 確論이라 稱ᄒᆞ기 不能ᄒᆞ도다.
第二說 國과 國의 關係, 或 國과 個人의 關係를 規定ᄒᆞᆫ 者ᄂᆞᆫ 卽 公法이
며 個人과 個人의 關係를 規定ᄒᆞᆫ 者ᄂᆞᆫ 卽 私法이니 故로 法律關係의
主體로써 標準을 作ᄒᆞᆫ다 云홈이라. 然이나 法律關係의 主體ᄂᆞᆫ 公法人의
主體된 者도 쏘ᄒᆞᆫ 私法에 規定홈이 有ᄒᆞ니 國家와 個人間 財産上關係ᄂᆞᆫ
恒常 私法에 規定ᄒᆞ야 公債의 償還과 官有地의 却下ᄂᆞᆫ 民法上 契約의
規定을 반다시 適用ᄒᆞᄂᆞ니 法律關係의 主體로써 標準을 作홈은 쏘ᄒᆞᆫ
不完ᄒᆞᆫ 言論이라 可稱홀지로다.
此第二說을 辯護ᄒᆞᄂᆞᆫ 者ㅣ 有ᄒᆞ야 云호ᄃᆡ 國家ᄂᆞᆫ 二個의 資格을 有ᄒᆞ야
卽 國家된 資格도 有ᄒᆞ고 一個人의 資格도 有ᄒᆞᄂᆞ니 私法上 規定을 適
用홀 時ᄂᆞᆫ 國家가 國家로 動作홈이 아니오 私法上 法人 卽 一私人의
資格으로 動作홈이니 譬컨ᄃᆡ 自然人이 官吏된 資格과 一私人된 資格을

151

幷有홈과 如ᄒ다 云ᄒᄂ니 夫國家가 二個의 資格을 幷有홈은 果然홀지
라도 公債償還과 如ᄒ 者를 엇지 國家의 行動이 아니라 云홈을 得ᄒ리
오. 自然人이 官吏된 資格이 有ᄒ다 홈은 其官吏의 職分을 行홈을 云홈
이오. 一私人된 資格이 有ᄒ다 홈은 官吏職分上에 毫末도 關涉이 無ᄒ고
다만 平常人의 汎博ᄒ 行爲를 云홈이니 國家의 二個資格이라 示홈도
또ᄒ 此와 同一ᄒ 性質을 依홀지라. 然則 公債償還과 如ᄒ 者ㅣ 엇지 國
家된 職分에 關涉이 無다ᄒᄒ리오. 故로 如斯ᄒ 境遇에 반다시 國家ᄂ
其國家의 資格을 失ᄒ고 一私人의 資格을 有ᄒ다 云홈보다 國家와 一私
人의 兩箇 觀念을 幷히 忘却ᄒ고 別樣으로 兩方對立의 關係를 定홈이
寧히 妥當홀지로다(第四說參看)

第三說 不平等의 權利關係를 規定ᄒ 者ᄂ 公法이오 平等의 權利關係를
規定ᄒ 者ᄂ 私法이니 卽 法律關係의 同異로써 標準을 作ᄒ다 云홈이
라. 然이나 選擧法과 如한 者ᄂ 平等關係를 規定ᄒ 者ㅣ로되 私法이라
稱ᄒ기 不能ᄒ고 親族法과 如ᄒ 者ᄂ 不平等의 關係를 規定ᄒ 者ㅣ 多ᄒ
나 公法되기 不得ᄒ며 不法行爲의 制裁와 如ᄒ 者ᄂ 行爲ᄂ 個人에 屬
ᄒ고 制裁ᄂ 國家에 屬ᄒᄂ니 此ᄂ 不平等의 權利關係라 可稱홀지로되
民法에도 此를 規定홈이 有ᄒ고 刑法에도 亦有ᄒ니 然則 民法도 또ᄒ
刑法과 同一히 公法됨을 得ᄒ다 云홀지나 法理에 徵ᄒ며 歷代에 考ᄒ
건듸 到底히 民法을 公法으로 認ᄒ기 不能ᄒ도다.

第四說 國家ᄂ 分子를 集合ᄒ야 成ᄒ 者ㅣ니 國家로 由ᄒ야 言ᄒ면 個
人이 分子ㅣ 되고 國家를 離ᄒ야 言ᄒ면 個人도 또ᄒ 全部됨을 得홀지
라. 故로 國家가 分子에 對ᄒ 規定은 全部와 分子間關係를 規定ᄒ 者ㅣ
니 卽 公法이오 國家가 分子의 地位에 退處ᄒ야 他分子와 關係를 規定
ᄒ 者ᄂ 全部와 全部間關係를 規定ᄒ 者ㅣ니 卽 私法이라 云ᄒᄂ니 此
說이 비록 牽强에 出홈과 如ᄒ나 人의 天性을 根本ᄒ야 立論ᄒ 者ㅣ라.
前三說에 比較ᄒ면 頗히 完美ᄒ 論說이라 可稱홀지로다. 此說은 第三說
에 對ᄒ야 論述ᄒ 바와 如히 國家와 一私人의 兩箇觀念을 忘却ᄒ고 別
樣으로 兩方의 對立關係를 定ᄒ 者ㅣ라 可稱홀지니 國家가 一私人의

資格으로 變홈이 아니라 卽 一個의 全部獨立體로 自在ᄒ고 相對者도 ᄯᅩᄒᆫ 一個의 全部獨立體를 成ᄒ야 互相關係를 生ᄒᆫ 者ㅣ니 卽 一分子되얏던 個人이 全部되ᄂᆫ 資格으로對立行動홈이라.

人類의 天性이 自立心과 共立心이 俱有ᄒᄂᆞ니 自立心을 運用홀 時ᄂᆞ 一己全部의 獨立홈만 知홀 ᄲᅩᆫ이오. 共立心을 運用홀 時ᄂᆞ 人을 使用홀 心도 有ᄒ고 人의게 服從홀 心도 有ᄒ고 人과 平等對立홀 心도 有홀지라. 專制國의 構成홀 原因은 人人이 自立心만 獨有홈에 在ᄒ니 故로 一國內의 人이다. 人을 使用코져 ᄒ며 다 人의 使用을 不受코져 ᄒᄂᆞ 同時에 其國內의 現象을 觀ᄒ면 人을 使用치 아니ᄒ면 卽 服從ᄒᄂᆞ 者ㅣ라. 于是에 가장 强力이 最大홀 者ᄂᆞ 强力이 稍小홀 者를 服ᄒ며 强力이 稍小홀 者ᄂᆞ 其弱홀 者를 服ᄒ야 其使用及服從關係의 範圍가 愈益廣大홈에 至ᄒᄂᆞ니 是ᄂᆞ 卽 專制國의 眞象이라. 如斯홀 時ᄂᆞ 오즉 强弱의 關係만 有홀 ᄲᅩᆫ이오 全部와 分子의 觀念이 無ᄒ야 使用ᄒᄂᆞ 者ᄂᆞ 法律을 執行ᄒᄂᆞ 權이 有ᄒ고 服從ᄒᄂᆞ 者ᄂᆞ 法律에 參與ᄒᄂᆞ 權이 無ᄒ야 法은 卽 一人의 隨意命令홈에 不過ᄒ고 公法私法의 名稱이 初無홀바ㅣ라.

立憲國의 構成홀 原因은 人人이 自立心과 共立心을 俱有홈에 在ᄒ니 盖自立心만 徒有ᄒ면 平等의 觀念이 全無ᄒ야 반다시 專制를 成홈은 上述홈과 如홀지오 共立心만 徒有ᄒ고 自立心으로써 基本을 삼지아니ᄒ면 반다시 互相依賴ᄒᄂᆞ 結果에 ᄯᅩᄒᆫ 不平等의 事實을 發生홀지니 故로 立憲國의 人民은 반다시 共立心을 有ᄒ야 使用, 服從의 關係를 定ᄒ야써 其全部의 基礎를 鞏固케ᄒ고 다시 自立心을 有ᄒ야 使用, 服從의 程度와 互相行爲의 權限을 定ᄒ야써 其分子의 資格과 平等의 權利를 保有ᄒᄂᆞ니 于是에 全部及分子의 關係가 有홀 同時에 公法과 私法의 區別이 始生홈이라.

盖自立心은 共立心의 基礎오 共立心은 自立心의 保障이니 古時에 希臘市民이 使用과 服從의 關係를 不知ᄒ고 人人이다 平等地位에 立ᄒ고 近日 北美合衆國이 ᄯᅩᄒᆫ 人人이 平等에 立ᄒ얏스니 此ᄂᆞ 진실노 自立心을 由ᄒ야 平等의 基礎를 作ᄒ고 共立心을 由ᄒ야 平等의 保障을 成ᄒ얏

시나 다만 美國은 共立心의 三項이 同時發達ᄒᆞᆫ 故로 國家를 成ᄒᆞ고 希臘市民은 共立心의 一項만 有ᄒᆞᆷ으로 國家를 成치 못ᄒᆞᆫ 者ㅣ니 法國大革命의 所謂 自由, 博愛, 平權 三者는 皆平等心에 基原ᄒᆞᆫ 者ㅣ나 革命以後에는 使用의 機關과 服從의 程度를 確定치 아니치 못ᄒᆞ니 此도 ᄯᅩ한 共立心의 結果가 此에 不依ᄒᆞᆷ을 不得ᄒᆞᆫ 所以라. 故로 共立心은 外部組織의 原因이오 外部組織은 共立心의 結果ㅣ니 共立心이 有ᄒᆞᆫ 然後에 外部組織이 有ᄒᆞ고 外部組織이 有ᄒᆞᆫ 然後에 團體가 始有ᄒᆞᆯ지로다. (未完)

◎ 法律槪論, 元泳義, 〈대한협회회보〉 제4호, 1908.7. (법학)

大凡 血氣가 有ᄒᆞᆫ 者는 其 群이 必有ᄒᆞ고 其 群이 旣有ᄒᆞᆫ즉 條敎部勒이 必有ᄒᆞ고 條敎部勒이 旣有ᄒᆞᆫ즉 其 群의 智力進步와 事理日變을 隨ᄒᆞ야 法律의 生出이 愈繁ᄒᆞ니 此를 明析堅守ᄒᆞᆫ 者는 其 族이 愈强ᄒᆞ며 其 權이 愈遠ᄒᆞᆷ은 自然ᄒᆞᆫ 定理로다.
蓋 法律의 制定은 人民으로 ᄒᆞ여곰 主權下에 服從케 ᄒᆞᆫ 所以라. 太初以來로 動物界 競爭場에 大捷을 旣奏ᄒᆞᆷ이 萬物中 靈長ᄒᆞᆫ 人類가 世外에 修然히 獨處生存키 不能ᄒᆞᆷ으로 一家親族과 鄕里郡邑의 地域을 區劃ᄒᆞ야 各其 一國의 體貌를 自成ᄒᆞᆷ이 社會團體的 狀態를 始呈ᄒᆞ며 此를 和平方面에 維持코자 ᄒᆞ랴면 一定ᄒᆞᆫ 規律이 無키 不可ᄒᆞ니 此는 法律의 起源이라.
東洋의 法律起原을 推究컨틴 太古는 尙矣勿論이오 虞廷에 五敎를 輔弼키 爲ᄒᆞ야 五刑을 始倡ᄒᆞ더니 自是厥後로 司寇의 職과 呂刑의 書와 李悝의 法經과 千百年來 刑法等 書가 出호틴 春秋正名의 旨義를 因ᄒᆞ야 名法者流가 其 眞을 漸失ᄒᆞᆷ으로 後世에 無窮ᄒᆞᆫ 壓力의 禍를 開ᄒᆞ도다. 其 間에 秦法은 最苛ᄒᆞ고 漢法은 最平ᄒᆞ고 唐法은 最佳ᄒᆞ고 明法은 最酷ᄒᆞ고 淸法은 平恕호틴 擧皆布衣下士의 公言을 不採ᄒᆞ고 但 其 獨專의 裁制로 以ᄒᆞ야 御衆ᄒᆞᆫ 例案을 成ᄒᆞᆷ으로 公理에 不合ᄒᆞᆷ을 難免ᄒᆞ도다.

154

日法은 昔甚酷虐ᄒ더니 明治以來로 舊弊를 盡湔ᄒ고 西律을 改從ᄒ야 十二等의 形法을 分호ᄃᆡ 重罪主刑이 九니 曰死罪 曰無期徒刑 曰有期徒刑 曰無期流刑 曰有期流刑 曰重懲役 曰輕懲役 曰重禁役 曰輕禁役이오 輕罪主刑이 三이니 曰重禁錮 曰輕禁錮 曰罰金이러라.

如此히 法律을 改良ᄒᆫ 後에 敎化가 漸新ᄒ야 泰西列强과 同히 治外法權을 遂操홈에 至ᄒ니 國體의 自强을 維持홈이 法律改良에 在홈을 可知로다.

泰西의 法律起原을 推究컨ᄃᆡ 希臘羅馬로븟터 治法家의 學者가 繼軌幷作ᄒ야 百餘年 以來로 進化에 漸臻ᄒ야 布衣下士로써 天下의 是非를 主持ᄒ고 數十百暴主로 ᄒ여곰 繩墨을 戢受ᄒ야 所欲을 敢恣키 不得ᄒ고 擧國臣民上下의 權限이 劃然有定ᄒ며 郡寺省署에 議事辦事의 章程規則이 日講日密ᄒ야 世界로 ᄒ야곰 文明大同의 域에 漸進ᄒ도다.

其 法이 羅馬의 造端으로븟터 法蘭西의 集大成에 至ᄒ야ᄂ 惠頓虎哥와 果魯西亞士輩의 萬國公法이 從出ᄒ더니 厥後에 拿破崙의 手訂律例八總目이 有ᄒ니 曰立國律 曰齊家律 曰判斷律 曰資易律 曰罪惡律 曰刑罰律 曰報館律 曰樹藝律이라. 此等 律을 後人의 修改홈이 有ᄒ나 泰西諸國이 其 例를 多從홈으로 西律을 言論ᄒᄂ 者ᄂ 法國으로써 斷定ᄒ더라.

各國의 制定ᄒ 種類를 擧論ᄒ면 英國이 最多ᄒ고 法國이 最少ᄒ고 德國이 其 中에 在ᄒᆫ지라. 其 重要ᄒ 者를 槪擧컨ᄃᆡ 曰民法 曰民事訴訟法 曰刑事訴訟法 曰政法 曰收稅法 曰會計法 曰徵兵法이오 其 中에 公法 私法의 區別이 有ᄒ니 憲法 行政 刑法 等은 公法에 屬ᄒ고 民法 商法 等은 私法에 屬ᄒ니 此ᄂ 法律의 性質은 區別이 本無ᄒ나 但 其 規則의 所定을 因ᄒ야 種類의 差別이 有홈이러라.

又 其 中에 成文法과 慣習法의 區別이 有ᄒ니 成文法은 立法權이 有ᄒ 者의 規定公布ᄒ 바오 慣習法은 立法者의 規定公布가 幷無ᄒ고 惟其歷年慣行得力ᄒ 法을 取ᄒ야 遵用홈이러라.

以上에 論述ᄒ 法律의 起原 及 進化와 種類與區別은 東西 各國을 無論ᄒ고 神聖敎主와 明君賢相의 最大 事業이라. 一段 精神的 所由來ᄂ 吾

人 良知의 所當有흔 事와 不得不 然흔 理를 推本ᄒ며 凡 風俗政體와 人心家制와 及人群中에 一切 制度가 法律上 關係되ᄂᆞᆫ 者를 硏究흠이라. 是以로 合群保群의 二法이 有ᄒ니 蓋 草昧時代에ᄂᆞᆫ 公理가 未明ᄒ야 一群內에 爭端이 甚多흠으로 息爭의 條線이 不有키 不可ᄒ니 此ᄂᆞᆫ 合群의 法律이라. 如今에 訟獄條規가 是也오. 此 群이 不振ᄒ야 他群의게 所弱이 될 境遇에ᄂᆞᆫ 自保ᄒᆞᄂᆞᆫ 條理가 不有키 不可ᄒ니 此ᄂᆞᆫ 保群의 法律이라. 凡 一敎數養의 法이 皆是也러라.

然則 我國의 急先務ᄂᆞᆫ 敎民養民에 在ᄒ니 法律學家ᄂᆞᆫ 一切 敎養法에 十分 注意ᄒ야 我國一群을 自保흠이 第一 義務됨으로 思惟흘진뎌.

◎ 法律이 斯世에 施行되ᄂᆞᆫ 理由,
  卞悳淵(변덕연), 〈대한협회회보〉 제5호, 1908.8. (법학)

▲ 제5호

大抵 法律은 團體各員의 意思 及 行爲를 制限ᄒᆞᄂᆞᆫ 바 一種의 方式으로 此에 依ᄒ야 團體의 生存條件을 作흠으로 目的ᄒᆞᄂᆞᆫ 者ㅣ라 何則고. 若 團體各員의 意思 及 行爲에 對ᄒ야 一毫도 制限치 아니ᄒ고 此를 自由 에 放任ᄒ면 玆에 반다시 意思의 衝突이 生ᄒ야 各各 自己의 意思를 貫徹ᄒ기에 努力ᄒ야 他人을 妨害ᄒ고 排斥ᄒ기에 從事흘지니 然則 此 世ᄂᆞᆫ 紛擾欛를 成ᄒ고 暗黑界에 歸ᄒ야 團體의 生存을 維持흠을 不得흘 所以라. 故로 法律의 目的은 意思의 衝突을 制限ᄒ고 行爲의 衝突을 防 止흠에 在ᄒᆞᄂᆞ니 卽 一定흔 限度ᄭᅡ지 人의 自由를 束縛ᄒ야 法律의 目 的을 達ᄒᆞᄂᆞᆫ 者라. 旣曰 法律은 人을 制限ᄒᆞᄂᆞᆫ 者ㅣ라 云ᄒ면 其 人民이 엇지 此에 服從흠을 首肯흘 者ㅣ 有ᄒ리오. 故로 一見ᄒ면 法律은 斯世 에 施行될 理가 無ᄒ고 又 强制力을 用ᄒᆞᄂᆞᆫ 方面으로 觀ᄒ면 强制力을 用ᄒ기ᄭᅡ지 施行흘 者와 如ᄒ나 此에 對ᄒ야 種種의 問題를 惹起ᄒᆞᄂᆞᆫ

지라. 故로 余는 此에 對ᄒ야 愚見을 略陳ᄒ고져 ᄒ노라.

古昔에 在ᄒ야는 法律의 施行을 自助之力에 任ᄒ얏스니 卽腕力이 法律이라 ᄒ는 諺語로 法律의 保護를 受홀 者가 自己의 獨力으로 自己를 防衛홈에 放任홈을 謂홈이라. 然이나 今日 法律에도 其 餘痕을 尙存ᄒ얏스니 卽 刑法上 正當防衛와 民法上 抵當權의 制度와 如홈이 其 重要ᄒ 者ㅣ라.

今日에 在ᄒ야는 法律의 施行은 外部의 力 卽 國家權力의 强制에 依ᄒ야 施行되는 者라 홈으 學說이 一致ᄒ는 바ㅣ나 然이나 余의 所見으로는 國家權力의 强制도 所謂 外部의 强制로써 只是 形式上强制에 不過ᄒ다 謂홀지로다. 何則고 刑罰을 畏ᄒ고 執行을 憂ᄒ야 法律에 違反치 아니홀 者는 少ᄒ고 他의 理由에 基因ᄒ야 法律에 服從ᄒ는 者ㅣ 多ᄒ 所以라. 他의 理由라 홈은 何를 謂홈이뇨. 卽 自意로 法律에 服從홈으로써 正當ᄒ고 便利ᄒ고 利益됨을 覺知ᄒ는 心에셔 出來ᄒ는 者ㅣ니 余輩는 此 思想을 名ᄒ야 內部의 强制라 名ᄒ는 바ㅣ라. 內部의 强制는 個人間 利害共通의 考慮 卽 推人 及 己의 思想으로 發生ᄒ는 者니

夫 物을 盜取ᄒ고 借金을 不報홈은 利害衝突의 根源이라. 自己가 他人의 物을 盜ᄒ야 利益을 受홀 思想은 他人이 自己의 物을 盜ᄒ면 不利益을 受홀 思想을 因ᄒ야 減少 或 消滅ᄒ고 自己가 他人의 貸金을 報償ᄒ는 便益은 他人이 自己의 貸金을 不報ᄒ는 不便을 因ᄒ야 了知홀지니 此 利害共通의 思想이 發達됨은 內部强制의 必要ᄒ 者ㅣ라. 故로 此 內部强制에 基因ᄒ야 法律에 生活ᄒ고 法律에 服從케 ᄒ는 者ㅣ오 彼强制力만 用ᄒ야 法律에 服從케 홈과 如홈은 抑亦末也라. 法律이 强制力을 依ᄒ야 施行된다는 說은 絶對的으로 此를 否認홈은 不能홀지라도 强制力 以外에 法律을 施行케 ᄒ는 力이 無ᄒ다 信홈은 一大誤解라 可謂홀지로다. 然而 此 內部의 强制는 專히 道德心 如何에 在ᄒ야 各人이 各各 自己를 正히 ᄒ고 又 他人을 信用ᄒ는 바 二者에 依ᄒ야 維持되는 故로 誠實 及 信用은 法律維持의 父母오 法律의 施行을 依ᄒ야 其 信用 及 誠實홈을 完全히 ᄒᄂ니 要컨디 內部의 强制와 外部의 强制는 互相 循

環ㅎ야 原因 結果의 關係가 有ㅎ니라. 是故로 世人이 道德心이 皆 有ㅎ면 一毫의 强制力을 不用ㅎ야도 法律이 敏速히 施行됨은 原定흔 理오 道德心이 全無흔 人에 對ㅎ야는 最大흔 强力을 用흘지라도 施行키 難흠은 實際에 屢見ㅎ는 바ㅣ라. 然則 法律이 施行됨은 國家의 强制力에만 在치 아니ㅎ고 其 維 人民의 道德心 卽 內部强制와 畏嫌心 卽 外部强制와 二者에 在ㅎ다 謂흘지로다.

▲ 제6호

人民은 法律을 解釋흘 必要가 有흠

卞憙淵

法律은 一般 國民 卽 團體 各員의 意思 及 行爲를 制限ㅎ는 者로 人民 共同生存의 要件된 者ㅣ라. 故로 法律은 政治家, 學者, 實際家에 對ㅎ야만 硏究흘 價値가 有흘 쑨 안이라 一般 人民도 亦 本國法律의 槪要를 知得흘 必要가 有흔지라. 然則 其 知得ㅎ는 方法은 如何히 흠이 可흘가. 古來 漢文讀法과 如히 朗讀흘가 抑將 小說과 如히 捕風捉雲으로 一次 覽過흠이 可흘가 此를 知得ㅎ는 要方이 無치 못 흘지니 卽 法學上의 學理的 解釋이라 한 者ㅣ 是로다. 或者ㅣ 此에 對ㅎ야 一般 人民으로 ㅎ야금 法律을 解釋케 ㅎ랴 흠은 到底히 不能흘 쑨 안이라 法律을 略知케 흘지오. 解釋케 흠은 必要가 無ㅎ다 稱흘 者ㅣ 有흘 듯ㅎ나 然이나 此는 一間을 未達흔 言論이라 何則고. 人民이 國家團體員의 一員된 以上은 其 國의 法律을 知得흘 必要가 有ㅎ고 且 法律은 其 解釋 如何에 依ㅎ야 個人의 權利 義務에 至大흔 影響이 及ㅎ는 者인즉 其 相當흔 方法을 依ㅎ야 解釋흘 者ㅣ 되는 所以라. 然則 學理的 解釋은 如何히 흘가. 此에 對ㅎ야는 二個의 方法이 有ㅎ니 卽 文理的 解釋과 論理的 解釋이 是라. 或은 前者를 主張ㅎ고 或은 後者를 採取ㅎ야 甲論乙駁에 衆說이 不一ㅎ나 余의 所見으로는 二者를 幷用흠이 可흘 者로 信ㅎ노라. 故로 法律을 解흠에는 先次 文法的 解釋을 取흠과 第一 文字의 如何를

見ᄒᆞ야 術語의 意義를 解釋ᄒᆞ고 該 法制定 當時의 使用ᄒᆞ든 文字의 意義로 解釋ᄒᆞᆯ지오.

以上과 如히 文法的 解釋을 畢了ᄒᆞᆫ 後 論理的 解釋을 下ᄒᆞᆯ지니 卽 (一) 法律의 目的이 何에 在ᄒᆞᆫ가 卽 何人을 保護ᄒᆞ기 爲ᄒᆞᆷ인가. 如何ᄒᆞᆫ 利益을 爲ᄒᆞᆷ인가 抑將 如何ᄒᆞᆫ 弊害를 矯捄ᄒᆞ기 爲ᄒᆞ야 發布ᄒᆞᆷ인가. 此를 深講討究ᄒᆞᆯ지오 (二) 該 法律制定ᄒᆞᆫ 時에 在ᄒᆞ야 國家의 狀態 及 社會의 狀態를 觀察ᄒᆞ야 解釋을 下ᄒᆞ되 第一 文法의 一字一句라도 泛忽히 看過치 못ᄒᆞᆯ 者ㅣ니 比如(要ᄒᆞᆷ 可ᄒᆞᆷ, 得ᄒᆞᆷ 等의 字句가 雖是 微少ᄒᆞ나 此 三者의 意味ᄂᆞᆫ 相異ᄒᆞᆫ 點이 甚大ᄒᆞ니 卽(要ᄒᆞᆷ)은 積極的으로 命令ᄒᆞᄂᆞᆫ 意味오(可ᄒᆞᆷ)은 或 境遇를 隨ᄒᆞ야 亦 命令的 되ᄂᆞᆫ 者와 任意的되ᄂᆞᆫ 者ㅣ 有ᄒᆞ고(得ᄒᆞᆷ)은 消極的으로 任意 處斷ᄒᆞᆷ을 得ᄒᆞᆯ 者ㅣ라. 第二 法律에 定ᄒᆞᆫ 文字의 意義가 廣泛ᄒᆞᆫᄃᆡ 失ᄒᆞᆯ 時ᄂᆞᆫ 此를 縮少히 ᄒᆞ야 解釋ᄒᆞ고 其 文字의 意義가 狹隘에 失ᄒᆞᆫ 時ᄂᆞᆫ 此를 擴張히 ᄒᆞ야 解釋ᄒᆞᆷ이 可ᄒᆞᆯ지로다.

◎ 法學說, 李沂, 〈호남학보〉 제4호, 1908.9. (법학)

▲ 제4호

法之行於天下ㅣ 久矣라. 擧其範圍면 則禮樂道德을 皆可謂之法이오 論其部分이면 則詞訟刑獄을 乃得謂之法이니 法學者ᄂᆞᆫ 蓋指其部分言耳라. 夫人이 群聚而居이 不能無衣食이오 衣食相求이 不能無是非오 是非相交이 不能無爭競이오 爭競相幷이 不能無解決ᄒᆞ니 此刑訟之所由起也라. 我韓所用大明律六典條例 等書ㅣ 非不善且美也나 然以其出於專制라. 故로 官吏輩ㅣ 常因緣作奸ᄒᆞ야 以貴壓賤ᄒᆞ며 以强凌弱ᄒᆞ야 請托賂遺ㅣ 充滿於省府之中ᄒᆞ야 雖有知法之民이나 不敢與官吏抗ᄒᆞ야 謂之無法이라도 亦未爲不可也라. 幸自近日로 泰西民權之議ㅣ 稍稍振發ᄒᆞ야

官不得以非法으로 加諸民ᄒ고 民不肯以非法으로 受諸官ᄒ니 于斯時也
에 不講法學이면 則是蠹民也오 魚民也라 爲人所賤踏烹膾ㅣ 此皆自取니
復誰怨尤哉리오. 故로 玆以現行民刑法으로 謄載于此ᄒ니 不必別購教科
書라도 而自可讀習也라.

民刑訴訟規則

第一章 通則

第一條 裁判所의 審問 及 裁判宣告는 公開홈. 但 公安이나 風俗을 害홀
　　　虞가 有홀 時는 審問의 公開를 停止홈.
第二條 本法에 定혼 期間에는 初日을 算入지 아니홈. 但 時效期間의 初
　　　日은 時間을 論치 아니ᄒ고 全一日로 計算홈.
　　　一個月의 期間은 三十日이며 一個年의 期間은 曆을 從홈.
　　　期間의 末日이 休暇日에 當홀 時는 時效期間을 除혼 外는 此를 期
　　　間에 算入지 아니홈.
第三條 本法에 定혼 期間은 訴訟行爲를 行홀 者가 裁判所 所在地에 居
　　　住치 아니홀 時는 其 距離를 從ᄒ야 陸海路 每八十里에 一日을 伸
　　　長호딕 八十里未滿이라도 三十里 以上될 時도 亦 同홈.
　　　外國이나 交通不便혼 地에 在혼 者에게는 裁判所는 特히 附加期間
　　　을 定홈을 得홈. 此 境遇에는 前項의 規定을 適用치 아니홈.
第四條 官吏公吏의 作成홀 書類에는 年月日 及 處所를 記載ᄒ야 署名捺
　　　印ᄒ며 每葉에 契印홈이 可홈.
第五條 官吏公吏가 書類를 作成홈에는 文字를 改竄홈이 可치 아니홈.
　　　若 揷入이나 削除나 欄外記入을 行혼 時는 此에 認印ᄒ야 其 字數
　　　를 記載홈이 可홈. 但 削除혼 部分은 讀得ᄒ기 爲ᄒ야 字體를 仍存
　　　홈이 可홈.
第六條 官吏公吏가 아닌 者의 作成홀 書類에는 年月日을 記載ᄒ야 署名

捺印홈이 可홈. 若 署名ㅎ기 能치 못홀 時는 他人으로 代書케 ㅎ며 捺印ㅎ기 能치 못홀 時는 畵押ㅎ거나 拇印홈이 可홈.

他人으로 代書케 흔 境遇에는 代書人이 其 事由를 記載ㅎ야 署名捺印홈이 可홈.

第七條 書類의 送達은 書記나 巡査나 其他 裁判所의 定흔 送達者나 郵便이나 公示의 方法을 依ㅎ야 此를 行홈.

第八條 送達者는 書類의 送達을 受흘 만흔 者나 其 同居者로붓터 領收證書를 徵홈이 可홈. 若 此等 者가 無故히 送達을 受치 아니ㅎ거나 領收証書를 提出치 아니홀 時는 報告書를 作成홈이 可홈.

前項의 境遇에는 領收證書나 報告書에 記載흔 日로써 送達의 效를 生홈.

第九條 郵便으로 送達흘 境遇에 配達證明郵便이 아닌 時는 裁判所의 定期間이 滿了흔 日에셔 送達의 效를 生홈. 但 配達ㅎ기 能치 못흔 時는 此 限에 在치 아니홈.

第十條 裁判所는 送達者나 郵便에 依ㅎ야 送達ㅎ기 能치 못홈으로 認흘 時는 送達은 送達흘 書類나 其 抄本을 裁判所의 揭示場이나 其他 適當흔 處所에 公示ㅎ야 此를 行홈. 前項의 境遇에는 裁判所의 定흔 期間內의 滿了흔 日에셔 送達의 效를 生홈.

第十一條 裁判所가 審問이나 裁判宣告를 行홈에는 裁判長이 其 期日을 定ㅎ야 書記로써 呼出狀을 訴訟關係人에게 送達케 ㅎ거나 適當흔 方法으로 其 期日을 告知홈이 可홈. (未完)

▲ 제5호

第十二條 裁判所의 審問 及 裁判宣告는 定數의 判事 及 書記가 出廷ㅎ야 此를 行홈. 但 刑事에는 檢事의 立會를 要홈.

第十三條 裁判長은 公廷에셔 訴訟事件에 當ㅎ야 審問 及 指揮를 ㅎ며 裁判所의 威嚴이나 公廷의 秩序를 維持ㅎ기 爲ㅎ야 必要로 認흘

時는 在廷者에게 退出홈을 命홈.

第十四條 裁判長은 必要로 認홀 時는 訴訟關係人에게 對ㅎ야 訴訟行爲에 關흔 指導를 行홈을 得홈.

第十五條 裁判所는 職權으로나 申請을 因ㅎ야 證人訊問檢證鑑定 其他 一切 證據調査 及 物件押收를 ㅎ거나 部員의게 命ㅎ야 此를 行케 홈을 得홈.

第十六條 裁判所는 證人 及 鑑定人의 請求를 因ㅎ야 旅費 及 日當金을 給홈.

第十七條 書記는 審問 物件押收 裁判宣告 其他 重要흔 處分에 當ㅎ야 調書를 作成홈이 可홈. 調書에는 裁判長과 書記가 共히 署名捺印홈이 可홈. 若 署名捺印하기 能치 못홀 時는 部員이 署名捺印ㅎ야 其 事由를 記載홈이 可홈.

第十八條 判決의 宣告는 裁判長이 其 主文을 朗讀ㅎ야 此를 行홈. 判決의 理由는 判決宣告와 同時에 朗讀ㅎ거나 口頭로 其 要領을 告홈이 可홈.

第十九條 判決原本은 判事가 作成홈. 判決原本에는 左開諸件을 記載홈이 可홈.
　一 判決을 受홀 者의 表示
　二 判決의 主人
　三 事實 及 理由
　四 裁判所名
　檢事의 立會가 有흔 時는 其 官氏名도 此를 記載홈이 可홈.

第二十條 判事 中에 判決原本에 署名捺印ㅎ기 能치 못흔 者가 有홀 時는 他判事가 其 事由를 記載홈이 可홈.

第二十一條 判決原本에는 書記가 宣告흔 年月日을 記入ㅎ고 署名捺印홈이 可홈.

第二十二條 判決書의 謄本 及 抄本은 申請을 因ㅎ야 此를 送達홈. 但 裁判所는 必要로 認홀 時는 職權으로써 此를 送達홈을 得홈.

第二十三條 區裁判所 及 地方裁判所는 事件에 當ㅎ야 管轄을 有치 아니홈으로 認혼 時는 其 事件을 管轄裁判所로 移送ㅎ는 判決을 行홈이 可홈. 但 地方裁判所는 事件이 區裁判所의 管轄에 屬홀 것으로 認혼 時라도 第一審의 判決을 行홈을 得홈. 移送의 判決은 其 移送을 受혼 裁判所를 覊束홈.

第二十四條 民事의 原告나 被告나 或은 刑事의 被告가 審問期日에 出廷치 아니홀 時는 裁判所는 缺席判決을 行홈을 得홈.

第二十五條 第一審이나 第二審의 裁判所에셔 行혼 缺席判決에 對ㅎ야는 缺席者로부터 故障의 申提를 行홈을 得홈.

第二十六條 故障期日은 民事에는 判決送達의 日로부터 十四日이며 刑事에는 罰金刑을 宣告혼 判決에 當ㅎ야는 其 判決送達이나 判決이 有홈을 知혼 日로 ㅎ며 其他의 刑을 宣告혼 判決에 當ㅎ야는 判決이 有홈을 知혼 日로부터 五日로 홈.

第二十七條 故障은 缺席判決을 行혼 裁判所에 其 申提書를 提出ㅎ야 此를 行홈.

第二十八條 裁判所가 故障을 受理혼 時는 訴訟은 缺席前의 程度를 復홈.

第二十九條 再度의 故障은 此를 許치 아니홈. 但 缺席에 過失이 無혼 時는 此 限에 在치 아니홈.

第三十條 控訴는 區裁判所ᄂ 地方裁判所의 第一審 判決에 對ㅎ야 此를 許홈. 但 缺席判決에 對ㅎ야는 缺席者로부터 此를 行홈을 得지 못홈.

第三十一條 控訴期間은 判決宣告혼 日로부터 民事에는 一個月이며 刑事에는 五日로 홈.

第三十二條 控訴는 其 申提書를 原裁判所에 提出ㅎ야 此를 行홈.

第三十三條 控訴裁判所는 控訴의 理由가 無ㅎ다 홀 時는 此를 棄却ㅎ는 判決을 行ㅎ며 理由가 有ㅎ다 홀 時는 原判決을 繳消ㅎ고 更히 本案에 對ㅎ야 判決을 行홈이 可홈. 但 管轄에 關혼 規定이나 訴訟手續에 違背된 理由쑨으로써 原判決을 繳消홈을 得치 못홈.

第三十四條 上告는 法令에 違背혼 判決됨을 理由로 ㅎ는 時에 限ㅎ야

次를 許홈. 但 缺席判決에 對호야는 缺席者로부터 此를 行홈을 得
지 못홈.

第三十五條 財産權上의 請求에 當호야 宣告호 判決에 對호야는 上告를
因호야 受홀 利益이 三十圜에 未滿홀 時는 上告홈을 得지 못홈. 拘
留나 笞刑이나 二十圜以下의 罰金을 宣告호 判決에 對호야도 亦
同홈. 前項의 規定은 此를 檢事에게 適用치 아니홈.

第三十六條 上告裁判所는 期間을 定호야 上告申提人에게 對호야 趣意
書의 提出을 命홈을 得홈. 前項의 期間內에 趣意書의 提出이 無호
時는 上告는 此를 取下호 者로 看做홈.

第三十七條 上告裁判所는 趣意書를 對手者에게 送達호며 期間을 定호
야 答辯書의 提出홈을 命홈을 得홈.

第三十八條 上告裁判所는 書類에만 基호야 判決을 行홈을 得홈. 刑事에
는 被告를 審問치 아니홈. 但 被告는 審問에 當호야 辯護人을 差出
홈을 得홈. 上告裁判所는 書類에만 基호야 判決을 行호는 境遇라도
刑事에는 檢事의 意見을 聽홈이 可홈.

第三十九條 上告의 對手者는 其 判決이 有호기 前에 附帶上告를 行홈을
得홈. 刑事에는 上告裁判所의 檢事도 亦 同홈.

第四十條 上告裁判所는 原判結을 繳消호는 境遇에 事實에 當호야 審理
홀 必要가 有홈으로 認홀 時는 事件을 原裁判所로 還送호거나 原裁
判所와 同等되는 他裁判所로 移送호는 判決을 行홈이 可홈. 事件의
還送이나 移送을 受호 裁判所는 其 事件에 當호야 上告裁判所의
行호 法律上 判斷에 基호야 更히 審問 及 判決을 行홈이 可홈.

第四十一條 上告判決은 宣告나 送達에 依호야 此를 告知홈. 但 刑事에
는 送達前이라도 判決의 執行을 行홈도 無妨홈.

第四十二條 上告에 關호야는 第三十一條 乃至 第三十三條의 規定을 準
用홈.

第四十三條 抗告는 本法에서 特許호 境遇에 限호야 此를 行홈을 得홈.

第四十四條 抗告期間은 裁判宣告日로부터 民事에는 七日이며 刑事에

는 三日로 홈. 但 宣告치 아니혼 裁判에 當호야는 其 送達日이나 裁判이 有홈을 知혼 日로부터 起算홈.

第四十五條 抗告는 其 申提書를 原裁判所에 提出호야 此를 行홈. 原裁判所는 抗告를 理由가 有호다 홀 時는 前裁判을 更正호고 理由가 無호다 홀 時는 速히 訴訟記錄을 抗告裁判所로 送致홈이 可홈.

第四十六條 抗告裁判所는 抗告를 理由가 無호다 홀 時는 此를 却下호는 裁判을 行호고 理由가 有호다 홀 時는 原裁判을 繳消호고 更히 裁判을 行홈이 可홈.

第四十七條 訴訟關係人이 天災 其他 避치 못홀 事變을 因호야 故障이나 控訴나 上告나 抗告에 關호야 定혼 期間을 遵守키 能치 못혼 時는 原狀回復의 申提를 行홈을 得홈.

▲ 제6호

第四十八條 原狀回復의 申提期間은 障碍의 止혼 日로붓터 民事에는 十四日이며 刑事에는 五日로 홈.

第四十九條 原狀回復의 申提는 其 申提書를 原裁判所에 提出호야 此를 行홈.

第五十條 原狀回復의 申提를 行호는 者는 其 申提와 同時에 前에 行호기 能치 못혼 訴訟行爲를 追行홈이 可홈.

第五十一條 原狀回復의 申提가 有혼 時는 裁判所는 決定으로써 裁判의 執行을 停止홈을 得홈.

第五十二條 裁判所가 原狀回復의 申提를 受理혼 時는 申提人은 期間을 經過홈을 因호야 失혼 權利를 回復홈.

第五十三條 再審의 申提는 確定判決에 對호야 左開혼 境遇에 此를 許홈.
　一 裁判에 憑與호얏든 判事가 該 裁判에 關호야 刑罰에 處된 時
　二 判決의 憑據로 혼 證書나 證言이나 鑑定이나 通譯의 虛僞혼 事가 確定判決을 依호야 證明된 時

三 同一事件에 當호야 二個以上의 確定判決이 有혼 時

刑事에는 前項에 記載혼 境遇 外에 同一事實에 當호야 共犯이 아니고 別로 刑의 宣告를 受혼 者가 有혼 時나 殺人事件에 當호야 其 被殺로 認호얏든 者가 犯罪 後에 生存호거나 犯罪 前에 死去혼 確證이 有혼 時도 亦同홈.

第五十四條 再審의 申提는 再審의 原由가 有호다 호는 判決을 行혼 裁判所가 此를 管轄홈. 上告를 因호야 確定判決이 된 事件에 當호야는 上告裁判所의 判事에게 前條 第一項 第一號에 記載혼 事由가 有홈을 申提호는 境遇를 除혼 外에 控訴判決을 行혼 裁判所가 此를 管轄홈.

第五十五條 再審의 申提는 其 申提書를 管轄裁判所에 提出호야 此를 行홈.

第五十六條 裁判所가 再審의 申提를 受理혼 時는 其 審級을 從호야 通常手續을 依호야 更히 審問 及 判決을 行홈이 可홈.

第五十七條 控訴나 上告나 抗告나 再審의 申提는 民事에는 當事者로붓터 호며 刑事에는 檢事나 被告로붓터 此를 行홈을 得홈.

第五十八條 在監者가 故障이나 控訴나 上告나 抗告나 原狀回復이나 再審의 申提를 行혼 時는 司獄官을 經由호야 其 申提書를 提出홈을 得홈. 此 境遇에는 司獄官이 申提書를 領受혼 日로써 裁判에 提出홈으로 看做홈.

第五十九條 故障이나 控訴나 上告나 抗告를 行홈을 得홀 者는 期間內라도 其 權利를 抛棄홈을 得홈.

第六十條 不適法혼 故障이나 控訴나 上告나 原狀回復이나 再審의 申提는 其 申提書의 提出을 受혼 裁判所가 決定으로써 此를 却下홈. 原狀回復 及 再審의 申提가 理由가 無혼 時도 亦 同홈. 前項의 決定에 對호야는 抗告를 行홈을 得홈.

第六十一條 本法 中 裁判長에 關혼 規定은 區裁判所判事 受命判事 及 受托判事에게 此를 準用홈.

第六十二條 上級裁判所의 裁判이나 其他 事由를 因ㅎ야 訴訟이 完決된 時는 訴訟記錄은 上級裁判所의 裁判書膽本과 共히 第一審 裁判所에 保存홈이 可홈.

第二章 民事訴訟手續

第六十三條 訴訟目的의 價額은 起訟時의 價額을 依ㅎ야 此를 算定홈. 利息 其外 果實 損害賠償 及 訴訟費用은 主된 請求에 附帶ㅎ야 請求홀 時는 此를 算入치 아니홈.

第六十四條 訴는 被告의 居地를 管轄ㅎ는 裁判所가 此를 管轄홈. 居地가 無혼 者나 居地를 知치 못혼 者에게 對ㅎ야는 其 最後의 住地를 居地로 看做홈. 法人에 當ㅎ야는 其 官衙나 事務所의 所在地를 居地로 看做홈.

第六十五條 不動産을 目的으로 ㅎ는 訴는 其 不動産의 所在地를 管轄ㅎ는 裁判所가 此를 管轄홈을 得홈.

第六十六條 二人以上의 被害에 對ㅎ야 訴를 提起홀 境遇에 被告의 居地를 管轄ㅎ는 二個以上 裁判所가 有혼 時는 原告는 其 中에 就ㅎ야 選擇홈을 得홈. 前條의 規定을 從ㅎ야 訴를 提起홀 境遇에 不動産이 二個以上 裁判所의 管轄區域內에 在혼 時도 亦同홈.

第六十七條 裁判所는 當事者가 訴訟을 行홀 能力이 無홈으로 認혼 時는 其 代表者를 指定홈을 得홈.

第六十八條 官廳이 當事者될 時는 其 長官이나 其 長官의 指定혼 所屬 官吏로써 其 代表者로 홈.

第六十九條 當事者는 辨護士나 其他者에게 委任ㅎ야 訴訟을 代理케 홈을 得홈. 但 辨護士 아닌 者로 訴訟代理人으로 홀 時는 裁判所의 許可를 受홈이 可홈. 訴訟代理人은 訴의 取下나 控訴나 上告나 或은 其 取下나 再審의 申提나 復代理의 委任이나 和解나 强制執行에 關혼 訴訟行爲를 行홈에 當ㅎ야는 特別委任을 受홈을 要홈.

第七十條 共通한 權利를 有한 者는 共同하야 訴를 提起함을 得함. 共通한 義務를 有한 者에게 對하야는 共同被告로 하야 此를 訴함을 得함.

第七十一條 訴는 訴狀을 裁判에 提出하야 此를 行함. 訴狀에는 左開諸件을 記載함이 可함.
  一 當事者의 表示
  二 訴訟의 目的
  三 請求의 原因된 事實關係
  四 裁判所名

第七十二條 訴狀은 此를 被告에게 送達함이 可함.

第七十三條 被告는 答辯書를 提出함을 得함.

第七十四條 裁判所는 當事者의 主張 及 證據方法을 明確히 하기 爲하야 部員에게 命하야 準備審理를 行케 함을 得함. 準備審理할 際에 主張치 아니한 事項이나 提出치 아니한 證據方法은 審問에서 此를 制限함을 得함.

第七十五條 裁判所는 無故히 呼出에 應치 아니하는 證人의 拿引을 命함을 得함. 前項의 拿引에 當하야는 第百五十八條 及 第百五十九條의 規定을 準用함. (未完)

▲ 제7호＝民刑訴訟規則(續)

第七十六條 當事者는 裁判所의 定한 바에 從하야 訴訟費用을 預納함이 可함.

第七十七條 訴訟에 結果에 當하야 法律上 利害關係를 有한 第三者가 有한 時는 其 事件의 繫屬한 裁判所는 申請을 因하야 決定으로써 其 利害關係人으로 하야곰 訴訟에 參加케 함을 得함. 前項의 決定에 對하야는 抗告를 行함을 得함. 參加人에 對하야는 當事者에 關한 規定을 準用함.

第七十八條 原告가 裁判所에 繫屬한 事件으로 更히 起訴한 時는 裁判所

는 決定으로써 其 訴를 却下홈이 可홈. 前項의 決定에 對ᄒ야는 抗
告를 行홈을 得홈.

第七十九條 當事者 雙方이 審問期日에 出庭치 아니ᄒ는 時는 裁判所는
更히 期日을 定ᄒ야 呼出狀을 發홈이 可홈. 裁判所는 原告에 對혼
呼出狀에 新定혼 審問期日에 當事者 雙方이 出庭치 아니ᄒ는 時는
訴는 取下혼 者로 看做홈이 可혼 旨를 附記홈을 得홈. 前項의 附記
를 行혼 境遇에 新定혼 審問期日에 當事者 雙方이 出庭치 아니ᄒ는
時는 訴는 取下혼 者로 看做홈.

第八十條 裁判所는 當事者의 死亡이나 其他 當事者에 關혼 事由를 因ᄒ
야 訴訟을 進行ᄒ기 能치 못홈으로 認혼 時는 決定으로써 訴訟手續
을 中止홈이 可홈. 中止혼 日로브터 一個年 內에 訴訟手續을 繼續
ᄒ는 申請이 無혼 時는 前에 行혼 訴訟行爲는 此를 無效로 홈. 其
申請이 有ᄒ야도 却下된 時는 亦 同홈.

第八十一條 中止혼 訴訟手續에 當ᄒ야 繼續의 申請이 有혼 時는 裁判所
는 其 許否에 關ᄒ야 決定을 行홈이 可홈. 當死者의 死亡을 因ᄒ야
訴訟手續을 中止혼 境遇에 其 繼續의 申請에 關ᄒ야 行혼 決定에
對ᄒ야는 抗告를 行홈을 得홈.

第八十二條 裁判所는 他訴訟의 結果가 裁判에 影響을 及혼 者로 認혼
時는 決定으로써 他訴訟이 完終홈이 至ᄒ기ᄭ지 訴訟手續을 中止
홈이 可홈.

第八十三條 裁判所는 判決을 行홀 時에 訴訟費用의 負擔에 當ᄒ야도
判決을 行홈이 可홈.

第八十四條 證據方法이 滅失되거ᄂ 其 使用이 困難케 될 憂가 有혼 時
는 證據保全ᄒ기 爲ᄒ야 證據調査의 申請을 行홈을 得홈. 前項의
申請은 訴의 提起 後에는 受訴裁判所로써 其 提起 前에는 證據調査
의 目的이 될 人이나 物件의 所在地를 管轄ᄒ는 區裁判所로 此를
行홈이 可홈.

第八十五條 和解를 ᄒ고져 ᄒ는 者는 對手者의 居地나 住地를 管轄ᄒ는

區裁判所에 和解ᄒ기 爲ᄒ야 對手者의 呼出을 申請흠을 得흠.

第八十六條 裁判所ᄂ 訴訟의 如何ᄒ 程度에 在흠을 勿問ᄒ고 和解를 勸諭ᄒ며 或은 部員에게 命ᄒ거나 他裁判所 判事에게 囑託ᄒ야 此를 勸諭케 흠을 得흠.

第八十七條 前二條의 境遇에 和解가 成立된 時ᄂ 其 和解에 當ᄒ야 調書를 作成흠이 可흠.

第八十八條 原告ᄂ 訴를 取下흠을 得흠. 但 訴狀을 送達ᄒ 後에ᄂ 被告의 承諾이 有흠을 要흠.

第八十九條 第七十九條의 規定은 此를 控訴에 準用ᄒ고 第七十二條 及 前條의 規定은 此를 控訴 及 上告에 準用흠.

第九十條 强制執行은 確定判決에 基ᄒ야 此를 行흠. 裁判所에서 行ᄒ 和解ᄂ 强制執行에 關ᄒ야ᄂ 此를 確定判決로 看做흠.

第九十一條 强制執行은 執行文을 附記ᄒ 判決謄本에 依ᄒ야 此를 行흠. 執行文의 附記ᄂ 訴訟記錄이 存在ᄒ 裁判所書記가 裁判長의 命을 依ᄒ야 此를 行흠.

第九十二條 執行文의 附記ᄂ 判決謄本의 本尾에 此를 行흠. 其 文式은 左와 如흠. 此 謄本은 債權者 某를 爲ᄒ야 債務者 某에 對ᄒ야 强制執行을 行ᄒᄂ 效力을 有흠.

第九十三條 判決謄本에 執行文을 附記ᄒ 時ᄂ 書記ᄂ 判決原本이나 上級裁判所로붓터 送付를 受ᄒ 判決謄本에 其旨 及 年月日을 記載흠이 可흠.

第九十四條 强制執行에 關ᄒ야ᄂ 其 目的物의 所在地를 管轄ᄒᄂ 區裁判所로써 執行裁判所로 흠.

第六十六條 第二項에 規定은 此를 執行裁判所에 準用흠.

第九十五條 動産에 對ᄒ 强制執行에 當ᄒ야ᄂ 其 動産의 所在地를 管轄ᄒᄂ 府尹 郡守나 或은 警察官署의 警視 警部로써 執行官吏로 ᄒ며 不動産에 對ᄒ 强制執行에 當ᄒ야ᄂ 其 不動産의 所在地를 管轄ᄒᄂ 府尹이나 郡守로써 執行官吏로 흠.

第九十六條 執行官吏는 自己의 責任으로써 其廳所屬 主事나 巡查로 執行行爲를 行케 흠을 得홈.

第九十七條 執行官吏는 其 職務를 行홈에 當ᄒ야 必要가 有홀 時는 警察官吏의 援助를 求흠을 得홈.

第九十八條 執行官吏가 其 職務를 行홈에 當ᄒ야 故意나 重大ᄒ 過失을 因ᄒ야 債權者나 其他人의게 損害를 及홀 時는 此를 賠償ᄒ는 責에 任홈.

第九十九條 强制執行을 求홈에는 其 執行行爲를 行홀 執行裁判所나 執行官吏에게 執行力이 有ᄒ 判決謄本을 提出홈이 可홈.

第百條 執行費用은 債務者의 負擔으로 홈. 前項의 費用에 當ᄒ야도 强制執行을 行홈이 可홈.

第百一條 執行費用의 辦償은 執行官吏가 强制執行을 行ᄒ 物件이나 金額中에셔 最先扣除ᄒ야 此에 充홈이 可홈.

▲ 제8호 = 민사소송규칙(속)

第百二條 執行裁判所나 執行官吏는 債權者에 對ᄒ야 執行官吏의 旅費 及 日當金 其他 强制執行에 當ᄒ야 必要ᄒ 費用의 預納을 命홈이 可홈. 債權者가 前項의 命令을 從치 아니홀 時는 强制執行을 行치 아니홈을 得홈. 執行官吏의 旅費 及 日當金은 官吏의 出張旅費支給에 關ᄒ 規定을 從홈.

第百三條 執行力이 有ᄒ 判決謄本을 有ᄒ 債權者는 押收債權者가 債權의 辦償을 受ᄒ기 前에 限ᄒ야 强制執行에 當ᄒ야 加入을 求홈을 得홈.

第百四條 執行官吏는 强制執行에 當ᄒ야 調書를 作成ᄒ야 關係書類와 共히 此를 執行裁判所로 送致홈이 可홈. 執行調書에는 左開諸件을 記載홈이 可홈.

一 債權의 表示

二 强制執行의 目的物 及 其 價額의 表示

三 强制執行의 顚末

四 立會人이 有亳 時亡 其 署名捺印

五 强制執行을 行亳 處所 及 年月日

第百五條 執行裁判所나 執行官吏亡 債務者가 全部의 辦償을 行亳 時亡 其 證明書 及 執行力이 有亳 判決謄本을 此에 交付亳고 一部의 辦償을 行亳 時亡 其 證書만 此에 交付亳고 且 執行力이 有亳 判決謄本에亡 一部辦償亳 旨를 附記亳야 此를 債權者에게 還付亳이 可亳.

第百六條 債權者나 債務者나 其他 利害關係人은 强制執行에 關亳야 執行裁判所에 異議의 申提를 行亳을 得亳.

第百七條 前條의 申提가 有亳 時亡 執行裁判所亡 債權者나 債務者나 其他 利害關係人에게 保證을 立케 亳거나 此를 立케 아니亳고 强制執行의 開始나 停止나 續行이나 繳消를 命亳을 得亳.

第百八條 强制執行에 關亳야 執行裁判所의 行亳 裁判은 執行官吏를 覊束亳.

第百九條 動産에 對亳 强制執行에亡 債務者로 立會케 亳이 可亳. 若 債務者의 立會가 無亳 時亡 其 家族이나 適當亳 者로 立會케 亳이 可亳.

第百十條 動産에 對亳 强制執行은 債務者의 所有物件을 押收亳야 此를 行亳. 但 第三者가 其 物件을 持亳 境遇에 提出亳을 拒絶亳 時亡 此를 押收亳을 得지 못亳.

第百十一條 左開亳 物件은 押收亳을 得지 못亳.

一 債務者 及 其 家族의 生活 及 職業에 不可缺亳 物件

二 勳章 其他 名譽의 證標

三 祭祀 及 禮拜의 用에 供亳亡 物件

四 系譜 及 信章

第百十二條 押收物件은 執行官吏가 評價亳야 債權者에게 交付亳거나 此를 放賣亳야 其 賣得金을 債權者에게 交付亳이 可亳.

第百十三條 動産에 對혼 强制執行에 當ᄒ야 加入을 求ᄒᄂ 債權者가
　　　有혼 時ᄂ 執行官吏ᄂ 前條에 規定을 從ᄒ야 各 債權額에 應ᄒ야
　　　押收物件이나 其 賣得金을 交付홈이 可홈.
第百十四條 債權者가 押收物件의 交付를 受혼 時ᄂ 其 物件에 對혼 所
　　　有權을 取得호ᄃᆡ 評價額을 從ᄒ야 債權의 一部나 全部의 辦償을
　　　受혼 者로 看做홈. 評價額이 債權額을 超過혼 境遇에ᄂ 債權者ᄂ
　　　其 差額을 債務者에게 出給지 아니ᄒ면 債權額以下에 相當혼 物件
　　　外에 交付를 受홈을 得지 못홈.
第百十五條 執行官吏가 債權證書를 押收혼 時ᄂ 第百四條에 記載혼 書
　　　類와 共히 執行裁判所로 送致홈이 可홈. 前項의 境遇에 裁判所의
　　　相當홈으로 認ᄒᄂ 價額으로써 證權面의 債權을 讓코즈 ᄒᄂ 者가
　　　有혼 時ᄂ 裁判所ᄂ 其 對價를 徵收ᄒ야 債權移轉의 旨를 證書에
　　　配記ᄒ야 此를 讓與人에게 交付홈이 可홈. 但 押收債權者나 加入債
　　　權者가 讓受人될 時ᄂ 其 對價로써 卽히 辦償에 充當홈. 此 境遇에
　　　ᄂ 前條 第二項의 規定을 準用홈.
第百十六條 前條의 境遇에ᄂ 讓受人은 第三債務者에게 對ᄒ야 債權移
　　　轉혼 旨를 通知치 아니ᄒ면 此로써 第三債務者 及 其他 者에게 對
　　　抗홈을 得지 못홈.
第百十七條 債權證書의 讓受人이 無혼 時ᄂ 其 證書에 對혼 押收ᄂ 此
　　　를 解除홈.
第百十八條 汽船 及 五十石以上의 帆船에 對혼 强制執行에 當ᄒ야ᄂ
　　　不動産에 對혼 强制執行의 規定을 準用홈.
第百十九條 執行官吏가 船舶을 押收혼 時ᄂ 其 監守 保存 其他 必要혼
　　　處分을 行홈이 可홈.
第百二十條 强制執行을 因ᄒ야 船舶의 所有權을 移轉ᄒᄂ 境遇에 債務
　　　者의 行爲를 要혼 時ᄂ 執行官吏ᄂ 債務者를 代ᄒ야 其 行爲를 行
　　　홈을 得홈.
第百二十一條 不動産에 對혼 强制執行은 執行官吏가 左開事項을 公告

ᄒ야 此를 開始ᄒ되 此 公告ᄂ 押收의 效를 生홈.

一 債權者 及 債務者의 表示

二 不動産 及 其 所有者의 表示

三 强制執行ᄒ기 爲ᄒ야 前記不動産을 押收ᄒᄂ 旨

四 公告의 年月日 及 執行官吏의 氏名

第百二十二條 典當의 公證이 有흔 不動産에 對ᄒ야ᄂ 其 擔保흔 債權 及 執行費用을 報償ᄒ고 剩餘가 生홀 可望이 有흔 境遇 外에ᄂ 强制執行을 行홈이 可치 아니홈.

第百二十三條 押收흔 不動産에 當ᄒ야 其 押收以後에 所有者의 行흔 處分은 無效로홈.

▲ 제9호=민사소송법 규칙(속)

第百二十四條 執行官吏ᄂ 押收흔 不動産에 當ᄒ야 公賣의 期日 及 處所를 定ᄒ야 十四日以上에 左開事項을 公告홈이 可홈. 但 公賣期日은 公告흔 日로붓터 二十日以上 三十日以下의 期間을 存홈을 要홈.

一 不動産의 表示

二 前記不動産은 入札을 依ᄒ야 公賣을 行ᄒ니 買受希望者ᄂ 某日 某時某處에 入札을 行홀 旨

三 公告의 年月日 及 執行官吏의 氏名

第百二十五條 執行官吏ᄂ 入札에 當ᄒ야 定흔 時日을 過흔 後에 卽時 入札人의 面前에서 開札ᄒ고 最高價의 入札人을 落札人으론 定홈이 可홈. 但 典當의 公證이 有흔 不動産에 當ᄒ야 入札의 最高價가 與典當債權 及 執行費用을 報償키 不足홀 時ᄂ 落札人을 定치 아니ᄒ고 其 不動産에 對흔 强制執行을 解除홈이 可홈.

第百二十六條 執行官吏가 落札人을 定흔 時ᄂ 左開事項을 公告홈이 可홈.

一 公賣에 付흔 不動産의 表示

二 落札人의 氏名 及 落札價額

174

執行官吏는 前項의 公告를 行흠과 同時에 落札흔 旨를 落札人에게 通知ㅎ고 期間을 定ㅎ야 落札代金을 納入흠을 命흠이 可흠.

第百二十七條 落札人은 落札代金을 納入흔 時는 公賣에 付흔 不動産의 所有權을 取得흠. 前項의 境遇에는 執行官吏는 落札人에게 落札證明書를 付與ㅎ고 且土地家屋證明規則에 準ㅎ야 土地家屋證明簿에 所有權移轉에 關흔 記入을 行흠이 可흠.

第百二十八條 執行官吏는 落札代金을 押收債權者의게 交付흠이 可흠. 但 落札代金이 債權額을 超過흔 時는 其 差額을 債務者에게 交付흠이 可흠. 公賣흔 不動産에 當ㅎ야 典當債權者가 有흔 時는 執行官吏는 落札代金 中에서 其 債權의 相當흔 金額을 扣除흔 後가 아니면 前項의 處分을 行흠을 得지 못흠.

第百二十九條 不動産에 對흔 强制執行에 當ㅎ야 加入을 求흔 債權者가 有흔 時는 執行官吏는 前條의 規定을 從ㅎ야 各 債權額에 應ㅎ야 落札代金을 交付흠이 可흠.

第百三十條 入札人이 無흔 時나 落札人이 落札代金을 納入치 아니흘 時는 押收債權者나 加入債權者나 典當債權者는 執行官吏가 相當흠으로 認ㅎ는 價額으로써 公賣에 付흔 不動産을 讓受흠을 得흠. 前項의 境遇에는 第百十四條 第百二十五條 但書 第百二十七條 第二項 及 第百二十八條의 規定을 準用흠.

第百三十一條 不動産의 强制執行에 關흔 公告는 府廳이나 郡衙의 揭示場 其他 適當흔 處所에 揭示ㅎ야 此를 行흠. 公告는 前項 以外에 新聞紙에도 此를 行흠을 得흠.

第百三十二條 特定흔 動産이나 不動産의 引渡를 目的으로 ㅎ는 强制執行에 當ㅎ야는 執行官吏는 債務者의 占有를 解ㅎ고 其 動産이나 不動産을 債權者의게 引渡흠이 可흠. 前項의 强制執行의 當ㅎ야는 其 動産이나 不動産의 所在地를 管轄ㅎ는 警察官署의 警視나 警部로 執行官吏로 흠.

第百三十三條 直接履行을 强制ㅎ기 可치 못흘 性質의 債務를 宣告흔

判決에 基호 强制執行에 當호야는 執行裁判所는 債權者의 申提를
因호야 其 判決의 趣旨를 達호기 適當호 處分을 定홈. 前項의 强制
執行에 當호야는 債務者의 居地를 管轄호는 區裁判所로써 執行裁
判所로 홈.

第百三十四條 前條의 强制執行을 行홈에 當호야 執行官吏를 必要로 호
는 境遇에는 執行裁判所는 執行行爲를 行호 地를 管轄호는 府尹
郡守나 或은 警察官署의 警視 警部中에서 此를 定홈.

第百三十五條 訴의 繫屬호 裁判所는 强制執行을 保全호기 爲호야 原告
의 申提를 因호야 保證을 立케 호고 被告의 動産이나 不動産에 對
호야 假押收를 命호거나 訴訟의 目的의 關호야 假處分을 命홈을
得홈. 裁判所는 被告의 申提를 因호야 保證을 立케 호고 假押收나
假處分을 繳消홈을 得홈.

第百三十六條 假押收命令의 執行의 當호야는 動産 及 不動産의 押收의
關호 規定을 準用홈. 但 動産의 假押收에 當호야는 評價호 後에 債
權者에게 其 保管을 命홈이 可홈.

第百三十七條 假處分에 當호야는 裁判所는 原告의 甲提호 目的을 達홈
에 必要호 處分을 定홈. 前項의 命令의 執行홈에 當호야는 第百三
十二條 第二項 及 第百三十三條 第二項의 規定을 準用홈.

第百三十八條 債務者 財産에 對호 强制執行을 求홈을 得홀 債務者는
第一審의 受訴裁判所에 執行力이 有호 判決謄本을 提出호야 債務
者의 留置를 申請홈을 得홈. 但 財産에 對호 强制執行을 求호 後에
는 此限에 在치 아니홈. 前項의 留置를 申請호는 債權者는 裁判所
의 定호 바에 從호야 留置費用을 預納홈이 可홈.

第百三十九條 債務者의 留置에 當호야는 刑事被告의 拘留에 關호 規定
을 準用홈.

第百四十條 留置費用은 債務者의 負擔으로 호야 債權者의 債權에 加算홈.

第百四十一條 裁判所는 職權으로나 申請을 因호야 何時라도 債務者의
留置를 繳消홈을 得홈. (以下次號)

◎ 法律을 不可不學,

中岳山人,〈대한협회회보〉제7호, 1908.10. (법학)

法律이라 云ᄒᆞᄂᆞᆫ 者ᄂᆞᆫ 身의 血脈과 如ᄒᆞ야 國家人民에 對ᄒᆞ야 暫時
라도 缺乏ᄒᆞ기 不可ᄒᆞᆫ 者라. 芸芸蔥蔥ᄒᆞᆫ 人群의 中에 貪惡者, 無恥者,
無義者, 强暴者流가 慈善者, 淸廉者, 道德者 有義者流에 比ᄒᆞ야 倍蓰에
不止ᄒᆞᆫ즉 萬一 法律의 制裁ᄒᆞᄂᆞᆫ 方法이 無ᄒᆞ고 人의 恣行에 放任ᄒᆞᆯ지면
前者ᄂᆞᆫ 忌憚이 無ᄒᆞ야 後者의 生命과 財産을 無理로 强奪ᄒᆞᆷ을 不已ᄒᆞᆯ지
라. 是로 以ᄒᆞ야 法律을 制定ᄒᆞ야 此等 惡行 惡事를 禁制ᄒᆞ야 人의 當然
ᄒᆞᆫ 權利를 保護ᄒᆞᄂᆞᆫ도다. 然ᄒᆞᆫ 故로 法律을 國家의 要素로 確認ᄒᆞ야 此
로써 人民을 指導ᄒᆞ며 此로써 國家를 護衛ᄒᆞ야 秩序를 維持ᄒᆞ며 幸福
을 增進케 ᄒᆞ나니 法律의 緊重ᄒᆞᆷ이 如此ᄒᆞᆫ지라. 人이 世에 處ᄒᆞ랴면 法
律의 正義와 法律의 條理를 不學ᄒᆞ기 不可ᄒᆞ고 旣學ᄒᆞᆫ 後에ᄂᆞᆫ 人을 敎
授치 안이키 不可ᄒᆞ도다. 政治가 비록 善良ᄒᆞ야 敎化가 浹治ᄒᆞ더ᄅᆞ도
法律이 안이면 梗頑難移ᄒᆞᆫ 者에게ᄂᆞᆫ 普及키 難ᄒᆞᆯ 뿐 안이라 國家의 人
民된 本分은 卽 權利와 義務를 尊重이 思惟ᄒᆞ야 維持ᄒᆞᆷ에 在ᄒᆞᆫ지라. 만
일 此를 抛棄ᄒᆞᆯ지면 卽 自身을 下待ᄒᆞ야 奴隸에 自居ᄒᆞᆷ과 如ᄒᆞ고 且
其 權利와 義務를 維持코져 ᄒᆞᆯ지면 不得不 法律의 保護를 要ᄒᆞᆷ지오 쏘
한 無理ᄒᆞᆫ 凌侮와 不公ᄒᆞᆫ 壓迫 等을 被ᄒᆞᆷ은 卽 權利를 見奪ᄒᆞᆷ이오 從ᄒᆞ
야 生命과 財産을 保護키 末由ᄒᆞ도다.
大抵 法律이란 者ᄂᆞᆫ 帝王의 尊貴ᄒᆞᆷ과 輿卒의 卑賤ᄒᆞᆷ을 勿論ᄒᆞ고 一般
適用ᄒᆞᄂᆞᆫ 者라. 然ᄒᆞᆫ 故로 瞽瞍殺人에 皐陶執之란 古語도 有ᄒᆞ고 現世
文明國 慣例를 溯考ᄒᆞ더ᄅᆞ도 一個 庶民이 國務大臣에 對ᄒᆞ야 訴訟 提起
ᄒᆞ기를 當然ᄒᆞᆫ 事實에 付ᄒᆞ나니 此ㅣ 法律은 公平ᄒᆞᆫ 原理만 主張ᄒᆞ고
貴賤上下의 分別이 無ᄒᆞᆫ 者라 旣然ᄒᆞᆫ즉 人이 我의 權利 義務를 損害ᄒᆞᆯ
境遇에ᄂᆞᆫ 不得不 回復코져 ᄒᆞᆷ은 正理어니와 若 或 法律에 素昧ᄒᆞᆫ 者ᄂᆞᆫ
其 事理의 分別力이 缺乏ᄒᆞ고 舊慣에 不離ᄒᆞ야 回復할 思想을 念頭에도
不起ᄒᆞᄂᆞᆫ 者 滔滔皆是니 此로 觀ᄒᆞᆯ진디 人이 人된 資格을 完全케 ᄒᆞᄂᆞᆫ

材料는 卽 法律이라 謂宮지오. 個人만 如此홀 쑨 不是라. 國與國間 交際
에 對하야도 此와 如하야 비록 莫大훈 强國과 至小훈 弱國의 間에라도
公法의 正理를 不由하고는 强國이 弱國에 對하야 敢히 無理훈 行動을
加하기 不能하고 多數者가 小數者에 對하야 敢히 不正훈 凌侮를 加하지
못하나니 然훈則 法律은 卽 國家人民의 生命財産을 扶殖하는 藥石이며
無道不公훈 强暴를 防禦하는 干屛이라 謂홀지라.

大凡 法律은 人世上 萬般事爲에 關係되지 안는 者 無하야 大훈즉 國與
國間에와 小훈즉 臺輿走卒신지 一般 適用홈은 勿論이어니와 撮爾훈 部
落이어나 編戶殘民이라도 法律의 未鍊홈을 因하야 無理훈 侵漁와 意外
의 橫厄을 遭하는 者 ㅣ 一二로 計홀 바 안이니 自國同族과 一鄕同胞로
도 如此하거든 而況萬國의 梯航이 相續하며 玉帛이 相問하야 雜色人種
이 互相 同處하야 其 事를 同하며 企業을 倂하는 此 二十世紀리요 生存
競爭은 自然훈 形勢오 優劣勝敗는 理致에 自在하건만은 法律을 不知하
면 事理의 當否를 不知하야 人의 無理를 坐受홀 쑨이오 一言의 答辯을
不敢홀지니 此는 我의 天賦훈 公權을 損失홈만 안이라 一人二人으로
多數에 及하면 卽 其 影響이 國家 全體에 普及하야 國家의 威信을 墮落
하며 無限훈 恥辱을 受홀 것이오 畢竟 衰亡에 陷入홀지니 然훈 故로
法律은 쏘훈 人의 生命財産을 保護하는 護身符오 國家의 光榮을 發輝하
는 大主要로 認하야 人人이 學習홀 바오 家家이 敎授홀 바로다.

國家는 卽 民의 積훈 者라 其 民이 內外國法律에 通曉하야 各其 權利와
義務를 盡行하면 政府의 施措를 不費하고 其 國家의 振興을 可期홀 것
은 智算이 無益이라. 故로 西哲의 言에 曰 良民의 上에 惡政府가 無하다
하니 良民이라 謂훈 者는 其 民의 姿稟이 仁慈홈을 指홈이 안이오 卽
其 民의 學識이 宏博하니 其 民의 行動이 正大하야 世界大勢의 趨向과
國家運命의 消長을 盻衡하야 國家의 進取홀 事業과 人民의 當行홀 義務
를 實行하야 文華를 導迎홈에 在훈 者니 此等 人民과 此等 行爲는 法律
에 由出치 안는 者 無홀지라. 故로 國家를 憂하고 國家를 愛하는 者는
法律을 不知홈이 不可하다 斷言하는 바로다.

◎ 法律學, 李範星, 〈기호흥학회월보〉 제4호, 1908.11. (법학)

　　*이범성(백운재)의 법률학은 제4호~제10호까지 연재되었으나 미완 상태임, 제
　　11호, 제12호에는 화학문답을 역술하였는데, 제11호에는 백운재(白雲齋)라
　　는 호를 사용했음.

▲ 제4호

　刑罰權의 槩論

　　刑罰權은 犯罪人에게 對ㅎ야 科흠을 吾人의 稔知(임지)ㅎ는 바어니
와 國家는 何故로 刑罰權이 有ㅎ뇨. 右今東西에 學說의 主義가 各異ㅎ
야 往往히 非常ㅎ고 可恠흔 者ㅣ 多ㅎ니 其學說을 硏究 詮索흠이 法律
學 中에 頗히 興味가 有흠으로 余는 孤陋흠을 忘略ㅎ고 來學說의 主義
를 摘要 論明코쟈 ㅎ노라.
　　大抵 絶對主義論者는 曰 國家는 道義를 維持ㅎ기 爲ㅎ야 立흠이오,
決코 契約을 由ㅎ야 生흠이 아인즉 國家의 存在는 道義上의 必要를 從
出흔 故로 刑罰의 執行은 國家 職務의 一部分이니 犯人을 罰흠은 道義上
의 必要를 原因흠이라, 犯罪는 正理를 背ㅎ는 者요 國家는 正義를 保維
ㅎ는 者ㅣ니 刑罰의 執行이 各個人의 利益을 爲흠이 아니요, 刑罰의 目
的 卽 刑罰 自身에 存ㅎ고 刑罰 以外에 存치 아니ㅎ다 ㅎ며, 相對主義를
主張ㅎ는 者는 曰 國家는 各人의 利益을 爲ㅎ야 存흠이니, 刑罰 執行은
國家 職務의 一手段이요, 其 目的이 各人의 利益을 保護흠이 不過한즉
刑罰의 目的이 刑罰 外에 在ㅎ고, 刑罰 本身에 在흠이 아니라. 凡人이
社會의 一員인즉 默諾(묵락)으로 刑罰을 受흘 義務가 有흠으로 國家는
此 默諾을 依ㅎ야 刑罰 執行의 權이 有ㅎ다 ㅎ며, 折衷主義 論者는 國家
의 正義와 社會의 利益을 調劑ㅎ야 曰 正義는 卽 利益이라. 正義와 利益
을 區別흠이 決코 不可ㅎ니 國家의 正義를 違背치 아니ㅎ는 限度에는

社會의 利益을 增進케 아니치 못ᄒᆞᄂᆞᆫ 故로 社會의 利益과 人民의 幸福을 計量ᄒᆞ야 適當ᄒᆞᆫ 範圍 內에 刑罰을 科ᄒᆞᆫ즉 刑罰의 權衡을 失치 아니ᄒᆞᄂᆞ니 만일 權衡에 超過ᄒᆞᆫ 刑罰인즉 苛酷의 評을 免치 못ᄒᆞ며, 不及ᄒᆞᆫ즉 效力이 生치 아니ᄒᆞ야 無益홈이 至ᄒᆞ리라 ᄒᆞ니,

以上 第一主義ᄂᆞᆫ 國家ᄂᆞᆫ 正義을 保護ᄒᆞ고 刑罰은 正義의 被害를 回復ᄒᆞᄂᆞᆫ 者라 홈으로 德意志(덕의지, 독일) 學者 曲克(곡극)[11] 氏ᄂᆞᆫ 犯罪를 疾病과 如히 視ᄒᆞ야 罰ᄒᆞᆫ즉 其疾病이 癒(유, 나음)ᄒᆞᆫ다 ᄒᆞ고, 硜特(갱특)[12] 氏ᄂᆞᆫ 刑罰을 犯罪의 報應이라 ᄒᆞ야 善者에 對ᄒᆞᆫ 善報와 惡者에 對ᄒᆞᆫ 惡報ᄂᆞᆫ 天賦의 本性이니 國家 正義에 及ᄒᆞᆫ 不正行爲를 行ᄒᆞᆫ 者에게 刑罰로 報應홈이 可ᄒᆞ다 ᄒᆞ니, 一理가 無홈은 아니로ᄃᆡ 第二主義에 國家와 刑罰을 勿論ᄒᆞ고, 均是 人民의 利益을 保護ᄒᆞ기 爲ᄒᆞ야 設홈이라 홈만 不如ᄒᆞ도다.

此等 議論은 民約主義(민약주의)[13]를 基因홈이나 然이나 正理에 反ᄒᆞᆫ 契約은 履行의 義務가 有치 아니ᄒᆞᄂᆞᆫ 故로 契約의 有無로 刑罰權의 正否를 論홈이 不足ᄒᆞᆫ 缺點은 ᄯᅩᄒᆞᆫ 免치 못홀지라. 元來 人民은 國家의 刑罰로 社會에 生存홈이 아닌즉 人民이 有ᄒᆞᆫ 後에 國家가 有ᄒᆞ고, 刑罰이 有ᄒᆞ니, 國家의 正義를 增進ᄒᆞ고, 社會의 利益을 保護ᄒᆞᄂᆞᆫ 精神이 卽 第三主義의 要點이라. 余에 信ᄒᆞᄂᆞᆫ 바로 一步를 夔進ᄒᆞ야 <u>進化主義에 刑罰 本質은 '國家의 生存을 維持ᄒᆞ기 爲ᄒᆞ야 其生存 條件에 危害를 加ᄒᆞᄂᆞᆫ 所爲를 陶汰ᄒᆞᄂᆞᆫ 方法'이라 云홀지라. 盖 國家의 統治權은 生物進化의 原理를 依ᄒᆞ야 統御ᄒᆞᄂᆞᆫ 一個 現像</u>이니 生物界의 互相 競爭홈을 當홈이 國家ᄂᆞᆫ 刑罰이라 云ᄒᆞᄂᆞᆫ 護身의 利器를 擁ᄒᆞ야 國家의 目的된 各人의 本性 卽 生存條件에 危害를 除芟(제삼)홈이나 然ᄒᆞ나 權利의

---

11) 곡극(曲克): 독일의 법학자. 미상.

12) 갱특(硜特): 미상. 칸트일 가능성도 있음.

13) 민약주의(民約主義): 사회계약설.

目的은 人으로 ᄒ야곰 安寧과 幸福케 홈이어늘 刑罰은 人으로 安寧과 幸福의 目的에 違背홈과 如ᄒ나 刑罰로 人의 安寧 幸福을 奪ᄒᄂ 事由를 推究ᄒ면 卽 人人으로 ᄒ야곰 安寧 幸福을 各得케 홈이 됨으로 刑罰이 無用홀 時에 至혼 後에 可히 目的에 達ᄒ얏다 論ᄒ리니 卽 刑은 無刑을 期ᄒᄂ 意라. 此로 由ᄒ야 觀ᄒ면 刑罰은 不得已혼 權利니 侵害된 生存條件을 保維홈이 因ᄒ야 刑罰權을 用홈이 實로 不得已혼 事오, 決코 權利 目的에 背馳홈이 아니로다.

▲ 제5호

不當利得의 原理를 依ᄒ야 不法과 不當의 辦償도 返還의 義務가 有ᄒ가.

不當利得이라 홈은 法律上의 原因이 無ᄒ고 他人의 財産을 受ᄒ며 或 他人의 勞務를 因ᄒ야 利益을 得ᄒ고 他人은 此를 因ᄒ야 損失을 及혼 者를 謂홈이니 契約이 有ᄒ거나 法律上 原因으로 他人의 財産을 受ᄒ거나 或 勞務를 因ᄒ야 利益이 生혼 者ᄂ 不當利得이 아니며, 自己의 財産이나 或 勞務로 利益을 受ᄒ면 他人은 비록 損失이 生ᄒ얏슬지나 此도 ᄯ혼 不當利得이라 云치 못홀지라. 不當利得은 반다시 他人의 財産이나 或 勞務로 利益이 生혼 바니 一例를 擧ᄒ면 商賈가 上品을 跌價販賣(질가판매)ᄒ야 利를 取ᄒ고 此의 影響으로 隣近의 他商賈가 損失을 受ᄒ야도 不當利得이 아님과 如ᄒ니라.

然ᄒ나 他人의 財産과 或 勞務로써 利益을 受홀지라도 其 利益을 受혼 原因이 他人으로 ᄒ야곰 損失을 被치 아니ᄒ면 不當利得이 아님으로 不當利得은 반다시 自己우ㅣ 財産과 勞務가 아니며 ᄯ 他人으로 損失을 及홈을 要ᄒᄂᄂ라. 不當利得의 原理ᄂ 大略 上述홈과 如ᄒ거니와 余ᄂ 學識의 湔蕪(전무)홈을 不顧ᄒ고 次에 不當과 不法의 辦償을 說明ᄒ노라.

大抵 不當의 辨償이라 홈은 卽 存在치 아니혼 債務의 辨償으로 支撥 혼 者니 其 支撥에 返還을 請求호나 然호나 債務者가 아니로딕 錯誤를 因호야 債務를 辨償하고, 善意의 債權者가 또혼 眞債務者로 誤信호고 其辨償을 受호야 證書를 毀了호며 擔保를 放棄호야 因호야 原債權의 時效를 失혼 後에 辨償者가 錯誤됨으로 無效호다 謂호야 返還을 求한 즉 債權者는 眞債務者에 對호야 證書 等의 存在가 無호고 旣往 時效가 過혼즉 債權이 消滅홀지라. 非常의 損害를 被홀지니 如此히 錯誤에 至홈은 辨償者의 過失인 故로 其 責任은 辨償者에 歸홈이 合當호고 善意 債權者에 向호야 返還 請求를 得爲치 못홀지며,

不法의 辨償이라 홈은 不法의 原因이 有호고 辨償혼 者니 例如 賭博 의 敗혼 者ㅣ 卽 法律上의 原因이 無호고 辨償혼 者라. 如此혼 辨償은 返還의 義務가 無호나니 不當利得의 原理를 依호야 返還을 許혼즉 是는 彼가 背法行爲(배법행위)를 自爲호고 法律의 保護를 求홈이라. 法律이 認許호면 公益에 反호야 種種 獘害를 釀生호는 故로, 法律은 此等 不法 에 返還請求를 不許홀지니라. 此로 由호야 觀호면 不法의 辨償과 不當 의 辨償이 返還을 請求치 못홈이 同一호나 然호나 或 境遇에는 返還을 請求홀지니, 假令 辨償 當時에 債權者가 不當의 辨償을 知호거나, 受益 者가 背法行爲를 自爲호얏스며, 法律은 惡意와 不法의 債權者로 호야곰 無故히 利益을 受호고 他人으로 損害를 被케 홈이 極히 不公不平혼 事 라. 故로 此와 如혼 境遇는 반다시 不當利得의 原理를 依호야 返還의 義가 有케 호나니라.

▲ 제6호

羅馬法의 自由人

自由人이라 홈은 凡人이 生홈이 自由人이 됨을 謂홈이니 父母가 皆 是 自由人인즉 其子는 勿論 自由人이며, 父母가 原是 奴隷라도 一朝에

放釋호즉 其子가 또혼 自由人이오, 一人이 奴隷로 放釋혼 者라도, 其子가 또혼 自由人이며, 又 或 其父가 奴隷어나 又 或 何人됨은 知치 못홀지라도, 其母가 自由人이나 或 奴隷로 放釋혼 者면, 其子가 自由人됨을 失치 아니호며, --

▲ 제7호

國際公法의 訴訟節次

訴訟節次는 其 訴訟을 行호는 國의 法律에 從호는 者라. 故로 外國人이 內國에서 訴訟호는 時는 內國 法律을 從호고, 內國人이 外國에셔 訴訟호는 時는 其 外國 法律을 從홈이 可호니 是는 今日 各國의 普認호는 바 原則이라. 若此 原則을 不認홀진딕 實際에 非常혼 不便이 生호야 到底히 裁判을 得爲치 못홀지니라. 然이나 權利 自體와 訴訟節次의 分界에 當호야 困難혼 問題가 有호니 國際 私法에 關혼 著書 中 諸種의 規定을 陳列호야, 此는 權利 自體에 關호고, 彼는 單히 訴訟節次에 關혼 者라 說明홀지라도 아즉 內國 法律을 直自 採用홈이 不可호니, 要호건딕 自國 法律의 解釋으로는 自國 法律의 訴訟節次로 看作호는 밧 者에 不外호는 故로 國內法에난 訴訟節次라 看作홀지라도, 外國에셔는 不然혼 者가 有호야 實際上 爭訟이 生홈을 免치 못홀지나, 此와 如홈은 各國 內部 法制의 一致치 못혼 今日에 到底히 避치 못홀 現狀이니라. 訴訟節次가 旣히 如斯호니 訴訟節次를 盡혼 後에 裁判 及 其 裁判을 執行호는 方法 等에 當호야 其 執行國의 法律을 從홈이 可홈은 多論을 不俟홀 者니라.

然而 裁判호는 國과 裁判을 執行호는 國이 同一치 아니홈도 有호니 此 境遇에도 裁判의 執行은 其 執行호는 國의 法律에 從홈이라. 盖 此等 事項은 國家 公權의 直接 作用이니, 何許 邦國이던지 自枉호야 他國의 法律을 適用홀 理가 未有혼 故니라.

法律 行爲의 執行도 其 執行國의 法律에 從ᄒᆞᄂᆞᆫ 者라 ᄒᆞᄂᆞ니 假令 債務를 爲ᄒᆞ야 監禁을 許ᄒᆞᄂᆞᆫ 國에셔 其 法律을 從ᄒᆞ야 締結ᄒᆞᆫ 契約이라 도 此를 不許ᄒᆞᄂᆞᆫ 國에셔ᄂᆞᆫ 尙 其 監禁ᄒᆞᄂᆞᆫ 事를 不得ᄒᆞᄂᆞᆫ 類가 是니라.

▲ 제8호

法의 自滅

法을 永久히 適用치 아니ᄒᆞᆯ 時ᄂᆞᆫ 縱令 立法者가 明示나 黙示로 法의 廢棄가 無ᄒᆞᆯ지라도 法이 스사로 消滅치 아니흠을 得치 못ᄒᆞᄂᆞᆫ 故로 法 의 自滅이라 謂ᄒᆞᄂᆞ니라.

歐洲 大陸派의 學者ᄂᆞᆫ 此와 互相 反詰(반힐)ᄒᆞ야 法이 雖幾 十年의 永久를 經過ᄒᆞ야 不適用ᄒᆞ야도 可히 自滅이라 謂치 못ᄒᆞᆯ지니 若其不然 ᄒᆞ면 法의 威嚴이 自輕自微ᄒᆞ야 人民이 必然 侮蔑ᄒᆞ리니, 往古 野蠻시 대에ᄂᆞᆫ 法을 永久히 適用치 아니흠을 因ᄒᆞ야, 消滅ᄒᆞᆫ다 ᄒᆞᆯ지라도 國憲 이 旣定ᄒᆞ고, 立法權이 確立ᄒᆞᆫ 文明國에 在ᄒᆞ얀 不知不覺ᄒᆞ고 永久히 法을 不適用ᄒᆞᄂᆞᆫ 釁端이 無ᄒᆞᆯ 뿐 아니라 쏘한 立法 趣旨에 背戾(배려) 흠으로 現時 奧大利에 法令은 立法者의 變更 或 明文으로 廢棄흠을 經 치 아니ᄒᆞ고ᄂᆞᆫ 效力이 有치 못ᄒᆞ야 自滅키 不能흠을 表示ᄒᆞ얏다 ᄒᆞ니,

夫 法의 消滅이 반다시 廢棄의 公式이 有흠이 立國의 體裁에 正當ᄒᆞᆫ 理로되 特히 實際에 ――히 廢法의 節次를 爲키ᄂᆞᆫ 恐難ᄒᆞᆯ지라. 假令 一 時에 遺忘이 有ᄒᆞ야 數百年에 至ᄒᆞᆫ 後에 突然히 故 紙退中에 提起ᄒᆞ야 此 法律이 廢棄의 節次를 未經ᄒᆞᆫ즉 效力이 尙有ᄒᆞ다 ᄒᆞ야 適用ᄒᆞᆯ진ᄃᆡ 時勢에 相宜치 못ᄒᆞᆯ 뿐 不是라. 人民의 爲害가 亦多ᄒᆞ리니 大抵 時勢와 習俗이 日進月移ᄒᆞ고 法律의 種類도 쏘한 隨宜 改正ᄒᆞ야 數十年 前에 死法은 法의 自滅로 視흠이 當然ᄒᆞ나, 法의 自滅에 二個 條件이 備有흠 을 要ᄒᆞᄂᆞ니,

一. 法을 適用홀 處가 有ᄒ야도 不適用의 實例가 甚多ᄒ 者

二. 法을 不適用홈이 最長久의 時日을 已經ᄒ 者라.

　盖 此 二 條件이 備有ᄒ즉 自滅을 認치 아니치 못홀지라. 然ᄒ나 長久 時日이라 홈이 明晰ᄒ 語意가 아닌즉 十年이 經ᄒ면 長久라 홀가, 百年이 至ᄒ 後에 長久라 홀가. 此ᄂ 實로 豫先 明定홈을 得치 못홀지니 法律의 性質을 因ᄒ야 或 數年이 長久홈도 有ᄒ고 或 數十年 數百年이라야 長久홈도 有ᄒ니 例如 每日의 適用ᄒᄂ 法을 不適用이 數年에 及ᄒ면 法의 自滅이라 홀지로다. 故로 人民의 遺忘 與否를 視ᄒ고, 以上 二 個 條件이 皆備ᄒ면 卽 立法者가 廢棄의 意가 有ᄒ다 斷言ᄒ야도 防礙가 無ᄒ니 假令 廢棄의 公式을 踐行치 아니ᄒ나 法의 自滅로 視치 아니치 못홀지오, 立法者도 ᄯᅩᄒ 認諾홀지로다.

▲ 제10호

　法學의 範圍

　何科學을 不問ᄒ고 幼稚ᄒ 時代에 在ᄒ야ᄂ 其 範圍가 반닷이 確實키 難ᄒ거니와 就中 法學이라ᄂ 者ᄂ 近世에 發達ᄒ 바라. 其 進步가 오히려 他 科學과 如치 못홈으로 其 範圍가 ᄯᅩᄒ 正確홈이 頗缺ᄒ도다. 然이나 法學은 旣히 法律的 現象 中 共通의 元素를 硏究홈으로서 其 職分을 삼은즉 其 範圍가 法律的 現象의 範圍로 同一ᄒ 原則됨은 言을 不待홀 바이라.

　然則 法律的 現象은 何를 謂홈인고. 法律編에 說明ᄒ얏스며 ᄯᅩ 法律的 現象과 其他 現象의 境界가 何로 由ᄒ야 分ᄒ얏ᄂ가. 次第(法學의 位置)에 說明ᄒ얏ᄂ니 法學의 範圍에 法律的 現象을 論究홈을 他의 科學과 同히 實際的이 有ᄒ기를 要ᄒ면 彼 自然法說과 다못 正理說이 實際 法律的 現象 已外에서 原理의 基礎를 取홀진딕 法律의 範圍의 超越

185

혼다 謂치 아니치 못홀지니, 例如 婚姻의 實際 現象을 觀察ᄒ고, 其現象
으로브터 歸納ᄒ야 婚姻의 要件이 某某 事項이 되야 正히 法律의 範圍
에 屬흔 것을 知ᄒᄂ, 만일 其 實際의 現象 如何를 不顧ᄒ고 婚姻이 神
의 命흔 바인 줄 妄斷ᄒ야 由是 演繹ᄒ야 婚姻의 要件을 定ᄒ야 某某
事項을 爲흠에 法學의 範圍에 不屬ᄒ고, 또 如何흔 法律 規則을 制定ᄒ
면 可히 如何흔 法律的 現象이 發生ᄒ리라 ᄒ야, 未來를 取ᄒ야 硏究ᄒ
면, 此ᄂ 法學을 立ᄒᄂ 職分이 됨이오. 直接 法學의 職分은 아니라. 卞
査毋(변사무)14)ㅣ 以爲호ᄃ 立法學으로써 法學의 一分科를 作ᄒ고, 立
法의 事를 不知ᄒ야 社會의 需用과 法律的 現象으로 더브러 合ᄒ야 一
致코자 흠으로 其 職分이 法律的 現象을 硏究홀 ᄲ 不是라. <u>倂히 經濟的
現象과 政治的 現象과 道德的 現象을 取ᄒ야 硏究ᄒ니</u> 此ᄂ 立法의 本
體니라.

　右의 所述흠과 如홀진ᄃ 是ᄂ 法學이라ᄂ 者ㅣ 實際의 法律的 現象을
硏究흠에 在ᄒᄂ 然이나 法學의 範圍ᄂ 決코 一定 不動홀 者ㅣ 아니라,
社會의 進步를 伴ᄒ야 實際의 法律的 現象이 漸次 增加홀 ᄲ 아니라
또 進化 變遷함이 有흔 故로 僅히 一國 一代의 發生흔 바 法律的 現象을
硏究ᄒ면 其 材料가 狹隘(협애)ᄒ야 能히 眞正흔 原理를 發見치 못홀지
니 만일 時를 因ᄒ고 地를 因ᄒ고 人을 因ᄒ야 其 普通 原理의 上에
生ᄒᄂ 變化의 性質 程度의 等을 硏究홀진ᄃ 例如 國家의 觀念이 古代
와 近世가 大相 差異ᄒ야 君主國과 共和國의 趣味가 不同ᄒ니, 만일 一
國 一代의 國家로써 基礎를 삼아 原理를 立ᄒ면, 其 原理가 반닷이 一般
國家의 何가 되며, 또 同一흔 內國人이 身分15)의 異흠을 依ᄒ야 其 法規
를 別흠을 說明키 不能홀지오, 만일 一種 身分된 內國人에 就ᄒ야 原理
를 立ᄒ야 他種 身分된 內國人에 屬ᄒ면 반닷이 應用키 不能홀지라. 或
이 爲호ᄃ 法學은 實際的 法律 現象의 外形만 硏究하고 其 實質 如何ᄂ

---

14) 변사무(卞査毋): 미상. 법학자.
15) 신분(身分): 자신의 본분. 자신이 속해 있는 위치. 여기서는 처지의 뜻이 아님.

不問ㅎ다 ㅎ니, 英國人 荷爾蘭多[16])가 곳 是說을 主張ㅎ 者ㅣ라. 然이나 此ᄂ 法學의 範圍로 ㅎ야곰 狹隘에 過홀 쑨 아이라, ᄯᅩ 法律의 現象 中의 原理에 存홀진ᄃᆡ 決코 外形의 觀察에 依ㅎ야 能히 發見홀 바ㅣ 아니오, 必也 實質을 明케 혼 然後에여 乃可ㅎ니 例如 權利의 法律的 現象을 其外形에 就ㅎ야 觀察ㅎ면 法律上 人과 人의 關係에 不外ㅎᄂ 然이나 다만 人과 人의 關係만 知ㅎ고, 其 關係가 如何혼 性質의 關係를 不知ㅎ면 곳 其 現象 中의 存흔 原理를 可히 知得치 못ㅎᄂ니, 是ᄂ 法學의 職分에 오히려 盡치 못홈이 有ㅎ리라. (未完)

*이범성은 제11~12호에서 '화학문답'을 게재함

◎ 法學, 洪正裕, 〈기호흥학회월보〉 제8호, 1909.3. (법학)

*로마법의 영향을 일본 법학에 기준하여 설명함 / 최종고 〈서양법학사〉를 참고 하여 인명 고증을 할 필요가 있음
*법학, 법률학 구분 = 법률학 용어의 신조 현상(신조어, 번역어)
*과학의 개념과 특징(제9호)

▲ 제8호

法學의 本體

孜之歷史컨ᄃᆡ 希臘 古代에 制度 文物 等 諸般의 開化가 羅馬의 先에 在ㅎ니, 그 開化가 다 學術思想에 基因ㅎ야 發達ㅎ고, 羅馬의 學術思想도 希臘에 源因ㅎ니라. 羅馬의 法律 思想이 ᄯᅩ흔 希臘에셔 傳來홈으로

---

16) 하이란다(荷爾蘭多): 미상.

世稱 羅馬가 十二銅表17)를 制定홀 時에 當ᄒ야 使를 希臘에 特派ᄒ야 索論18)의 法을 受來ᄒ얏다 ᄒ니, 果爾 則 法學이 羅馬에 發生ᄒ얏다 謂ᄒᆷ보다 寧히 希臘에 發生ᄒ얏다 謂ᄒ리로다.

然이나 時運이 此 名譽를 希臘에 許授치 아니코 反히 羅馬에 奉ᄒ며 法學 大成의 名譽를 ᄯᅩᄒ 羅馬의 所占有에 歸ᄒ얏스나 法學 發達의 沿革을 玩索ᄒ면 其故를 解釋키 不難ᄒ니라. 大抵 古今을 不問ᄒ고, 歐洲 諸國 中에 法學으로써 一科學을 삼아 硏究의 道를 開ᄒ고, ᄯᅩ 成功의 實을 擧ᄒᄂᆫ 者ㅣ 羅馬의 外에 或 見치 못ᄒ고 且 羅馬 法律 全典의 勢力이 後世 歐洲 諸國의 法律을 左右ᄒᄂᆫ 者ㅣ 如何ᄒ며, 羅馬 法曹의 學說이 後世 法學가에 餘澤을 留ᄒᄂᆫ 者ㅣ 如何ᄒ뇨, 諸國의 法典을 一覽ᄒ고, 諸學者의 著書를 一讀ᄒᄆᆡ 眞思過半矣오, **勢力 及 餘澤이 輓近에 東洋 日本에 延及**ᄒ고, ᄯᅩ 日本에 由ᄒ야 我國에 輸入ᄒ니 是 知羅馬의 武力이 一時 歐洲의 全土를 壓倒ᄒᄂᆫ듸 不過ᄒ지라. 羅馬의 法律이 尙히 世界의 諸國을 征服ᄒ니 然則 名이 歸ᄒᆷ이 當然치 아닌가.

日本 中古에 行ᄒᆫ 바 形名學과 律令學 等의 名稱에 비록 一科學이 되나, 其實은 支那時代의 刑律과 各種 法令의 法文을 註釋ᄒ야 意義를 硏究홀 ᄯᅡ름에 不過ᄒ고, ᄯᅩ 明治初에 法國六法의 飜譯을 成ᄒᆷ에 法律의 職務에 從事ᄒᄂᆫ 者ㅣ 다 該六法의 法文을 註釋ᄒᆷ으로써 從事ᄒ고, 그 沿革의 當否ᄂᆫ 夐히 介意치 아니ᄒ야 全혀 中古時代로 더브러 그 事蹟을 同히 ᄒ니 萬一 近世의 學術的 思想으로 觀察ᄒ건듸 註釋法文 或 記憶法令條項이 僅히 普通知識에 屬ᄒ고, 學術上 知識은 아닌 故로

---

17) 12동표: 12표법(十二表法, 라틴어 Leges Duodecim Tabularum, 혹은 공식 축약명 Duodecim Tabulae)은 로마법의 기초를 이룬 고대 로마의 성문법이다. 12표법은 로마 공화정 정체(政體)의 중심이자, 로마적 전통(Mos Maiorum)의 근간이었다. 로마의 학생들은 12표법의 원문을 암기해야 했다고 하는데, 이로 보아 구두로도 전승된 듯하며, 리비우스는 12표법이 모든 사법과 공법의 원천(fons omnis publici privatique iuris)이었다고 주장했고, 키케로는 그것이 로마법 전체의 몸체였다고 말한 바 있다. 〈위키백과〉

18) 색론(索論): 솔론.

彼國의 法學家는 昔日의 法學 社會를 追想ᄒ고, 일즉 恥로서 自引ᄒ얏도다. 我國의 法學이 今에 비로소 萌芽ᄒ야 普通의 知識이 오히려 完備치 못ᄒ니 엇지 學術上의 知識을 論ᄒ리오. 然이나 從此 以往으로 逐漸發達ᄒ야 學術思想의 進步에 必伴ᄒ야 日本으로 더브러 同一ᄒ 現象이 되리라.

右의 事蹟은 獨히 日本만 그러ᄒᆯ 쑨 아니라 歐洲에도 쏘흔 有之ᄒ니, 歷史에 其 明證의 前述ᄒᆷ과 如히 法學은 羅馬에 發生ᄒ고 羅馬에 大成ᄒ얏다 謂ᄒ나, 然이나 羅馬帝國의 滅込ᄒᆷ이 所謂 暗黑時代라. 爾時에 法學이 쏘흔 衰退에 歸ᄒ얏더니 第十二世紀에 至ᄒ야는 意太利에 波羅那大學[19]의 設立이 有ᄒ민 伊魯列利鳥斯[20] 氏가 비로소 該 大學에셔 羅馬法律全典의 講筵을 開ᄒ야 稍히 法學 再興의 兆를 示ᄒ나, 然이나 學者ㅣ 다 法律全典의 字句를 註釋ᄒᆷ으로써 爲事ᄒ고 일즉 學理的을 研究치 아니ᄒᄂ 故로[21], 後世에 此時代를 稱ᄒ되 註釋家의 時代라 稱

---

19) 파라나 대학(波羅那 大學): 볼로냐 대학. 볼로냐 대학교(Università di Bologna)는 이탈리아 볼로냐에 있는 유일한 대학이다. 세계에서 가장 오래된 대학인 이 대학은 1088년에 설립되었다. 원래는 신성 로마 제국의 프리드리히 1세가 이 대학의 상징을 기증하였으나, 19세기의 역사학자인 조수에 카르두치에 의해, 실제로 이 대학의 역사가 1088년까지 거슬러 올라간다는 것이 밝혀졌고 공식인정을 받았다. 최근 1988년에는 개교 900주년 기념식을 열기도 했었다. 최초 이 대학의 설립 당시에는 교회법(Canon)과 민법을 강의하였다. 2000년에는, 이 대학은 새로운 이름 알마 마테르 스투디오룸(Alma Mater Studiorum)을 지었는데, 이것은 학문의 모교라는 뜻이다. 즉, 모든 학문이 퍼져 나간 곳이라는 뜻으로, 세계 최초의 대학임을 강조하기 위한 이름이다. 〈위키백과〉

20) 이로열리조사(伊魯列利鳥斯): 이르네리우스(1055경~1125경). 로마법의 권위자로 볼로냐 대학의 법학부를 창설한 것으로 알려져 있다. 이탈리아에서 로마 법 연구를 부흥시킨 학자 중 한 사람으로 볼로냐대학교에서 11세기말부터 13세기 중반 대를 이어 명성을 떨친 법률주석가 겸 법률학 교사들의 선두주자였다. 이르네리우스는 원래 교양과목의 교사였으나 토스카나의 마틸다 백작부인의 설득으로 로마에서 법학을 공부했는데, 후에 백작부인은 신성 로마 제국의 황제 하인리히 5세가 했듯이 그에게 외교임무를 맡겼다. 그는 1088년경에 볼로냐에서 처음으로 법학강의를 했으며, 볼로냐 주석학파의 제2세대 학자 가운데 가장 탁월한 인물로 꼽히는 불가루스를 지도했던 것으로 보인다. 이르네리우스의 가장 야심적인 저술은 동로마 제국 황제 유스티니아누스 1세(527~565 재위)의 로마 법대전(Corpus Juris Civilis)의 주석서였다. 〈다음백과〉

ᄒ더니 十六世紀로부터 十七世紀에 至ᄒᄆ 歐洲에 文化가 發達ᄒ야 希臘 羅馬의 哲學이 ᄯᄒ 再興ᄒ지라. 言語學과 歷史學으로써 基礎를 삼아 法律 原理를 研究ᄒᄂ 學者ㅣ 續續 輩出ᄒ야 字句 註釋의 學風을 改ᄒ고, 理論的 學風을 興ᄒ니, 就中 法國이 當代 法學者의 輩出ᄒ 中心이 된지라. 곳 有名ᄒ 坡其耶, 托馬, 四鳩斯 諸氏가 다 彼國 當代의 法學 大家나 然이나, 惜哉라. 法國 法典之成也에 講法의 體裁가 다시 註釋家의 時代를 成ᄒ니 곳 註釋의 事蹟을 知ᄒ은 何國을 無論ᄒ고 俱히 能面키 不能ᄒ고 ᄯ 歐洲 一世의 哲人이 일즉 法學을 研究치 아니ᄒ 者ㅣ 妄想으로써 原理를 定ᄒ고 能히 各般의 現象을 努力 蒐集치 못ᄒ고 就其現象 中 其 原理를 發見ᄒ이 最히 法學의 發達에 妨害ᄒᄂ니, 學理的 研究를 從ᄒ야 法學으로 ᄒ야금 一科學을 삼아 其 基礎를 確立ᄒ 者ᄂ 實노 近世에 在ᄒ야 德意志 沙比尼, 布夫大 等과 英國의 卡査母, 荷布斯 等이 비록 各各 其 學派를 異히 ᄒ나, 其 學理的을 研究ᄒ은 一般이라.

法學은 羅馬에 發生ᄒ 故로써 歐洲 諸國이 羅甸語(라전어)의 一葉으로 法律學의 名稱을 作ᄒ얏ᄂ니 盖 羅甸語의 '法', '知識' 二語를 構成된 者ㅣ 歐洲 諸國의 慣用ᄒᄂ 바며, 一語가 同樣의 意義를 ᄯᄒ 包含ᄒ야 法의 知識을 表示ᄒ얏도다. 然이나 歐洲 諸國에 英國을 除ᄒ 外에 法學의 科學을 表示ᄒ 通常 不用의 語를 法國에셔ᄂ '法律의 學問'의 語를 用ᄒ고, 德國에셔ᄂ '法律의 學問'의 語로 英國과 不同ᄒ야 普通 法學의 科學을 表示ᄒ 者를 用ᄒ야 時或 法律의 意義도 되며, 時或 法律 見解의 意義도 되야, 其所用디로 隨變ᄒ야 混同치 안이ᄒ으로 要旨를 삼앗도다. 日本 維新 已前에ᄂ 法律 學問이 (何)物[22]인지 不知ᄒ야 我國 今日

---

21) 주석법학: 주석 법학(註釋法學)은 보통 주석학파라고 불리며 이탈리아 볼로냐에서 시작된 학파이다. 여기에는 〈로마법 대전〉을 절대시하였다. 주석에 의하여 그 법문 상호간의 모순의 조화에 힘써서 중세 이탈리아의 로마법 연구가 집단과 나폴레옹 법전을 중심으로 하여 성문법규를 절대시하였다. 성문법의 조문을 엄격히 해석하고 형식적·논리적 방법으로 논리적으로 모순 없는 입법자 의사―그것은 국민의 총의의 표현이라고 생각되었다―를 인식하는 데 종사한 19세기 프랑스의 법학계를 지배한 경향이 있었다. 〈위키백과〉

現象으로 더부러 同概가 有ㅎ더니 輓近에 歐洲의 學術을 輸入홈으로 비로소 法學과 法律學의 名稱이 有흔 故로 日本의 法學과 法律學을 知코져 ㅎ는 者는 以上 陳述흔 諸語의 飜譯語롤 不可不知홀 바ㅣ오 또 法學의 名稱뿐 不是라. 法律的 用語 文字가 新造흔 者롤 飜譯지 아니흔 者ㅣ 無ㅎ니 我國의 學者가 法學을 講코져 홀진딕 日本에셔 定흔 바 法律의 名詞롤 斟酌 溯究ㅎ야 用ㅎ면 實노 事半功倍ㅎ리로다.

▲ 제9호=法學의 職分(屬)//과학의 의미, 특징=학리(학식)의 개념과 특징

法學은 一科學이라. 故로 其 職分을 知코져 홀진딕 可히 科學이 何物됨을 先知치 아니치 못홀지니, 希臘의 栢拉圖[23]롤 科學이라 謂ㅎ는 者는 多數 中에 一 定則을 知得홈에 在ㅎ고, 英國의 者本을 科學이라 謂ㅎ는 者는 異中에 그 同함을 見出홈에 在ㅎ고, 또 英國의 斯賓塞[24]을 科學이라 謂홈은 吾人의 理想이 種種 事實로브터 普通의 原理롤 發見홈을 依홈이니 비록 各家所用의 文字가 不同ㅎ나 要之컨딕 科學이라 謂홈은 一種 現象의 普通 元素롤 知通홈에 在홀 而已라. 今 夫 眼을 放ㅎ야 觀察흔즉 覆載의 間에 森羅흔 萬象이 紛紛錯雜ㅎ야 其窮極홈을 不知홀지로다.

然이나 仔細히 其錯綜의 間에 探ㅎ고 其 複雜의 際에 尋ㅎ면 各種의 現象이 一定흔 原則에 依ㅎ야 支配치 아니홈이 無흔지라. 夫 天體의 運行과 草木의 榮枯와 人性의 喜怒哀樂과 社會의 治亂興廢가 其 外觀은 비록 千態萬象이나 整理홈에는 各各 自然의 秩序가 잇ㄴ니 法國의 碩儒 孟德斯鳩[25]ㅣ 謂호딕 各種의 殊異흔 者는 齊一이오, 各種의 變化ㅎ는

---

22) 원문에는 '物'인지로만 되어 있으나 '何'가 탈자일 듯.

23) 백납도(栢拉圖): 플라톤. 문맥상 인명을 지시하지 않은 듯하나 플라톤을 백납도로 차자한 사례가 다수 나타남. 영국의 '자본', '사빈색' 등도 인명에 해당함.

24) 사빈색(斯賓塞): 스펜서.

者는 恒久라 ᄒ니, 진실노 至言이로다. 科學은 紛紛錯綜ᄒ 現象을 蒐集
ᄒ야 類를 彙ᄒ고 科를 分ᄒ야써 硏究ᄒ야 其 共通의 元素를 發見홈으
로 그 職分을 삼고 各種 現象의 原理를 支配홈은 곳 學理라. 대뎌 學理를
知得ᄒ 者ㅣ 各種 現象 中의 分子에 對ᄒ야 其玩索을 窮ᄒ면 스스로
歸納홀 者ㅣ 有치 아니키 不得홀지오, 先天的 妄想 空理는 今日에 이른
바 學理는 아니니 從此로 科學의 知識(卽 學識)과 普通의 知識이 其間에
스스로 大差가 有홈을 可知홀지로다.

　普通의 知識은 이론바 獨立의 知識이오, 科學의 知識(卽 學識)은 이론
바 彙類의 知識이니 普通知識이라 ᄒᄂ 者ᄂ 一個의 現象을 說明ᄒᄂ
學識 곳 同種과 同類의 現象을 說明ᄒᄂ 者에 不過홈이니, 例如 果實이
落地홈을 見ᄒ고, 其枝를 離홈을 知ᄒᄂ 者ᄂ 普通의 知識이오, 更히
幾多의 落體를 見ᄒ고 物體가 다 引力 作用에 由ᄒ야 地球 中心을 向ᄒ
야 墜落(추락)홈을 知ᄒᄂ 者ᄂ 學識에서 致ᄒ 바ㅣ라. 一般科學의 職分
을 旣히 言ᄒ얏스니, 法學의 職分도 또ᄒ 自明키 不難홀지라.

　盖 法學은 곳 法律的 現象 中 共通의 元素의 科學을 硏究ᄒ야 法律的
現象의 學識에 關홈을 得홈으로써 其 目的을 삼으니 其 法律的 現象 中
共通의 元素에 存홈으로 法理라 稱홀지라. 或 曰 法學者는 法律의 學問
이라 世界 萬國의 各各 固有ᄒ 境界를 劃定홈이 習俗, 氣質과 風土, 氣
候가 다 相同치 아닐식 因ᄒ야 法律도 亦異ᄒ니 能히 一樣의 制度로써
異邦과 殊域의 間에 施치 못홀지라. 故로 所謂 理者는 決코 原理의 理가
아니니, 果然 法學이라 ᄒᄂ 者ᄂ 世界 通用의 科學이 아닌즉, 日本은
日本의 法學이 有ᄒ고, 英國엔 英國의 法學이 有ᄒ고, 法國엔 法國의
法學이 有홈이 可ᄒ지라. 然이나 今日이 이론바 科學은 그 性質이 殆히
如是치 아니ᄒ니 盖 古代 學者의 唱道ᄒ 바 人類는 特別 創化物이라
ᄒ니, 當時의 學者ㅣ 排斥ᄒ야 斷定ᄒ되, 人類는 優等 進化物에 不過ᄒ
者라 ᄒ니, 是ᄂ 곳 人類도 또ᄒ 同히 各種의 原理에 支配홀 而已라.

---

25) 맹덕사구(孟德斯鳩): 몽테스키외.

엇지 東西古今으로써 其 法度가 不一ㅎ다 ㅎ리오. 是ㄴ 다만 外物의 支障에 因ㅎ야 其 反照가 不同ㅎ 故ㅣ니 대뎌 空氣ㄴ 音響을 傳ㅎㄴ 媒介物인즉 古今과 東西가 其理ㄴ 一이라. 然이나 乾燥의 場所와 다못 溫潤(온윤)의 場所에 傳響ㅎ이 遲速과 大小의 別이 有ㅎ은 引力의 法則이 一定ㅎ야 動치 아니ㅎㄴ 者로ᄃᆡ, 風雨의 障碍를 因ㅎ야 그 方向을 異히 ㅎㄴ 바ㅣ오, 法律도 ᄯᅩ흔 同一의 原理가 有ㅎ야 其基礎가 되ㄴ니 古今 東西에 其軌가 一이라.

　然이나 地形, 歷史, 宗敎, 風俗 等의 異ㅎ을 因ㅎ야, 各國의 固有흔 現象을 呈ㅎㄴ니 古人이 有言ㅎᄃᆡ 墙壁의 上에 照ㅎ며, 山嶽의 頂에 照ㅎ며, ᄯᅩ 其他의 有象에 照ㅎ은 其照ㅎㄴ 바ㅣ 不同ㅎ나 日光의 輪線(윤선)은 곳 單一ㅎ다 ㅎ니, 此言이 비록 簡易ㅎ나 足히 써 宇宙間 森羅흔 萬象이 다 原理의 下에 支配ㅎ을 明케 ㅎ이어놀 今에 人類가 獨히 이 範圍에 脫ㅎ얏다 ㅎ니 엇지 是理가 有ㅎ리오. 故로 法學은 法律的 現象 中 共通의 元素를 研究ㅎ으로써 其 職分을 삼음이오, 他가 有ㅎ이 아니라. (未完)

　　　　*미완이지만 더 이상 연재되지 않음: 그 대신 제11호에는 '지문문답'을 연재함

◎ 法律學에 關흔 槪見(續),
　李琮夏, 〈대동학회월보〉 제18호, 1909.7. (법학)

　　　*앞의 법률독서인과의 관계를 알 수 없으나 동일인일 가능성이 있음.
　　　*확실하지 않아서 별도로 편집함 / 제17호가 결호여서 17호의 연재물일 가능성도 높음

▲ 제18호

(一) 民法總論

民法中 總則이라 ᄒᆞ는 者ㅣ 有ᄒᆞ니 此는 民法規 全體에 通ᄒᆞᆫ 原則을 規定ᄒᆞᆫ 者ㅣ라. 故로 民法總論은 此를 系統的으로 研究ᄒᆞ는 者니라. 如斯히 總則은 民法規 全體에 通ᄒᆞᆫ 原則됨으로 私權에 關ᄒᆞᆫ 一般事爲는 總히 此 總則에 基因ᄒᆞ야 規定ᄒᆞ며 且 特別規定이 無ᄒᆞᆫ 境遇에는 幷히 此 總則을 適用ᄒᆞᆷ을 得ᄒᆞᆯ지니 卽 吾人 私法上 行爲의 一般準則되는 者이라.

總論에 在ᄒᆞ야 通常 研究ᄒᆞᆷ에 主要되는 바는 民法의 觀念如何, 民法의 沿革如何, 民法의 淵源 卽 慣習法, (如何ᄒᆞᆫ 慣習으로 法律의 效力을 有ᄒᆞᆫ 者는 慣習法이라 云ᄒᆞᆷ) 法令 等(如何ᄒᆞᆫ 慣習法 或 如何ᄒᆞᆫ 法令이 民法成立의 淵源된 者)과 及 私權의 觀念如何, 私權의 種類如何 私權의 主體(私權을 有ᄒᆞᆫ 人이 卽 私權의 主體) 卽 自然人(如何ᄒᆞᆫ 團體에 對ᄒᆞ야 法律上 人格을 付ᄒᆞ야 此를 法人이라 稱ᄒᆞ나니 此 法人과 區別ᄒᆞ기 爲ᄒᆞ야 普通 生存ᄒᆞᆫ 人을 自然人이라 稱ᄒᆞᆷ)의 權利能力, 行爲能力, 住所, 失踪 等 如何와 法人의 觀念, 種類, 設立 及 其 權利能力, 行爲能力, 機關, 監督 及 解散如何와 私權의 容體(或 人이 如何ᄒᆞᆫ 物에 所有權이 有ᄒᆞ면 其 人은 私權의 主體오 其 相對者는 私權의 客體라 홈) 卽 客體의 觀念 及 物의 性質如何, (民法上으로 物을 觀察ᄒᆞ야 其 性質 如何를 定홈) 私權의 得喪變更에 關ᄒᆞᆫ 一般觀念, 法律行爲의 觀念, 種類成立, 效力, 附款(卽 條件, 期限)의 如何와 期間의 計算如何, 時效, 取得時效, 消滅時效의 如何 等(一定ᄒᆞᆫ 時期를 因ᄒᆞ야 如何ᄒᆞᆫ 效力을 生ᄒᆞ는 者를 時效라 ᄒᆞ나니 故로 取得時效라 홈은 一定ᄒᆞᆫ 時期를 經過ᄒᆞ야 如何ᄒᆞᆫ 權利를 取得ᄒᆞ는 效力을 生ᄒᆞ는 者오 消滅時效라 홈은 一定ᄒᆞᆫ 時期를 經過ᄒᆞ야 如何ᄒᆞᆫ 權利가 消滅ᄒᆞ는 效力을 生ᄒᆞ는 者ㅣ라)을 研究ᄒᆞ는 者ㅣ니라.

(二) 物權法

194

物權法은 私權의 一種되는 物權에 關ᄒ야 規定ᄒᆫ 法規이라. 元來 權利ᄂᆫ 公權 卽 公法關係로 發生ᄒᆫᄂᆫ 權利와 私權 卽 私法關係로 發生ᄒᆫᄂᆫ 權利의 二種이 有ᄒᆫ지라. 然而 私權을 分ᄒ야 (1) 財産權이니 卽 金錢上 價値를 有ᄒᆫ 權利오 (2) 人格權이니 卽 人이 人됨으로써 當然히 享有ᄒᆫᄂᆫ 權利오 (3) 親族權이니 卽 親族關係上 如何ᄒᆫ 地位에 在ᄒᆷ으로 此에 因ᄒ야 如何ᄒᆫ 權利를 享有ᄒᆫᄂᆫ 者ㅣ라. 右財産權을 更히 細分ᄒ야 物權과 債權의 區別이 有ᄒ니 物權은 卽 私權中 財産權의 一種이라.

然則 物權은 財産權의 一種으로 如何ᄒᆫ 權利될가 云ᄒᆯ진딕 有體物을 直接으로 管理ᄒᆫᄂᆫ 法律上 能力이라 ᄒᆯ지니 有形物 卽 土地 家屋과 如ᄒᆫ 者를 他人의 行爲를 湏要치 아니ᄒ고 自己意思에 服從케 ᄒᆷ을 云ᄒᆷ이라. 例컨딕 土地 家屋을 所有ᄒᆫ 境遇에ᄂᆫ 所有權되ᄂᆫ 物權을 有ᄒᆫ 者와 如ᄒᆷ이 是니라.

物權法 講義ᄂᆫ 第一部 第二部로 區別ᄒ야 說明ᄒᆷ이 通常이니 第一部에ᄂᆫ 普通物權에 關ᄒ야 硏究ᄒᆫᄂᆫ 者ㅣ라. 卽 物權의 性質, 物權의 種類 如何, 物權의 得喪變更 卽 物權의 設定 移轉을 目的ᄒᆫᄂᆫ 意思表示의 效力如何, 不動産에 關ᄒ야 物權의 得喪變更이 第二者에 對ᄒ야 效力如何, 動産에 關ᄒ야 物權의 讓渡가 第三者에 對ᄒ야 效力如何, 混同에 因ᄒ야 物權의 消滅如何를 攻究ᄒᆷ은 卽 物權의 一般硏究라 ᄒᆫᄂᆫ 者이오. 占有權 卽 占有權의 性質, 種類如何, 占有權의 主體 及 目的物 如何, 占有權의 得喪變更 如何, 占有權에 關ᄒᆫ 事實推定 如何, 占有權의 效力 如何, 準占有라 ᄒᆷ은 如何ᄒᆫ 者되ᄂᆫ 等과 所有權 卽 所有權의 性質, 內容, 目的物 如何, 所有權의 界限, 相隣者의 權利 如何, 所有權의 取得, 所有權의 消滅 如何, 共有라 ᄒᆷ은 如何ᄒᆫ 者를 指ᄒᆷ인가 云ᄒᆫᄂᆫ 等과 地上權 卽 地上權의 性質 如何, 地上權者의 權利義務 如何, 永小作權의 存續期間 如何 等과 地役權의 性質, 種類, 取得, 效力 及 消滅 如何 等을 攻究ᄒᆷ은 卽 各種 物權의 攻究라 ᄒᆫᄂᆫ 者이라.

又 第二部에ᄂᆫ 物上擔保 卽 債權의 從되ᄂᆫ 擔保物權을 攻究ᄒᆫᄂᆫ 者이

니 卽 擔保物의 槪念 如何와 留置權 卽 留置權의 性質, 效力 及 消滅 如何와 先取特權 卽 先取特權의 性質, 目的, 種類, 順位 及 效力 如何와 質權 卽 質權의 性質, 目的物, 質權 一般의 效力 如何, 動産質, 不動産質, 權利質의 性質, 效力 如何와 抵當權 卽 抵當權의 性質, 目的物, 效力 及 消滅 如何를 攻究ᄒᄂᆫ 者이라.

(三) 債權法

債權은 直接으로 物을 目的ᄒᄂᆫ 權利가 아니오 特定ᄒᆫ 人에 對ᄒᆞ야 特定ᄒᆫ 事爲를 行케 ᄒᆞ며 或 不行케 ᄒᄂᆫ 權利라. 故로 債權은 權利의 主體된 權利者와 權利의 客體된 特定人과 權利의 目的 卽 權利者가 其 相對人(特定人)에 對ᄒᆞ야 要求ᄒᆯ 行爲不行爲의 三個 要件이 具備ᄒᆷ을 必要로 ᄒᄂᆞ니 例컨ᄃᆡ 家屋을 所有ᄒᆞ야 此를 自己의 任意로 使用收益, 處分ᄒᄂᆫ 能力은 物權될지며 甲이 乙의게 書物을 賣渡ᄒᆞ기 契約ᄒᆫ 境遇에 乙이 甲에 對ᄒᆞ야 其 書物의 引渡를 請求ᄒᄂᆫ 權利ᄂᆫ 債權이 될지니라.

債權法 講義ᄂᆫ 第一部 第二部 第三部로 區別ᄒᆞ야 第一部에ᄂᆫ 各種 債權에 適用ᄒᄂᆫ 一般原則을 說明ᄒᆞ얏스니 卽 債權의 性質 何如, 債權 發生 原因의 如何, 債權關係 當事者의 如何, 債權 目的의 要件 如何, 特定物의 給付 如何, 不特定物의 給付 如何, 金錢의 給付 如何, 利息의 給付 如何, 選擇給付 如何, 任意給付 如何 等과 債權의 效力 卽 債務者의 遲滯責任의 如何, 債權者의 遲滯責任의 如何, 過失, 天災 及 不可抗力의 義務履行에 對ᄒᆫ 影響 如何, 履行不能의 結果 如何, 直接履行의 訴權, 損害賠償의 權利, 債權保全의 權利 如何 等과 多數 富事者의 債權 卽 不可分債務의 如何, 連帶 債務의 如何, 保證 債務의 如何 等과 債權讓渡 卽 債權讓渡의 性質 如何, 指名債權의 讓渡 如何, 指圖債權의 讓渡 如何, 無記名債權의 讓渡 如何 等과 債權의 消滅, 卽 辨償, 相殺, 更改, 免除, 混同의 如何 等을 硏究ᄒᄂᆫ 者ㅣ오.

第二 第三部에는 各 境遇를 區分 論述ᄒᆞᆺ스니 元來 債權發生의 原因은 法律行爲 卽 私法上 效果를 生케 ᄒᆞᄂᆞᆫ 意思表示나 或 法律行爲 以外의 事實에 基因ᄒᆞᆫ 者ㅣ 有ᄒᆞ니 法律行爲ᄂᆞᆫ 契約, 遺言 二種으로 別ᄒᆞ고 法律行爲 以外의 事實은 事務管理, 不當利得, 不法行爲 其他 親族上 相續上 關係로부터 生ᄒᆞᄂᆞᆫ 區別이 有ᄒᆞ니라.

第二 第三部에서 硏究ᄒᆞᄂᆞᆫ 바ᄂᆞᆫ 契約, 事務管理, 不當利得, 不法行爲 四種 原因에 基ᄒᆞᆫ 債權을 論ᄒᆞᆫ 者ㅣ라. 此를 詳言ᄒᆞ면 契約의 一般原則으로 契約總論 卽 契約의 性質, 種類, 成立 如何, 懸賞廣告의 效力 如何, 契約의 效力 如何, 契約의 解除 如何 等을 攻究ᄒᆞ고 次에 各種 契約의 說明으로 贈與 卽 贈與의 性質, 種類 如何, 贈與契約의 成立 及 效力 如何, 特種贈與의 如何와 賣買 卽 賣買의 性質, 種類 如何, 賣買契約의 締結 如何, 賣買의 效力 如何, 買戾의 性質, 效力 如何 等과 交換 卽 交換의 性質 如何와 消費貸借 卽 消費貸借의 性質, 其 豫約 及 其 效力 如何와 使用貸借 卽 使用貸借의 性質, 其 效力 如何와 賃貸 卽 賃貸借의 性質 如何, 賃貸借契約의 締結 如何, 賃貸借의 效力 及 其 終了 如何와 委任의 性質, 效力 及 其 終了 如何와 寄託의 性質, 效力, 其 終了 及 消費寄托의 如何와 雇傭, 請負, 組合, 終身定期金, 遺贈, 和解 等의 性質, 效力 如何를 講論ᄒᆞ고 次에 法律行爲 以外의 發生原因 卽 事務管理의 性質 及 其 效力 如何와 不當利得의 性質, 種類 及 其 效力 如何와 不法行爲의 性質, 其 權利者, 其 義務者 防禦行爲 卽 自衛權 損害賠償의 範圍 及 方法 不法行爲의 時效 如何 等을 攻究ᄒᆞᄂᆞᆫ 者이라.

財産權의 次의 親族權 相續權이 私權 中에 在홈으로 現今 日本과 如ᄒᆞᆫ 國에서ᄂᆞᆫ 親族法, 相續法이 有ᄒᆞ나 我國에 在ᄒᆞ야ᄂᆞᆫ 自來로 倫紀를 重히 ᄒᆞ야 親疎尊卑의 秩序가 整正ᄒᆞ고 存亡 傳授의 順次가 不亂ᄒᆞ야 自然히 法을 設홀 必要가 無홈으로 因ᄒᆞ야 學校敎授上에도 此를 別로히 講述홈이 無ᄒᆞᆫ 바이라.

第五 商法

商法은 商事에 關훈 法이니 私法中 特別훈 法規되ᄂ 者이라. 然이나 玆에 特別法이라 云홈은 民法에 對ᄒ야 云홈이오 商事라 云ᄒᄂ 點으로부터 見홀진티 商法은 寧히 普通法된지라. 故로 商法을 稱ᄒ야 商事普通法이라 云홈도 有ᄒ니 商事普通法되ᄂ 商法에 對ᄒ야 商事特別되ᄂ 者가 有ᄒ니 例컨티 日本 明治 二十三年에 發佈훈 貯蓄銀行 條例와 明治 三十三年에 發佈훈 保險業法 等과 如훈 者ᄂ 商事特別法이라. 特別法은 普通法보더 先히 適用홈은 法律學上 原則됨으로 此等 法律은 第一次에 適用ᄒ고 第二次에 商法을 適用홀지니라.

商法講義에 在ᄒ야 此等 特別法도 論及홀지나 主ᄒᄂ 바ᄂ 普通商法을 硏究ᄒᄂ 바ㅣ라. 且 商法과 民法과ᄂ 如何훈 關係가 有훈가 홀진티 商法은 民法에 對ᄒ야 特別私法됨으로 商法에 規定이 無훈 事ᄂ 商慣習法에 據ᄒ고 商慣習法에 可據홀 바ㅣ 無홀 時ᄂ 於是乎 民法을 準用ᄒᄂ니 卽 民法은 商事에 對ᄒ야 最後 準據法이 되ᄂ니라.

(一) 商法總論

商法 中 總則이 有ᄒᆞ니 商法規 全體의 總則으로 各種의 商法規에 適用ᄒᆞᄂᆞᆫ 者ㅣ라. 例컨딕 商行爲法이던지 海商法이던지 其他 各種의 商事特別法이라도 此 商法總則이 并히 適用되ᄂᆞᆫ 者이라. 如斯히 總則은 其 適用의 範圍가 廣大ᄒᆞᆷ을 先知ᄒᆞ야 此를 記臆치 아니ᄒᆞᆷ이 不可ᄒᆞ니라.

商法總論으로 攻究ᄒᆞᆷ에 主要되ᄂᆞᆫ 者ᄂᆞᆫ 商의 意義 如何, 商의 分類 如何, 商法의 意義 如何, 商法의 沿革 如何, 商法의 法源 如何, 商法適用의 範圍 如何, 商人의 意義 如何, 商業權能, 商事能力의 如何, 小商人의 如何, 營業 卽 營業의 意義, 營業의 讓渡 及 營業所의 如何, 商業登記事項, 登記節次, 登記公示方法 及 登記의 效力 如何, 商號 卽 商號의 意義, 商號의 選定, 商號의 登記, 商號의 讓渡, 商號의 廢止變更 如何, 商標의 如何, 商業帳簿 卽 商業帳簿의 意義, 商業帳簿의 設備 及 其 記載, 商業帳簿의 保存 如何, 商業使用人, 代理商의 如何 等 各種 商事에 共通ᄒᆞᆫ 項目되ᄂᆞᆫ 바이라.

(二) 會社法

會社法이라 ᄒᆞᆷ은 商事會社 卽 商行爲를 業으로 ᄒᆞᄂᆞᆫ 社團法人에 關ᄒᆞᆫ 法規니 今日 普通行ᄒᆞᄂᆞᆫ 者ᄂᆞᆫ 合名會社, 合資會社, 股本會社(株式會社) 股本合資會社(株式合資會社) 四種이 有ᄒᆞ니라.

會社法 講義에 硏究ᄒᆞᆷ에 主要되ᄂᆞᆫ 者ᄂᆞᆫ 會社의 性質 如何, 會社의 種類 如何, 各種 會社에 共通되ᄂᆞᆫ 規定 如何, 合名會社 及 合資會社의 設立 如何, 合名會社 合資會社 社員의 入社 及 退社 如何, 合名會社 合資會社에 在ᄒᆞ야 社員과 同一ᄒᆞᆫ 責任을 負ᄒᆞᄂᆞᆫ 者의 如何, 合名會社 合資會社의 資本, 合名會社 合資會社의 業務執行, 合名會社 合資會社의 計算, 合

名會社 合資會社의 解散 及 淸算 如何, 股本會社의 設立 如何, 股本主權의 取得, 股本主의 權利義務 如何, 股本會社의 資本 如何, 股本會社의 機關 卽 股本主總會, 取締役, 監査役의 權限 如何, 股本會社의 計算 卽 利益의 配當, 會社의 檢査, 社債의 如何히 ᄒᆞᄂᆞᆫ 方法, 股本會社의 解散 及 淸算 如何 股本 合資會社 及 外國會社의 設立組織의 如何 等의 項目 되ᄂᆞᆫ 바ㅣ라.

(三) 商行爲法

商行爲法이라 흠은 商에 關ᄒᆞᆫ 法律行爲에 關ᄒᆞ야 規定ᄒᆞᆫ 法規라. 玆에 法律行爲라 흠은 私法上 效果를 生케 ᄒᆞᄂᆞᆫ 意思表示니 例컨듸 賣買와 如ᄒᆞᆫ 者를 云흠이라. 故로 商人의 通常所爲ᄂᆞᆫ 此 商行法을 依ᄒᆞ야 處理ᄒᆞᄂᆞ니라.

商行爲講義에 攻究흠에 主要되ᄂᆞᆫ 者ᄂᆞᆫ 商行爲의 意義 如何, 商行爲의 種類 如何, 商行爲의 解釋 如何, 商行爲에 關ᄒᆞᆫ 特別規定 卽 代理, 委任, 時效, 留置權, 法定利率, 賠償額의 豫定, 行爲의 有償, 多數當事者의 債權, 契約의 成立, 債務의 履行, 指圖證券 及 無記名證券의 規定 如何, 賣買 卽 賣買의 意義 如何, 物品受取의 義務 如何, 物品檢査의 義務 如何, 物品保管의 義務 如何, 特種의 賣買 如何, 交互計算 卽 交互計算의 意義, 其 效力 及 終了 如何, 匿名組合 卽 匿名組合의 意義, 其 對外關係 及 其 對內關係의 如何, 匿名組合의 終了 如何, 仲立營業 卽 仲立人의 意義 及 其 權利義務의 如何, 運送取扱營業 卽 運送取扱人의 意義 如何, 運送取扱人의 權利義務, 運送營業 卽 運送人의 意義 如何, 物品運送, 旅客運送의 如何, 寄托 卽 寄托의 意義 如何, 倉庫營業의 如何 等 項目되ᄂᆞᆫ 바ㅣ라.

(四) 魚驗法

魚驗(手形)法이라 흠은 魚驗 卽 替換魚驗, 約束魚驗, 小推票 等 流通證券에 關흔 法律關係를 規定흔 法規라. 元來 魚驗은 一種의 債券으로 特定金額의 支撥을 約束흐기 爲흐야 特定흔 書式을 從흐야 作成흐고 此에 署名흔 者는 魚驗法의 規定에 從흐야 記載흔 金額을 支撥흐는 義務를 負擔흐는 者ㅣ라. 魚驗은 此 債權의 證書됨에 不拘흐고 此에 對흐야 商法은 嚴格흔 規定을 設흠은 蓋魚驗이 流通證券으로 經濟社會에 多大흔 影響이 有흔 所以라.

魚驗法 講義에 攻究흠에 主要되는 者는 魚驗의 意義, 魚驗의 沿革, 魚驗의 主義, 魚驗의 種類, 魚驗의 關係者, 魚驗能力, 魚驗金額, 魚驗文句, 魚驗의 形式 如何, 魚驗債權의 發生移轉 及 消滅 如何, 魚驗法의 意義, 魚驗法의 沼革, 魚驗法의 分類, 魚驗法의 效力, 魚驗法의 法源 如何, 替換魚驗의 振出, 背書, 引受, 擔保, 支撥, 償還, 保證, 叅加, 拒絶證書, 複本 及 謄本 如何, 約束魚驗의 振出, 背書, 滿期日指定, 擔保, 支撥, 償還, 保證, 參如, 拒絶證書, 謄本 如何, 小推票의 如何 等되는 바ㅣ라.

(五) 海商法

元來 商業을 二種으로 大別흐니 一은 陸上商業이오 一은 海上商業이라. 故로 海商法은 此 海商上 商業에 關흐야 特殊흔 法律關係를 規定흔 者임으로 海事에 關흔 商法規定 卽 海事私法이라 云흠이 可흘지로다.

海商에 講究흐는 事項은 船舶의 性質 幷 種類 如何, 海商法의 適用을 受흘 船舶의 範圍 如何, 船舶의 國籍登記 讓渡 如何, 船舶 所有者 及 其 責任 如何, 船舶共有者 及 其 性質 如何, 船舶管理人, 船舶賃借人의 如何, 船長의 地位 如何, 船長의 一般利害人에 對흔 關係 如何, 海員 雇入契約의 性質 如何, 海員 雇入契約의 效力 如何, 海員 雇入契約의 終了 如何, 物品運送 契約의 如何, 物品運送 契約의 效力 如何, 物品運送 契約

의 終了 如何, 船荷證券의 如何, 旅客運送 契約의 性質 如何, 旅客運送 契約의 效力 如何, 旅各運送 契約의 終了 如何, 海損의 如何, 共同海損의 如何, 船舶 衝突의 境遇 如何, 海上保險 如何, 船舶 債權者의 權利 如何 等 項目되는 바ㅣ라. (未完)

▲ 제19호

第六 刑法

刑法이라 흠은 犯罪行爲에 對ᄒ야 刑罰을 科ᄒᄂᆫ 事를 定ᄒᆫ 法規ㅣ라. 犯罪行爲라 흠은 刑罰法令에 定ᄒᆫ 바 犯意 又ᄂᆫ 過失을 因ᄒ야 生ᄒᆫ 責任能力者의 違法行爲를 云흠이오. 刑罰이라 흠은 國家가 犯罪에 對ᄒᆫ 制裁로 犯人의게 科ᄒᄂᆫ 公權 及 私權上 利益을 剝奪ᄒᄂᆫ 者를 云흠이라. 如斯히 刑法은 國家의 刑罰權을 定ᄒᆫ 者ㅣ됨으로 前에 說明ᄒᆫ 民法 商法과ᄂᆫ 其 性質이 相異ᄒ야 民法 商法은 私法에 屬ᄒᆫ 者오 刑法은 公法의 一種이니라. 玆에 一言흘 바ᄂᆫ 我國이 自來로 法律上에 各種 區別을 不置ᄒ야 公法 私法을 不問ᄒ고 國家社會에 一般 準則되ᄂᆫ 規定은 但 法律 二字로 槪括흘 ᄯᅳᆫ이라. 故로 其 結果ᄂᆫ 法律 適用上에도 ᄯᅩᄒᆫ 何等의 區別이 無ᄒ고 彼此 混同의 弊가 有ᄒ고 且 其 所謂 法律이라 ᄒ야 明文의 規定으로 國家에서 施行ᄒᄂᆫ 者ᄂᆫ 明律 大典通編 數種에 不過ᄒ니 是以로 今日에 至ᄒ기ᄭᅥ지 我國 人士로 多少學問과 知識이 有ᄒ다 云ᄒᄂᆫ 者라도 今日 新社會 或 官府의 聞見이 有ᄒᆫ 者 以外에ᄂᆫ 總히 此의 區別을 知ᄒᄂᆫ 者 鮮少ᄒᆫ지라. 然則 今 此 等 學說을 見ᄒ야도 此를 明知치 못흘 ᄯᅮᆫ 아니라 反히 嗤笑ᄒ야 曰 此 等의 區別을 設ᄒ야 徒히 煩多 複雜ᄒᆫ 弊害만 生흘 ᄯᅮᆫ이니 何等의 必要가 有ᄒ리오 ᄒᄂᆫ니 蓋 如斯ᄒᆫ 言論은 足히 辨駁흘 價値ᄂᆫ 無ᄒ나 然이나 此를 到底히 說明ᄒ야 未達者로 ᄒ야곰 覺悟케 흠은 ᄯᅩᄒᆫ 得己치 못흘 바ㅣ라 云치 아니흠이 不可ᄒ도다.

夫 公法이라 홈은 國家와 國家間이나 或 國家와 個人間關를 規定흔 者오 私法이라홈은 個人의 互相間 關係를 規定흔 者ㅣ니 故로 國際公法 이 公法됨은 國家와 國家間의 關係를 定흔 者ㅣ되는 所以오 刑法이 公 法됨은 國家와 人民間의 關係를 規定흔 所以오 民法 商法이 私法됨은 人民 互相間 關係를 規定흔 所以니 他 各種 法律의 公私 區別도 쏘흔 此 例로써 推得홈이 可흘지로다.

然而 國家와 國家間 關係라 홈은 知得키 易ㅎ니 國家와 人民 及 人民 의 互相間이라 홈은 其 區別을 容易히 知得키 不能흘 者ㅣ 有ㅎᄂ니 此를 擧例 說明흘진딕 假令 甲이 乙의게 負債가 有홈을 因ㅎ야 爭議가 生흔다 흘진딕 此에 關흔 法律上 規定은 卽 私法(民法)되나니 何則고 此에 關흔 權利義務와 利益損害는 甲과 乙에 限흘 쑨이오 國家에는 直 接 關係가 無흔 者며 此와 反ㅎ야 甲이 乙을 殺ㅎ얏다 흘진딕 此에 關흔 法律上 規定은 卽 公法(刑法)되나니 何則고 此는 其 權利義務 及 利益損 害가 甲과 乙間에 限흘쑨 아니오 卽 國家에 對ㅎ야 直接 侵害가 有흔 所以라. 夫 一 個人間의 權利義務는 其 爭議가 不決ㅎ야 訴訟을 起흘 時는 國家가 此를 判定ㅎ여 或 請求에 依ㅎ아 强制執行을 行ㅎ야도 此 는 人의 權利義務를 判定흘 目的에 不過홈이니 故로 當事者의 請求가 無ㅎ면 此를 行치 아니홈이로딕 人의 生命을 生殺홈은 國家가 掌司흔 바이어늘 個人이 此를 殺害함은 國家의 權力을 侵害홈인즉 此 犯人에 刑을 科홈은 個人의 權利義務를 判定홈이 아니라 國家의 權力을 實行홈 이니 故로 被告者의 告訴를 不待ㅎ고 國家가 此를 自行ㅎᄂ 바ㅣ라.

此에 對ㅎ야 或者는 言호딕 債權의 關係는 箇人間 關係에 限홈으로 私法되는 者ㅣ라 흘진딕 盜賊이 人의 所有物을 盜홈과 如홈은 쏘흔 一 個人의 利害關係됨이로딕 尙히 刑法上 犯罪됨이 아니뇨 云ㅎ나 此는 誤謬된 見解라. 蓋盜賊을 刑法上 犯罪로治함은 其 財産의 利害得失로 關係홈이 아니라 卽 其 行爲로 因ㅎ야 盜賊이라 ㅎᄂ 犯罪가 成立홈이

오. 債權의 關係는 其 行爲를 法律로 規定홈이 아니라 卽 當事者間 權利義務를 判定홈이니 故로 債權債務의 關係를 因흔 事 l 라도 此에 對호야 當事者의 行爲가 盜賊의 行爲를 行호얏시면 債權關係 以外에 盜賊이라 호는 犯罪가 別로 成立호야 刑法上 問題를 生홀지오. 盜賊의 行爲에 基因흔 事에 被害者가 有호야 此에 對흔 損害賠償을 償還홀 時는 盜賊이라 호는 犯罪 以外에 民事上 關係가 別有흔 者 l 아니뇨.

以上의 述흔 바로 言호간디 此 區別이 明白無疑홀 뿐 아니라 自來 我國에는 債權關係의 爭訟이 有홀 時는 債務者를 刑罰호야 其 義務履行을 强制로 홈이 有호니 此는 民刑法의 區別이 無호야 混用홈을 未免흔 者 l 나 尙且 不干涉主義(當事者의 訴訟이 無홀 時는 國家에서 先自 干涉치 아니호는 者)와 干涉主義(被害者의 告訴를 不待호고 國家가 先自 干涉호는 者)의 區別의 觀念은 有호던 바 l 라. 然則 如斯히 不完不備흔 時代에도 尙 此 等의 觀念이 有홈은 蓋 法理上 劃然흔 區別이 有호야 自然히 人心에 感覺됨을 可知홀지며 況且 民法과 刑法이 其 適用에 當호야 人民의게 直接으로 重大흔 利害가 有호느니 此를 區別홈에 엇지 必要가 無호다 云홈을 得호리오.

其 區別에 關호야는 上述홈과 如호거니와 更히 其 正義를 明釋호건디 刑罰法令에 定흔 바 犯意 又는 過失을 因호야 生흔 責任能力者의 違法行爲를 犯罪라 稱홈으로 第一은 違法行爲됨을 要호며 第二는 責任能力者의 行爲됨을 要호느니 癲狂者나 或 幼兒 等과 如히 無責任無能力者의 行爲는 違法홈이 有호야도 犯罪되기 不得호며 第三은 犯意(犯罪홀 故意) 又는 過失(不謹愼 不注意로 因호야 生흔 者)에 因홈을 要호느니 睡寐 中에 譫語를 發홈과 如히 無意無過흔 行爲는 犯罪되기 不得호며 第四는 刑罰法令에 定흔 바 l 됨을 要호느니 如何흔 犯罪됨과 如흔 行爲가 有호야 國家法典上 規定이 無호면 此를 犯罪로 論키 不能흔 者 l 라.

刑法에 攻究홀 바는 各種 犯罪 及 刑罰에 通혼 一般通則의 攻究와 犯罪의 特殊혼 攻究의 二者로 分호느니 前者는 刑法總論이라 云호고 後者는 刑法各論이라 云홈이라.

(一) 刑法總論

刑法總論은 前述홈과 如히 刑法規 各部에 通혼 總則을 攻究호는 學課ㅣ라. 總論에서 攻究호기 主要되는 事는 刑法의 基礎觀念 如何, 刑法의 沿革 如何, 刑法의 意義 如何, 犯罪의 定義 如何, 犯非의 觀念 如何, 犯罪의 主體, 客體, 及 行爲라 홈은 如何혼 者 되는 者, 犯罪의 主觀的 要素 卽 責任能力 及 犯意, 過失의 如何, 犯罪의 客觀的 要素 卽 行爲의 如何, 共犯의 如何, 主犯從犯의 如何, 數罪俱發의 如何, 累犯의 如何, 犯罪類別의 如何, 刑罰의 定義, 目的, 主體 如何, 刑罰의 適用如何, 刑罰의 執行如何, 刑罰의 消滅 如何, 刑法의 效力 卽 時, 人, 地에 關호야 效力의 如何, 刑罰權의 如何 等을 硏究호는 바ㅣ라.

(二) 刑法各論

刑法各論은 各種의 犯罪와 此에 對혼 刑罰을 攻究호는 學課라. 卽 皇室에 對혼 罪, 內亂에 關혼 罪, 外患에 關혼 罪, 國交에 關혼 罪, 公務執行을 妨害호는 罪, 逃走罪, 犯人藏匿 及 證憑湮滅罪, 放火, 失火, 溢水罪, 住居侵害罪, 秘密侵害非, 水利에 關혼 罪, 貨幣僞造罪, 文書僞造罪, 印章僞造罪, 僞證罪, 誣告罪, 姦淫猥褻罪, 禮拜所及墳墓에 關혼 罪, 婚姻에 關혼 罪, 喪葬에 關혼 罪, 賭博富籤에 關혼 罪, 瀆職罪, 殺傷人罪, 墮貽罪, 遺棄罪, 逮捕及監禁에 關혼 罪, 脅迫罪, 名譽에 對혼 罪, 信用 及 業務에 對혼 罪, 竊盜 及 强盜罪, 臟物에 關혼 罪, 棄毁 及 隱匿罪 等 各罪에 關호야 總論에 說明혼 一般要件에 特別要件을 論究호는 者ㅣ라.

第七 訴訟法

訴訟法이라 홈은 法律上 助法이라 稱ᄒᆞᄂᆞ니 即 訴訟의 節次를 定ᄒᆞᆫ 法規 | 라. 故로 民事에ᄂᆞᆫ 民法의 規定이 有ᄒᆞ고 刑事에ᄂᆞᆫ 刑法의 規定이 有ᄒᆞ나 此 規定ᄒᆞᆫ 바를 實行ᄒᆞᄂᆞᆫ 方法이 無ᄒᆞ면 徒히 空文됨에 不過홈으로 此를 實行ᄒᆞᄂᆞᆫ 方法은 即 訴訟에 在ᄒᆞᆫ지라. 於是乎 民法 刑法은 主法이라 ᄒᆞ고 訴訟法은 主法에 對ᄒᆞᆫ 助法이라 ᄒᆞ야 民事에 關ᄒᆞᆫ 訴訟 節次를 定ᄒᆞᆫ 法律은 民事訴訟法되며 刑事에 關ᄒᆞᆫ 訴訟節次를 定ᄒᆞᆫ 法律은 刑事訴訟法되ᄂᆞᆫ 바라.

(一) 民事訴訟法

法律上 權利라 홈은 意思로써 主張홈을 得홀 利益이니 故로 權利ᄂᆞᆫ 반ᄃᆞ시 法律上 其 實行의 保護가 有홈을 要홀지라. 만일 此 法律上 保護가 無홀진ᄃᆡ 設或 事實에 就ᄒᆞ야 勢力을 有ᄒᆞ고 又ᄂᆞᆫ 利益을 享有홈이 有ᄒᆞ야도 此ᄂᆞᆫ 法律上 所謂 權利라 云키 不得홀지니 此 | 即 事實關係와 權利義務의 法律關係가 相異ᄒᆞᆫ 바 | 라. 例컨ᄃᆡ 甲이 乙의게 情誼를 表ᄒᆞ기 爲ᄒᆞ야 金錢 或 物品을 寄贈ᄒᆞ얏스면 乙이 此를 受ᄒᆞ야 其 利益을 享有홀진ᄃᆡ 此ᄂᆞᆫ 一個 事實됨에 不過홈이오 甲이 乙의게 當然히 此를 給홀 義務가 有ᄒᆞ고 乙이 甲에 對ᄒᆞ야 當然히 此를 受홀 權利가 有홈은 아니니 如斯ᄒᆞᆫ 事實을 法律이 毫末도 此를 間涉ᄒᆞ아 乙을 保護홀 理由가 無홀지로ᄃᆡ 是와 反ᄒᆞ야 甲이 乙에 對ᄒᆞ야 債務를 負ᄒᆞ얏다 홀진ᄃᆡ 甲은 當然히 辦償홀 義務가 有ᄒᆞ고 乙은 當然히 徵捧홀 權利가 有ᄒᆞᄂᆞ니 法律은 如斯ᄒᆞᆫ 境遇에 乙의 權利를 保護ᄒᆞᄂᆞᆫ 者 | 라.

然而 法律의 根本은 國家됨으로 法律上 保護도 ᄯᅩᄒᆞᆫ 國家의 任務에 屬홀지오. 且 權利의 實行을 保護홈에ᄂᆞᆫ 威力의 强制를 必要ᄒᆞᄂᆞ니 威力의 行使ᄂᆞᆫ 國家秩序를 維持ᄒᆞ기 爲ᄒᆞ야 國權에 專屬홈으로 此 保護도

쏘호 國家에 專屬홈이라. 故로 法律上權利를 有호 者ㅣ 其 權利의 侵害를 被호 時는 國家의 機關 卽 裁判所에 對ㅎ야 法律上 實行의 保護를 求홈을 得ㅎ느니 是卽 訴訟되는 者ㅣ니라.

右述홈을 依ㅎ야 見홀진디 民事訴訟은 權利中 私權의 侵犯을 被호 時에 國家의 機關된 裁判所에 向ㅎ야 法律上 實行의 保護를 求ㅎ는 方法이니 民事訴訟法은 此 私權實行의 保護 卽 民事訴訟을 處理ㅎ는 節次法이라.

如斯이 民事訴訟은 法權實行의 節次法됨으로 民法 商法으로 始ㅎ야 如何호 法律됨을 不問ㅎ고 苟私法의 部類에 入홀 者는 其 實行의 節次는 總히 民事訴訟法을 準據ㅎ느니라.

烈則 民事訴訟法은 國家機關의 私權保護ㅎ는 次節法을 規定호 者인 즉 所謂 國家的 關係를 定호 者ㅣ니 其 法律上 地位는 一種의 公法되는 바이라. 民事訴訟法에 攻究홀 바는 以下에 編을 分ㅎ야 說明코져 ㅎ노라. (未完)

▲ 제20호

(1) 民事訴訟 第一編

民事訴訟法 第一編 講義에는 民事訴訟 節次의 通則을 硏究ㅎ는 者이니 其 主要된 點은 先히 訴訟의 意義 如何, 民事訴訟의 意義, 目的 及 其 關係 如何, 民事訴訟法의 意義 及 其地位 如何, 民事訴訟法의 原則如何 等으로 始ㅎ야 裁判所에 關ㅎ야는 裁判權 及 裁判의 機關 如何, 裁判所의 管轄如何, 裁判所의 職員權能 如何 等을 硏究ㅎ며 當事者에 關ㅎ야는 富事者의 意義 及 當事者의 能力 如何, 訴訟能力 如何, 共同訴

訟人의 如何, 第三者의 訴訟參加 如何, 訴訟代理人 及 補佐人의 牲質權限 等의 如何, 訴訟費用의 負擔 如何, 保證의 如何, 訴訟上 救助의 如何 等을 研究ᄒ며 訴訟節次에 關ᄒ야ᄂ 口頭辯論 及 準備書面의 節次 如何, 送達의 節次 如何, 期日 及 期間은 如何ᄒ 者, 懈怠의 結果 及 原狀回復의 節次 如何, 訴訟節次의 停止 卽 中斷 中止 及 休止의 原因 幷 效果 如何 等을 研究ᄒᄂ 者이라.

(2) 民事訴訟法 第二編

本校의 創設이 纔히 一年有餘ᄒ지라 故로 庶事가 尙히 完成치 못ᄒ 者ㅣ 有ᄒ으로 講義錄에 就ᄒ야도 目前 急히 敎授ᄒᄂ 者를 先히 編述 印刷키 爲ᄒ야 敎授課目을 分配ᄒᆷ에 稍綾ᄒ 者ᄂ 該 講義錄도 完結치 못ᄒ 者ㅣ 有ᄒ니 故로 民事訴訟法 講義錄은 第一編ᄭ지 編述印刷ᄒ얏고 第二編브터ᄂ 아즉 未成ᄒ얏심으로 玆에 其 內容을 說明키 不能ᄒ기 內外國 各 法律學校에서 敎授ᄒᄂ 磡義錄의 通例를 依ᄒ야 說明코져 ᄒ노니 我國 法律學校의 講義錄은 大槪 日本學校의 講義錄을 根據ᄒᆷ이 多ᄒ고 且 如何ᄒ 法律講義이던지 其 原理 原則과 編章體裁ᄂ 內外國 何 學校를 勿問ᄒ고 互相做似ᄒ 者ㅣ라. 然則 玆에 此를 他學校 講義錄의 內容을 依據ᄒ야 說明ᄒᆯ지라도 本校 講義錄 完成 後에 較合ᄒ면 또ᄒ 大差가 無ᄒᆯ지로다.

民事訴訟法 第二編에ᄂ 第一審의 訴訟節次를 研究ᄒᄂ 者ㅣ라. 第一審이라 ᄒᆷ은 初審과 意味가 同一ᄒ 者이니 裁判事件에 對ᄒ야 裁判官이 最初審理ᄒᆷ을 云ᄒᆷ이라. 蓋 訴訟은 當事者가 第一審 判決에 不服ᄒᆯ 時ᄂ 第二審 卽 覆審(又ᄂ 控訴審이라고도 云ᄒᆷ)에 進ᄒ야 此 審級에서ᄂ 第一審에서 審理ᄒ 事實을 更히 審理ᄒᆷ을 得ᄒᄂ 바이라. 然이나 事實의 覆審은 第二審이 終審됨으로 此 第二審에 對ᄒ야ᄂ 不服이 有ᄒ야도 如何키 不能ᄒᄂ 者오 此와 反ᄒ야 第二審 判決에 對ᄒ야 若 法律點

에 不服이 有훈 時는 更히 上告審에 向호야 審理를 要求홈을 得호느니 上告審에셔는 法律點에 對호야 更히 審理를 行호야 法律의 解釋適用을 是正호며 且 其 統一을 圖호는 者ㅣ라.

以上에 述훈 바를 裁判所 管轄上으로브터 云홀진딕 第一審은 地方裁判所 或 區裁判所에셔 行홈이 原則이오 但 重大事件은 或 大審院에셔 第一審을 行홈도 有호고 又 地方裁判所는 반다시 第一審의 裁判所만 된다 云호기 不可호니 區裁判所에셔 第一審을 行훈 裁判은 其 第二審은 地方裁判所에셔 行홀지며 第審은 控訴院에셔 行홈이 原則이라 호는 바ㅣ나 前述홈과 如히 或 事件은 地方裁判所에셔 第審을 行홈이 有훈 者ㅣ니 此 等 詳細훈 事項은 講義錄에 就호야 硏究홀 者이니라.

第二編에셔는 訴訟의 本義 如何, 訴訟提起의 意義 及 效力 如何, 訴狀要件의 如何權利拘束의 意義, 發生, 效力, 終了의 如何, 訴訟合倂의 如何, 訴訟提起의 適法됨에 必要훈 訴訟條件의 如何, 答辯의 意義 及 種類 如何, 反訴의 如何, 準備書面交換의 如何, 訴狀取下의 時期, 方式, 效力의 如何, 請求의 抛棄 認諾의 方法 及 效果 如何, 裁判上 和解의 如何, 各個의 攻擊方禦의 抛棄 如何, 故障 又는 上訴取下의 時期 方式 及 效果 如何, 口頭辯論의 如何, 口頭辯論의 開始, 順序 及 其 聯結 如何, 防訴抗辯의 如何, 本案의 辯論準備 節次의 如何, 口頭辯論에 在호야 一般의 訴訟行爲 如何, 法律關係의 成立, 不成立에 爭훈 中間爭論에 關훈 確定의 申立 如何, 闕席節次에 如何, 證據 卽 證據의 通則, 人證, 鑑定, 書證, 檢證, 當事者 本人의 訊問, 證據保全의 如何, 裁判 卽 判決, 決定, 命令의 如何 督促 節次의 如何 等을 硏究호는 바이라.

(3) 民事訴訟法 第三編 以下

民事訴訟法 第三編 以下는 訴訟節次 中 上訴 再審 及 替換訴訟을 硏

究ᄒᆞᄂᆞᆫ 者이라. 上訴라 홈은 控訴, 上告, 抗告를 總稱홈이니 控訴라 홈은 前述ᄒᆞᆫ 바와 如히 事實의 覆審을 云홈이오 上告라 홈은 第二審의 判決에 對ᄒᆞ야 法律點에만 限ᄒᆞ야 審理홈을 云홈이오 抗告라 홈은 裁判所에셔 行ᄒᆞᆫ 決定 命令에 對ᄒᆞ야 不服申立을 云홈이라. 元來 控訴와 上告ᄂᆞᆫ 終局判決 又ᄂᆞᆫ 此와 同視홀 中間判決에 對ᄒᆞᆫ 不服의 申立이오. 決定命令에 對ᄒᆞ야ᄂᆞᆫ 控訴 上告를 許치 아니ᄒᆞ고 特히 抗告의 制度를 設ᄒᆞ야 其 不服을 中立케 ᄒᆞ며 又 再審은 確定ᄒᆞᆫ 終局判決을 反覆審理홈이니 卽 事實點을 再次 調査를 始ᄒᆞᄂᆞᆫ 者이라. 故로 再審은 訴訟法 大原則에 對ᄒᆞᆫ 一例外됨이라.

又 證書訴訟이라 홈은 訴訟을 提起ᄒᆞᄂᆞᆫ 理由된 一切 必要ᄒᆞᆫ 事實을 證書에 依ᄒᆞ야 證明홈을 得홀 境遇에 限ᄒᆞ야 行홈을 得ᄒᆞᄂᆞᆫ 簡易ᄒᆞᆫ 訴訟節次오 替換訴訟이라 홈은 商法에 定ᄒᆞᆫ 魚驗에 基因ᄒᆞ야 訴訟을 證書訴訟과 同히 簡易ᄒᆞᆫ 節次로 起홈을 得ᄒᆞᄂᆞᆫ 訴訟節次라.

本編에 在ᄒᆞ야ᄂᆞᆫ 控訴에 關ᄒᆞ야 控訴의 意義 及 條件 如何, 控訴의 取下 如何, 控訴의 答辯 其 辯論 及 其 判決 如何, 附帶控訴의 如何 等을 研究ᄒᆞ며 上告에 關ᄒᆞ야ᄂᆞᆫ 上告의 意義 及 條件 如何, 上告의 辯論, 判決 如何 等을 研究ᄒᆞ며 抗告에 關ᄒᆞ야ᄂᆞᆫ 抗告의 性質 如何, 抗告의 種類 如何, 抗告提起의 條件 如何, 抗告權의 行使 如何, 抗告의 內容 其 效力 及 其 節次 如何 等을 研究ᄒᆞ며 再審에 關ᄒᆞ야ᄂᆞᆫ 取消의 講求原狀回復의 請求, 再審의 節次, 準再審의 如何 等을 研究ᄒᆞ며 證書訴訟 及 替換訴訟에 關ᄒᆞ야ᄂᆞᆫ 證書訴訟 及 替換訴訟의 如何 等을 研究ᄒᆞᄂᆞᆫ 바ㅣ라.

(4) 民事訴訟法 第六編 以下

民事訴訟法 第六編 以下의 講義에ᄂᆞᆫ 强制執行, 公示催告節次, 仲裁節次를 硏究ᄒᆞᄂᆞᆫ 바ㅣ라. 强制執行이라 홈은 義務者가 其 義務를 履行치

210

아니ᄒᆞᄂᆞᆫ 境遇에 國家의 威力으로써 裁判所의 裁判을 實行흠을 云흠이
오 又 公示催告의 節次라 흠은 不知ᄒᆞᄂᆞᆫ 相對者 又ᄂᆞᆫ 不知ᄒᆞᄂᆞᆫ 關係人
에 對ᄒᆞ야 請求 又ᄂᆞᆫ 權利ᄅᆞᆯ 行使ᄒᆞ기 爲ᄒᆞ야 裁判을 行흔 後公의 催告
ᄅᆞᆯ 行ᄒᆞ야 此에 應흔 者가 無흘 時ᄂᆞᆫ 失權 卽 權利ᄅᆞᆯ 失흘 事ᄅᆞᆯ 宣言흠
으로써 目的을 삼ᄂᆞᆫ 特別訴訟節次오. 又 仲裁節次라 흠은 民事訴訟에
依치 아니ᄒᆞ고 法律行爲에 依ᄒᆞ야 私法的 法律關係에 關흔 爭議事件을
終局케 ᄒᆞᄂᆞᆫ 制度ㅣ니 卽 國家의 裁判所에 依치 아니ᄒᆞ고 一私人의 法
律行爲에 依ᄒᆞ야 選定흔 第三者(卽 仲裁人)가 訴訟事件에 關ᄒᆞ야 審理
判斷흠을 云흠이라.

　民事訴訟法 第六編 卽 强制執行에 關ᄒᆞ야 硏究흘 者ᄂᆞᆫ 强制執行의
意義 如何, 强制執行法의 法律上 地位 如何, 强制執行法과 他 法律間의
關係 如何, 執行當事者의 如何, 執行機關의 如何, 强制執行의 條件 卽
債務名義 幷 執行正本의 如何, 執行實施의 條件 如何, 不當執行에 對흔
保護 如何, 强制執行의 行爲 卽 金錢債權에 關흔 强制執行 及 金錢支給
을 目的ᄒᆞ지 아니흔 債權에 關흔 强制執行의 如何, 强制執行의 保全 卽
假差押 假處分의 節次 如何, 執行費用 及 保證의 如何 等되ᄂᆞᆫ 바오

　民事訴訟法 第七編 公示催告節次에 關ᄒᆞ야 硏究흘 者ᄂᆞᆫ 一般의 失權
을 目的ᄒᆞᄂᆞᆫ 公示催告의 節次 如何, 證書의 無效宣言을 目的ᄒᆞᄂᆞᆫ 特別
公示催告의 節次 如何 等되ᄂᆞᆫ 바오

　民事訴訟法 第八編 卽 仲裁節次에 關ᄒᆞ야 硏究흘 바ᄂᆞᆫ 仲裁契約의
成立要件 如何, 仲裁契約의 效力 如何, 何 仲裁契約의 消滅 如何, 仲裁人
選定 如何, 仲裁人 忌避 如何, 仲裁判斷을 行ᄒᆞᄂᆞᆫ 節次 如何, 仲裁人의
評議法 如何, 仲裁判斷의 如何, 仲裁判斷繳消의 節次 如何, 仲裁節次에
關흔 管轄裁判所 如何 等되ᄂᆞᆫ 바ㅣ라.

(二) 刑事訴訟法

刑事訴訟法도 또흔 民事訴訟法과 同히 實體法을 運用ᄒᆞᄂᆞᆫ 法規니 一節次法이라 其 民事訴訟法과 相異흔 바ᄂᆞᆫ 運用ᄒᆞᄂᆞᆫ 實體法이 刑罰法이라. 國家刑罰權의 有無 及 範圍를 確定홈으로 目的ᄒᆞᄂᆞᆫ 節次法됨에 在ᄒᆞ니라.

刑事訴訟法은 刑事訴訟의 節次法됨으로 此에 研究홀 바ᄂᆞᆫ 通常 裁判所에 屬흔 節次오. 軍事裁判所 戰時裁判所 領事裁判所 司獄官의 裁判 等은 包含치 아니흔 者이라. 本 講義錄에서 攻究홀 바ᄂᆞᆫ 一般的 研究로ᄂᆞᆫ 刑事訴訟의 意義 如何, 刑事訴訟法의 意義 如何, 刑事訴訟의 權利關係 如何, 訴訟權利 關係의 發生, 進行 及 終了의 條件 如何, 刑事訴訟法의 時 及 土地에 關흔 效力 如何 等을 講究ᄒᆞ며 訴訟主體의 研究로ᄂᆞᆫ 裁判權의 意義 及 種類 如何, 通常裁判權의 行ᄒᆞᄂᆞᆫ 範圍 如何, 裁判所의 地位 如何 裁判所 職員의 職務, 權限 幷 其 除斥, 忌避, 及 回避 如何, 裁判所의 管轄 幷 管轄의 指定 及 移轉 如何, 裁判所의 共助 如何, 刑事訴訟의 當事者 如何, 當事者 能力 幷 訴訟能力의 如何, 檢事 及 其 補助人의 如何, 被告人의 補佐 及 代理人 如何 等을 講究ᄒᆞ며 被告人 及 物件에 對흔 保全方法의 研究로ᄂᆞᆫ 拘留의 條件 如何, 拘留의 消滅 及 拘留狀의 執行 如何, 逮補狀의 如何, 保放 及 責付 如何, 召喚狀 及 拘引狀의 如何, 物件提出의 義務 如何, 差押의 意義 如何, 差押홈을 得홀 物件의 如何, 搜索의 意義 如何 等을 講究ᄒᆞ며 證據法의 研究로ᄂᆞᆫ 證據의 意義 及 目的 如何, 證明의 責任 如何, 自主心證主義의 如何, 證據의 種類 如何, 證人의 意義 及 能力, 其 出頭의 義務, 其 供述의 義務, 其 宣誓의 義務 幷 證人의 呼出 及 其 訊問의 方式 如何, 鑑定人의 義意 幷 撰擇 及 義務 如何, 被告人의 訊問의 如何, 檢證 幷 書證의 如何 等을 講究ᄒᆞ며 刑事訴訟主義의 研究로ᄂᆞᆫ 口頭辯論主義, 公開主義 實體的 眞實發見主義, 勵行主義, 訴訟主義 如何 等을 講究ᄒᆞ며, 公訴 及 私訴에 關흔 研

212

究로는 公訴 及 其 消滅原因 如何, 私訴의 目的 及 一般性質 如何, 私訴를 公訴에 附帶케 ᄒᆞ는 結果 如何, 私訴의 消滅 如何 等을 講究ᄒᆞ며 裁判所行爲의 硏究로는 裁判 及 裁判의 發表 如何 等을 講究ᄒᆞ며 期日 及 期間의 硏究로는 期日 期間의 意義 如何, 期間의 計算法 如何 等을 講究ᄒᆞ며 訴訟節次의 硏究로는 搜査, 起訴, 豫審 及 公判의 如何를 講究ᄒᆞ며 上訴의 硏究로는 上訴의 意義上訴의 權利者, 上訴의 取下, 控訴, 上告 抗告 等의 如何를 講究ᄒᆞ며 非常上告 及 再審의 硏究로는 非常上告의 如何, 再審의 意義 及 條件, 再審의 原因, 再審請求의 權利者, 再審訴訟의 節次 如何 等을 講究ᄒᆞ는 바ᅵ라.

第八 破産法

破産法은 破産節次에 關ᄒᆞᆫ 法規니 公法의 一種이라 法學上으로 其 性質을 論ᄒᆞᆯ진ᄃᆡ 債務者의 一切 財産에 對ᄒᆞ야 滿足홈을 求ᄒᆞᆯ 權利를 有ᄒᆞᆫ 總債權者에게 平等ᄒᆞᆫ 滿足을 得케 ᄒᆞ기 爲ᄒᆞ야 作成ᄒᆞᆫ 特別ᄒᆞᆫ 民事訴訟의 節次라 ᄒᆞᆯ지라, 蓋 債務者의 特別財産에 對ᄒᆞ야 特別ᄒᆞᆫ 權利를 保有ᄒᆞᆫ 者(物上擔保權을 有홈과 如ᄒᆞᆫ 者)는 該 部分에만 對ᄒᆞᄂᆞᆫ 權利는 絶對的 保護를 受ᄒᆞᆯ지나 普通債權者는 是와 相異ᄒᆞ야 債務者의 一切 財産에 對ᄒᆞ야 一般權利를 有ᄒᆞᆫ 者인즉 如何ᄒᆞᆫ 債權者에만 對ᄒᆞ야 特別히 絶對保護를 與홈이 不可ᄒᆞᆫ 者라. 故로 債權者가 多數될 時는 此를 同一히 保護ᄒᆞ기 爲ᄒᆞ야 於是乎 債務者의 一切 財産을 各 債權者의게 平均히 分排케 ᄒᆞᄂᆞ니 債權者의게 損害가 生ᄒᆞᆯ 時는 各 債權者가 其 所有ᄒᆞᆫ 權利에 就ᄒᆞ야 同一히 損害를 被ᄒᆞᆯ지오 損害가 無ᄒᆞ면 同一히 損害가 無ᄒᆞᆯ지니 此는 破産法의 目的되는 바이라. 或者가 云ᄒᆞᄃᆡ 破産法 中에 實體的 規定이 有ᄒᆞ니 單히 節次法이라 云홈이 不可ᄒᆞ다 ᄒᆞ나 此 實體的 規定은 節次를 行홈에 前提 要件으로 規定홈에 不過ᄒᆞᆫ 者ᅵ라 故로 此를 節次法이라 云ᄒᆞ야도 決코 不穩當홈이 無ᄒᆞᆯ지라.

破産法 講義에서 硏究홀 者는 破産의 性質 如何, 破産法의 性質 如何, 産法과 他 諸 法律과의 關係 如何 等은 一般的으로 硏究ᄒᆞ는 者이오 破産債權의 如何, 破産財團의 如何, 破産宣告의 效力 如何 等은 實體的 規定으로 硏究ᄒᆞ는 者이오 破産機關의 如何, 破産當事者의 如何, 破産 節次進行의 如何, 破産罰則의 如何, 支撥猶豫의 如何 等은 節次規定으로 硏究ᄒᆞ는 바이라.

第九 國際公法

國際公法의 性質에 關ᄒᆞ야는 從來로 爭論이 有ᄒᆞᆫ 者이니 卽 國際公法 이 法律인가 法律이 아니인가 云ᄒᆞ는 點이 是라. 前日에 在ᄒᆞ야는 國際 公法은 法律이 아니라 云ᄒᆞᆫ 論者가 多數되얏스나 此는 法律의 定義 가 狹홈에 因홈이오 現今에 至ᄒᆞ야는 法律의 定義가 法律의 進步됨과 共히 擴張된 結果 國際公法은 法律이라 云ᄒᆞᆫ 論者가 多數ᄒᆞ니라.

蓋 前日 英國學者 「오-스진」 氏 等은 云호ᄃᆡ 法律은 治者가 被治者의 게 下ᄒᆞᆫ 바 命令이라 홈으로 如斯ᄒᆞᆫ 學說을 唱道ᄒᆞ는 者ㅣ 또ᄒᆞᆫ 多ᄒᆞᆫ 지라. 從ᄒᆞ야 國際公法은 治者가 被治者의게 下ᄒᆞᆫ 命令이 아니임으 로 卽 法律이 아니라 ᄒᆞᆫ지라. 然이나 今日에 至ᄒᆞ야는 法律은 團體의 生存條件을 確實케 ᄒᆞᆫ 方式으로 其 團體의 力에 依ᄒᆞ야 團體員의 意 思를 制限ᄒᆞ는 者ㅣ라 云ᄒᆞ는 觀念이 盛行홈으로 現時 多數의 說은 國 際公法은 法律이라 云ᄒᆞᄂᆞ니라.

右와 如히 國際公法은 法律이라 云홈을 得ᄒᆞ나 然이나 國內의 諸 法 律 卽 行政法, 刑法 等과는 其 趣가 大異ᄒᆞᆫ 者이니 卽 國際公法은 國과 國間의 權利義務의 關係를 規定ᄒᆞᆫ 者이오 且 行政法, 刑法과 如히 ── 히 條文의로 規定ᄒᆞᆫ 成文法이 아니라 今日 國際公法의 現象은 不文의 慣習法이니 卽 ──히 條章을 定ᄒᆞ야 規律ᄒᆞᆫ 者ㅣ아니니라.

國際公法을 硏究홈에는 平時와 戰時의 二者에 分홈이 通常이니 左에

區別ᄒ야 說明ᄒ노라.

(一) 平時 國際公法

平時 國際公法은 文字의 示ᄒᆷ과 如히 國際法規의 平時에 適用ᄒᄂ 者를 云ᄒᆷ이라. 元來 國際公法을 平時 戰時에 區分ᄒᆷ은 便利케 ᄒᆷ을 爲ᄒᆷ이나 學者ᄂ 論理上의 基礎됨이 無ᄒ다 ᄒ야 此를 排斥ᄒᄂ 者ㅣ 有ᄒ나 然이나 現今 一般히 此 區別을 採用ᄒᄂ 者ㅣ라.

平時 國際公法의 講義錄에서 研究ᄒᆯ 者ᄂ 一般的 研究로ᄂ 國際公法의 觀念 及 發生 原因의 如何 等을 講究ᄒ며 國際法의 主體의 研究로ᄂ 國家의 性質 如何, 國家의 種類 如何 國家의 承認이라 ᄒᆷ은 如何ᄒ 者, 國家의 權利義務 繼承이라 ᄒᆷ은 如何ᄒ 者, 國家의 權利 卽 自主權, 立法權, 司法權, 行政權, 衛生權, 所有權의 國際的 保護, 精神的 利溢의 國際的 保護, 國家의 外國人에 對ᄒᄂ 權利, 交涌權, 貨幣, 度量衡, 國家 及 君主의 名稱 等의 如何ᄒ 者됨을 講究ᄒ며 國際法上에 國家機關의 研究로ᄂ 外交官, 一部外交官, 領事 等의 如何ᄒ 者됨을 講究ᄒ며 國家團體의 機關研究로ᄂ 國際團體의 機關의 性質, 種類 幷 其 作用 等을 講究ᄒ며 國際的 行政官衙의 研究로ᄂ 萬國電信同盟, 萬國郵便同盟, 萬國工業財産保護同盟, 度量衡同盟, 文學美術保護同盟, 國際土地測量同盟, 鐵道賃錢交通同盟, 稅率公布同盟等의 如何ᄒ 者됨을 講究ᄒ며 條約의 研究로ᄂ 條約의 性質 條約의 要素條約의 形式, 條約의 名稱, 條約의 種類, 條約의 强制手段, 條約의 消滅, 通商, 條約의 如何 等을 講究ᄒ며, 干涉의 研究로ᄂ 干涉의 性質 如何, 如何ᄒ 境遇에 正當ᄒ 者될가 云ᄒᄂ 等을 講究ᄒ며 國際爭議의 研究로ᄂ 國際爭議調和의 方法, 强制手段 等을 研究ᄒᄂ 者이라.

(二) 戰時 國際公法

戰時 國際公法은 戰時에 限호야 適用호는 國際法規라. 該 講義錄에서 研究홀 바는 戰爭, 宣戰 戰爭의 直接效果 戰時 國際公法의 主體, 交戰者, 非交戰者, 俘虜, 間諜, 軍使, 陸戰에 關혼 私有財産, 占領, 病者, 負傷者 及 死者, 攻圍砲擊, 原狀回復, 海戰, 海上에 關혼 財産, 封港, 戰時禁制品, 戰時不可侵手段, 戰時의 報仇, 休戰 及 鬪爭休止, 媾和條約, 媾和條約 以外의 原因에 依혼 戰爭終了 等 題目이 是니라.

(三) 國際私法

國際私法이라 云홀 時는 或은 國際公法과 如히 國際間에 適用호는 一團의 成文法 或 不文法과 如히 思惟홈이 有홀지나 其 內容은 決코 不然호야 卽 國內法됨에 不過호고 但 其 法則의 適用을 受호는 法律關係가 國際的되는 者이라. 例를 擧컨딕 韓國人과 英國人이 韓國에 在호야 賣買契約을 締結혼 境遇에 其 當事者의 意思에 從호야 何國의 法律에 依홈이 可홀가 홈을 定홈이 卽 所謂 國際私法이라 然而 此는 一國法規에 規定홈이오 萬國에 通호야 如斯혼 規定을 定홈이 아니오 但 此法則의 適用을 受홀 韓英人間의 法律行爲는 韓英 二個國人間의 法律關係됨으로 此 點에 就호야만 國際的이라 稱홈을 得홀지오 次에 又 私法이라 云홈으로 私權에 付호야 定혼 者와 如호나 쏘혼 不然호니 卽 國際私法의 規定호는 바는 內外私法의 適用홀 區域을 定혼 者이니 寧히 公法되는 者이라 恰然히 民法 商法의 施行法과 如홀지라. 卽 外國人과 契約을 締結혼 時는 如斯호고 外國人과 會社를 設立혼 時는 如斯히 혼다 云홈과 如호야 恒常 內外國人의 法律的 交涉事件을 處理호기 爲호야 設혼 法規니라.

然而 此 國際私法의 性質에 就호야는 種種 議論이 有호니 其 中에는

216

國際私法은 涉外的 私法이 아니라 國際私法이라 云ᄒᆞᄂᆞᆫ 純然ᄒᆞᆫ 一個國際法이 獨立存在ᄒᆞᆫ 者라 云ᄒᆞᄂᆞᆫ 學說도 有ᄒᆞᆫ 바ㅣ라 如斯히 國際私法의 性質에 關ᄒᆞᆫ 學說은 尙히 紛然 未定ᄒᆞ니 將來에ᄂᆞᆫ 此 學說과 如히 獨立存在ᄒᆞᆷ에 至ᄒᆞ기ᄭᅵᆺ지 發達ᄒᆞ기를 可期ᄒᆞᆯ지라도 現今에 在ᄒᆞ야ᄂᆞᆫ 尙히 國內法이오 其 本質은 公法되ᄂᆞᆫ 者며 但 其 法則이 內外國人의 私法的 交涉事件에 適用ᄒᆞᆯ 者임으로 國際私法이라 稱ᄒᆞᆫ다 云ᄒᆞᆷ이 正當ᄒᆞᆷ으로 信ᄒᆞ노라.

國際私法 講義錄에셔 硏究ᄒᆞᆯ 바ᄂᆞᆫ 一般的 硏究로ᄂᆞᆫ 國際私法 存在의 條件 如何, 國際私法의 性質 如何, 國際私法의 名稱 如何, 國際私法 幷 國際私法 法學의 沿革 如何, 國際私法 硏究의 方法 及 範圍 如何 等을 講究ᄒᆞ며 外國人의 地位硏究로ᄂᆞᆫ 外人의 地位의 沿革 如何, 外國人의 地位 現在 卽 個人的 自由權, 國家의 保護請求, 參政權, 外國人의 公法上 義務 等의 公權 如何, 及 財産權 親族權 相續權權 等의 私權 如何, 外國法人의 地位 如何 等을 講究ᄒᆞ며 國籍의 硏究로ᄂᆞᆫ 國籍의 取得, 喪失 及 回復 如何, 國籍의 抵觸 如何, 住所 及 住所의 抵觸 如何 等을 講究ᄒᆞ며 各種 法律의 抵觸硏究로ᄂᆞᆫ 外國法 適用의 一般原則 如何, 民法, 商法, 民事訴訟法, 破産法等은 涉外事件에 對ᄒᆞ야 如何히 適用ᄒᆞᆷ을 講究ᄒᆞᄂᆞᆫ 바이라.

政治學이라 ᄒᆞᆷ은 一言으로 云ᄒᆞ건ᄃᆡ 社會學의 一部라 ᄒᆞᆯ지나 其 社會學과 相異ᄒᆞᆫ 바ᄂᆞᆫ 但 其 範圍의 狹ᄒᆞᆷ과 政府에 直接關係를 有ᄒᆞᆫ 點에 在ᄒᆞᆫ지라 蓋 社會學이라 ᄒᆞᆷ은 廣大ᄒᆞᆫ 意味로 云ᄒᆞᆷ이니 凡社會現象의 原理原則을 攻究ᄒᆞᆷ을 云ᄒᆞᆷ이오 政治學은 此 社會學硏究 範圍內에 政府라 云ᄒᆞᄂᆞᆫ 者를 有ᄒᆞᆫ 社會의 現象中 더욱 政府에 直接關係를 有ᄒᆞᆫ 事理를 攻究ᄒᆞᄂᆞᆫ 者이니 卽 國家의 性質, 目的 及 國家의 根本的 政策의 原理를 攻究ᄒᆞᄂᆞᆫ 者이라 於是에 政治學은 社會學의 一部됨이 더욱 明白ᄒᆞ도다.

此 講義ᄂᆞᆫ 政治原論이라 云ᄒᆞ니 玆에셔 硏究ᄒᆞᆯ 바ᄂᆞᆫ 國家의 硏究로

는 國家槪念 如何, 國家의 形體 卽 國體 如何, 國家의 淵源 卽 起原 如何, 國家의 目的 如何 等을 講究ᄒ며 政府의 硏究로는 政府의 形體 卽 政體 如何, 政府의 憲法 如何, 三權分立說의 如何, 立法部, 行政部, 及 司法部 의 性質, 目的, 及 作用 如何, 政黨 及 政策 等을 講究ᄒ는 바이라.

第十一 經濟學

經濟學도 ᄯᅩᄒ 廣義로 言ᄒ면 社會學의 一部分이라 其 論ᄒ는 바는 吾人의 生活資料되는 바 財 卽 價値를 有ᄒ 有形物의 生産, 分配, 交換 及 消費가 社會에 行ᄒ는 自然의 法則을 攻究ᄒ는 學科 l 라. 夫 財라 ᄒᆷ은 價値를 有ᄒ 有形物됨을 要ᄒ니 物이 價値를 有ᄒᆷ에 限ᄒ다 云ᄒᆷ 과 人生에 有用ᄒ다 云ᄒ는 二個條件을 備치 아니ᄒᆷ이 不可ᄒ며 ᄯᅩ 玆 에 生産이라 ᄒᆷ은 無用의 物을 變ᄒ야 有用의 物을 成ᄒᆷ이오 分配라 ᄒᆷ은 力을 協同ᄒ야 産出ᄒ 物을 各自 分配ᄒᆷ이오 交換이라 ᄒᆷ은 我의 有ᄒ 바 財를 彼에 與ᄒ야 無ᄒ 바 財를 得ᄒᆷ이오 消費라 ᄒᆷ은 財를 使用ᄒ야 人의 必要로 하는 欲望을 滿케 ᄒᆷ을 云ᄒᆷ이라.

經濟學 講義錄에셔 硏究ᄒ 바는 經濟學의 定義 如何, 生産의 如何, 生産 三要의 性質 如何, 三要件의 産出力 如何, 三要件의 分量 如何 等으 로브터 分配, 利益, 給料, 代價, 交易, 價値, 通貨, 貿易 等에 關ᄒ 經濟上 法則을 硏究ᄒ는 者 l 라.

第十二 財政學

財政學은 應用經濟學의 一科라. 元來 前述ᄒ 바 經濟學은 經濟學의 分類로브터 云ᄒᆯ진딕 純正ᄒ 經濟學이오 財政學은 純正ᄒ 經濟學의 原 理를 公共團體의 收支에 應用ᄒ는 者이라. 故로 財政學은 國家의 職務 를 行ᄒᆷ에 必要ᄒ 資財收支의 法則을 硏究ᄒ는 學問이라 ᄒ면 其 正義

의 正鵠을 不失ᄒ얏다 云ᄒ지로다.

財政學에 攻究ᄒᆯ 項目은 財政學의 觀念 及 歷史歲出의 總論, 行政費, 威入總論, 租稅原理, 直接稅, 間接稅의 如何ᄒᆫ 者를 講究ᄒᄂᆫ 바이라.

以上 十二項에 簡短히 各 學課의 內容을 略示ᄒ야 本 題目은 玆에 完結된지라. 然이나 蓋 此 法律學을 論홈에 各種의 術語가 有ᄒ야 漢字로 成ᄒᆫ 術語라도 解釋키 不能ᄒᆫ 者 多홈으로 此를 不知ᄒᄂᆫ 者ᄂᆫ 此 等의 學說과 論文을 讀ᄒ야도 殆히 其 意를 了解키 難ᄒᆫ 嫌이 常有ᄒᄂ니 故로 前述ᄒᆫ 諸 說中에ᄂᆫ 此 等 術語를 可成的 省除ᄒ고 或 註釋을 記入홈도 有ᄒ나 術語를 可히 避키 不能ᄒᆫ 境遇에ᄂᆫ 此를 不得已 記入ᄒ얏고 註釋을 附코져 호ᄃᆡ 張皇ᄒ야 起키 不能ᄒᆫ 境遇에ᄂᆫ 註釋도 省除ᄒ얏스니 此에 對ᄒ야도 讀者ᄂᆫ 尚히 礙滯未解ᄒᄂᆫ 處가 不少ᄒᆯ지며 且 以下에도 尚히 各種 法律에 關ᄒᆫ 學說 論說 等의 揭載가 有ᄒᆯ 뿐 아니라 近日에 至ᄒ야ᄂᆫ 普通言文에도 此 等 術語를 引用홈이 多홈으로 此를 不知홈이 不可홈은 勿論이라. 余ᄂᆫ 此 等의 術語를 解釋揭布ᄒ야 愛讀諸公의 參考에 供코져 思惟ᄒ노라. (完)

10.6. 법학일반

◎ 法律上의 權威,
　오촌 薛泰熙, 〈대한자강회월보〉 제8호, 1907.2. (법학)

▲ 제8호

夫 法의 範圍ᄂᆫ 廣義에 屬ᄒ고 法律이라 稱홈은 人定法과 自然法을 摠稱홈이라. 然而 法律의 定義ᄂᆫ 自來 學說의 岐分이 多有ᄒ나 最近 學

者의 一般 信認ᄒᆞᄂᆞᆫ 說을 取ᄒᆞ건ᄃᆡ 法律은 卽 人生의 生存規則이라 홈이 適當ᄒᆞ도다. 以此 觀之면 法律은 時를 隨ᄒᆞ야 不變키 不能홈은 明白ᄒᆞᆯ지오 吾邦 由來 法律의 沿革을 言之ᄒᆞ면 惟是 支那의 刑律을 模倣홈이 多ᄒᆞ엿고, 足히 法史라 稱ᄒᆞ야 參考에 供ᄒᆞᆯ 것은 全無타 ᄒᆞ야도 過홈이 無ᄒᆞ고, 以道德으로만 內部의 心意의 方門을 指導홈이 有ᄒᆞ나 法學으로써 外部의 動作 活動에 規規홈은 甚히 薄弱ᄒᆞᆫ지라. 噫라. 民이 愚昧에 習ᄒᆞ야 惰性을 成ᄒᆞ고 政이 壓制에 傾ᄒᆞ야 公理를 失ᄒᆞ니 在上者의 强威ᄂᆞᆫ 能히 善惡을 任意에 付홈이 天神과 如一ᄒᆞ고 在下者의 劣弱은 殆히 存亡을 依賴에 仰ᄒᆞ야 奴隷에 自處ᄒᆞ니, 由是로 國精이 日靡에 人文이 俱頹라. <u>是ᄂᆞᆫ 人民이 法學에 暗昧ᄒᆞ야 天賦의 性情을 活用치 못ᄒᆞᆫ 緣故라. 然則 愛國心의 自滅홈은 自然의 勢니 何必 探責</u>이리오.

盖天賦權은 人이 出生에 與ᄒᆞ야 固有홈이나 水其草相逐ᄒᆞᄂᆞᆫ 時代에 在ᄒᆞ야ᄂᆞᆫ 必也 腕力에 制限된 거슨 論을 不俟ᄒᆞᆯ지니, 雖 天賦權이 有ᄒᆞᆫᄃᆞᆯ 安享치 못홈에 至ᄒᆞ면 엇지 權利라 稱ᄒᆞ리오. 故로 法律이 有ᄒᆞᆫ 後에야 비로소 其權을 各保홈이니 其 所謂 天賦 自由라 揚道ᄒᆞᄂᆞᆫ 語ᄂᆞᆫ 空論에 不過ᄒᆞᆯ지라. 然而 此 天賦權의 倡道가 歐洲에 發達된 根由ᄂᆞᆫ 佛國 革命時代에 大倡된 言論이라. 推此觀之면 佛國舊政이 壓制로 人民自由를 剝割ᄒᆞᆫ 所致로 宗社傾覆의 患을 當ᄒᆞ얏다가 幸히 革命의 運을 際ᄒᆞ야 中興을 致ᄒᆞ고 今日 天下를 雄視ᄒᆞᄂᆞᆫ 地位에 居홈은 該 國民權 振起에 在ᄒᆞ얏고 此振起의 權能을 思慮컨ᄃᆡ 天賦權 倡道홈에 在ᄒᆞ얏도다. 故로 德國 某 學者가 奧京維也納大學敎授에 多年從事ᄒᆞ다가 歸國ᄒᆞᆯ 時에 奧國의 民權薄弱홈을 痛嘆히 녁여 此天賦의 說를 贊成ᄒᆞ고 一英人의 行爲를 擧ᄒᆞ야 演述ᄒᆞᆫ 槪說이 如下ᄒᆞ니 英國人 某가 歐洲에 旅行ᄒᆞᆯᄉᆡ 旅店에셔 宿泊料를 淸算ᄒᆞ다가 一錢金의 相左로 關ᄒᆞ야 裁判을 屢經ᄒᆞ며 多月를 留連ᄒᆞ니 所費ᄂᆞᆫ 還히 數百圜에 達ᄒᆞᆫ 後에 英人이 得勝ᄒᆞ야 自己의 權利를 不失ᄒᆞ얏ᄂᆞᆫ지라. 時人이 或曰至小의 金을 爲ᄒᆞ야 多數의 財를 費ᄒᆞ니 愚莫甚於英人이라 ᄒᆞᄂᆞᆫ 者도 有ᄒᆞ나 此說은 極히 愚昧ᄒᆞᆫ

評論이로다. 假使英人으로 此心이 無ㅎ면 今日 天下에 英國 英國ㅎ는 國威가 何를 由ㅎ야 生ㅎ얏는가. 彼英人이 所爭은 即 權利오 非金이라. 此 所謂 未開國人百萬之中에 五十英人이 同處ㅎ면 彼弱者還强ㅎ고 愚者還智케ㅎ는 特性이 有ㅎ다 自矜홈이 即是라 ㅎ엿더라. 大抵 人은 自侮흔 後에 人이 侮之ㅎ나니 此 大競爭 大劇烈ㅎ는 世에 人이 生ㅎ야 何國民을 勿論ㅎ고 如此흔 特性이 無ㅎ면 能히 其國으로 ㅎ야곰 世界列强의 班次에 居케 흔 者 有흔가 吁嗟屢百年愚黔賺英ㅎ는 毒術에 罹흔 吾同胞여 人格을 失ㅎ고 禽獸의 等級과 同ㅎ더니 今日에 忽至ㅎ야 前途를 思ㅎ면 其將殄滅코 乃巳흘 悲運을 當흔지라. 所以로 余는 特히 人民天賦權의 說를 倡導코져 ㅎ는 同時에 法律範圍와 文明軌道에 不出ㅎ고 天賦의 權을 享保케 ㅎ기 爲ㅎ야 法律上의 人權人義를 槪括說明코져 ㅎ노라. 然而 法律이 何者됨은 上頂에 略記어니와 夫其法律의 制裁되는 順序와 法律을 依ㅎ야 享有ㅎ는 權利及 責任되는 義務를 次第 記載ㅎ리니 或者 謂호되 旣 法律이 有흔 後에야 天賦權도 保有ㅎ다 ㅎ면 我國은 尙且勅令으로 成典된 法律이 未確흔즉 此等法義를 知亦無益이라 흘지니 此는 不然타 홈은 現世界文明諸國에 民主政體도 有ㅎ나 其 普通多數되는 者를 云흘진딘 即 憲法이라. 然則 憲法으로 現世大同法律이라 ㅎ야도 可흔지라. 其 或者의 疑問을 一言 辨明흘진딘 凡 國家ㅣ三要素中 最重흔 人民부터 自立自强흘 智識이 有흔 後에야 而國이 能히 獨立흘지오. 況本邦의 今日 情況은 自下達上外에는 國運挽回가 無望흘지라. 然則 今日 人民이 智識 自求홈에 晝에 忘殑ㅎ고 宵에 忘寢흘 거슬 湏求反省이어다. (以下次號)

▲ 제9호

法律의 制裁

凡 法律은 彼宗敎上 道德上 物理上의 法則과 異ㅎ야 時代를 隨ㅎ야

不變키 不能혼지라. 盖 法律은 當然的 人爲니 玆에 制裁의 思想을 費호야 完全혼 規則을 成혼 者라. 然而 制裁의 權能은 必也 一國 主權者의게 有타 홀지나 其 主權者는 不是 衆人이오 必是 一人이리니 然則 一國에 適用호는 法律이 一人의 思想에 出홈이라 홀 地頭에는 縱令 一國家의 興亡이 一人의게 在홀지니 如斯히 解釋홈에는 大惑을 未免홀 者ㅣ 何也오 호면, 大凡 人衆이 古今東西를 勿論호고 或 事爲가 惡意에 出홀 時는 輒稱曰 不法이라 호니, 其法律行爲가 卽 善意됨은 言을 不竢(불준)홀지라. 噫 東洋의 最先 建國된 支那 歷史를 考호건딩 爲人君者ㅣ 堯舜만 如혼 者ㅣ 未有라 홀 것인즉 偉哉라 堯舜政治여. 雖然 當時堯舜의 政治는 當時堯舜의 民을 治홈에만 足호고 今日과 如혼 人進文化의 域에 在호야는 堯舜이 再生이라도 專制키 不能홀지로다. 而況堯舜의 後를 踵호는 者ㅣ 堯舜의 心은 不效호고 堯舜政法의 形式만 欲模타가 靑은 藍에 變호고 氷은 水에 甚호야 畫虎홈이 爲狗에 止호니 桀紂도 有호며 桓靈도 有호얏는지라. 是以로 專制를 仰호고 壓制를 忌홈은 馬를 許호고 不騎를 囑托홈과 如치 아니혼가 法學上에 政體를 諭홈이 頗多區別이나 槪其共和立憲專制로 論호니 本邦及淸國俄國等國의 主權은 君主에 在호니 君主가 古今을 折衷호며 利國便民홀 道를 參酌講究호야 法律을 獨定制裁호고 日本德國等國도 君主에 在타 호나 國會의 協贊을 經호야 法律를 制定호고 英國의 主權은 (파라멘트)에 在호다 호니(파라멘트)는 君主와 上下 兩議院의 協同을 謂홈이라. 法律은 此에 依호야 成호고 法國美國과 如혼 共和國에 在호야는 大統領과 議院에셔 法律을 制定호고 又 上古 希臘의 雅典에셔는 人民이 各自集會호야 議定法律홈도 有혼지라 然則 最進步혼 共和는 立憲에 勝호고 立憲은 專制에 勝홈은 一見可知홀 바ㅣ 어니와 各其 名稱은 雖殊나 元義則皆是利國便民코저 호는 法則이라. 前號에 說明홈과 如히 法律은 卽人民生活의 規則이라 홈도 是也ㅣ오. 其中 最未進位에 居혼 專制로 言이라도 君主가 獨裁라 홀 쑨이오. 原義는 民을 爲호야 作홈에 不過홈인즉 敢히 一人의 私意에 陷홀 虞가 明瞭홈에는 엇지 法이라 謂호리오. 故로 余의 信호는 바는 其 所謂專制

國은 卽無法國이라 ᄒᆞ노라.

法律制裁의 方式은 右와 如히 各國에 其規가 不一ᄒᆞ니 惟其立憲國中 一國의 制度를 依ᄒᆞ야 其順序을 揭ᄒᆞ건딘 左와 如함이라.

一國의 統治大權은 其 君主가 此를 固有ᄒᆞ고 兼ᄒᆞ야 立法權도 有ᄒᆞ나 其君主가 此를 獨裁制定치 못ᄒᆞ고 만다시 國會 上議院 下議院의 協贊을 必經ᄒᆞ야 行ᄒᆞ나니라. 然而 法律裁制의 第一着도 其 起案에 在ᄒᆞ니 起案 權은 其 君主가 此를 固有ᄒᆞ나 國會도 此를 有ᄒᆞᆷ으로 或 政府도 起案ᄒᆞ 며 國會도 起案ᄒᆞ나니 此에 國會라 云ᄒᆞᆷ은 上下議院을 通稱ᄒᆞᆷ이 아니라 兩院이 各히 起案權을 互有ᄒᆞ야 各院이 獨行ᄒᆞᄂᆞᆫ 事를 得ᄒᆞᄂᆞ니라.

(未完)

▲ 제10호

起案의 次ᄂᆞᆫ 議決이니 盖 法律은 國會의 協贊을 經ᄒᆞᆷ을 必要ᄒᆞ나 如 此ᄒᆞᆫ 國은 立法의 大權은 其君主가 當有ᄒᆞ야 英國과 外他 諸國갓치 君 主와 議會가 分有ᄒᆞᆷ은 아이나 然ᄒᆞ나 其 大權을 行ᄒᆞᆷ에ᄂᆞᆫ 國會의 協贊 을 要ᄒᆞᄂᆞᆫ 故로 政府와 國會의 起案을 不問ᄒᆞ고 皆 國會의 議決을 必經 ᄒᆞᆯ지라. 此事에 當ᄒᆞ야ᄂᆞᆫ 政府의 起案은 兩院의 議決을 求ᄒᆞᆷ이 可ᄒᆞ고, 一院의 起案은 其院의 議決을 經ᄒᆞᆫ 後에 他院의 議決을 更求ᄒᆞᆷ이 可ᄒᆞ 니 如何 境遇에던지 兩院 中 一院의 否決을 遭ᄒᆞᆫ즉 其法律案은 遂內成 立ᄒᆞᆷ을 得지 못ᄒᆞᄂᆞ니라.

兩院議決의 次ᄂᆞᆫ 裁可니 縱令兩院의 議決을 得ᄒᆞᆯ지라도 法律되ᄂᆞᆫ 效 力이 姑無ᄒᆞ고 其外에 君主의 裁可를 請하야 蒙裁ᄒᆞᆫ 後에야 法律의 效 力이 始生ᄒᆞ나니 其君主의 裁可에ᄂᆞᆫ 반다시 國務大臣의 副署를 要ᄒᆞᄂᆞ 니라.

起案의 議決을 旣經ᄒᆞ고 又其裁可를 得ᄒᆞᆫ즉 法律되ᄂᆞᆫ 效力이 乃生ᄒᆞ

나 然ᄒᆞ나 人民에게 遵奉ᄒᆞᄂᆞᆫ 義務를 負케 ᄒᆞᆷ에ᄂᆞᆫ 未及ᄒᆞ니 蓋其裁可가 有ᄒᆞ되 人民이 此를 知得ᄒᆞᆯ 事由가 無ᄒᆞ며 知得치 못ᄒᆞ고 遵奉ᄒᆞᆯ 事由가 無ᄒᆞᆫ 故로 裁可의 次에ᄂᆞᆫ 公布의 事가 又有ᄒᆞ니 公布ᄂᆞᆫ 即裁可를 旣得ᄒᆞᆫ 法律을 國民의게 廣告ᄒᆞᄂᆞᆫ 方法이라. 其方法은 預先一定ᄒᆞᆷ을 要ᄒᆞ나니 古來로 此方法을 履行ᄒᆞᆷ에ᄂᆞᆫ 各國에 其規가 不一ᄒᆞ야 變更이 屢有ᄒᆞ니 或人民을 集合ᄒᆞ야 設諭ᄒᆞᆷ도 有ᄒᆞ고 或市場街口에 揭示ᄒᆞᆷ도 有ᄒᆞ얏스나 近世文明諸邦에셔ᄂᆞᆫ 大抵官報로 發刊ᄒᆞ야 告知ᄒᆞᆷ으로 爲式ᄒᆞ야 一次官報에 揭載公布ᄒᆞᆫ즉 其法律은 玆에 遵奉ᄒᆞᄂᆞᆫ 義務를 國民에게 始負케 ᄒᆞᆷ이니 伊後國民은 此를 知ᄒᆞᆷ과 不知ᄒᆞᆷ을 勿論ᄒᆞ고 悉皆遵奉치 아니ᄒᆞᆷ을 不得하ᄂᆞ니 即知치 못ᄒᆞ고 此을 違反ᄒᆞᆯ지라도 其知치 못ᄒᆞᆷ을 因ᄒᆞ야 其責을 得免치 못ᄒᆞᄂᆞ니라.

蓋此法律制定의 順序ᄂᆞᆫ 起案에 始ᄒᆞ고 公布에 終ᄒᆞ나 然ᄒᆞ나 立法의 作用은 起案으로부터 議決裁可에 止ᄒᆞ고 公布ᄂᆞᆫ 行政權의 事項에 屬ᄒᆞᆫ 故로 所謂法律의 制定은 起案議決及裁可의 三件事를 稱ᄒᆞᆷ이라. (未完)

(제11호에는 게재하지 않음)

▲ 제12호＝법률상의 권의

權利

凡 權利가 何者됨은 其觀察의 方面을 依ᄒᆞ야 種種의 解釋을 得ᄒᆞᆯ지라. 古來 學說 紛紛ᄒᆞ야 歸一치 못ᄒᆞᄂᆞᆫ 故로 余ᄂᆞᆫ 唯其 先輩의 贊成ᄒᆞᆫ 說을 摘示ᄒᆞ야 如左히 揭載ᄒᆞ노니, 閱讀 諸君은 極究 心得ᄒᆞ야 其先天的 本分과 後天的 事物에 至正 便利토록 參考ᄒᆞ야 取捨의 判斷도 不可無矣오 且 學理上 及 實際上에 應用 適合ᄒᆞᆷ이 必也 擊節의 歎도 不無ᄒᆞᆯ지니 案頭에 寘(치)ᄒᆞ고 常目閱之ᄒᆞ라.

一. 權利라 홈은 法律에 例ᄒᆞ야 保護를 受ᄒᆞᄂᆞᆫ 利益이라(學者ㅣ 此를 利說 或 利益主義라 稱홈).

二. 權利라 홈은 法律에 依ᄒᆞ야 被認ᄒᆞᆫ 意思의 力이라(意思說 又ᄂᆞᆫ 意思主義).

三. 權利라 홈은 法律에 許홈을 得ᄒᆞᆫ 行爲의 自由 又ᄂᆞᆫ 自由行爲의 範圍를 謂홈이라(自由行爲說).

四. 權利라 홈은 生活資科에 對ᄒᆞᄂᆞᆫ 各人의 持分이라(持分說).

五. 權利라 홈은 人格互相의 關係에 當ᄒᆞ야 其 一方이 他一方에 對ᄒᆞ야 一定의 利益을 享受ᄒᆞᄂᆞᆫ 法律上 能力이라.

六. 權利라 홈은 法律에 據ᄒᆞ야 他人으로 自巳의 行爲를 正當ᄒᆞ다 認케 ᄒᆞᄂᆞᆫ 事를 得ᄒᆞᄂᆞᆫ 力을 謂홈이라.

七. 權利라 홈은 利益을 享受ᄒᆞ기 爲ᄒᆞ야 法律에 依ᄒᆞ야 付與를 被ᄒᆞᄂᆞᆫ 意思의 力이라.

八. 權利라 홈은 法律에 依ᄒᆞ야 許ᄒᆞ얏ᄂᆞᆫ 範圍에셔 或 行爲를 爲ᄒᆞ며 又ᄂᆞᆫ 爲치 못ᄒᆞ게 할 人의 德을 謂홈이라.

九. 權利라 홈은 人과 人의 間의 關係 或은 人과 物의 間의 關係를 指稱ᄒᆞᄂᆞᆫ 者ㅣ라.

十. 權利라 홈은 法律上 或 人 又ᄂᆞᆫ 或 物에 對ᄒᆞ야 有ᄒᆞᆫ 바 特別의 能力을 指稱ᄒᆞᄂᆞᆫ 者ㅣ라.

十一. 權利라 홈은 或 行爲를 爲케 ᄒᆞ며 或 行爲를 不爲케 ᄒᆞᄂᆞᆫ 能力이라.

十二. 權利라 홈은 特定의 法律利益을 充實히 ᄒᆞᄂᆞᆫ 法律上의 力이라.

十三. 權利라 홈은 各人이 國家의 承認 又ᄂᆞᆫ 助力에 依ᄒᆞ야 他人의 行爲를 抑制ᄒᆞᄂᆞᆫ 勢力이라.

十四. 權利라 홈은 人 若物의 上에 有ᄒᆞᆫ 勢力 若或此를 取扱홀 事를 得ᄒᆞᄂᆞᆫ 勢力이라.

十五. 權利라 홈은 他의 一人 若衆人으로 或 行爲 若忍耐를 徵收홀 勢力 又ᄂᆞᆫ 能力이라.

十六. 權利라 홈은 一方에 對ᄒᆞ야 他一人 若衆人이 法律에 依ᄒᆞ야 或

行爲를 爲ㅎ다가 若忍耐ㅎᆯ 束縛을 受ㅎᆯ 時ᄂᆫ 其 一方은 卽 權利를 有ㅎᆫ 者ㅣ 됨이라.

十七. 權利라 홈은 一人이 他一人 若衆人의 上에 課홈을 被ㅎ얏ᄂᆫ 義務로 得홀 바의 好事 又ᄂᆫ 利益을 享有홀 保安이라.

以上과 如ㅎᆫ 權利에 對ㅎᆫ 見害ᄂᆫ 多種各樣으로 一定치 못ㅎ야 以上 列記의 諸說에 付ㅎ야 見ㅎ야도 明홈과 如히 權利ᄂᆫ 常히 人格者에 對ㅎ야 쌘 存立ᄒᆫ 者ㅣ 될가 又ᄂᆫ 人格者에 對ㅎᄂᆫ 者쌘 아니라 物에 對ㅎᄂᆫ 權利 又은 何等의 對立ᄒᆯ 者ㅣ 無ᄒᆫ 權利되ᄂᆫ 者ㅣ 有하랴 홈에 付하야도 各人見解가 同一치 못하고(權利有하면 義務가 有)하다 하ᄂᆫ 格言을 廣闊케 解釋하ᄂᆫ 者ᄂᆫ 權利ᄂᆫ 반다시 義務와 對立ᄒᆯ 者ㅣ 無홀지라. 換言하면 權利ᄂᆫ 恒常 人格者에 對하ᄂᆫ 者로써 其 人格者된 義務者의게 求홀 一定行爲 又ᄂᆫ 不行爲가 不可無라. 論ᄒᆞ며 從ᄒᆞ야 物權及生命身體及名譽를 保全ᄒᆞ고 又ᄂᆫ 姓氏를 稱ᄒᆞᄂᆫ 權利와 如홈은 此를 一般人格者에 對ㅎ야 一定의 地位及狀態를 保全ᄒᆞᄂᆫ 權利라 解ᄒᆯ지오. 此에 反ㅎ야 此格홈을 狹ㅎ게 解釋ᄒᆞᄂᆫ 者ᄂᆫ 此로써 單히 債權債務의 關係쌘에 適用ᄒᆯ 格言이라 ᄒᆞ니 卽(債權이 有ᄒᆞ면 債務有)타 ᄒᆞᄂᆫ 意에 不過ᄒᆞ다 解홈이니 權利라 ᄒᆞᄂᆫ 者ᄂᆫ 반다시 義務에 對當ᄒᆯ 者에 不在ᄒᆞ고 物에 對ㅎᄂᆫ 權利가 有ㅎ며 又對立物이 無ᄒᆫ 權利가 有홈을 說ㅎ니 其 對立物이 無ᄒᆫ 權利ᄂᆫ 自由權 生命 身體 名譽를 保全ᄒᆞᄂᆫ 權 又ᄂᆫ 姓氏를 稱ㅎᄂᆫ 權 等을 擧ᄒᆫ 者ㅣ니 右二見解ᄂᆫ 權利의 客體의 意義를 定홈에 付ᄒᆫ 關係가 有ㅎ니 權利ᄂᆫ 此種에 分類ᄒᆯ 事를 得홈이 如左홈이라.

(一) 積極權利(行爲) 消極權利(不行爲)

(二) 原權(又ᄂᆫ原始權) 救濟權

(三) 第一權 第二權

(四) 主權利 縱權利

(五) 私權 公權

○ 原權(原始權) 原權은 一에 此를 原始權이라 稱ᄒᆞ고, 救濟權에 對ᄒᆞᄂᆫ 語義니, 他人의 侵害를 不待ᄒᆞ고 當初부터 存在ᄒᆫ 權利를 謂홈이라.

○ 權利의 大部分은 原權이라 救濟權이라 흠은 他人이 原權을 侵害홈에 因ᄒ야 비로소 生ᄒᄂ 權利를 謂홈이니, 例건딘 債務者가 契約上의 債務를 履行치 아니ᄒ야, 債權者의 權利(卽 原權)를 侵害ᄒ얏ᄂ 時ᄂ, 債權者ᄂ 債務者의게 對ᄒ야 强制履行, 又ᄂ 損害倍償을 請求ᄒᄂ 權利(卽 救濟權)으로 有ᄒ고 又他人의 故意及過失에 因ᄒ야, 生命 身體 財産 名譽 自由 等의 諸權利(卽 原權)을 害케 흔 者ᄂ 加害者의게 對ᄒ야 損害倍償을 求ᄒᄂ 權利(卽 救濟權)를 有홈이라. 故로 救濟權은 原權이 被侵害홈에 因ᄒ야 비로소 生ᄒᄂ 者ㅣ라. 要컨딘 法律의 制裁를 惹起ᄒᄂ 바 權利라 謂홈을 得홀지라.

○ 原權은 一에 此를 第一權이라 稱ᄒ고 此에 對ᄒᄂ 救濟權을 第二權이라도 稱ᄒ나 니라.

○ 救濟權 救濟權이라 홈은 原權의 對語라, 一에 此를 第二權이라도 稱홈은 前項에 竝說홈.

○ 第一權 第一權이라 홈은 第二權의 對語라. 他人의 侵害를 不待ᄒ고 當初부터 存在흔 權利를 謂홈이니, 原權(又ᄂ 原始權)과 同一의 義라.

○ 第二權 第二權이라 홈은 第一權에 對ᄒᄂ 語라. 他人이 第一權을 侵害홈에 因ᄒ야 비로소 生ᄒᄂ 權利를 謂홈이니 救濟權과 同一흔 義라.

○ 主되ᄂ 權利 主되ᄂ 權利라 홈은 從되ᄂ 權利의 對語라. 他의 權利에 從屬지 아니ᄒ고 獨立ᄒ야 存흔 바 權利를 謂홈이니, 權利의 大多數ᄂ 此에 屬홈이라. 從되ᄂ 權利라 홈은 他의 權利에 從屬ᄒ야 始存흔 바 權利를 云홈이니, 例컨딘 他役權은 所有權의 從되ᄂ 物權이민 所有權이 無ᄒ면 他役權이 獨存치 못홈이오, 又留置權, 先取特權 質權, 抵當權은 債權을 擔保ᄒᄂ 從되ᄂ 物權인 故로, 債權이 先存홈이 아니면 獨自存立치 못홈이라. 故로 此等의 權利ᄂ 從되ᄂ 權利라 홈이라.

○ 凡從은 主에 從홈으로써 通則이라 ᄒᄂ 故로 從되로 權利ᄂ 主되ᄂ 權利에 從ᄒ야 消滅ᄒ며 又變更ᄒ나니, 卽 主되ᄂ 權利가 消滅ᄒ면 從되ᄂ 權利도 消滅ᄒ고, 主되ᄂ 權利의 主體가 變更ᄒᄂ 時ᄂ 從되ᄂ 權利의 主體도 쏘흔 隨ᄒ야 變更하나니라.

○ 從되는 權利 從되는 權利라 홈은 主權利의 對語ㅣ니, 前項에 幷說홈.
○ 私權 私權이라 홈은 公權의 對語라. 私法으로 規定하얏는 權利를 謂홈이니, 但 私權의 定義에 付하얏는 學說이 粉粉하야 歸一치 못홈으로 左에 其 重要한 者를 列擧코져 하노라.

一 私權이라 홈은 箇人互相間에 存한 바 權利라.

二 私權이라 홈은 國家가 私法에 依하야 私人에게 認하얏는 意思活動의 範圍內에서 發動하는 權利를 云홈이라.

三 私權이라 홈은 各人이 互相의 關係上 一箇人된 資格에 有한 利益이니, 法律의 保護에 依하야 此를 主張하는 事를 得한 者ㅣ라. 換言하면 社會의 一分子라 하야 有한 바 私事上의 權利를 私權이라 謂홈이라. 私權은 種種에 此를 分類홀 事을 得홈이니 左에 圖로뼈 此를 示코져 하노라.

(一)

人格權 { 生命權 身體權 自由權 名譽權 等 }

親族權 { 戶主權 親權 夫權 後見人의 權利 等 }

財産權

物權

民法上의物權

占有權 所有權 地上權 永小作權 地役權 留置權 先取特權 質權 抵當權 (以上의 外日本舊民法에는 用益權됨을 認하야 此를 物權의 一이라 하고 又債借權으로도 物權 一이라하야도 民法에는 前者는 此를 不認하고 後者는 此를 債權의 一種이라 하얏더라)

民法 以外의 法律上의 物權 { 鑛業權等 }

債權

爲케 하는 債權 { 卽積極的債權 }

不爲케 하는 債權 { 卽消極的債權 }

特種의 財産權 { 著作權 特許權 意匠權 商標權 等 }

相續權

(二)

絶對的 權 又는 對世權 { 生命權 身體權 自由權 名譽權 物權 等 }

相對的 權 又는 對人權 { 債券 親族權 等 }

(三)

人權

{ 生命權 身體權 名譽權 戶主權 夫權 親權 自由權 等 }

(四)

人身權 { 人格權 身分權 }

財産權

(五)

天賦權 { 生命權 身體權 名譽權 自由權 }

取得權 { 所有權 債權 特許權 其他民法 商法 其他의 私法의 保護下에 在흔 諸種權利 }

(六)

國民權

人類權

○ 人格權 人格權이라 흠은 人이 人이라 하는 卽入된 資格이 有흔 私權을 謂흠이니 或은 此를 人의 固有흔 性格으로 生하는 私權이라 하고 或은 一個人의 直接結果라 하야 存立흔 權利라 云하는 者 1 有하니 生命權 身體權 自由權 名譽權 等이 此에 屬흠이라.

○ 生命權. 生命權이라 흠은 自已의 生命을 保全하는 權利를 謂흠이니 或 此를 吾人이 不法에 其 生命을 被奪하는 事가 無흔 權利라 說하는 者 1 有하니 此 權利의 侵害에 對하는 救濟權은 民法에 規定된 者 1 오 又 其侵害者는 刑法上의 制裁를 受흠이라.

○ 身體權. 身體權이라 흠은 自已의 身體를 保全하는 權利를 謂흠이니 或은 此를 人이 不法에 其 身體를 害치 못하게 하는 權利라 說ᄒᆞᆫ는 者 1 有ᄒᆞ니 此 權利의 侵害에 對ᄒᆞᆫ는 救濟權은 民法에 規定되얏고, 又其侵害者는 刑法上의 制裁를 受흔지라.

○ 自由權. 自由權이라 홈은 法律이 禁치 아니ᄒᆞᄂᆞᆫ 範圍內에셔 自由로 身體의 動作을 爲ᄒᆞᄂᆞᆫ 權利를 謂홈이니 或은 此를 吾人이 不法에 其 身體의 自由를 不害게 ᄒᆞᄂᆞᆫ 權利라 說홈도 有ᄒᆞ니 此 權利의 侵害에 對ᄒᆞᄂᆞᆫ 救濟權은 民法에 規定얏고 又其侵害者ᄂᆞᆫ 刑法의 制裁를 受홈이라.

○ 名譽權. 名譽權이라 홈은 自己의 名譽를 保全ᄒᆞᄂᆞᆫ 權利를 謂홈이니 或은 此를 法이 人의 名譽를 保護홈에셔 生ᄒᆞᄂᆞᆫ 權利라 說ᄒᆞᄂᆞᆫ 者ㅣ 有ᄒᆞ니 此 權利에 對ᄒᆞᄂᆞᆫ 救濟權은 上項과 가치 民法에 規定되얏고 又其侵害者ᄂᆞᆫ 刑法上의 制裁을 受할지라.

> (〈대한자강회월보〉는 제13호까지 발행되었으며, 설태희 법학은 12호까지 연재됨)

10.7. 법현상

◎ **法律 學生界의 觀念,**
   松南(김원극), 〈태극학보〉 제22호, 1908.6. (법학)

> *이 시기 법률학도의 태도
> *외국 유학생 가운데 십상팔구 법률학과에 종사함=그 태도는?

盖 法律者ᄂᆞᆫ 主持 世界之是非ᄒᆞ며 劃定彼我之權限ᄒᆞ야 使一般公衆으로 共進於文明大同之域者ㅣ 莫過於此耳라. 所以로 古今 東西之仁人君子殫竭心力(동서지인인군자 탄갈심력)ᄒᆞ야 爲民定法이 至公至明ᄒᆞ며 且繼軌賡作(계궤갱작, 궤도가 이어지고 계속됨)이 隨時宜變遷ᄒᆞ고 因 國性損益은 亦固所難免이로다. 故로 孟的斯鳩(맹적사구, 몽테스키외)ᄂᆞᆫ 法理大家也로ᄃᆡ 猶曰 凡具智慧者ㅣ 自定法律이라 ᄒᆞ고, 伯林知理(백림지리, 볼테르?)ᄂᆞᆫ 法政大家也로ᄃᆡ 猶曰 理想之適應於時勢者ㅣ 則

政治之機体라 ᄒ니, 此二人者의 言論이 過去 現在 未來의 國家 社會에 不二ᄒ 公理를 覰破(처파)ᄒ얏다 謂ᄒ지로다.

嗚呼라. 我學生 同胞 諸君이여. 將來 我國 文化의 主人도 我學生同胞며 法律界의 主人도 我學生同胞며 政治界의 主人도 我學生同胞며 農工商 實業界의 主人도 我學生同胞며 我國의 將興도 我學生同胞의 責이며, 我國의 將亡도 我學生同胞의 責이로다. 然ᄒ즉 今日 我學生同胞의 至重且大ᄒ 負擔이 如何ᄒ 地位에 處ᄒ엿ᄂ가. 此ᄂ 全國內 一般 社會의 希望만 如是ᄒ 쑨 아니라, 我學生同胞의 自負ᄒ도 또ᄒ 如是ᄒ지로다.

現今 我學生同胞의 內外國에 出學ᄒᄂ 界況을 槪察컨듸 科學에 到達ᄒ 者ㅣ 其數萬餘名에 幾至ᄒ지라. 數年前 程度에 比例ᄒ면 可謂 刮目相對라 ᄒ지나 一般 學生 中에 法律學科에 從事ᄒᄂ 者가 十常八九 以上인즉 未知커라. 諸君의 主見이 國家의 今日 悲運이 但以 法律 未明ᄒ 一款으로 由ᄒ엿다 ᄒ야 然ᄒ 것인가. 抑 或 種種 類國ᄒ 病源이 此에 不止ᄒ나 時勢에 適當ᄒ 急務라 ᄒ야 然ᄒ인가. 嗟夫라. 且 猶 我國의 習慣이 仕宦奴隸를 甘作ᄒᄂ 舊染을 尙未痛袪(상미통거)ᄒ지라. 終南捷徑을 是圖ᄒ야 判事 檢事에 流涎(유연, 잇달아 흐름)ᄒ은 아닌가. --

◎ 裁判審級의 制度,
　漢上撫子, 〈대한협회회보〉 제3호, 1908.6. (법학)

大抵 裁判所ᄂ 司法權을 行ᄒᄂ 機關이오 裁判官은 司法ᄒ 者ㅣ라. 故로 近世 文明 諸國에서 採用ᄒᄂ 裁判官의 資格은 大槪 法官試驗의 及第者幾個年 以上의 法律大學敎授 或 辯護士 等과 其他의 必要條件이 具備ᄒ 者를 要ᄒ으로 裁判官은 法律上의 智識과 實際上의 經驗이 有ᄒ 者ㅣ라 稱ᄒ지라. 然이나 人이 誰가 錯誤ㅣ 無ᄒ리오 裁判官도 亦 人이

라. 或 其 裁判이 失當ㅎ는 境遇가 不無ᄒ지니 然則 人民의 性命財産을 完全히 保護ᄒ기 不能홈에 至홈으로 文明諸國은 此를 救濟ᄒ기 爲ᄒ야 悉皆審級의 制度를 設置홈에 至ᄒ얏스나 其 審級의 段階에 至ᄒ야는 多少 不同홈이 有ᄒ니 德國은 輕微혼 事件에 關ᄒ야는 三級審의 制度를 認ᄒ며 重大혼 事件에 關ᄒ야는 二級審의 制度를 認ᄒ고 我國도 舊裁判所構成法에 至ᄒ야는 亦 同ᄒ야 郡裁判所에서 第一審으로 起혼 事件은 第二審으로 道裁判所, 港裁判所 或 漢城裁判所를 經由ᄒ야 終審된 平理院에 至ᄒ야 終了ᄒ며 道裁判所, 港裁判所 或 漢城裁判所에서 第一審으로 起혼 事件은 終審된 平理院에 至ᄒ야 終了ᄒ나 其他 歐洲 諸國과 日本 等은 純然혼 三級審의 制度를 採用ᄒ니라. 我國은 近日에 至ᄒ야 此 制度를 效則ᄒ야 現行裁判所構成法에는 第一審으로 區裁判所에서 起혼 事件은 第二審으로 地方裁判所를 經由ᄒ야 上告審된 大審院에 至ᄒ야 終了ᄒ며 第一審으로 地方裁判所에서 起혼 事件은 第二審으로 控訴院을 經由ᄒ야 上告審된 大審院에 至ᄒ야 終了홈으로 規定ᄒ니라. 若 管轄權이 全國 內에 及홀 裁判所ㅣ 無ᄒ면 法律의 解釋이 分岐ᄒ야 到底히 其 統一을 期得치 못홀 故로 此에 至ᄒ야 上告裁判所의 設置가 有홈에 至ᄒ얏스니 上告裁判所 卽 大審院은 法國破毀院의 制度를 模倣ᄒ야 法律의 解釋을 統一ᄒ야 其 適用의 可否를 監査케 ᄒ는 者ㅣ라. 故로 上告審判의 權은 但 大審院에만 屬홀 者ㅣ니 日本은 但 大審院만 一切의 上告를 受理홀 時는 事件이 輻湊ᄒ야 澁滯홀 慮가 有홈을 理由ᄒ야 各 控訴院으로 區裁判所의 事件에 對혼 上告裁判所를 作ᄒ야 上告裁判所를 設置혼 目的을 得達치 못홈에 至ᄒ얏스니 其 宜를 不得혼 者ㅣ라 謂홀지오. 我國은 幸히 不然ᄒ야 第一審이 區裁判所ㅣ 됨과 地方裁判所ㅣ 됨을 不拘ᄒ고 上告審의 裁判所는 唯一의 大審院으로 規定ᄒ얏스니 此 點에 至ᄒ야는 日本보다 進就혼 者ㅣ라 謂홀지니라.

蓋 訴訟의 段階를 三級에 分홈은 歷史上의 事實에 基홈이 多ᄒ니 法國의 革命 以前은 歐洲의 訴訟法에 二級審의 制度를 採用ᄒ고 가는法 以來의 訴訟法은 三級審이러니 法國의 王權이 漸次 强大홈을 隨ᄒ야 事實上

二級審됨으로 法國의 革命時를 際ᄒᆞ야 人民의 自由를 保護ᄒᆞᄂᆞᆫ 訴訟은 三級審의 制度를 必依ᄒᆞᆯ 者ㅣ라 唱道ᄒᆞ야 現今 歐洲의 訴訟法은 大槪 三級審이 되니라. 然而 近日에 至ᄒᆞ야 某學者等은 第一審 及 上告審은 必要ᄒᆞ나 第二審 卽 控訴審은 重要치 안이ᄒᆞᆷ으로 三級審의 制度를 設置 ᄒᆞᆯ 必要가 無ᄒᆞ다 論ᄒᆞ니 其 說에 裁判의 基礎ᄂᆞᆫ 裁判官의 心證에 在ᄒᆞ 며 裁判官의 心證은 其 調査ᄒᆞᆫ 一切의 證憑에 基礎를 資ᄒᆞᄂᆞ니 第一審 及 第二審의 裁判官이 相異ᄒᆞ나 其 調査ᄒᆞᆫ 바 證憑은 大槪 同一ᄒᆞᆷ으로 其 資ᄒᆞᆫ 바 心證도 亦 同ᄒᆞᆯ지라. 然則 第一審의 裁判이 正確ᄒᆞ고 覆審은 徒然히 費用과 日時를 要ᄒᆞᆯ 섇이라. 若 第一審 及 第二審의 裁判官이 其 心證을 相異케 ᄒᆞᆯ진ᄃᆡ 何를 標準ᄒᆞ야 何裁判이 是ᄒᆞ며 何裁判이 非ᄒᆞ 다 斷定ᄒᆞᆷ을 得ᄒᆞ리오. 或은 第二審의 裁判官은 學識과 經驗이 贍富ᄒᆞ며 第一審의 裁判官은 不然ᄒᆞᆷ으로 第二審의 裁判에 信用을 置ᄒᆞᆯ 者ㅣ라 云ᄒᆞ니 果然 如此ᄒᆞᆯ진ᄃᆡ 何故로 最初브터 學識과 經驗이 贍富ᄒᆞᆫ 者를 擇用치 안이ᄒᆞᄂᆞᆫ지라. 假如 第二審의 裁判官이 高明ᄒᆞᆫ 故로 其 裁判이 恒常 正確ᄒᆞ다 謂ᄒᆞᆯ진ᄃᆡ 何故로 訴訟關係人의 申請을 不待ᄒᆞ고 一切의 事件을 覆審치 안이ᄒᆞ며 訴訟關係人이 甘服ᄒᆞᆫ 以上은 如何ᄒᆞᆫ 失當의 裁判을 行ᄒᆞ야 無辜를 冤枉에 陷케 ᄒᆞ며 有罪를 法網에 脫케 ᄒᆞ야도 可ᄒᆞᆫ 理由가 何에 在ᄒᆞ며 且 第一審의 裁判에 誤謬가 有ᄒᆞᆷ을 未免ᄒᆞᆯ진ᄃᆡ 第二審의 裁判도 亦 同ᄒᆞ야 第三審 及 四審 等을 不可不 許ᄒᆞ야 裁判이 終局되ᄂᆞᆫ 日이 無ᄒᆞᆷ에 至ᄒᆞᆯ지라 何者오. 萬一의 誤謬가 有ᄒᆞᆯ가 ᄒᆞᄂᆞᆫ 杞 憂가 恒常 存在ᄒᆞ야 到底히 消散ᄒᆞᆯ 者ㅣ 안인 所以라 云ᄒᆞ니라. 以上의 駁論이 其 理由가 大有ᄒᆞ나 大抵 人의 所爲가 其 度의 重ᄒᆞᆷ을 隨ᄒᆞ야 善美ᄒᆞᆫ 域에 益進ᄒᆞᆷ은 爭論치 못ᄒᆞᆯ 事實이라. 今人의 智識이 古人의 上 에 在ᄒᆞᆷ은 今人은 古人이 發見ᄒᆞᆫ 바를 習得ᄒᆞ고 尙 且 精密히 考査ᄒᆞ야 益益硏究ᄒᆞᄂᆞᆫ 所致로 古人이 未達ᄒᆞᆫ 事를 發見에 至ᄒᆞᆷ도 亦 此 理由에 不外ᄒᆞ니 裁判에 關ᄒᆞ야도 亦 第二審의 裁判官은 第一審의 裁判官이 業已十分 審理ᄒᆞᆫ 事實을 知得ᄒᆞᆯ 섇 안이라 更히 精密ᄒᆞᆫ 審理를 加ᄒᆞ야 第一審의 裁判官이 發見치 못ᄒᆞᆫ 事實을 發見ᄒᆞᆷ에 至ᄒᆞᆷ이 有ᄒᆞᆯ 故로 其

裁判이 第一審의 裁判에 比ㅎ야 正確ㅎ다 推定흠을 得ㅎ 者 ㅣ라. 故로 控訴制度의 存廢ᄂᆞᆫ 遽然히 斷言ㅎ기 不能ㅎ다 謂흘지니라.

現行 裁判所構成法을 依흘진ᄃᆡ 單獨의 裁判官으로 裁判케 흠이 有ㅎ며 合議體의 裁判所로 裁判케 흠이 有ㅎ니 單獨裁判官으로 裁判흠은 但 區裁判所ᄲᅮᆫ이오 其他ᄂᆞᆫ 悉皆合議體니 卽 地方裁判所와 控訴院은 三人의 裁判官으로 大審院은 五人의 裁判官으로 裁判흠을 規定ㅎ니라. 合議體의 裁判所에ᄂᆞᆫ 法律로 資格과 人員을 定흔 裁判官이 訴訟에 立會評議 ㅎ야 裁判ㅎᄂᆞᆫ 故로 合議體의 裁判所에ᄂᆞᆫ 法律로 定흔 人員이 一人이라 도 增減흘 時ᄂᆞᆫ 不法의 裁判됨을 未免흘 者 ㅣ라. 此 單獨制와 合議制에 就ㅎ야 其 利害를 略論흘진대 單獨制의 裁判所ᄂᆞᆫ 一人의 智識으로 裁判 ㅎᄂᆞᆫ 故로 訴訟을 迅速케 ㅎᄂᆞᆫ 利益이 有ㅎ나 疎漏흠에 失흘 弊端이 有ㅎ고 合議制의 裁判所ᄂᆞᆫ 衆智를 聚集ㅎ야 裁判ㅎᄂᆞᆫ 故로 訴訟을 緻密 케 ㅎᄂᆞᆫ 利益이 有ㅎ나 延滯흠에 至흘 弊端이 有흠은 明瞭흔 事實이라. 故로 歐洲 諸國, 日本 及 我國은 單獨制 或 合議制에 偏倚흠이 無ㅎ고 此 二制를 倂用ㅎ야 事件이 輕微ㅎ야 寧히 迅速케 흠이 可흔 者ᄂᆞᆫ 單獨 의 裁判官으로 裁判케 ㅎ며 事件이 重大ㅎ야 寧히 鄭重케 흠을 要ㅎᄂᆞᆫ 境遇에ᄂᆞᆫ 合議體의 裁判所로 裁判케 ㅎ니라. 今에 外國의 制度를 摘示 흘진ᄃᆡ 法國은 治安裁判所ᄂᆞᆫ 一人의 裁判官으로 始審裁判所ᄂᆞᆫ 三人의 裁判官으로 控訴院은 五人의 裁判官으로 大審院은 七人의 裁判官으로 裁判케 ㅎ고 德國은 區裁判所ᄂᆞᆫ 一人의 裁判官으로 地方裁判所의 第一 審은 三人의 裁判官으로 同裁判所의 第二審은 五人의 裁判官으로 高等 地方裁判所ᄂᆞᆫ 五人의 裁判官으로 帝國裁判所ᄂᆞᆫ 七人의 裁判官으로 組 織ㅎ며 此 外에 法德 兩國이 共히 重罪裁判所를 設置ㅎ야 三名의 判事 와 十二名의 陪審官으로 組織ㅎ고 日本은 區裁判所ᄂᆞᆫ 一人의 裁判官으 로 地方裁判所ᄂᆞᆫ 三人의 裁判官으로 控訴院은 五人의 裁判官으로 大審 院은 七人의 裁判官으로 裁判케 ㅎ니라.

◎ 正當防衛權을 許ᄒ 理由와 其許ᄒᄂ 範圍,
鄭達永, 〈대한협회회보〉 제10호, 1909.1. (법학)

正當防衛權이라 홈은 吾人이 無理의 危急ᄒ 暴行이나 脅迫을 當홀 時에 己의 腕力으로써 此를 防衛ᄒ는 行爲를 法律이 罪로 論치 안이ᄒ고 此에 防衛ᄒ는 權을 與ᄒ는 者 l 라.

然而 今日과 갓치 社會公權이 發達되야 國家ᄂ 一般個人의 生命身體財産을 保護ᄒ는 職務를 有ᄒ야 一私人의 加害所爲라도 公權의 力을 依ᄒ야 處置ᄒ고 個人의 腕力으로 施行키 不得ᄒ는 바어늘

噫彼正當防衛라 홈은 太古鴻濛時代의 各自 保護主義에 退歸홈인가. 何故로 一私人의 腕力으로써 處置케 홈인가.

曰 其 然矣로다. 蓋 吾人 權利의 保護를 一切히 國家公權의 作用에 專屬홀진딘 國家公權의 威力이 理論上 如何히 强人ᄒ다 홀지라도 無限ᄒ 事實에 對ᄒ야 無限ᄒ 危害를 到底히 悉皆代表ᄒ야 防衛키 不能ᄒ지라. 故로 法律은 吾人의 權利를 保護ᄒᄂ 同時에 公力의 未及ᄒ는 바 卽 更히 回復홀 道가 無ᄒ 境遇에 當ᄒ야 스스로 防衛ᄒ는 權을 與홈이니 만일 如斯히 危急ᄒ 境遇에 對ᄒ야 法律이 防衛權을 不與홈으로 吾人의 身體生命이 暴行脅迫을 當ᄒ야 更히 回復홀 道가 無ᄒ 域에 當ᄒ면 國家ᄂ 如何ᄒ 利益的 效力이 有ᄒ리오 反히 法律이 吾人을 保護치 아니홈이라 可謂홀지라.

然ᄒ 故로 警察行政이 如何히 明詳홈지라로 危急ᄒ야 回復홀 道가 無홀 巨害를 當ᄒ는 境遇에ᄂ 一私人의 腕力으로 防衛ᄒ는 權을 公認ᄒᄂ니 實로 法律이 個人의 權利保護ᄒ는 責任을 完全無缺케 ᄒ쟈는 理由에 起因홈이로다.

如斯홀진딘 正當防衛權은 如何ᄒ 範圍싸지 許ᄒ는가 身體生命에 對ᄒ야 來ᄒ는 危害에 防衛權이 有홈은 旣述ᄒ 바어니와 加害者의 所爲가 身體生命에ᄂ 侵害를 加코자 홈이 안이오 其 目的이 財産만 侵害코쟈 홀 時ᄂ 此에 當ᄒ야도 正當防衛權을 許ᄒᄂ가.

此에 諸說이 不一ᄒ야 或者ᄂ 曰 財産도 權利되ᄂ 點은 身體生命에 不下ᄒ고 又ᄂ 一次 被害ᄒ면 容易히 償還치 못ᄒᄂ 境遇가 不無ᄒᄂ니 身體 生命에 當ᄒ야 防衛權을 認ᄒ 同時에 吾人의 權利되ᄂ 財産에도 防衛權을 公認ᄒ 者ㅣ라 ᄒ며 又 或者ᄂ 曰 財産도 身體生命과 갓치 權利됨은 一點無疑ᄒ 바ㅣ로딕 財産이라 흠은 비록 被害를 當ᄒ지로도 普通 此를 回復ᄒ기 得ᄒᄂ 者오 其 不得ᄒᄂ 点은 單히 特殊ᄒ 境遇쑨이라 財産에 防衛權을 與흠은 理論에 不適ᄒ다 ᄒᄂ니 余로 以ᄒ야 觀ᄒ건딕 第二說이 理論에 適當ᄒ 줄로 思量ᄒ노라 何者오. 今日 人類社會가 財産에 對ᄒ야 如何히 關重케 認ᄒ지라도 彼 加害者의 所爲가 直接으로 身體生命에 危害가 未有ᄒ고 但 其 回復ᄒ기 可得ᄒ 財産에 止ᄒᄂ 所爲를 反擊ᄒ다가 回復치 못ᄒ 身體生命을 殺傷ᄒ도록 此를 法律이 一權利로 保護흠은 其 當을 不得이라 可謂ᄒ지라 故로 財産上 危急에ᄂ 아직 正當防衛權을 公認치 못ᄒ 者ㅣ라 ᄒ노라.

要컨딕 正當防衛權을 許ᄒ 理由ᄂ 更히 回復지 못ᄒ 身體生命에 對ᄒᄂ 危害를 防衛흠이오 其 容易히 回復ᄒ 道가 有ᄒ 境遇에ᄂ 勿論 防衛權을 不認ᄒᄂ 者ㅣ니 然則 正當防衛權의 許ᄒᄂ 範圍ᄂ 更히 回復ᄒ 道가 無ᄒ 危急의 暴行이나 脅迫에 止흠이 可ᄒ도다.

10.8. 선거법

◎ 選擧法의 種類와 及 利益 弊害의 比較,
   편집인, 〈대한학회월보〉 제7호, 1908.9. (정치학)

▲ 제7호

　　緖言

世界文明 程度의 進行을 隨ᄒ야 人類生活의 複雜ᄒ이 一率로뻐 規定ᄒ
기 難ᄒ지 其 千萬像態를 盡言키 不能ᄒ기로 今에 略之ᄒ거니와 大抵
人類가 此世에 初生ᄒ 上古 時代에ᄂ 父系母系로 自然ᄒ 家族生活이
成立ᄒ얏고 一變ᄒ야 部落時代가 되고 再變ᄒ야 國家制度에 至ᄒ지라.
以前에 在ᄒ야ᄂ 一腕力이 强ᄒ 者면 他 弱力者를 掠奪ᄒ며 一智力이
勝ᄒ 者면 他 智劣者를 征服ᄒ야 自爲酋長ᄒ며 自爲君主ᄒ야 雖土地의
廣大ᄒ과 人民의 衆多ᄒ으로도 殆히 一二 個人의 私物與奪과 如ᄒ얏시
니 彼時代에 在ᄒ야ᄂ 上位를 占有ᄒ 者가 百般設方ᄒ야曰 典章法度와
曰禮樂刑政이 其 名이 万千이로ᄃᆡ 其 裏面을 深究ᄒ진ᄃᆡ 便是下位者로
ᄒ여곰 此에 拘束을 受케 ᄒ志氣를 發揮치 못ᄒ며 此에 俗尙을 重히
ᄒ야 智識을 暗昧케 ᄒ에 不過ᄒ더라. 於是에 此方을 善設ᄒ 者ᄂ 聖明
賢哲이라 稱ᄒ고 此方에 不善ᄒ 者ᄂ 凡夫愚人이라 謂ᄒᄂ니 此가 但
히 政治 操縱에만 然ᄒ쑨 아니라 遂히 民間 慣例에도 亦染ᄒ야 凡婚姻
喪葬日用事物之間에 至로록 區區汲汲ᄒ야 苟히 此에 一違ᄒ진ᄃᆡ 곳 非
人類로 認定ᄒ얏시니 此가 專制政體와 階級 社會를 成ᄒ 本領이라.
念컨ᄃᆡ 或人이 此智識暗昧케 ᄒ기를 善히 ᄒᄂ 者를 聖朋賢哲이라 稱
ᄒ다ᄂ 句語에 對ᄒ야 怪訝不信ᄒ 者가 有ᄒᆯᄯᅳᆺ ᄒ나 請컨ᄃᆡ 余에 質疑
치 말고 深히 過去現在에 徵ᄒ야 默思審察할 거시오. 且余가 先聖先哲
로뻐 野心家로 指斥ᄒ이 아니라 實노 當時에 在ᄒ야ᄂ 國家 百年의 計

를 立ᄒᆞ야 永遠ᄒᆞᆫ 寧靜을 圖ᄒᆞᆯ진ᄃᆡ 長策이 此에서 出ᄒᆞᆯ 者ㅣ 無ᄒᆞᆫ지라. 吾人이 賴ᄒᆞ야 到今의 幸輻을 享ᄒᆞᆺ거니와 今日에 當ᄒᆞ야 猶히 此를 固守코져 ᄒᆞᆯ진ᄃᆡ 斷言코 上位에 在ᄒᆞᆫ 者ᄂᆞᆫ 其 國을 亡케 ᄒᆞᆷ이오. 下位에 在ᄒᆞᆫ 者ᄂᆞᆫ 其 族을 滅케 ᄒᆞᆷ이라. 隨ᄒᆞ야 上世의 取人用人ᄒᆞ던 制度와 現代의 選人擧人ᄒᆞᄂᆞᆫ 方法이 不異ᄒᆞᆷ을 不得ᄒᆞᆯ지라. 此 方法의 善美를 得ᄒᆞᆫ 國家ᄂᆞᆫ 其 國家가 必興ᄒᆞ며 得ᄒᆞᆫ 政府ᄂᆞᆫ 其 政府가 必正ᄒᆞ야 道郡 面里와 及政黨民團農工商社會를 勿論ᄒᆞ고 此에 得ᄒᆞ면 必盛必旺ᄒᆞᆯ 것시오. 此에 失ᄒᆞ면 必衰必亡할지라.

今에 余의 述코져 ᄒᆞᆷ은 立憲國에서 國會 議員을 民選으로 選擧ᄒᆞᄂᆞᆫ 選擧法의 槪略인ᄃᆡ 參考件을 共和國에서 大統領을 推選ᄒᆞᄂᆞᆫ 制度와 其他 民間 社會에도 應用ᄒᆞ기 爲ᄒᆞ야 多種의 方式을 添附ᄒᆞ야 몬져 其 種類를 摭記ᄒᆞ고 次에 順序로 其 利益과 弊害의 短長點을 比較論析ᄒᆞ깃노라. 第一 選擧法의 種類, 各國 國民의 慣例 由來와 文化 程度를 因ᄒᆞ며 ᄯᅩ 法系의 各ᄒᆞᆷ을 由ᄒᆞ야 如左히 區分ᄒᆞᆷ을 得ᄒᆞᆷ.

一. 直接 選擧와 間接選擧 一. 普通選擧와 制限選擧
一. 多數代表의 選擧와 少數代表의 選擧오.
又 制限 選擧를 二分ᄒᆞ야 平等制限 選擧와 等級制限 選擧로 類別ᄒᆞ며 此外에 候補選擧라 ᄒᆞᄂᆞᆫ 制度도 有ᄒᆞ니라. 未完

(제8호~제9호에는 게재하지 못함, 편집상의 사정으로 인한 것)

10.9. 신분법

◎ 離婚法 制定의 必要, 東初生 (韓光鎬),
  〈서북학회월보(서우 속간)〉 제17호, 1908.5. (여성문제)

大抵 婚姻이라 ᄒᆞᆷ은 男女가 團樂 生活을 營爲ᄒᆞ기 爲ᄒᆞ야 生存 結合으

로 其 目的上 반다시 夫婦의 和合을 企圖치 아니홈이 不可하니 此 問題
를 硏究하면 結婚의 方法如何를 先論홈이 可혼지라. 蓋百年의 佳約을
締結하는 人倫의 大事를 媒妁의 言만 聞하고 或人의 父된 者와 母된
者가 子와 女의 意思 如何는 不顧하고 年齡이 十歲에 纔過하면 重大혼
契約을 經忽히 成立하니 엇지 痛嘆치 아니리오. 年齡이 十歲된 子女가
血氣가 長成치 못홀 뿐 아니라 知覺 精神이 모다 不完全혼 孩提의 童으
로 異姓의 合을 成하니 비록 夫婦가 和樂하야 生活홀지라도 盛事가 아
니니 何則고 生男生女하는 境遇에 至하면 血氣가 未盛혼 陰陽이 相合하
야 完全치 못혼 兒를 生홀지니 其 獘害가 엇지 重大치 아니하리오. 如斯
히 父母가 强制的으로 子女의 婚姻을 結홈은 當然히 深愼홀 바ㅣ라.
婚姻은 夫婦가 偕老하야 百年佳緣을 結하는 者니 一日 互相間 和合치
못혼 境遇에는 百年의 佳緣이 變하야 百年의 惡緣이 될지니 古語에는
云혼 바 家和하면 萬事가 成혼다 하니 此와 如히 不和하면 事의 成을
엇지 望하리오. 極點에 至하야는 姦通亂倫의 獘風을 簇出홈에 至홈지
라 故로 一次締結혼 婚姻이라도 解除의 道를 與홈이 아니면 社會에 可
及홀 影響이 不尠홀지니 現今 世界 各國이 離婚法을 制定홈이 實로 不
得已홈에 出혼 者ㅣ라 謂치 아니치 못홀지라. 蓋離婚이란 者는 婚姻解
除의 一方法이니 所謂 婚姻의 解除는 夫婦 關係를 終了하는 意味오. 離
婚은 卽 生存者間에 婚姻의 解除인 故로 此를 許홈은 婚姻의 本體를
危殆하는 點은 寧히 害惡이 될지라도 離婚보다 一層 多大혼 害惡卽離婚
禁止로 生하는 害惡을 避하는 單純의 方法이 되는 者ㅣ니라.
離婚은 夫婦의 協議 又는 法律에 定혼 原因에 基혼 婚姻의 解除를 謂혼
故로 協議上 離婚과 裁判上 離婚을 區別홈을 可得하느니라.
離婚에 關혼 法制는 此를 分하야 自由離婚 離婚禁止及制限離婚의 三種
으로 論홀지니 所謂 自由離婚이란 者는 當事者의 意思를 因하야 自由로
婚姻을 解除홈을 許하는 者를 謂홈이니 然이나 古代에는 自由離婚主義
는 配偶者의 一方卽夫가 妻를 去하는 意義만 用하야 妻의 意思에 反홀
지라도 尙且夫는 强制的으로 妻를 離別홀 事를 許하니 我國에 在하야

는 離婚이라 ᄒᆞᄂᆞᆫ 語ᄂᆞᆫ 此意ᄅᆞᆯ 用ᄒᆞᆷ이 常例로 定ᄒᆞ야 所謂 七去의 惡이 有ᄒᆞ면 去ᄒᆞᆫ다 ᄒᆞᆷ이 是라 日本에 在ᄒᆞ야도 亦此 意ᄅᆞᆯ 用ᄒᆞ더니 明治維新 以來로 妻가 離婚 請求의 訴ᄅᆞᆯ 提起ᄒᆞᆯ 事ᄅᆞᆯ 法律上 明認ᄒᆞᆷ에 至ᄒᆞ니라. 人文이 아즉 開明ᄒᆞᆫ 域에 未達ᄒᆞᆫ 社會에ᄂᆞᆫ 自由離婚의 主義ᄂᆞᆫ 絶對的으로 不許ᄒᆞᄂᆞ니 其 趣旨ᄂᆞᆫ 何에 在ᄒᆞᆫᄃᆞ. 此ᄅᆞᆯ 深究ᄒᆞ면 婚姻으로써 婦女가 男子의 羈絆을 屬ᄒᆞᆷ이 可ᄒᆞᆫ 結合이라 ᄒᆞᄂᆞᆫ 故로 夫ᄂᆞᆫ 自由로 其妻ᄅᆞᆯ 離別ᄒᆞᆷ을 可得ᄒᆞᆯ지라도 如斯히 自由離別을 許ᄒᆞᆫ 時ᄂᆞᆫ 婚姻의 神聖은 得保치 못ᄒᆞᆯ지라 是以로 所謂 離婚禁止의 法制ᄅᆞᆯ 生ᄒᆞᆷ에 至ᄒᆞ니 然이나 婚姻을 禁止ᄒᆞᆷ이 可ᄒᆞᆫ 主義ᄂᆞᆫ 或은 宗敎上으로 論ᄒᆞᆫ든지 或은 道德上으로 論ᄒᆞᆫ든지 或은 子의 利益에 基ᄒᆞ며 或은 社會의 利益에 根據ᄅᆞᆯ 置ᄒᆞ야 理論上으로ᄂᆞᆫ 正當ᄒᆞᆯ 듯ᄒᆞ나 若絶對的으로 婚姻을 禁止ᄒᆞ면 全然히 弊害가 無ᄒᆞ다 謂ᄒᆞᆷ을 不得ᄒᆞᆯ지니 何로 由ᄒᆞ야 其 弊害ᄅᆞᆯ 知ᄒᆞᄂᆞᆫᄃᆞ. 此ᄅᆞᆯ 解答ᄒᆞ면 蓋婚姻은 生存 結合이라. 此ᄅᆞᆯ 解除의 道ᄅᆞᆯ 與치 아니ᄒᆞ면 世上의 惡緣에 陷ᄒᆞᆫ 者ᄅᆞᆯ 救濟ᄒᆞᆯ 道가 無ᄒᆞᆯ지니 自己의 良心에 違ᄒᆞ야도 尙且忍耐過去케 ᄒᆞ면 生存 結合의 目的을 到底히 達치 못ᄒᆞ야 不測의 害惡을 生ᄒᆞᆷ에 至ᄒᆞᆯ지니 엇지 其可ᄒᆞ리오. 佛國과 如ᄒᆞᆫ 國도 一次 離婚禁止의 法律을 施行ᄒᆞᆯ얏다가 數年前에 此ᄅᆞᆯ 廢止ᄒᆞ니라. 離婚禁止의 法制ᄂᆞᆫ 嚴正히 此ᄅᆞᆯ 遂行케 ᄒᆞ면 倫理公道에 背反ᄒᆞᆷ에 至ᄒᆞ기 易ᄒᆞᆫ 故로 所謂 別居의 制度ᄅᆞᆯ 認ᄒᆞᄂᆞᆫ 者ㅣ 有ᄒᆞ니 別居라 ᄒᆞᆷ은 卽 婚姻을 解除ᄒᆞᆷ이 아니오 오즉 婚姻으로 因ᄒᆞ야 生ᄒᆞᄂᆞᆫ 共同 生活의 義務ᄅᆞᆯ 免ᄒᆞᄂᆞᆫ 者ᄅᆞᆯ 謂ᄒᆞᆷ이니 卽 一面으로ᄂᆞᆫ 離婚으로브터 生ᄒᆞᄂᆞᆫ 弊風을 矯正ᄒᆞ며 一面으로ᄂᆞᆫ 宗敎家의 滿足을 置ᄒᆞᆷ과 如ᄒᆞ나 此로 由ᄒᆞ야 婚姻禁止로브터 生ᄒᆞᄂᆞᆫ 弊風을 除却ᄒᆞ기 不能ᄒᆞᆫ 故로 今日에 或은 此制度ᄅᆞᆯ 不認ᄒᆞᄂᆞᆫ 者도 有ᄒᆞ며 或은 裁判上의 離婚과 倂ᄒᆞ야 此 制度ᄅᆞᆯ 存ᄒᆞᄂᆞᆫ 者도 有ᄒᆞ야 一定치 아니ᄒᆞ니라.

所謂 制限婚姻이란 者ᄂᆞᆫ 婚姻은 解除ᄒᆞᆷ을 可得ᄒᆞᆯ지ᄂᆞ 法律上에 其 原因을 豫先 一定ᄒᆞ야 其 原因이 存ᄒᆞᆫ 者ㅣ 아니면 離婚ᄒᆞᆷ을 不許ᄒᆞᄂᆞᆫ 者ㅣ니 竊想컨ᄃᆡ 自由離婚은 婚姻 本體에 違背▨며 夫婦의 關係ᄅᆞᆯ 輕케 ᄒᆞ

야 子孫의 幸福을 傷害ᄒ며 社會의 風儀를 紊亂홈에 至ᄒ고 又 離婚禁止는 人性에 反ᄒ야 情誼上 仇敵과 如ᄒ 者라도 尙且 夫婦의 關係를 繼續케 ᄒ면 是로 由ᄒ야 生ᄒ는 弊害를 勝言키 難홀지니 엇지 可懼치 아니리오. 此 兩極端의 害惡을 矯正ᄒ기 爲ᄒ야 法律上 解除의 原因이 存在혼 境遇에만 限ᄒ야 婚姻의 解除를 許ᄒᄂ니 此 制限主義가 是라. 今日 諸國의 法制上 此主義를 採用ᄒᄂ 者ㅣ多ᄒ나 或은 協議上 離婚과 裁判上의 離婚을 併用ᄒᄂ 者도 有ᄒ며 或은 單히 裁判上 離婚만 許ᄒᄂ 者ㅣ有ᄒ야 一定치 아니ᄒᄂ라.

離婚은 婚姻 解除의 一原因이라 然이나 婚姻은 離婚만 因ᄒ야 解除홈이 아니오. 夫婦 一方의 死亡을 因ᄒ야 自然히 婚姻이 解除ᄒᄂ 事ㅣ有ᄒ니 當事者의 意思에 不因ᄒ고 自然혼 事實 卽 人格의 消滅을 因ᄒ야 婚姻이 解除되ᄂ 者ᄂ 오즉 事實上으로 夫婦의 關係를 消滅홈에 至ᄒ고 婚姻으로부터 生ᄒᄂ 親族上 關係 又ᄂ 相續法上의 權利 義務ᄂ 消滅ᄒᄂ 者ㅣ아니니라.

又 離婚은 婚姻의 取消와 混同치 아니혼 事를 要ᄒᄂ니 離婚은 婚姻을 解除ᄒ야 將來의 夫婦의 關係 其他 婚姻으로 由ᄒ야 生ᄒᄂ 一切 親族 上 又ᄂ 親族上의 關係를 消滅케 ᄒᄂ 點은 同一ᄒ나 二者間에ᄂ 左의 主要혼 差異가 有ᄒᄂ라.

(一) 婚姻 取消의 原因은 婚姻 當時에 存在홀지라도 離婚은 婚姻 成立 以後에 生홀 原因으로 因ᄒᄂ라.

(二) 離婚 請求를 可得홀 者ᄂ 오즉 夫婦쑨이오. 此와 反ᄒ야 婚姻의 取消ᄂ 當事者 以外라도 此를 請求홈을 得ᄒᄂ라.

(三) 離婚은 夫婦 一方이 死亡혼 後에ᄂ 此를 請求홈을 不得홀지라도 婚姻 取消ᄂ 法律이 特히 禁ᄒᄂ 境遇 外에ᄂ 夫婦의 一方이 死亡혼 後라도 尙且此를 請求홀 事ㅣ無妨.

10.10. 연구방법

◎ 法律學, 權輔相,〈대동학회월보〉제1호, 1908.2. (법학)

  *법률학의 개념과 특징을 설명하고, 제2호부터는 법학 용어를 수집 해설함
  *제2호에서는 학문론(과학론)과 분과 학문의 특성을 기술함 = 이에 대해서는
  구장률(2014)에서도 비교적 자세히 논의하였음

▲ 제1호

緒論

法律學의 三何主義

法律思想의 革新

  凡學問을 研究홈에는 不可不其主義를 先定이니 卽吾人의 研究ᄒᄂᆫ
學問이 何等物이며 何故로 此를 研究ᄒ며 其 研究의 方法이 如何ᄒᄂᆈ
홈이 是也ㅣ라 一切學問에 對ᄒ야 共通ᄒᆫ 問題에 屬ᄒᆫ 者ㅣ나 然이나
今에 特히 法律學에 就ᄒ야 論홀진된 如左ᄒᆫ 觀念이 有ᄒ니

  一. 法律學은 何許學問乎아
  二. 法律學의 研究ᄂᆫ 何必要가 有乎아
  三. 法律學의 研究ᄂᆫ 何方法을 可用乎아

  大抵 學問의 範圍ᄂᆫ 宇宙間萬物의 現象을 研究홈에 在ᄒ되 人類도
動物的 現象으로 觀ᄒ면 亦是萬物中一物에 不過ᄒ나 然이나 人類의 靈
覺的 本能으로 論ᄒ면 萬物中首長의 地位에 處ᄒ야 宇宙間 萬象과 與夫

天地自體도 反히 人類의 利用을 爲ㅎ야 存在홈과 如ㅎ니 卽一切學問은 人類를 離ㅎ야 根據를 有ㅎ기 不能홈이라 於是乎學問上 理論에 人類를 本位로 혼 主觀的 觀念과 事物自體를 本位로 혼 客觀的 觀念의 別이 有ㅎ야 假令 法律學을 硏究홈에는 爲先客觀的으로 此를 觀察ㅎ야 其 性質과 範圍의何居홈을 理解ㅎ고 次에 此를 主觀的으로 觀察ㅎ야 其 目的과 及其效果의 何在홈을 知得혼 後에 更히 主觀的과 客觀的의 關係를 聯結ㅎ야 此를 實地로 人類의 利用에 供ㅎ는 方法及其手段의 如何홈을 講究홈이 可ㅎ니 所謂三何의 主義는 卽此를 指홈이라.

嗚呼라 人類의 生홈이 久矣로다. 原是人의 時代로부터 數千百年을 經ㅎ야 僅僅히 今日 文明 現象의 世界를 組成혼 域에 達ㅎ얏신즉 伊來地球上 各區에 處ㅎ야 隨顯隨化ㅎ고 隨生隨沒혼 各種人의 口數가 殆히 恒河沙로써 算出ㅎ기 不足홀지라 如此多數혼 人類가 各自의 理想이 有ㅎ고 經驗이 有ㅎ야 同中有異ㅎ고 異中有同홈은 乃其理也ㅣ라 故로 此를 從ㅎ야 産出된 學問의 種類도 自然히 有萬不同ㅎ며 且又隨時變化ㅎ야 源의 不渴홈과 如ㅎ고 絲의 多端홈과 如ㅎ니 夫如是則所謂學問者는 乃活物也ㅣ라 執滯之腐敗之ㅎ기 不可ㅎ며 又公物也ㅣ라 私我之自是之ㅎ기 不可홈은 可謂天下의 通義也ㅣ로다.

夫何我韓人士의 多數는 學識的 思想이 缺乏ㅎ고 硏究的 根氣가 短小ㅎ야 活者는 死之ㅎ고 公者는 私之ㅎ야 聾者가 千調萬曲의 細樂妙音은 任他不採ㅎ고 但히 傀儡의 跳踉만 嗜好홈과 如혼지라 故로 此等人의게 法律學의 眞理를 論홈은 雖孟德斯鳩의 舌이 斃ㅎ고 盧梭의 脣이 焦홀지라도 苟其根本的 改革을 先行홈이 아니면 終恐徒勞而無功也ㄹ가 ㅎ노라.
所謂 根本的 改革은 何를 指홈인고 홀진딕 卽偏私碍滯혼 思想을 一切 革新ㅎ야 活潑潑혼 氣像으로 蕩平平혼 大道를 遵行홈에 在ㅎ니 試思홀지어다. 世界上人口가 幾許가 有ㅎ딕 吾儕가 幾分을 占ㅎ얏시며 世界上 文字가 幾種이 有ㅎ딕 吾儕가 幾多를 用ㅎ며 學問이 幾類가 有ㅎ딕 吾

儕가 幾何를 知호나뇨. 又思호되 尋章摘句와 掇拾唾餘로 看作能事호던 我韓의 結果와 研究發明과 競爭進取에 一身을 貢獻호는 泰西列强의 結果가 如何혼고 호면 今日 改革論者의 心事를 不待智者호고 庶可諒解ㅣ로다.

然則 今日 我韓의 現狀이 無非革新을 要홀 者ㅣ로되 就中最急先홀 者는 卽 國民의 法律思想이 是己라.

夫法律의 定義 卽 法律의 何物임과 及其種類의 幾部門이 有홈은 後篇에 詳論을 更待호려니와 爲先吾人은 不可不法律의 思想을 懷抱홀지니 何者오. 吾人이 世界上에 生存호야 能히 社會的 生活을 營得호야 整然혼 天秩天序를 維持호야써 吾人의 快樂을 增進호고 外來的 侵掠禍害를 斷絶호야 不幸혼 運命을 救助홈은 何力을 藉호나뇨 호면 卽 法律의 恩澤을 蒙홈에 不過홈이라 試觀홀지어다. 農者가 穀物을 原野에 播耕호야 可食時期에 至호야도 鳥雀을 驅호는 力을 不用호고 能히 自家의 口에 入호며 如何혼 尫羸稚弱이라도 萬金의 財帛을 身邊에 帶호야 不恐홈은 읏지 世上에 人皆堯舜인 結果에 歸호리요. 古人이 有言曰 天地之間에 物各有主호야 苟非吾之所有면 雖一毫而莫取라 호니 此言이 雖極好호나 但其原因에 何在홈을 說破치 못호얏시니 此는 卽 東洋人學問에 囫圇에 缺點이라 獨히 西儒는 曰호되 吾人은 法律에 生호고 法律에 長호고 法律에 死혼다 호엿시니 卽 法律과 人生은 其關係의 密接홈이 魚의 水를 有홈과 如홈을 明示홈이라 故로 法律思想의 發達은 西洋이 爲最호야 距今二千年前羅馬古代에 在호야도 임의 斐然有章혼 成文法이 發現호야 向後累千萬年法律界의 積石眞源을 開鑿홈이 今日文明諸國에 所謂憲法曰民法曰商法曰何法 等은 一도 西洋으로셔 從來치 아니혼 者 無호니 卽 吾人은 不得不 東洋的 法律思想을 改革호야 其 新思想의 標本을 西洋에 取홀 外에 他道가 無홈이라.

244

然則 所謂 西洋的 法律思想은 何如ᄒᆞ고 ᄒᆞ면

  [甲]. 法律은 吾人에게 安寧幸福을 賦與ᄒᆞᄂᆞᆫ 天神이 되ᄂᆞᆫ 者

  [乙]. 法律은 苦痛禍害를 排除ᄒᆞᄂᆞᆫ 平和的 武器가 되ᄂᆞᆫ 者

  [丙]. 法律은 自由欲望을 克制ᄒᆞᄂᆞᆫ 定界線이 되ᄂᆞᆫ 者

  [丁]. 法律은 聰明慧智를 灌沃ᄒᆞᄂᆞᆫ 注射器가 되ᄂᆞᆫ 者

右等 思想은 敢히 法律哲學上最高理想을 指ᄒᆞᆷ이 아니라 但히 一般常識이 有ᄒᆞᆫ 人民 卽 法律學者 以外에 人이라도 普通으로 知得ᄒᆞᄂᆞᆫ 者ㅣ니 卽 (甲)의 思想을 因ᄒᆞ야 法律의 神聖ᄒᆞᆷ을 信仰ᄒᆞᄂᆞᆫ 故로 國家에 制定ᄒᆞᆫ 바 法律은 服從ᄒᆞᆯ 義務를 違背치 아니ᄒᆞ며 (乙)의 思想을 因ᄒᆞ야 法律의 利用을 覺察ᄒᆞᄂᆞᆫ 故로 自己權利 內에 其 保護를 當受ᄒᆞᆯ 者ᄂᆞᆫ 强暴를 不畏ᄒᆞ고 萬般營爲를 安心進行ᄒᆞ며 (丙)의 思想을 因ᄒᆞ야 法律의 制裁가 道德의 制裁보다 有異ᄒᆞᆷ을 曉解ᄒᆞᄂᆞᆫ 故로 道德上 行爲가 不及ᄒᆞᄂᆞᆫ 者이라도 敢히 無理暴行을 縱逞ᄒᆞ야 社會에 安寧秩序를 攪亂치 못ᄒᆞ며 (丁)의 思想을 因ᄒᆞ야 法律의 原因結果를 明辨ᄒᆞᄂᆞᆫ 故로 法律의 發達進步를 助長ᄒᆞ야 法律노 ᄒᆞ야금 時勢에 拂逆ᄒᆞ거나 或 腐壞에 墜ᄒᆞᆷ을 免케 ᄒᆞᄂᆞᆫ 效果가 有ᄒᆞᆫ 者ㅣ是也ㅣ니라.

然而 我韓人의 法律에 對ᄒᆞᆫ 思想은 何如ᄒᆞ고 ᄒᆞ면 法律과 道德의 關係及其性質을 不辨ᄒᆞ야 法律이라 ᄒᆞ면 大抵 人을 刑罰ᄒᆞᆷ에 不過ᄒᆞᆫ줄노 認ᄒᆞ고 因ᄒᆞ야 權利義務의 觀念이 絶乏ᄒᆞ니 此等人의 思想으로 論ᄒᆞ면 所謂 法律은 다만 一箇無性質無範圍無標準ᄒᆞᆫ 虛影物而己라 奚暇에 其 利用功效를 知ᄒᆞ며 其 研究의 方法을 識ᄒᆞ리오. 然則 我韓人은 法律思想이 全無ᄒᆞ다 謂ᄒᆞ야도 過評이 아닐가 恐ᄒᆞ노라.

是故로 今日 我國民의 多數가 猛省ᄒᆞ야 文明發達上 助力을 與ᄒᆞᆷ을 希望ᄒᆞᆷ은 卽 從來의 學問上自私自是自暴自棄의 謬想冥信을 一切抛棄ᄒᆞ고 各其 法律上 新思想을 腦髓에 注入ᄒᆞᆷ에 在ᄒᆞ니 此 目的을 達ᄒᆞᆷ에ᄂᆞᆫ

到底히 一二個先覺者의 講述과 少數國民의 獨善的 開悟로는 其效를 十分成就키 難흔 故로 今此大東學會와 如흔 好個機關을 借ᄒ야 荒蕪흔 一言을 全國有志人士에게 提供홈을 得홈은 不佞의 最히 榮幸으로 知雖然이나 但히 法律思想을 革新ᄒ다 云홈은 語意가 廣漠ᄒ야 摸捉키 難흘 뿐 아니라 此新思想을 多少間取得흔 者ㅣ라도 實際上 法律研究의 目的을 達홈에는 不得不一定흔 主義卽如何히 此를 研究흘 標準을 用홈이 아니면 終必五里霧中에 彷徨ᄒ는 歎을 難免ᄒ리니 此는 余가 西儒 氏의 遺論을 採遮ᄒ야 前述흔 三何主義의 說을 提唱ᄒ는 所以며 若乃此主義를 如何히 適用ᄒ야 其 善果를 如何히 收穫홈은 各 境遇를 隨ᄒ야 研究ᄒ기 可흔 故로 逐次 後日 論述을 待ᄒ고져 ᄒ노라.

▲ 제2호 = 法學用語解, 權補相

法律學의 科學上位置如何

科學者는 何

法學은 法律的現象을 研究ᄒ는 學이니 法律의 何物임은 後日을 更竢ᄒ려니와 學 卽 科學이라 홈은 何物을 指홈인고

夫人은 萬物의 靈長이라 生而有異性ᄒ야 事物을 理解ᄒ는 能力이 有ᄒ나 然이나 人이 有生의 初로붓터 單純흔 經驗으로 因흔 知識은 極히 淺薄ᄒ야 眞正흔 知識卽 學識이라 稱ᄒ기 不能ᄒ니 假令太陽이 朝出東海ᄒ고 夕沒西山홈과 木葉은 浮水ᄒ고 金石은 沉下홈을 知홈은 卽單純흔 知識이오 反是ᄒ야 太陽이 西走홈과 如홈은 地球가 向東迴轉ᄒ는 結果오 地球가 太陽을 迴轉홈은 其 原因이 引力作用에 在ᄒ며 又木葉과 金石의 浮沉은 比重의 法則을 從홈인쥴 理解홈은 卽所謂學識이라 故로,

學識이라 흠은 一定흔 現象에 就호야 其 原因結果의 關係를 會解호
는 者인딕 卽吾人의 研究흔 所得이라 如是而宇宙間森羅萬象에 對호야
解得흔 學識의 全體를 汎稱호야 學이라 或 科學이라 호나니 科學이라
흠은 世界 各國을 列國이라 稱흠과 갓치 學의 列에 可立할 諸學을 謂흠
이니라.

吾人은 數千年來로 宇宙間諸現象을 研究 理解호야 近世까지 進步흔
科學의 範圍는 實노 偉大호나 然이나 巨大흔 望遠鏡과 精緻흔 顯微鏡은
未知흔 天體와 未鮮흔 物質을 發明호야 宇宙의 範圍를 更加擴張호며
蒸氣, 電氣, 又光線, 半經線의 發見은 宇宙間의 現象을 愈益複雜케 호야
將來 數千年의 研究를 再加흘지라도 宇宙間 萬有를 無遺理解흠은 到底
히 人知의 所及이 아니라 然則現今科學의 範圍는 尙極狹小호야 宇宙의
廣大흠에 比호면 實노 滄海一粟의 感을 不禁흘지로다 然而此所謂科學
은 盖亦經久博實호야 俗儒의 習行호는 바 幾種功令文字上掇拾又空理
附會的迂談과 有異흔즉 此를 一身에 終得호야 森羅萬象을 一目으로 通
觀흠은 雖聖人이라도 亦有所不能흘지라 於是乎吾人은 不得不科學全體
의 研究는 斷念호고 農商工等의 分業과 如히 一部分의 特別研究를 務흘
지니 如此흔 必要에 應호야學識의 全體를 彙類綜合호야 同一系統에 屬
흔 者는 同一部門에 排列호야 各部의 專門研究者로 호야곰 其 範圍와
內容을 明知케 흠은 卽所謂科學의 分類ㅣ니라.

科學의 分類法은 自古學者間의 一大問題가 되야 其論이 不一호고 又
各國大學에서는 敎授의 必要를 爲호야 便宜的으로 各學科를 排列호얏
시나 元來科學의 分類는 科學全體의 精通흠이 아니면 完全흔 解釋을
難下흔 故로 何人에게든지 此任을責호기 不能흠이라 今에 다만 吾輩의
正當호다 信호는 禮伊萬 氏의 分類法을 據흔즉 一切科學를 其 目的物된
現象의 內容如何로 因호야 此를 自然的現象의 研究로써 目的호는 自然
科學과 人類의 精神的作用卽人爲的現象의 研究로써 目的호는 精神的

科學의 二門으로 分ᄒ고 更히 此를 各細分類로 區別ᄒ니 卽左와 如홈

科學	自然科學	一般的 自然科學 (理學)	(1) 數學 (2) 物理學 (3) 化學
		無機科學	(4) 萬有學　(5) 天文學　(6) 地文學 (7) 地理學　(8) 地質學　(9) 鑛物學
		有機科學	(10) 一般生學 (11) 植物學 (12) 動物學 (13) 人類學 (14) 人種學
		醫學	(15) 解剖學　(16) 生理學　(17) 衛生學 (18) 病理學 (19) 精神病學
	精神的 科學	文學 (甲) 哲科	(20) 論理學　　(21) 心理學 (22) 審美學　　(23) 倫理學 (24) 宗敎學(神學)
		(乙) 狹義의 文學	(25) 言語學　　(26) 修辭學 (27) 動作學　　(28) 敎育學 (29) 美術學 (30) 各種應用科學: 農業 / 林業 / 工業 / 商業 / 醫術 / 建築術 (31) 歷史學
		國家的 科學	(32) 道德學 (33) 法律學: 法學通論＝{沿革法學 / 比較法學 / 系 統法學}＝法律哲學 (34) 國際法學(法政學) (35) 經濟學 (36) 社會學 (37) 政治學

　右ᄂ 科學分類의 系統的圖解에 不過ᄒ고 其內容의 如何홈은 各其專
門硏究에 歸屬ᄒ나 今에 何故로 如此ᄒ 分類法을 用홈과 其相互間의

關係와 及其各部類의 槪念을 論할진티 (未完)

▲ 제3호=法律學의 科學上位置如何(續)/科學者는 何

自然科學者는 前述흔 科學의 分類法을 依ᄒ야 其 目的物되는 現象의 內容이 人類의 精神的 作用 即 知, 情, 意 三者의 人爲的 作用에 基因치 아니흔 自然的 現象을 硏究ᄒ는 者인티 自然科學中

(一) 一般的 自然科學 即 理學者는 宇宙間 現象의 種類如何를 不問ᄒ고 汎히 萬有의 一般的關係를 說明ᄒ야 自然的現象의 全體에 涉흔 形式을 硏究ᄒ는 科學이니 即

(1) 數學은 現象의 實質如何를 不問ᄒ고 其 大小形式的 關係를 論定 ᄒ는 學인티 吾人은 由此ᄒ야 事物의 大小長短廣狹淺深의 區別을 理解 ᄒ며 (2) 物理學은 物體의 勢力을 論究ᄒ는 學인티 吾人은 由此ᄒ야 固 體, 液體의 構成을 知得ᄒ고 其 相互의 力을 理解ᄒ야 水力, 光力, 蒸氣 力, 電氣力 等의 自然勢力을 利用ᄒ기 能ᄒ며 (3) 化學은 物質의 分子及 其關係를 論究ᄒ는 學인티 吾人은 由此ᄒ야 固體를 溶解ᄒ야 液體를 得ᄒ고 液體를 蒸發ᄒ야 氣體를 得ᄒ고 米와 水를 化合ᄒ야 酒를 造흠 과 如히 各種要素를 化合ᄒ야 新物體를 製造ᄒ기 能흠이라.

如此히 數理的, 物理的, 或 化學的 現象은 動, 植, 礦物界를 不論ᄒ고 均히 發生ᄒ는 故로 此 三學은 自然科學의 總論이라 稱흠도 可흔 一般 的 性質이 有ᄒ니라.

(二) 無機科學은 宇宙間 萬有의 實質上森羅萬象의 特別關係에 對ᄒ야 特히 生命이 無흔 物質을 硏究ᄒ는 者니 即,

(4) 萬有學은 宇宙全體를 目的ᄒ는 者오 (5) 天文學은 天體를 目的ᄒ 는 者오 又 地球를 目的ᄒ는 科學中 (6) 地文學 (7) 地理學은 地球의 構造形狀을 目的ᄒ는 者오 (8) 地質學 (9) 礦物學은 地球의 構成部分中

生命이 無흔 物質을 目的ᄒᆞᄂᆞᆫ 者인ᄃᆡ 吾人은 以上諸學을 因ᄒᆞ야 日月星辰의 運行과 晝夜의 別과 四時의 變과 風雨寒煖의 原因結果ᄅᆞᆯ 理解ᄒᆞ며 山川河海의 形勢ᄅᆞᆯ 知得ᄒᆞ야 自然의 寶庫ᄅᆞᆯ 開發ᄒᆞ고 金銀銅鉄石炭石油等의 貴重品을 採堀ᄒᆞ야써 吾人의 幸福을 增進ᄒᆞᆯ줄 知得ᄒᆞᄂᆞ니라.

(三) 有機科學은 地球上生物的現象을 硏究ᄒᆞᄂᆞᆫ 科學이니 蓋地球ᄂᆞᆫ 水土金石等無機物로만 成立ᄒᆞᆯ ᄲᅮᆫ 아니라 人類及草木禽獸魚介等有機物卽生物도 其 構成의要素가 되ᄂᆞᆫ 故로 此等現象을 硏究ᄒᆞᄂᆞᆫ 中

(10) 一般生物學은 生物의 一般關係ᄅᆞᆯ 汎論ᄒᆞᄂᆞᆫ 者오 其 特別關係에 就ᄒᆞ야 (11) 植物學은 靜止不動ᄒᆞᄂᆞᆫ 生物을 目的ᄒᆞᄂᆞᆫ 者오 (12) 動物學은 人類以外의 禽獸虫魚等動體生物을 目的ᄒᆞᄂᆞᆫ 者오 (13) 人類學은 人類의 發生 及 其 沿革을 目的ᄒᆞᄂᆞᆫ 者오 (14) 人種學은 人類가 地球上에 在흔 關係ᄅᆞᆯ 目的ᄒᆞᄂᆞᆫ 者라.

以上諸學은 人類와 動植物을 勿論ᄒᆞ고 다만 生物的現象을 硏究ᄒᆞᄂᆞᆫ 者오 又 以上 分類의 三大 科學은 (1) 及 (12) ᄭᆞ지ᄂᆞᆫ 皆人類以外의 硏究로되 (13) 以下許多科學은 皆人類自體ᄅᆞᆯ 硏究ᄒᆞᆷ으로써 目的ᄒᆞᄂᆞᆫ 者니라.

(四) 醫學은 人類의 身體及生命의 構成組織或其特質을 硏究ᄒᆞᄂᆞᆫ 科學이니 卽 (15) 解剖學은 人身을 解剖ᄒᆞ야 其 構造ᄅᆞᆯ 硏究ᄒᆞᄂᆞᆫ 者오 (16) 生理學은 其 生命의 原理ᄅᆞᆯ 論ᄒᆞᄂᆞᆫ 者오 (17) 衛生學 (18) 病理學은 其 生命의 特質及外界的現象이 生命에 及ᄒᆞᄂᆞᆫ 影響을 論ᄒᆞᄂᆞᆫ 者오 (19) 精神病學은 人類의 精神生活의 形式을 硏究ᄒᆞᄂᆞᆫ 學이라.

以上 諸學은 人類의 知情意 三作用에 不由ᄒᆞ고 自然的 現象에 不過흔 故로 此ᄅᆞᆯ 精神生活의 實質에 關흔 諸學(精神的 科學)과 區別ᄒᆞ야 右部門에 列ᄒᆞ니라.

精神的 科學者는 前述과 如히 精神的 活動作用을 硏究ᄒᆞᄂᆞᆫ 者니 蓋理
性을 有ᄒᆞᆫ 人類의 精神은 知情意 三方面으로 活動흠이 五官의 感覺作用
으로 外界現象에 對ᄒᆞᆫ 感情이 有ᄒᆞ고 知覺作用으로 外界現象을 意識ᄒᆞ
며 更히 知性과 情性의 結合作用으로 事物을 思念欲望ᄒᆞᄂᆞᆫ 意思가 有ᄒᆞᆫ
故로 吾人은 自然界에 屬ᄒᆞᆫ 人類的 現象의 特質을 理解흘 ᄲᅮᆫ 아니라
不可不 一步를 更進ᄒᆞ야 精神界에 屬ᄒᆞᆫ 知, 情, 意的 現象의 如何를 硏究
흘지니 精神的 科學中

(五) 文學 卽 廣義의 文學은 人類의 個人的生活上意思의 活動에 關ᄒᆞᆫ
科學 卽 狹義의 文學과 知情二界에 關ᄒᆞᆫ 科學卽哲學을 合ᄒᆞᆫ 者인ᄃᆡ

(甲) 哲學은 內界的 精神活動의 反應作用을 硏究ᄒᆞᄂᆞᆫ 科學이니 蓋吾
人의 精神的 機能은 或 外界의 影響을 因ᄒᆞ야 反應的作用이 有ᄒᆞ고 或
身體를 通ᄒᆞ야 其 勢力을 外界에 及ᄒᆞᄂᆞᆫ 發動的作用이 有ᄒᆞ니 此 發動
的 作用은 卽所謂意思오 卽 外界的 精神活動이라. 然이나 反應的 作用
은 內界的 精神活動인ᄃᆡ 或은 被動作이 有ᄒᆞ야 外界의 影響으로 因ᄒᆞ야
精神上에 一種感覺을 發生ᄒᆞᄂᆞ니 此ᄂᆞᆫ 卽 所謂 感情이요 或은 能動作이
有ᄒᆞ야 吾人의 感情으로써 外界의 現象을 知覺認識ᄒᆞᄂᆞ니 卽 所謂 知識
이라. 知識은 卽 經驗과 聯想으로 因ᄒᆞ야 許多ᄒᆞᆫ 槩念을 知得ᄒᆞᄂᆞᆫ 者니
一切 科學은 皆此 知的 作用으로 由出ᄒᆞᄂᆞᆫ 者라 然而 此 知的 現象의
自體를 硏究ᄒᆞᄂᆞᆫ 科學中 (20) 論理學은 眞正ᄒᆞᆫ 知識의 形式을 論ᄒᆞᄂᆞᆫ
者오 (21) 心理學은 知性의 本質을 論ᄒᆞᄂᆞᆫ 者인 故로 此 兩學은 皆知識
界의 科學이며 其次感情界의 現象에ᄂᆞᆫ 吾人이 飢渴이나 疲倦을 感覺ᄒᆞ
ᄂᆞᆫ 類의 對內感情과 山水의 景勝이나 忠孝의 節行을 感動ᄒᆞᄂᆞᆫ 類의 對
外感情이 有ᄒᆞ니 對外感情을 硏究ᄒᆞᄂᆞᆫ 科學(對內感情의 硏究ᄂᆞᆫ 特別ᄒᆞᆫ
科學이 無흠) 中 (22) 審美學은 感覺흘 事物의 形式外面에 對ᄒᆞᆫ 感情을
硏究ᄒᆞᄂᆞᆫ 者오 又 感覺흘 事物의 實質에 對ᄒᆞᆫ 感情의 硏究ᄂᆞᆫ 兩類에
更分ᄒᆞ야 (23) 倫理學은 吾人의 認識ᄒᆞ기 可得ᄒᆞᆫ 事物의 實質에 對ᄒᆞᆫ

經驗的 感情을 硏究ᄒᆞᄂᆞᆫ 者오 (24) 宗敎學(西人所謂神學)은 吾人의 認識ᄒᆞ기 不得ᄒᆞᆯ 事物의 關ᄒᆞ야 信仰的超絶的感情을 硏究ᄒᆞᄂᆞᆫ 者ㅣ니 此三學은 皆感情界의 科學이오 又 知, 情兩界의 現象은 共히 內界的 精神活動의 反應인 故로 此에 關ᄒᆞᆫ 科學은 互相聯結ᄒᆞ야 普通所謂哲學의 一部門을 成ᄒᆞᄂᆞ니라. (未完)

▲ 제5호=法律學의 科學上 位置如何/科學者何(前號續)

(乙) 狹義의 文學은 個人的 生活에 關ᄒᆞᆫ 意思活動의 現象을 硏究ᄒᆞᄂᆞᆫ 科學이니 前述과 如히 吾人 精神界의 發動的作用은 卽 知性과 情性의 結合作用으로 因ᄒᆞ야 其 勢力을 外界에 及ᄒᆞᄂᆞᆫ 者ㅣ니 卽 所謂 意思(意欲)라. 此意欲界의 現象은 其端이 不一ᄒᆞᄂᆞ 大別ᄒᆞ면 人類의 個人的 及社會的生活에 關ᄒᆞᆫ 兩類가 有ᄒᆞ니 前者를 硏究ᄒᆞᄂᆞᆫ 科學中

(25) 言語學은 思想發表의 形式 卽 言語의 法則及其構成을 硏究ᄒᆞᄂᆞᆫ 科學이오 (26) 修辭學은 思想發表의 目的을 達ᄒᆞ기 爲ᄒᆞ야 言語의 應用을 硏究ᄒᆞᄂᆞᆫ 者오 又 感情發表의 形式 卽 身體의 動作을 硏究ᄒᆞᄂᆞᆫ 科學은 觀相學이라 名ᄒᆞᄂᆞ 此學은 尙屬幼稚ᄒᆞ야 科學에 列ᄒᆞ기 不足ᄒᆞ며 但 演劇等 其他 實地에 應用ᄒᆞᄂᆞᆫ 動作學이 科學에 稍近ᄒᆞ니 卽 (27) 動作學은 感情發表上 目的을 達ᄒᆞ기 爲ᄒᆞ야 動作의 應用을 說明ᄒᆞᄂᆞᆫ 者라.

吾人은 以上 諸學으로 因ᄒᆞ야 意思의 如何 發表흠을 可知ᄒᆞᄂᆞ 吾人의 欲望은 無窮ᄒᆞᆫ 故로 不得不更進ᄒᆞ야 意欲의 淵源 卽 知情의 開發을 期ᄒᆞᆯ지니 卽 (28) 敎育學은 知識開發의 方法을 硏究ᄒᆞᄂᆞᆫ 科學이오 (29) 美術學은 對外感情의 開發을 硏究ᄒᆞᄂᆞᆫ 者오 又 (30) 各種 應用科學은 皆 對內感情의 開發을 目的ᄒᆞ야 技術的學識을 論究ᄒᆞᄂᆞᆫ 者ㄴ 然이ᄂᆞ 此ᄂᆞ 純正科學에 不屬ᄒᆞᆫ 故로 分類흠 必要가 無ᄒᆞ며 此 諸 學에 更히 (31) 歷史學 卽 人類의 社會的 生活의 沿革을 硏究ᄒᆞᄂᆞᆫ 科學을 加ᄒᆞ야 普通 所謂 文學의 一部門을 成ᄒᆞᄂᆞ니라.

(六) 國家的 科學 即 法政學은 社會的 即 共同團體的 生活에 關호 意思
活動의 現象을 硏究호는 科學이니 盖以上 (13) 至 (30)의 一切 科學은
人類의 國家的生活 如何를 不問호고 成立호기 皆可호나 然이나 元來人
類는 社會的 政治的 共同生活性을 有호 動物인 故로 不得不 此에 關호
意思活動의 現象을 硏究홀지니 此 等 硏究의 主要호 科學中 更分호야
社會的 生活의 形式에 關호 者와 又其實質(內容)에 關호 兩類가 有호되
即 社會的 生活을 維持홈에 必要호 形式은 秩序니 秩序에는 感情에 基
호야 是非善惡을 標準호는 道德的 作用도 有호고 知性에 基호야 曲直利
害를 標準호는 法律的 作用도 有호니 即

  (32) 道德學은 情性的 社會秩序에 關한 現象을 硏究호는 科學이오
(33) 法律學은 知性的 社會秩序에 關호 現象을 硏究호는 者라. 然이나
法律은 社會的 生活에 最重要호 形式이니 古今東西에 其揆가 不一호
故로 其 硏究도 精密을 最要호니 於是乎法學中에 法律을 縱面으로 觀察
호야 古今의 變遷을 硏究호는 沿革法律學과 法律을 橫面으로 觀察호야
東西의 異同을 硏究호는 比較法律學과 法律의 內容을 觀察호야 其 理論
을 硏究호는 系統法律學의 分類가 有호고 更히 法律學의 入門되는 法
學通論과 古今東西의 法律을 歸納호야 其最高原理를 硏究호는 法律哲
學의 區別이 有호니라.

  其次社會的生活의 內容實質에 關호 科學에는 更히 社會的生活의 內
部關係에 關호 者와 社會的生活의 機關活動에 關호 者가 有호되 前者를
硏究호는 中 (35) 經濟學은 外界에 在호 生活資料를 利用호야 自己의
欲望을 滿足케호랴는 精神的活動을 硏究호는 者오 (36) 社會學은 社會
的 生活의 各部가 他各部 及 全體에 對호 相互間關係를 硏究호는 者오
又 (37) 政治學 即 廣義의 政治學은 即 社會共同團體의 機關의 活動호
는 關係를 硏究호는 者니 近來 此學의 發達이 益進홈이 更進호야 共同
團體 即 國家自体의 本質을 論究호는 國家學과 監獄 警察 衛生等 司法
行政 或 內務行政의 目的을 硏究호는 行政學을 分호고 又 立法 內治

外交 等 根本的 政策을 論究ㅎㄴ 科學은 <u>狹義의 政治學</u>이라 稱ㅎ니 此 諸學은 皆社會的 生活의 目的 卽實質에 關ㅎ 科學<u>으</u>로 前述ㅎ 道德 法 律 等 諸學과 內外表裏의 關係가 有ㅎ며

又 以上 諸學은皆 個人으로써 單位를 立ㅎ고 國家로써 最大共同團體 를 作ㅎ야 此範圍 以內에 關ㅎ 科學이ㄴ 然이ㄴ 近世文化가 益進ㅎ익 國家를 單位로ㅎ 最大團體 卽 國際團體가 成立ㅎ지라 於是乎 此「國際 關係를 論究ㅎ야 國家間에 在ㅎ 國家의 行爲를 規律ㅎ 法則慣例를 明ㅎ 으로써 目的」ㅎㄴ (34) <u>國際法學</u>이 發達ㅎ니 國除法學도 法學의 一部分 이라ㅎㄴ 然이ㄴ 國內法律과ㄴ 其形式이 全異ㅎ고 且其沿革이 不同ㅎ 야 同一ㅎ 定義下에 包含케ㅎ기 難ㅎ 故로 一科를 別立ㅎ니라. 以上은 今日 文明社會의 科學全體를 網羅ㅎ 槪論인 즉 元來 九牛一毛를 擧ㅎ에 不過ㅎㄴ 因是ㅎ야 世界上 所謂 學問이 果何物이며 總幾種이 有ㅎ 一班 을 可窺ㅎ니 余無學이 敢히 識者諸君에 向ㅎ야 莽說을 弄ㅎ이 아니라 但 現今林下에 泥古自畫ㅎ야 憪然히 天之高地之厚를 不知ㅎㄴ 人士를 爲ㅎ야 畧畧紹介ㅎ 而已로라.

大抵 舊 日學者의 眞詮은 道德上 脚地에 立ㅎ야 修齊治平을 一切從此 打算ㅎ니 卽 個人的 社會的 生活을 勿論ㅎ고 政治 法律의 原則을 皆道 德에 取ㅎ이라. 故로 單純或 淳古ㅎ 社會에ㄴ 此學을 應用ㅎ야 相當ㅎ 效果를 收ㅎ얏스ㄴ 社會가 愈益複雜ㅎ에 隨ㅎ야ㄴ 株守의 誚를 不免ㅎ 며 又舊學中 最發達ㅎ 者ㄴ 卽心理學이ㄴ 但其論点에 至ㅎ야ㄴ 知性外 의 仁義禮信等 許多 作用을 認ㅎ고 又意欲作用을 感情中에 包含케 ㅎ은 見解가 懸殊ㅎ며 其他 同異長短의 比較論評을 要ㅎ 者가 尙多ㅎㄴ 餘暇 가 無ㅎ으로 姑且畧却ㅎ노라.

10.11. 조세법

◎ 租稅의 定義, 洪正裕, 〈기호흥학회월보〉 제1호, 1908.8.
　(법학, 행정학)

　租稅는 國家와 其他 公共團體가 公共 必要흔 經費에 充흘 目的으로
一般 人民을 强制ᄒ야 徵收ᄒ는 貨物이니라.

　此 定義를 分析ᄒ야 租稅의 性質을 詳述흘진ᄃᆡ

第一, 租稅는 强制的으로 徵收흠이라. 此는 納稅者와 納稅額과 納稅 時
期 及 方法 等을 定ᄒ야 納稅者의 好惡를 不拘ᄒ고 勸力의 作用으로
徵收흠을 謂흠이라.

第二 租稅는 人으로브터 徵收흠이라. 例如 酒稅는 酒에 課稅흔다 ᄒ나
其實은 酒된 貨物에 課稅흠이 아니오, 此 貨物에 關係가 有흔 消費者의
게 課稅흠이니 故로 貨物은 課稅의 目的物이오 擔稅흔 者는 人이로다.

第三 租稅는 人民 一般으로브터 徵收흠이라. 此는 公共團體 勸力下에
在ᄒ야 其利益을 受ᄒ는 바 一般 人民의게 賦課흠이니 如何히 ᄒ야 一
般에 及ᄒ는 바는 租稅制度 問題에 屬흔 바이니라.

第四 租稅는 人民으로부터 徵收ᄒ는 貨物이라. 租稅를 負担(*負擔의 오
식으로 보임)ᄒ는 者는 人이오, 徵收ᄒ는 바는 貨物이라. 往昔 實物 經
濟時代에는 失物稅로 以ᄒ더니 現世에는 貨物로 納호ᄃᆡ 間間 實物稅가
不無ᄒ니라. (例如戰時)

第五 租稅는 公費를 充ᄒ기 爲ᄒ야 徵收흠이라. 公共團體의 經費를 私

收入(私人 資格으로 收入) 及 手數料 等으로써 充홈에 不足혼 部分은 租稅를 依ᄒ야 補充홈이나 其實은 補充에 不止ᄒ고 要部를 占有ᄒ느니 萬若 規定 遵納지 아니ᄒ면 公共團體의 生存이 不能홀지니라.

第六 租稅는 國家와 其他 公共團體가 徵收홈이라. 租稅를 國家用에 供코자 ᄒ야 徵收ᄒ는 바는 國稅라 云ᄒ고, 地方團體用에 供코져 ᄒ야 徵收ᄒ는 바는 地方稅라 云ᄒ느니라.

◎ 租稅論, 崔錫夏, 〈태극학보〉 제5호, 1906.12.

256

第二 原料品 課稅는 徵收에 便宜ᄒᆞᄂ 利害가 相償치 못흠이라

▲ 제7호

10.12. 채권법

◎ 債權法 總論, 李鍾麟 述, 〈대한협회회보〉 제12호, 1909.3.
  (법학)

第一章 債權의 定義

債權은 財産權의 一種이니 特定흔 一人 或 數人이 特定흔 一人 或
數人에게 對ᄒᆞ야 特定흔 行爲에 作爲不作爲를 要求ᄒᆞᄂ 權利라.
從來 債權定義에 對ᄒᆞ야 學說이 紛紜ᄒᆞ야 或 自由의 思想으로 起論ᄒᆞ
야 立說ᄒᆞᄂ 者도 有ᄒᆞ며 或 法律關係라 ᄒᆞᄂ 者도 有ᄒᆞ며 或 權利邊으
로 解釋치 아니ᄒᆞ고 義務邊으로 解釋ᄒᆞ야 立說ᄒᆞᄂ 者도 有ᄒᆞ나 余輩
ᄂ 章首의 定義로써 穩當타 信ᄒᆞᄂ 故로 左에 右定義를 다시 細密히
分折ᄒᆞ야 說明코저 ᄒᆞ노라.
債權을 說明코저 ᄒᆞ면 먼져 其 債權의 本體되ᄂ 私權의 性質을 分明
히 說明흘 것이로ᄃᆡ 私權 性質의 說明은 本講義 範圍 內에 아니기 玆에
省略ᄒᆞ고 債權의 特點만 論述코저 ᄒᆞ노라.

第一 債權은 財産權이라.
財産權 意義에도 學者의 議論이 亦 有ᄒᆞ나 財産權은 權利者 其 人을
爲ᄒᆞ야 存在흔 權利라 何者오. 物權, 債權 等 財産權은 權利者 其 人을
爲ᄒᆞ야 存在흔 者인 故로 其 人의 利益만 保護흠이 其 本旨니라. 然이나

反是而生命權 及 自由權 等 權利는 權利者 其 人만 爲ᄒ야 存在홈이
아이오 國家利益을 爲ᄒ야도 存在홈이라. 故로 此等 權利는 財産權이
아이니 蓋 國家는 各人의 物權 及 債權 等 有無의 關ᄒ야 直接利害 關係
가 無홈으로 其 得失을 各人의 自由에 放任ᄒ되 各人의 生命權 及 自由
權에 至ᄒ야는 直接으로 國家에 利害關係가 有홈으로 各人으로 ᄒ야금
各自 隨意處分홈을 得지 못ᄒ게 홈이라. 또 戶主權 及 親權 等 權利도
亦 權利者 其 人만 爲ᄒ야 存在홈이 아이오 家族 及 子孫을 爲ᄒ야도
存在홈인 고로 玆 所謂 財産權은 아이라.

第二 債權은 特定ᄒ 行爲의 作爲不作爲를 目的홈이라.

作爲는 或 事를 爲케 홈을 謂홈이니 卽 或 物을 供給ᄒ며 又 或 勞役
에 服ᄒ는 者 不作爲는 或 事를 爲치 못ᄒ게 홈을 謂홈이니 卽 他人의
妨害될 行爲를 ᄒ지 못ᄒ는 者ㅣ 是라.

大抵 債權의 目的은 吾行의 行爲라. 後章에도 說明ᄒ려니와 債權의
目的되는 行爲는 반다시 債權者에게 對ᄒ야 生活上 利益을 與홈을 要
ᄒ느니 債權은 畢竟 此 生活上의 利益을 債權者의게 付與ᄒ기 爲ᄒ야
存在홈인 고로 債權은 債權者의 最終 目的이 아이오 但 債權者의 目的
을 達ᄒ는 一手段에 不過ᄒ다 云홀지로다. 蓋 此 手段은 法律에 保護를
依ᄒ야 財産의 一部를 成ᄒ는 者인 고로 其 歸着ᄒ는 바를 言ᄒ면 債權
者는 現存金錢 或 其他 生活上의 利益을 持有홈과 無違홈으로 認홀지어
다. 蔽一言ᄒ고 債權의 本體는 債權者로 ᄒ야금 如何ᄒ 特定行爲를 要
求ᄒ는 權利를 有케 홈에 在ᄒ고 債權者는 其 債權에 依ᄒ야 生活上의
利益을 享受ᄒ야써 其 目的을 違케 홈에 在ᄒ다 云홀지로다.

以上 講述홈과 갓치 債權과 債權者 享有ᄒ는 生活上의 利益은 實노
手段과 目的의 關係를 有홈으로써 如左ᄒ 結果를 生홈이라.

甲 第三者가 債務者를 代ᄒ야 實際에 債務를 履行ᄒ는 時는 債權者가
第三者의 債務履行을 拒絶치 못홈이 本則이니 何者오. 此 境遇에 當ᄒ
야 債權者는 債務者 自己가 債務를 履行ᄒ는 境遇와 同一ᄒ 實際 目的

을 貫徹ᄒᄂᆞᆫ 所以라. 假令 甲者가 乙者에게 對ᄒᆞ야 百元의 債務를 負擔ᄒᆞᆫ 時에 第三者되ᄂᆞᆫ 丙者가 甲者를 對ᄒᆞ야 乙者에게 百元 金額 償還ᄒᆞ기를 提請면 債權者되ᄂᆞᆫ 乙者ᄂᆞᆫ 何人으로부터 償還을 受ᄒᆞ든지 自己의 目的은 達ᄒᆞᆷ으로써 丙者의 提請을 拒絶ᄒᆞ지 못ᄒᆞ되 反是而甲者가 乙者에게 對ᄒᆞ야 一幅의 繪畵를 寫給ᄒᆞᆫ 債務를 負擔ᄒᆞᆫ 時에ᄂᆞᆫ 債權者되ᄂᆞᆫ 乙者ᄂᆞᆫ 專히 甲者의 技術을 取ᄒᄂᆞᆫ 바인 故로 甲者의 寫出ᄒᆞᆫ 繪畵가 아니면 債權者 自己의 目的을 達키 難ᄒᆞᆷ으로써 假令 第三者되ᄂᆞᆫ 丙者가 甲者를 代ᄒᆞ야 其 繪畵 寫出ᄒᆞ기를 提請ᄒᆞ야도 債權者되ᄂᆞᆫ 乙者ᄂᆞᆫ 斷然히 此를 排斥ᄒᆞᆷ을 得ᄒᆞᆯ지니 是乃第三者가 債權者를 代ᄒᆞ야 實際債務를 代行ᄒᆞ기 難ᄒᆞᆫ 境遇니라.

(乙) 債權은 債務者로 ᄒᆞ야금 債權에게 如何ᄒᆞᆫ 一定의 目的을 達케 ᄒᆞ기 爲ᄒᆞ야 存在ᄒᆞᆫ 事ᄂᆞᆫ 前述과 如ᄒᆞ나 如何ᄒᆞᆫ 境遇에ᄂᆞᆫ 一個 債權者의 貫徹코져 ᄒᄂᆞᆫ 一個目的上 數個債權이 竝立ᄒᄂᆞᆫ 事가 不無ᄒᆞ니 卽

(一) 一人의 債務者가 同一 目的上 重疊ᄒᆞᆫ 債務를 負擔ᄒᄂᆞᆫ 時라. 假令 物件賣買에 物件 買主가 代價支撥ᄒᄂᆞᆫ 義務를 負擔ᄒᆞᆷ에 當ᄒᆞ야 其 支撥을 確實케 ᄒᆞᆯ ᄎᆞ로 代價에 相當ᄒᆞᆫ 替撥於音을 書出케 ᄒᆞ야 替撥義務ᄭᅢ지 負擔ᄒᆞᆫ 時ᄂᆞᆫ 債務되ᄂᆞᆫ 買主債權者되ᄂᆞᆫ 賣主로 ᄒᆞ야곰 同一의 目的을 達ᄒᄂᆞᆫ 二個義務를 負擔ᄒᄂᆞᆫ 者ㅣ라. 故로 萬一 買主가 重疊ᄒᆞᆫ 債務를 償還ᄒᄂᆞᆫ 時ᄂᆞᆫ 卽 債權者 賣主에게 對ᄒᆞ야 不當利益의 債還을 請求ᄒᆞᆯ지니 蓋 替撥於音 及 其他 有價證券은 數人 乃至 數十人의 手裏에 對ᄒᆞ야ᄂᆞᆫ 轉環ᄒᄂᆞᆫ 者인 故로 其 時 所持人의게 債務者가 業己他債權者 卽 於音領者 되얏든 債權者賣主에게 替撥於音 基本되ᄂᆞᆫ 債務를 辦償ᄒᆞᆫ 理由로써 於音金項支撥을 拒絶ᄒᆞ지 못ᄒᆞᆷ으로 如此ᄒᆞᆫ 境遇에ᄂᆞᆫ 往往 重疊으로 償還ᄒᆞᆷ에 至ᄒᆞᆯ지로다. (未完)

10.13. 행정

◎ 官吏의 民事責任, 金陵居士, 〈대한협회회보〉 제2호, 1908.5.
(법학)

*제2호에 관리의 민사책임, 제3호에 국가의 민사책임을 게재함

▲ 제2호＝관리의 민사 책임

　國家는 無形人이니 自 權力을 行使ᄒᆞᄂᆞᆫ 能力이 無ᄒᆞ야 行政 行爲ᄂᆞᆫ 其 代表者된 官吏 所爲됨이 明白ᄒᆞ니 國家와 官吏의 關係ᄂᆞᆫ 委任者와 代理人과 如ᄒᆞ야 官吏 行爲가 國家 行爲되ᄂᆞᆫ 事도 有ᄒᆞ며 官吏의 私人 行爲되ᄂᆞᆫ 事도 亦 有ᄒᆞᆫ지라. 官吏 行爲ᄂᆞᆫ 適法이라 認ᄒᆞᆷ이 可ᄒᆞᆫ가. 官吏ᄂᆞᆫ 正當職權을 行ᄒᆞᆷ에 不過ᄒᆞ니 其 行爲를 行政法人된 國家 行爲로 看做ᄒᆞᆷ이 當然ᄒᆞᆯ지라도 國家 行爲로ᄡᅥ 第三者의게 對ᄒᆞ야 民事上 責任을 負ᄒᆞᆷ은 無理ᄒᆞᆷ이나 反說ᄒᆞ면 官吏行爲가 違法이라 認ᄒᆞᆯ지니 官吏ᄂᆞᆫ 違法行爲ᄒᆞᄂᆞᆫ 權限이 未有ᄒᆞᆫ 故로 其 行爲ᄂᆞᆫ 國家 行爲가 아니오 官吏의 私人 行爲라 謂ᄒᆞ야 違法ᄒᆞᆫ 行政 行爲ᄂᆞᆫ 國家가 其 責任 有無의 問題ᄂᆞᆫ 姑捨ᄒᆞ고 官吏가 其 責을 先任ᄒᆞᆷ은 無疑ᄒᆞᆯ지니 被害者ᄂᆞᆫ 其 違法行爲ᄒᆞᆫ 官吏의게 對ᄒᆞ야 損害 要償ᄒᆞᆷ은 國家와 官吏 間 法理關係에 基ᄒᆞ야 違法 行爲의 性質上에 當然ᄒᆞᆫ 바이라. 官吏의 責任을 問ᄒᆞ면 不法 行爲에 關ᄒᆞᆫ 私法上 原則을 使用ᄒᆞᆷ이 當然ᄒᆞ니 「日本 民法 七〇九條」 違法ᄒᆞᆫ 官吏ᄂᆞᆫ 私人 行爲가 됨으로 公法上 性質을 不帶ᄒᆞᆷ이라. 換言ᄒᆞᆯ지면 違法 行爲ᄂᆞᆫ 行政 行爲가 안이오 行政 執行者의 偶然ᄒᆞᆫ 私人 行爲에 不過ᄒᆞᆯ 쑌이라. 然이나 此只 理論上 斷案이오 諸國 實例ᄂᆞᆫ 不同ᄒᆞ야 大槪 官吏의 擔保라 云ᄒᆞᆷ과 不然타 ᄒᆞᄂᆞᆫ 二種으로 分類ᄒᆞ니 英米 二國의 學說과 裁判例ᄂᆞᆫ 官吏의 擔保를 不認ᄒᆞᄂᆞᆫ 主義라. 此 二國에셔 「王은 不善을 不爲ᄒᆞᆷ의」 原則을 行ᄒᆞᆷ으로 違法行爲로 生ᄒᆞᆫ 損害를 官吏 責任에

不歸홈이오 大陸 諸國은 此와 反ㅎ야 大抵 官吏의 擔保로 認ㅎ는 主義
를 採用ㅎ니 今日 佛國制度의 官吏 擔保 如何를 說明홀진딕 官吏의 擔
保는 被害者의 濫訴에 對ㅎ야 官吏를 庇護ㅎ는 趣旨에 出홈이오. 其 大
要는 官吏의 過失을 職務上 過失과 私身上 過失로 區別ㅎ야 職務上 過
失은 官吏의 所爲에 不在ㅎ고 國家가 自犯흔 者로 看做홈으로 被害者의
게 對ㅎ야 國家가 其 責을 任ㅎ고 官吏는 單히 私身上 過失에만 其 責을
負홈이 可타 ㅎ느니 蓋 純粹흔 理論으로 觀ㅎ면 違法 行爲는 國家 行爲
가 안이오 官吏의 私人 行爲됨이 前述과 如히 職務上 過失에 基홈과
私身上 過失에 由홈을 不問ㅎ고 官吏가 獨 其 責任을 負홈이 當然ㅎ고
國家에 知홀 바 안이라 ㅎ면 官吏 過失은 職務 內外를 區別치 안이ㅎ고
職務上으로 從生흔 損害도 其 責任이 官吏의게 歸ㅎ야 其 私財로써 賠
償請求에 應홀지니 官吏는 疑端을 徒抱ㅎ야 苟且 偸安홈으로 過失의
無홈만 希望ㅎ고 公共利益을 企劃ㅎ는 勇氣가 無ㅎ야 法律의 條章을
恪守ㅎ는 節操를 失홈으로 行政上 活動에 大阻害가 生홈이 可ㅎ고 職務
上 過失은 官吏의 罪에 專在홈이 안이라 社會의 法律的 組織이 不完全
홈에 歸홈이 多ㅎ니 今 夫 法律制度가盡善盡美ㅎ야 無缺極點에 達ㅎ얏
다 홈이 加홀가 行政官은 其 適用홈에 對ㅎ야 過誤失錯의 犯念이 不無
ㅎ나 然이나 是只空想이오. 實際事情은 此 域에 不達ㅎ고 行政官이 其
職務를 執行홀 際에도 往往히 法律解釋에 迷ㅎ야 進退가 其 度를 失ㅎ
며 擧止가 其 宜를 得지 못ㅎ고 終焉에 違法越權의 所爲를 成홈이 不尠
ㅎ니 抑 國家 組織이 不完全홈에 由홈이라. 今日 最進步ㅎ얏다 稱ㅎ는
法律도 實際 適施홈에는 意外破綻을 生ㅎ야 疑義層出ㅎ고 一定解釋을
得홈이 幾稀ㅎ거든 況無主義와 無統一로써 一時 彌縫ㅎ는 政治 諸般의
規則이리오. 不完備흔 政治組織 中에 在ㅎ야 不完全흔 法律로 適用을
能行ㅎ고 一點 錯誤의 無홈을 望키는 最難홀 바이니 職務上 過失은 其
官吏의게 責을 歸홈이 豈可ㅎ리오. 如斯홈으로 官吏된 者가 一切 其 責
任을 負홈은 頗히 苛酷ㅎ다 謂홀지라. 佛國에서 官吏의 民事責任을 私
身上 過失에 限홈은 蓋 此를 爲홈이라. 職務上 過失과 私身上 過失은

民事責任의 有無를 決ㅎ는 唯一 關鍵이나 此를 區別ㅎ야 標準如何의 問題는 學者라도 大概 解答에 困難흔 바이니 佛國 權限 裁判例를 依ㅎ면 其 梗概를 知키 非難흘지라. 卽 職務執行에 私心 偏倚 疎虞 怠慢 等을 特히 表識흘 不法行爲가 有흔 時는 卽 私身上 過失이 됨이오. 此와 反ㅎ야 虛心坦懷로 勤務에 從ㅎ고도 違法越權됨을 未免흠은 但 職務上 過失에 不過흠이라. 行政行爲는 職務上 過失에 由ㅎ야 其 性質을 變흠이 無ㅎ고 違法行爲는 行政行爲됨을 失흠이나 私身上 過失은 行政行爲의 性質이 一變ㅎ야 惟 官吏의 私心 偏倚 疎虞 怠慢 等을 觀흘 쑨이오 行政行爲가 되지 못흠이라. 大蓋 行政行爲는 單獨흔 違法越權의 一事로 뼈 官吏의 私人行爲라 直謂흠을 不得흘지니 官吏가 損害賠償의 責任을 負흠에 至흠은 特別흔 所爲와 又는 重大흔 不注意의 事를 要흠이라. 前述의 趣旨를 明瞭키 爲ㅎ야 權限 裁判所가 認定흔 私身上 過失이 되는 事例를 擧ㅎ면 郵便 管理人의 怠慢을 因ㅎ야 郵便物 發送의 方向을 誤흠으로 延着을 致흔 所爲와 電信 取扱者가 電文을 誤寫흔 所爲와 土木 技師가 技術上 規則을 遵守치 안이흔 疎虞로 因ㅎ야 橋梁이 墜落ㅎ야 職工의 多數 死傷을 致흠과 某 邑長이 數回 招集에 不應ㅎ고 邑會議員에 對ㅎ야 法律에 依흔 解職 請願을 不爲ㅎ고 議場에셔 放逐흔 所爲와 如斑흠이라.

日本 現行 法律은 官吏의 民事責任에 關흔 規定이 無ㅎ고 惟 刑事訴訟法에는 其 一斑을 纔見흘 쑨이오 同法 第十四條에 曰「被告人이 無罪라는 言渡를 受흔 時에도 判檢事 書記의게 對ㅎ야 要償의 訴를 不得ㅎ고 但 此等 官吏가 被告人의게 對ㅎ야 故意로 損害를 加흠과 又는 刑法에 定흔 罪를 犯흔 境遇에는 此限에 不在흠」이라 ㅎ얏스니 是故로 裁判官은 違法 又 錯誤裁判에 由ㅎ야 生흔 損害를 賠償흘 責任이 無ㅎ고 惟 故意와 大不注意에 由ㅎ야 損害를 加흔 境遇에만 民事責任을 免치 못ㅎ니 是는 卽 佛國과 如히 職務上 過失과 私身上 過失을 區別흔 主義에 出흠은 無疑ㅎ고 民事訴訟에는 如此흔 規定이 無ㅎ나 固無異論인즉

262

裁判官이 旣然ᄒ면 卽 行政官도 一同論斷ᄒᆯ지니 何故오. 裁判官이 違法越權의 裁判行爲ᄒᆷ과 行政官이 違法越權의 行政行爲ᄒᆷ은 共 其 適正치 못ᄒᆫ 事跡이 酷肖ᄒᆷ으로 其間 責任有無의 差別이 無ᄒᆷ이오. 或 不然ᄒᆷ은 警務官과 如히 一面으로 司法官되ᄂᆫ 同時에 刑事訴訟의 規定에 依ᄒ야 民事責任의 免除ᄅᆯ 受ᄒ고 一面으로 行政官이 되ᄂᆫ 時ᄂᆫ 被害者의 要償에 應치 안이치 못ᄒᆷ과 如히 不權衡의 來ᄒᆷ을 未免ᄒᆯ지라. 故로 行政官이라도 特表ᄒᆷ이 可ᄒᆫ 不法行爲ᄅᆯ 犯ᄒᆷ이 無ᄒ고 其 行爲가 偶然히 違法越權됨으로 民事責任을 負擔ᄒᆫ 者ㅣ 안이라. 日本 大審院의 裁判例ᄂᆫ 如何 官吏 瀆職罪에 基ᄒ야 損害賠償의 私訴ᄒᆫ 判決은 數見ᄒᄂᆫ 바이나 犯罪 以外 事實에ᄂᆫ 尙 本論의 當否ᄅᆯ 試ᄒᆷ에 足ᄒᆫ 訴訟이 起ᄒᆫ 事ᄅᆯ 未聞ᄒᆷ이 遺憾이로라.

▲ 제3호=국가의 민사책임

國家의 民事責任

金陵居士

行政 行爲로ᄡᅥ 個人의 權利ᄅᆯ 傷害ᄒᆫ 境遇에 對ᄒᄂᆫ 民事責任은 前篇에 論述ᄒ얏스나 其 要旨ᄅᆯ 再錄ᄒ면 官吏의 過失ᄒᆫ 職務上 過失과 私身上 過失로 分ᄒ야 職務上 過失을 因ᄒ야 生ᄒᆫ 損害ᄂᆫ 官吏가 其 責을 不任ᄒ고 但 私身上 過失에 就ᄒ야 民事責任을 負擔ᄒᆷ이라 ᄒ얏고 今에 其 論步ᄅᆯ 轉ᄒ야 官吏의 職務上 過失에 就ᄒ야 國家ᄂᆫ 被害者에게 對ᄒ야 民事上 責任을 負擔ᄒᄂᆫ 與否ᄅᆯ 說코ᄌᆞ ᄒ니 大槪 官吏의 私身上 過失은 官吏의 使人行爲로 國家에 關係ᄅᆯ 波及ᄒᆷ이 不可ᄒᄂ 職務上 行爲ᄂᆫ 卽 國家行爲로 官吏ᄂᆫ 國家ᄅᆯ 代表ᄒ야 行ᄒᆷ인 故로 官吏에게 責任이 無ᄒ다ᄒᄂ 以上은 國家에 責任이 有ᄒᆯ 듯ᄒᆫ 疑訝가 生ᄒᆷ은 當然ᄒ니 其 問題에 就ᄒ야 日本은 現行法規 中에 特殊ᄒᆫ 境遇에 關ᄒ야 特殊ᄒᆫ 規定을 說ᄒᆫ 것이 不少ᄒ나 一般에 應用ᄒᆯ 廣汎ᄒᆫ 原則을 定ᄒᆷ은 頗히 難ᄒᆫ지라. 故로 此ᄂᆫ 後日에 硏究ᄒ겠기로 今에ᄂᆫ 다만 現行法規ᄅᆯ 說

ᄒᆞ깃노라.

大抵 行政의 活動을 因ᄒᆞ야 個人에게 損害를 被케 ᄒᆞᆯ 境遇가 有二ᄒᆞ니 行政上 施爲를 因ᄒᆞᆫ 境遇와 行政上 過失을 因ᄒᆞᆫ 境遇로 行政上 施爲로 써 損害를 被케 ᄒᆞᄂᆞᆫ 境遇에ᄂᆞᆫ 國家가 其 目的을 達ᄒᆞ기 爲ᄒᆞ야 一定ᄒᆞᆫ 區域 內에서 某行爲를 行ᄒᆞ며 其 行爲를 因ᄒᆞ야 其 管內人民에게 損害 를 被케 홈이오 其 行爲ᄂᆞᆫ 元來 適法ᄒᆞ나 其 行爲를 因ᄒᆞ야 生ᄒᆞᆫ 損害난 某人民에게 特殊ᄒᆞᆫ 故로 賠償을 行홈이니라. 日本現行法 中의 尤著ᄒᆞᆫ 類例ᄂᆞᆫ 公用ᄒᆞ기 爲ᄒᆞ야 土地收用에 關ᄒᆞᆫ 損失補償의 規定(土地收用法) 이니 大抵 土地의 收用은 公共利益을 爲홈이나 其 負擔은 一般 人民에 게 不及ᄒᆞ고 다만 某區域 內에 在ᄒᆞᆫ 土地의 所有者에 屬ᄒᆞᆫ 故로 特히 其 損失을 補償ᄒᆞ야써 人民과 平衡을 得케 ᄒᆞᆯ 必要에 出홈이며 其他 戰時 又ᄂᆞᆫ 演習을 際ᄒᆞ야 陸海軍 所用의 軍需品을 徵收홈에 關ᄒᆞᆫ 損害 賠償(徵收令이며 電信電話線을 建設홈을 因ᄒᆞ야 生ᄒᆞᆫ 損害의 賠償)(陸 地測量標條例 及 水路測量標條例) 等은 擧皆 大略 同一ᄒᆞᆫ 理由를 依ᄒᆞ 야 損害를 賠償홈이니 此等 境遇에 損害賠償을 請求홈에ᄂᆞᆫ 官吏가 行政 上 過失을 犯ᄒᆞᆫ 것을 證明ᄒᆞᆯ 必要가 無ᄒᆞ고 오작 被ᄒᆞᆫ 損害를 證明홈이 足ᄒᆞ니다.

行政上 過失을 因ᄒᆞ야 損害를 被케 ᄒᆞᆫ 境遇ㅣ라 홈은 行政事務를 執行 ᄒᆞᆯ 際에 官吏의 過誤와 失錯를 因ᄒᆞ야 個人의 權利를 傷害케 홈이며 其 過誤와 失錯과 違法 又ᄂᆞᆫ 不注意를 謂홈이니 大槪 行政의 施行은 適法으로 行ᄒᆞ며 又ᄂᆞᆫ 注意ᄒᆞ야 行홈이 可ᄒᆞ나 其 範圍를 脫ᄒᆞ야 行政 ᄒᆞᄂᆞᆫ 權利가 無ᄒᆞ며 兼ᄒᆞ야 他人에게 被케 ᄒᆞᆫ 損害ᄂᆞᆫ 賠償홈이 當然ᄒᆞ 되 現行法에ᄂᆞᆫ 如此ᄒᆞᆫ 境遇에 關ᄒᆞᆫ 規定은 頗少ᄒᆞᆯ 쑨 안이라 或 此等이 有ᄒᆞ야도 國家無責任의 原則을 揭載홈이 頗多ᄒᆞ니라.

郵遞電報에 關ᄒᆞ야ᄂᆞᆫ 明文으로써 民事責任의 有無를 決定ᄒᆞ야 其 太半 은 國家無責의 主義를 採用ᄒᆞ니라. 日本 郵便條例 六十六條에 郵遞物의 損害 紛失 又ᄂᆞᆫ 遲傳을 因ᄒᆞ야 生ᄒᆞ야 損害ᄂᆞᆫ 遞信省에서 賠償ᄒᆞᄂᆞᆫ 責任 이 無ᄒᆞ다 明定ᄒᆞ얏고 同第百二十條와 第百二十一條에ᄂᆞᆫ 貨幣를 同封

혼 郵遞物의 事故가 生ᄒ야 損害를 受ᄒᄂ 事ㅣ 有ᄒ야도 遞信省은 其 責을 不任혼다 ᄒ얏고 郵遞局 主務者의 疎虞懈怠를 因ᄒ야 損害가 生홀 時ᄂ 主務者로 ᄒ야금 其 貨幣를 補償케 홈이라 ᄒ얏고 同第百五十五條 에 郵遞爲替에 事故가 生ᄒ야 損害를 受혼 者ㅣ 有ᄒ야노 遞信省은 其 責을 不任혼다 ᄒ얏고 同第百五十六條에 爲替를 渡付혼 以後에 其 渡付 에 就ᄒ야 異議를 唱ᄒ야도 遞信省은 其 責을 不任혼다 ᄒ얏고 電報條 例 第四十二條에ᄂ 電報의 傳達을 因ᄒ야 生혼 損害와 又ᄂ 異議가 有 ᄒ야도 遞信省은 一切 其 責을 不任혼다 ᄒ얏스니 要之컨딕 郵替電報 에 關혼 損害에 就ᄒ야난 國家가 民事責任을 負擔치 안이홈으로 原則 을 成ᄒ니라.

然이나 同一혼 郵遞條例에도 外國郵替에 關혼 損害에 就ᄒ야난 全혀 反對主義로 出ᄒ야 郵遞條例 第二百二十二에 登記郵遞物紛失의 償金을 支出홀 約定이 有혼 國에 發送ᄒ난 登記郵遞物을 內國 又난 同上 約定 이 有혼 外國에서 遞送中 紛失홀 時ᄂ 天災를 因혼 以外에 此를 紛失혼 國에서 出付人의 又ᄂ 出付人의 所望을 依ᄒ야 領收人에게 五十푸랑 或은 其他 貨幣로 同額의 償金을 報償ᄒ고 登記郵遞物 紛失의 償金을 出給홀 約定이 有혼 外國에서 內國의 到達혼 登記郵遞物을 內國에서 紛失홀 時도 亦 同ᄒ다 ᄒ얏스니 然則 紛失報償의 約定이 有혼 外國에 發送ᄒ며 又난 同上國에서 到着혼 登記郵遞物을 內國에서 紛失홀 境遇 에ᄂ 國家ᄂ 內國人에게 對ᄒ야도 損害賠償의 責任을 負擔홈이니 內國 에서 發着ᄒ난 郵遞物紛失에 關혼 國家無責任의 規定과 比照ᄒ면 國家 가 臣民에게 對ᄒ난 責任은 外國과 其 約定의 有無를 因ᄒ야 不同혼 結果를 生ᄒᄂ니 充當을 少欠혼 憾이 不無ᄒ도다. 大凡 國家난 個人에 게 對ᄒ야 果然 損害賠償의 責任有無를 一定홈이 穩當ᄒ다 思料ᄒ노라. 小包郵遞法을 據혼則 小包郵遞物을 領收人에게 交付ᄒ며 又 出付人에 게 還付혼 以前에 生혼 損害에 就ᄒ야 政府에 責任이 有ᄒ엿고 郵遞貯金條例 第十四條에난 政府에서 民事責任을 負擔ᄒᄂ 境遇가 有 홈을 規定ᄒ얏고 鐵道略則 第十二條 及 第十三條에ᄂ 貨物의 紛失 損傷

等에 關흔 國家의 責任을 規則흐얏스니 如此히 同一흔 性質로 看破홀 損害로 賠償의 責任이 有흔 것과 無흔 것에 有흐야 一定흔 主義를 發見 흐기 甚히 困難흐고 國家에 責任이 有흔 旨를 規定홀 境遇에는 其 損害 난 職務上 過失로 出흠과 私身上 過失로 因흠을 不問흐고 天災가 안인 以上에는 國家에 責任이 有흠이 定法上 當然흐니라. 總히 日本現行法은 尙今도 十分 整備치 못흐얏스며 本問題에 關흔 規定도 其 標準이 不同 흐야 前後主義를 貫徹흐기 未能흐니 如此흔 法律에 就흐야 一定흔 原則 을 求흐기 甚히 困難흐야 法律에 明文이 有흔 境遇에는 此를 準據흐야 裁判흠을 得홀지나 明文이 有흔 境遇에는 論議各出흐야 殆히 適從홀 바를 未知흐야 判決흐기 未能홀지니라. 曾往에 日本橫濱警察署에서 一 個 醉漢이 路傍에서 行悖흐는 者를 拘引흐얏더니 其 醉漢이 拘留所에 在흐야 喧噪흠이 傍若無人흠이 太甚흐야 不得已 鎭制흐기 爲흐야 頸에 繩을 掛흐야써 其 醒覺을 代흐얏더니 制縛方法에 過誤흠을 因흠인지 翌朝에 見흔즉 不幸히 其 醉漢이 死去흔지라. 關係가 警察官의 過失을 因흠이라 故로 刑事處分을 受흐엿고 被害者의 遺族은 橫濱地方裁判所 知事에게 對하야 損害賠償의 訴를 提起흐얏스나 一審 二審에 共히 原告 가 敗訴흐얏스니 判決의 理由는 確實히 記憶치 못흐나 國家와 官吏의 關係에는 傭主와 被告人의 關係가 無흔 故로 不法行爲에 關흔 用法原則 을 適用흐기 未能흐다 흐얏고 又 新瀉縣 知事가 日本坑法을 誤解흐고 石油坑業人에게 對흐야 停止를 命흐얏더니 知事의 處分이 違法됨을 行 政裁判所의 判決에 依흐야 確定흔 故로 被害者가 新瀉地方裁判所 知事 에게 對흐야 損害賠償을 請求흔즉 同裁判所에서 原告의 主張을 容許흐 고 知事에게 過失이 有흐다 흐야 損害賠償흐기로 判決흐야 其 裁判은 第一審의 確定흐야 原告난 國庫에 支給을 受흐얏스니 此等 裁判事件이 頗多흐나 吾儕의 記憶흐는 바는 此 二件에 不過흔 바 偶然히 正反對로 出흐얏스나 亦是 奇妙흐다 思料흐노라. 要之컨디 醉漢制縛의 境遇에난 警察官에게 過失이 有흐다 흐야 刑罰로 判決흠은 疎虞怠慢흔 私身上過 失이 有흠을 因흠이라. 故로 其 責任은 官吏 一個에 止흐고 累를 國家에

不歸홈이 明白ᄒ고 坑業停止난 法律의 誤解로 出ᄒ 過失이니 卽 職務上
過失에 不過ᄒ 故로 官吏 一個에게 其 責任을 負擔케 홈이 不可홈은
明白ᄒ나 國家도 亦是 賠償의 責任이 無ᄒ지니 何也오. 坑業의 停止난
權力行爲로 權力行爲에 就ᄒ야난 國家가 民事上 責任을 負擔ᄒ 것이
안이라. 然이나 此난 다만 吾儕의 斷言쑨으로 成文法上 根據가 有ᄒ다
云홈은 안이니 要之컨되 今日 情態로 成文法上 原則을 發見ᄒ기 즈못
困難ᄒ니 他日 講究ᄒ겟노라.

10.14. 헌법

◎ 憲法, 郭漢倬(곽한탁) 譯, 〈태극학보〉 제6호, 1907.1; 7호,
  9호 연재

▲ 제6호

第一編 總論

第一章 國家

  第一節 國家의 三要素

  夫 國家云者ᄂ 一定ᄒ 土地와 人民의 團体와 管轄ᄒᄂ 權力을 指홈인
故로 國家의 要素ᄂ 卽 土地와 人民과 밋 權力 三者也ㅣ니, 此 三者 中
에 其一을 缺ᄒ면 國家ᄂ 成立키 不能ᄒᄂ, 然이ᄂ 土地의 廣狹과 人民
의 多少와 權力의 最高ᄒ 點을 不問홀디니, 此 三者를 國家 要素點으로
云ᄒ면 領土와 國民과 밋 統治權이 是也니라.

第二節 形式上의 區別

國家를 形式上으로 區別홀 時에는 單數國과 複雜國 二種에 可分ᄒᄂ니 單數國 云者는 其成立ᄒ 國家가 單純ᄒ 者오, 複雜國 云者는 國家 與 國家가 合倂ᄒ야 國家를 更作ᄒ 者ㅣ라. 假如 聯邦이니 卽 獨逸 北米 合衆國 及 瑞士 等이 是也ㅣ니라.

獨逸은 大公國이 六이오, 侯國이 七이오 帝領이 一이오, 王國이 四오, 公國이 五오, 自由市가 三이니 合 二十六의 小國을 合ᄒ야 國家를 成ᄒ고 北米合衆國은 十三州를 合ᄒ야 國家를 成ᄒ고, 瑞士는 二十五州를 合ᄒ야 國家를 成ᄒ니라.

쏘 國家 與 國間에 意外의 密接ᄒ 關係를 生ᄒᄂᆫ 事가 有ᄒᄂ니, 其 關係의 種類를 大分홀딘디 身上結合과 物上結合과 밋 國家 聯合 等이니라.

身上結合 云者(一名은 君合國)는 二國 以上이 同一ᄒ 君主를 戴ᄒ고, 國務上 關係가 互相 聯屬치 안는 者ㅣ니 千八百八十五年 前의 比利時와 밋 孔哥[26]와 如ᄒ 者니라.

物上結合 云者(一名은 政合國)는 政治上 或 外交上의 目的을 達ᄒ기 爲ᄒ야 同一의 君主를 戴ᄒ야 二國의 代表를 삼고, 二國이 各各 自有의 憲法 規定에 依ᄒᄂᆫ 者ㅣ니 墺太利[27]와 밋 匈牙利[28]와 如ᄒ 者니라.

國家聯合 云者는 其 最高ᄒ 權이 仍在各國ᄒ고 다만 第三國(當事國 以外의 國家를 總稱 第三國이라 云홈)의 外交 事務에 對ᄒ야 共同 權力 으로 處理ᄒᄂᆫ 者ㅣ니 千八百五十年으로 千八百六十六年에 至ᄒ기신

---

26) 공가(孔哥): 콩고.

27) 오태리(墺太利): 오스트리아.

28) 흉아리(匈牙利): 헝가리.

268

지 獨逸 聯邦이 卽 是類也니라.

第三節 國體上의 區別

國家를 國體上으로 區別홀 時는 君主國과 民主ㅣ 有호니 君主國은 其國家의 要素 權力이 君主에 在혼 者를 謂홈이오, 民主國은 其國家의 要素 權力이 國民에 在혼 者를 謂홈이나, 然이나 國家가 統治權의 主體를 行홀 時에는 君主의 最高 機關을 指홈이오, 民主國은 不然혼 國을 指홈이니라.

君主國 云者는 君主가 主權을 總攬ᄒᆞ는 國을 謂홈이니, 卽 皇帝 또는 王의 尊號를 有ᄒᆞ고, 國民의 最高位를 有혼 一人의 君主가 主權을 總攬ᄒᆞ는 者니 我國과 밋 英, 獨, 露, 淸, 日 諸國과 如혼 者니라.
民主國 云者는 國民 全體가 主權을 總攬ᄒᆞ는 國家를 謂홈이니 如此혼 民主國에셔는 國民 全體가 主權을 總攬혼다 云ᄒᆞᄂᆞ 實狀 衆多의 國民이 共同ᄒᆞ야 行政키 不能홈으로 其中 一人을 撰擧(찬거)ᄒᆞ야 行政케 ᄒᆞᄂᆞ니, 此를 通常 大統領이라 稱ᄒᆞ니, 現今 民主國은 北米合衆國과 佛國의 二者니라.

第四節 政體上의 區別

國家를 政體上으로 區別홀 時에는 立憲國과 專制國 二種에 可分홀디니 立憲國은 其 政事에 一定혼 形式이 有혼 者를 謂홈이오, 專制國은 一定혼 形式이 無혼 者를 謂홈이라.

立憲國 云者는 憲法을 制定ᄒᆞ야 主權 行動의 自由를 制限ᄒᆞ는 國家를 謂홈이니, 卽 主權의 行動을 各個의 機關에 分配ᄒᆞ는 者라. 假如 立法은 議會로 ᄒᆞ야곰 行케 ᄒᆞ고, 行政은 政府로 ᄒᆞ야곰 行케 ᄒᆞ며 司法은 裁判

所로 ᄒᆞ야곰 行케 ᄒᆞᄂᆞᆫ 政體를 立憲政體라 稱ᄒᆞᄂᆞ니 英, 米, 佛, 獨, 日諸國과 如ᄒᆞᆫ 者니라.

專制國 云者ᄂᆞᆫ 主權의 行動이 各個의 機關에 分排치 안코 專혀 一人의 手中에 在ᄒᆞᆫ 國家를 謂흠이니 其 專制權을 有ᄒᆞᆫ 人 (假如君主)이 暗愚ᄒᆞ던디 ᄯᅩᄂᆞᆫ 補佐가 其人(假如臣)을 不得ᄒᆞᆯ 時ᄂᆞᆫ 往往이 壓制 暴虐에 陷ᄒᆞ야 國民에게 買怨(매원)ᄒᆞ고 ᄯᅩᄂᆞᆫ 無名의 師(戰爭)을 起ᄒᆞ야 恥辱을 被ᄒᆞᄂᆞ니 現今 顯著ᄒᆞᆫ 專制國은 我國과 밋 淸 露 等이니라.

露國은 比年 以來로 國民이 要求를 應ᄒᆞ야 客歲[29]에 겨오 議會를 開ᄒᆞ야 憲政을 宣布ᄒᆞ얏스ᄂᆞ 아즉 完備ᄒᆞᄂᆞᆫ 域에 未進ᄒᆞ고 淸國도 客歲에 立憲 準備ᄒᆞᆯ 上諭가 下ᄒᆞ얏ᄂᆞ니 然則 專制國은 我國ᄲᅮᆫ이 될 듯ᄒᆞ도다.

第五節 統治權의 作用

今日 立憲國에 通行ᄒᆞᄂᆞᆫ 統治權의 作用을 槪擧ᄒᆞ면
一. 民選議會를 設ᄒᆞ야 法律과 밋 豫算을 議決ᄒᆞ고,
二. 民事刑事의 訴訟 裁判所에ᄂᆞᆫ 獨立 司法을 行ᄒᆞ고,
三. 一國 元首의 行爲ᄂᆞᆫ 國務大臣의 副署흠을 要ᄒᆞᄂᆞ니라.

▲ 제7호

第二章 憲法 續

第一節 憲法의 意義

今日 通常 憲法이라 稱ᄒᆞᄂᆞᆫ 것은 立憲國의 根本을 指ᄒᆞᄂᆞᆫ 것이니, 卽,

---

29) 객세(客歲): 이 해 바로 전 해.

270

統治作用의 分類와 및 立憲國에 必要호 機關 組織(假如議會, 裁判所, 國務大臣과 如호 者)의 權限을 定호는 것을 謂홈이라.

憲法을 大別호야 成文憲法과 不文憲法에 區別호느, 然이느 今日 許多호 立憲國에셔는 成文憲法을 有호얏느니 成文憲法을 制定호 節次에 依호야 分類홀 時에는 欽定憲法과 및 民政憲法에 可分홀지니, 欽定憲法은 君主가 制定호 憲法을 指홈이오, 民政憲法은 直接이느 間接으로 國民이 制定호 憲法을 指호 者ㅣ니라.

成文憲法 云者는 明文으로셔 規定호 憲法을 謂홈이니 日本이 是也라.

不文憲法 云者는 明文의 規定이 無호 者를 謂홈이니 (假如 慣習, 條理, 判決例, 約束 等) 英國이 是也라.

又 憲法을 改正호는 節次에 依호야 區別홀 時는 固定憲法과 不定憲法에 可分홀지니, 固定憲法은 憲法 改正의 節次가 普通 法律의 改正 節次 且 다느 複雜홈을 生호는 者ㅣ오, 不定憲法은 普通 法律의 改正節次와 同一호 節次로써 改正호는 憲法을 謂홈이니라.

第二節 憲法의 改正

憲法의 多數는 固定憲法이라. 其 改正 節次는 普通 法律의 改正 節次와 相異호니 玆에 差異호 點의 重大호 者를 列擧호면,

第一 發案의 制限,

一. 君主國: 君主國에셔는 普通 法律의 發案權은 君主쌘 不啻라. 議會느 或은 兩議院에 屬호는 것이 通例느, 然이느 憲法 改正案의 發案홈에 至호야는 君主에 專屬호고, 또 君主에 專屬티 안는 國에셔는 議院에셔 憲法 改正을 發案코즈 홀 時엔 該事項에 對호야 制限호는 것이 通例ㅣ라. 가령 배이에룬30)셔는 臣民의 權利 義務와 議會의 權限과 및 司法權의

行使 三件 事는 議會로셔 此에 關흔 憲法 改正案을 提出ᄒᆞᄂᆞᆫ 事를 得흠과 如ᄒᆞ니라.

二. 民主國: 民主國되는 佛蘭西와 밋 北米合衆國에셔는 憲法 改正의 發案權을 如何히 ᄒᆞᄂᆞ뇨 홀진딕 北米 合衆國에셔는 特別히 憲法 改正會를 召集ᄒᆞ야 其會에서 發案ᄒᆞ기로 定ᄒᆞ고, 佛蘭西에셔는 上下 兩院에셔 憲法 改正의 必要를 議決흔 後, 國民會議에 對ᄒᆞ야 發案ᄒᆞ기로 定 ᄒᆞ얏스며 또 瑞西31)에셔는 憲法改正을 發案ᄒᆞᄂᆞᆫ데 上下 兩院의 議論이 不一흘 時에는 五萬 以上 國民의 同意가 無ᄒᆞ면 改正의 發案을 ᄒᆞ지 못ᄒᆞ게 되얏ᄂᆞ니라.

第二. 議決의 定足數(一定흔 人數)

一. 議決: 憲法 改正案의 議決흠이 普通 法律案을 議決흠과 殊異ᄒᆞ니 特別히 多數人의 出席과 同意를 要ᄒᆞᄂᆞ니라.

　(가) 四分之三 以上의 議員의 出席과 出席 議員의 三分之二 以上의 同意를 要ᄒᆞᄂᆞ 者: 索遜, 와이마르32), 루구셴부루그33) 等이 是也며,
　(나) 三分之二 以上의 議員의 出席과 出席 議員의 三分之二 以上의 同意를 要ᄒᆞᄂᆞ 者: 白耳義34), 瓦天堡, 日本 等이 是也며,
　(다) 議事를 開始ᄒᆞᄂᆞ 定足數는 普通 法律案과 同一ᄒᆞᄂᆞ, 此를 議決흠에는 出席 議員 三分之二 以上의 同意를 要ᄒᆞᄂᆞ 者: 墺太利, 和蘭, 헷센 等이 是也며,

---

30) 배이에룬: 베를린(?)

31) 서서(瑞西): 스위스.

32) 와이마르: 바이마르.

33) 루구셴부루그: 룩셈부르크.

34) 백이의(白耳義): 벨기에.

272

(라) 議事를 開始ᄒᄂᄂ 定足數ᄂ 普通 法律案을 議ᄒᆷ과 同一ᄒ여도 此를 議決ᄒᆷ에ᄂ 出席 議員 四分之三 以上의 同意를 要ᄒᄂ 者: 希臘, 바푸루이, 부례멘 等이 是也며,

(마) 獨逸에셔ᄂ 聯邦 議會에셔 五十人 投票 中에 十四 投票의 反對가 有ᄒᆯ 時ᄂ 憲法을 改正ᄒᄂ 事를 不得ᄒ니라.

二. 議決의 回數: 憲法 改正案을 議決ᄒᄂ데 二回의 會期에셔 同一ᄒᆫ 議決을 要ᄒᆷ이 有ᄒ니 瑞典35), 索遜이 卽 是也오, ᄯ 同一ᄒᆫ 會期 中에도 一定ᄒᆫ 期間을 隔ᄒ야 二回나 或은 三回의 議決을 要ᄒᄂ 者가 有ᄒ니 假令 普魯西에셔ᄂ 第一回 議決ᄒᆫ 後, 二十日을 隔ᄒ야 更히 第二回의 議決을 要ᄒ며, 바이에룬에셔ᄂ 各各 八日을 隔ᄒ야 三回의 議決을 要ᄒ며, 日本셔ᄂ 一回의 議決노 畢了ᄒᄂ니라.

第三 改正의 時期

一. 攝政을 置ᄒᆫ 사이에ᄂ 絶對的 又ᄂ 相對的으로 憲法을 改正ᄒᄂ 事를 不得ᄒ게, 定ᄒᆫ 國이 多ᄒ니, 日本은 絶對的으로 禁止ᄒ며, 索遜은 相對的으로 禁止ᄒᄂ니 卽 索遜에셔ᄂ 攝政 在任 中에 皇族 會議의 商議를 經치 안이면 憲法을 改正ᄒᆫ 事를 不得ᄒ게 定ᄒ니라.

絶對的 云者ᄂ 他物에 此를 相對立ᄒ거ᄂ 比較 又ᄂ 關係되ᄂ 物이 無ᄒᆷ을 指ᄒᆫ 形容詞요, 相對的 云者ᄂ 絶對的의 反對를 指ᄒᆫ 形容詞니라.

二. 憲法 改正 後 幾何 年限間에 再度 憲法을 改正ᄒᆷ을 禁止ᄒᄂ 國이 有ᄒ니 葡萄牙에셔ᄂ 一度 憲法을 改正ᄒᆫ 지 四箇年을 經過치 안이면 更히 憲法을 改正ᄒᄂ 事를 不得ᄒᄂ니라.

---

35) 서전(瑞典): 스웨덴.

三. 議會의 發案에 依ᄒ야 憲法을 改正ᄒᆫ 지 十二年間은 議會은 更히 憲法 改正案을 提出ᄒᄂᆫ 事ᄅᆯ 不得ᄒᄂᆫ 國이 有ᄒ니라.

▲ 제9호

第三節 憲法과 國民

領土 外에 居住ᄒᄂᆫ 國民이라도 本國 憲法을 適用ᄒ깃ᄂᆫ냐 ᄒᆯ딘듸 아모리 領土 以外에 居住ᄒᆯ디라도 憲法의 適用을 得ᄒ다 ᄒ리니, 大盖 國民되난 者ᄂᆫ 領土 內에 居住 與否ᄅᆯ 不問ᄒᆯ디니라.

第四節 憲法과 領土

新領土ᄅᆯ 統治權 下에 ᄒ랴면 憲法이ᄂᆞ 法律의 規定을 要ᄒᄂᆫ듸 日本에ᄂᆫ 如斯ᄒᆫ 明文이 無ᄒᆷ으로서 新隷ᄒᄂᆫ 領土라도 總히 統治權의 行使되ᄂᆫ 範圍, 卽 憲法 適用의 區域이라 解ᄒᆯ디니, 前者에 <u>臺灣이 日本의 領地가 될 時에 憲法이 卽時 此 新領地에 行用與否에 對ᄒ야 疑問이 生ᄒ야스ᄂᆞ 明治 二十九年 法律 第六十三號가 發布된 今日에ᄂᆫ 憲法이</u> 其新領土에 對ᄒ야 行用됨이 明白ᄒ니라.

第三章 統治權

第一節 統治權과 主權의 區別

國家란 者난 一定ᄒᆫ 土地上에 統一的으로 組織된 人民의 團體를 謂ᄒᆷ이오, 其 組織ᄒᄂᆫ 權力을 統治權이라 稱ᄒᄂᆞ, 卽 統治權은 治者가 被治者를 治理ᄒᄂᆫ 權을 指ᄒᆷ이니, 卽 命令을 下ᄒ야 命令에 服從티 아니ᄒᄂᆫ 者가 有ᄒᆯ 時에ᄂᆫ 强制로 遵奉케 ᄒᆷ을 得ᄒᄂᆫ 權을 指ᄒᆷ이라.

274

故로 此 統治權이 無홀 時에는 國家는 成立키 不能ᄒᆞᄂᆞ니, 統治權은 國家의 生命이라 可謂홀디니라. 或은 統治權과 主權을 混同ᄒᆞᄂᆞ 者이 有ᄒᆞᄂᆞ 然이ᄂᆞ 主權과 統治權은 其 性質이 判然 殊異ᄒᆞ니, 此二者의 性質이 同一타 思量홈은 不可ᄒᆞ니라.

所謂 統治權 云者는 治理ᄒᆞᄂᆞ 權力이ᄂᆞ, 主權 云者는 最上 最高홍 權力을 指홈인 故로 如或 統治權이 最高홀 時에는 此를 主權이라 云홈은 可타 ᄒᆞ려니와, 萬一 統治權이 最高티 아닌 時에도 此를 主權이라 云ᄒᆞ야 其國의 統治者를 主權者라 홈은 甚大홍 誤謬이니라.

尙且 統治權의 特有홍 點을 擧ᄒᆞ면 如左ᄒᆞ니,

第一. 統治權은 불割티 못홀 者이니라. (例證略)

第二. 統治權은 固有홍 權이니라.

此點에 ᄒᆞ야는 在地方團體의 有홍 自治權과 其 性質이 相異ᄒᆞ니 地方團體의 有홍 自治權은 其團體의 固有홍 權力이 아니라 統治者의 委任을 依ᄒᆞ야 受홍 權力인 故로 統治者가 任意로 此 權을 回收ᄒᆞᄂᆞ 事를 得ᄒᆞᄂᆞ, 然이ᄂᆞ 統治權은 固有홍 者요, 他處로셔 此를 繼受홍 者이 아닌 故로 其 國家가 滅亡티만 아니ᄒᆞ면 他處로셔 此를 回收ᄒᆞᄂᆞ 것[36]

第三. 統治權은 不對等者間에 行ᄒᆞᄂᆞ 權力이니라.

統治權은 已往 屢屢이 說明홈과 如히 治理ᄒᆞᄂᆞ 權力임으로 命令者와 服從者 間에 行ᄒᆞᄂᆞ 者이니라.

(곽한탁의 헌법은 3회 연재되었음)

◎ 憲法緖言, 薛泰熙 述, 〈대한협회회보〉 제3호, 1908.6. (법학)

---

36) 원문이 불안정함.

▲ 제3호

凡 一國을 成立維持코자 ᄒ면 반다시 憲章이 有ᄒᄂ니 此 憲章이 無ᄒ면 國家라 稱키 難ᄒ도다. 故로 洋의 東西와 國의 文野를 勿問ᄒ고 地球上에 國家라 稱ᄒᄂ 者ᄂ 憲法이 必有ᄒ야 其 表面的 差異ᄂ 成文 或 不文으로만 不同타 ᄒᆯ지나 意義ᄂ 一致에 歸ᄒ고 惟 其 二三의 國이 有ᄒ야 專制 一種의 法을 行ᄒ니 該 國에 對ᄒ야 言之컨ᄃᆡ 是 亦 國憲이 안이라 稱키ᄂ 不可ᄒ되 憲法에 比論ᄒ면 公正ᄒᆫ 國憲이라 謂키 不能ᄒᆷ은 何哉오. 蓋 國家ᄂ 切非一人의 所有오 卽 國人의 共有라. 然而 支那古書에 云ᄒ되「一人仁一國興 一人不仁一國亡」이라 ᄒ엿스니 是ᄂ 專制主義의 發苗오 又 一說에ᄂ「國人皆曰可殺然後殺之國人皆曰賢然後賢之」라 ᄒ니 是ᄂ 卽 憲法의 主義라 我邦도 亦 專制政國으로 從來 憲法과 符合ᄒᆫ 政을 行ᄒᆫ 聖代가 有ᄒ엿스나 此ᄂ 寒之十日에 曝之一日과 如ᄒ얏도다. 所謂 專制를 國憲으로 非認ᄒᆯ 理由를 略說컨ᄃᆡ 夫 其 一國의 保存은 元首 一人의 能堪ᄒᆯ 바 안인즉 不得不 一國人의 共同力에 依ᄒ야 成立될 것이오. 又 一國의 維持ᄂ 元首 一人의 能辦ᄒᆯ 바 안인즉 不可不 一國人의 共同力을 湏ᄒ야 進行될지니 此ㅣ 憲法 所謂 人民의 國家에 對ᄒᆫ 權利(參政權) 及 義務(納稅 兵役)라. 旣如是則人民에게 國家興替의 感念이 自身의 神經感覺과 如ᄒ야 家보다 國을 重히 知ᄒᄂ 特性이 自然一致ᄒ야 自國의 威光仁政을 宇內에 宣揚치 못ᄒ야서ᄂ 尙히 不瞻을 感ᄒᆷ과 若ᄒ려니와 是와 反ᄒ야 一人이 萬機를 總攬ᄒ고 善惡을 惟意行使ᄒ면 國家의 榮枯가 元首 一身에 全在ᄒ리니 向所謂 一人仁一國興一人不仁一國亡之一說을 從此驗矣라. 噫라 堯舜은 可言이어니와 桀紂를 尙忍言哉아 是ᄂ 換言ᄒ면 奴主의 政體라 奴가 主를 爲ᄒ야 服役ᄒᆷ도 堯舜其主에게ᄂ 其 心이려니와 桀紂其主에게ᄂ 非其心이리니 抑非其心으로 主의 興亡에 痛痒이 無感ᄒᆯ 것은 勢所然이 안인가. 此所以紂之臣億萬心이 必亡之理로다. 然則 專制ᄂ 人道의 正義를 剝喪ᄒᆯ 쑨 外라. 國家成立되ᄂ 要素의 組織을 絶斷ᄒᄂ 刀槍이라 門을

鎖ᄒᆞ고 國家라 自稱ᄒᆞᆷ은 一時의 幸得이어니와 其 中에 落生ᄒᆞᆫ 人類ᄂᆞᆫ 生世의 樂이 絶無ᄒᆞ야 有時로 厭世觀을 唱ᄒᆞ야 與世相違로 一淸操幸福을 作ᄒᆞ얏스니 其 國의 亡兆가 엇지 此에 基因ᄒᆞᆷ이 안이리오. 嗚呼라 二十世紀 風潮에 中毒ᄒᆞᆫ 我韓 二千萬兄弟아 此 地頭에 立ᄒᆞᆫ 原因을 回想ᄒᆞ라 時日曷喪余及汝偕亡이라 ᄒᆞ던 厭世觀에 第二禍果로다. 吾人이 國家에 對ᄒᆞᆫ 感念이 如斯히 極卑且劣ᄒᆞ고 乏少 冷落ᄒᆞ야 今日에도 尙此 曚然未覺ᄒᆞ고 徒然히 人을 冤ᄒᆞᆯ 而已니 專制의 毒이 엇지 此 極에 至ᄒᆞ얏ᄂᆞᆫ고. 邦家의 以今情勢로ᄂᆞᆫ 憲法의 講究가 何等必要로 認知키 不能타 ᄒᆞᆯ지나 決코 不然ᄒᆞᆷ은 上述을 熟覽ᄒᆞ면 必其況然大覺의 志를 自發ᄒᆞ리니 愛讀諸君은 幸히 余의 不文을 不責ᄒᆞ야 學問의 意義를 勿害ᄒᆞ고 攻究心得ᄒᆞᄂᆞᆫ 傾向을 望ᄒᆞ노라.

第一編 總論幷 第一章 國家

第一節 國家의 意義

國家를 論ᄒᆞᆷ에ᄂᆞᆫ 從來 歷史上 諸說을 不可不 一覽ᄒᆞᆯ지라. 有機體設 及 契約說이 一時에 盛行되엿기 先此二說의 要領을 欲述ᄒᆞ노라.

第一. 有機體說

有機體라 ᄒᆞᆷ은 此를 組織ᄒᆞᄂᆞᆫ 分子가 其 全體와 類似한 性質을 有ᄒᆞ야 各 分子로 獨立活動ᄒᆞᄂᆞᆫ 者를 指稱ᄒᆞᆷ이니 此有機體說을 唱ᄒᆞᄂᆞᆫ 學者ᄂᆞᆫ 國家도 亦 此와 同ᄒᆞ야 各 個人의 集合에만 不止ᄒᆞ고 別로 國家라 ᄒᆞᄂᆞᆫ 一體를 成ᄒᆞᆫ 者ㅣ라 云ᄒᆞ니 此 說은 古時에 唱導된 것이나 十九世紀에 當ᄒᆞ야 自然法學派의 反動을 作ᄒᆞ야 歷史法學者의게 依ᄒᆞ야 主唱ᄒᆞ니 此 說이 再盛이라 自然法學派ᄂᆞᆫ 國家로써 人의 任意에 作成된 者ㅣ라 ᄒᆞ고 此 有機體說을 唱ᄒᆞᄂᆞᆫ 者ᄂᆞᆫ 國家ᄂᆞᆫ 人爲로써 製造키 不得ᄒᆞᆯ

者오 全혀 有機體와 如히 自然成長發達흔 者ㅣ라 說明흐나 然이나 此 說은 單國家는 人爲에 依흐야 作成된 者에 不在라 흐는 說明에 止흘 뿐이오 國家法律上 硏究에는 全然 無益흔 說이라. 何以然之오 有機體라 흐는 思想은 法律意外의 觀念으로 國家로써 直有機體라 說明흠은 一比 喩에 止흔 者ㅣ라.

▲ 제5호＝憲法(續), 薛泰熙

第二 契約說 此 說은 主張者 中 最 著名흔 루-소-氏ㅣ 曰호딕 總人類는 始生흐는 同時에 곳 自由를 稟受흔 者ㅣ니 如斯흔 自由의 人類가 他의 拘束을 受흠은 全然히 自己의 契約的 承諾에 因흔 者라. 今日 國家란 者가 存흐야 其 國의 法律이 吾人을 拘束흠은 吾人의 祖先이 契約을 作흐야 國家를 設立흐고 法律을 制定흠에 至흐얏는 者에 不外흔 故로 今日에 法律을 制定흘지라도 人民全體의 意思로써 依치 아님이 不可타 흠이라. 然而 此 契約說을 主張흐는 學者의 諸說이 總點에는 同一치 못 흔 者가 次와 如흔 差異가 有흐니
一. 契約의 效力 國家를 作成흐는 契約은 永久히 效力이 有흐다 說흐는 者와 永久히 效力이 不有흐고 恒常 暗黙的의 契約을 締結흐는 者ㅣ라 解흐는 者가 有흐며
二. 契約의 成立 契約은 事實上 成立된 者ㅣ라 云흐는 者와 理論上 契約 說을 認흠이 아니면 國家의 成立을 說明키 不能타 說흐는 者가 有흐며
三. 契約의 效果 國家를 成立흐는 契約은 無條件으로 締結되얏다 흐는 者와 此 契約은 條件附ㅣ라. 說明흐는 者가 有흐니라.
契約說에 對흐야 有力흔 批評은 大抵 契約이란 者는 法律上 觀念이라. 法律은 國家成立된 後에 制定됨인즉 反히 契約으로써 國家를 成立케 흔다는 說은 其 本末의 誤라 云흘지라.
今日 一般 認흐는 바 社會現象이라 흐는 國家의 觀念에 依흐면 國家라 흠은 一定흔 土地에 定着흐고 固有흔 權力에 依흐야 結合된 人民의 團

體를 指홈인 故로 國家의 要素는 左의 三者ㅣ니라.

第一 人民 루-소-氏는 國家要素되는 人民은 少不下一萬人 以上이라 說明호나 一般의 說에 依호면 其 多少는 不問홀 者ㅣ라 호니라.

第二 土地 今日 國家의 要素라 흠은 一定혼 土地를 必要호는 故로 其 人民의 住居호는 土地가 一定치 못혼 時는 此를 國家라 稱키 不得홈이니라.

第三 固有權力 國家의 要素라 호는 固有혼 權力은 國權 卽 統治權을 云홈이니라.

法律上으로 國家의 性質을 論호는 諸說이 種種호나 玆에는 省略호노라.

第二節 國家와 地方團體

國家 及 地方團體가 共히 土地人民 及 權力으로 要所라 호는 故로 此 兩者를 區別호는 標準을 求홀 必要가 有홈으로 左에 其 諸說을 詳述 호건되

第一說 主權의 有無로써 國家와 地方團體를 區別혼다 호니
此 說은 國家는 主權이 有호야도 地方團體는 此가 不有홈으로 此에 依 호야 兩者의 區別를 得혼다 호나 今日思想으로는 主權으로써 國家의 要素라 호기 不得홈은 多數 學者의 認호는 바인 故로 但 主權의 有無로 는 兩者를 區別키 不得호고

第二說 國際法上의 人格에 有無로써 兩者를 區別혼다 호니
此 說은 國家는 國際法上의 人格이 有호되 地方團體는 此를 不有혼다 홈이니 此 說도 得當치 못홈은 何哉오. 旣히 國家인 故로 國際法上 人格 이 有홈인즉 何嘗國際法上 人格을 得혼 然後에 國家의 名을 始得홈이리 오 此로서 兩者를 區別호기도 不能호고

第三說 存立의 目的으로써 兩者를 區別흔다 흐니

此 說은 國民的 利益을 增進흠은 國家의 目的이오 一地方의 共同需要를 滿足케 흠은 地方團體의 目的이라 흠은 卽 大小로 以흠인즉 倂此區別의 標準도 亦 確定치 못흠은 何者오 國家라도 小흔 者가 有ㅎ고 地方團體도 大흔 者가 有흠이니라.

第四說 自己의 管轄ㅎ는 事件의 範圍에 制限의 有無로써 兩者를 區別흔다 ㅎ니

此 說은 國家는 自己所欲의 事件을 盡爲管轄ㅎ기 得흘지라도 地方團體는 法律命令에 依ㅎ야 定흔 範圍 內의 事件을 管轄ㅎ기 得흔다 云흠이니 卽 一은 自己의 事務範圍에 制限이 無ㅎ고 一은 其 範圍에 制限이 有흔 者라 云흠이나 此 說도 事實에 反ㅎ는 者라 採用을 未得ㅎ느니 例컨딘 聯邦을 組織ㅎ는 各國 及 聯邦自體도 其 事務의 範圍를 有ㅎ야 無制限흔 者에 不在흠으로 此 點도 兩者의 區別을 不得ㅎ느니라.

第五說 領土(區域)을 自由로 擴張ㅎ기 得ㅎ고 否흠으로써 兩者를 區別흔다 ㅎ니

此 說은 國家는 自由로 其 區域을 伸縮ㅎ기 得ㅎ되 地方團體는 其 區域을 自由로 伸縮ㅎ는 權能을 未有흠으로 此로써 兩者의 區別이 된다 흠이나 此 說도 亦 聯邦 及 此를 組織ㅎ는 各國에 付ㅎ야 見흘 時는 其 誤膠흔 事를 直發見흠을 可得ㅎ리니 例컨딘 獨逸帝國의 領土의 範圍는 其 憲法에 依ㅎ야 定ㅎ고 領土를 變更코저 ㅎ면 不可不 憲法을 改正흘 것이오 其 憲法을 變更코저 흠에는 聯邦會議에서 四分三 以上의 同意를 必要라 흠이니라. 然而 普漏西는 四分一 以上의 投票權을 有흠으로써 普漏西의 反對가 有흘 時는 獨逸帝國의 領土를 變更키 不能ㅎ니라.

第六說 自己의 法律로써 自己의 組織을 定ㅎ며 且 自己의 事務를 處理흠을 得흠과 否흠으로써 兩者를 區別흘 것이라 ㅎ니

此 說은 國家는 自己의 法律로써 自己의 組織을 定ᄒ며 且 自己의 事務를 處理홈을 得홀지라도 地方團體는 如斯ᄒ 權能을 未有홈을 隨ᄒ야 此 點으로써 兩者를 區別홀 것이라 云ᄒ나니 倂히 此 說도 亦 不正確ᄒ 것은 何者오 地方團體도 或 範圍에서는 自己의 自主權의 規定으로써 自己의 組織을 定홀 事를 得홀 뿐 아니라 國家도 時 或 自己의 法律로써 自己의 組織을 定홀 事를 不得ᄒ는 所以니라.

第七說 權力의 性質로써 兩者를 區別홀 것이라 ᄒ니
此 說은 國家의 要素되는 國權은 其 性質이 固有ᄒ 者ㅣ 될지나 地方團體의 要素되는 權力은 固有ᄒ 者에 不在ᄒ고 他에 委任에 因ᄒ야 成立ᄒ는 者ㅣ 됨을 隨ᄒ야 其 權力의 固有됨과 否홈으로써 兩者를 區別홀 것이라 云홈이니 此 說은 以上의 諸說 中 最 正當ᄒ 者로써 多數 學者의 贊成ᄒ는 바니라.

▲ 제6호

第三節 國家의 結合

第一 聯邦 聯邦이란 者는 二個 以上의 國家를 聯合ᄒ야 更히 組織ᄒ 國家ㅣ라. 或曰 聯邦은 主權이 無홈에 因ᄒ야 國家가 안이오. 單聯이라 稱ᄒ는 者는 國家間에 存在ᄒ 一關係에 不過ᄒ다 唱道ᄒ는 者ㅣ 有ᄒ나 單主權으로는 國家의 要素라 不謂홈으로 此 說을 採用키 不得홀 것이오. 或은 曰호듸 數個 國家로써 一個 聯邦을 組織ᄒ 以上에는 其 聯邦은 곳 國家됨이 無疑ᄒ고 被 組織된 國家는 消滅ᄒ는 者ㅣ니 聯邦이란 名稱은 但 其 成立 關係를 表홈이오. 其 實은 單ᄒ 國家에 不外타 唱道ᄒ는 者ㅣ 有ᄒ나 그러나 是 亦 誤解됨은 何者인요 此 說도 主權으로써 國家의 要素된다는 謬想에 基ᄒ 者ㅣ니라. 或은 又 此 聯邦의 關係를 說明홈에 當ᄒ야 曰호듸 聯邦이거나 此를 組織ᄒ 各 國家이거나 共是

國家라 論ᄒᄂᄂ 者ㅣ 有ᄒᄂᄂᆞ 其 國家란 理由를 求홈이 兩者가 主權을
共有ᄒᆞᆫ 것으로 說明ᄒᆞᆫ 者ㅣ니 今 其 論旨를 擧ᄒᆞᆫᆫ 聯邦的 制度에ᄂ
聯邦 及 此를 組織ᄒᄂᄂ 各國이 共히 其 權限에 屬ᄒᆞᆫ 事項에 關ᄒᆞ야 主權
이 有ᄒᆞ고 主權은 聯邦 及 此를 組織ᄒᄂᄂ 各國의 一方에만 屬홈이 안이
라 兩者가 各其 權限 範圍 內에셔 主權이 有ᄒᆞᆫ 者ㅣ니 更言ᄒ면 聯邦的
制度ᄂ 主權을 分割ᄒ야 聯邦 及 各國이 各 一部分의 主權이 有ᄒᆞᆫ 者ㅣ
니 是以로 兩者가 共히 國家됨이 明白ᄒᆞ다 云ᄒᄂᄂ 者ㅣ 有ᄒ니 倂히
此 說은 主權分割을 認ᄒᄂᄂ 者의 言이라. 主權의 分割은 主權의 最高
無制限의 性質과 牴觸됨을 依ᄒᆞ야 其 不當理홈은 言을 不埃ᄒ 것인 故
로 聯邦制度에 聯邦 及 此를 組織ᄒᄂᄂ 各國이 共히 國家됨이 無疑호ᄃ
其 國家되ᄂ 理由라 ᄒᆞ야 兩者가 共히 主權이 有ᄒᆞ다 ᄒᄂᄂ 說은 採用키
不能ᄒ지라.

此 聯邦의 實例ᄂ 一七八九年 以後 北美合衆國 一八四八年 以後 瑞西
一八六七년 以後의 北獨逸 結合 及 一八七一年 以後의 獨逸帝國이라
或은 獨逸帝國에 對ᄒᆞ야 獨逸帝國도 國家ㅣ오 此를 組織ᄒᄂᄂ 各國 中普
漏西도 國家라 ᄒ나 그러나 其他의 國은 國家가 안이라 唱道ᄒᄂᄂ 者ㅣ
無홈은 안이로ᄃ 此等 說의 誤解ᄂ 足히 說明도 要ᄒ 必要가 無ᄒ니라.

第二 物上結合 物上結合이라 稱홈은 三個 以上의 國家가 其 領土의 區
別을 保ᄒ고 各種의 憲法이 有ᄒᆞᆯ지나 唯 其 共同ᄒᆞᆫ 君主下에 永久히
不解ᄒᆞᆯ 結合을 謂홈이니 此를 成홈은 一定ᄒᆞᆫ 事項을 共同케 行홈을 爲
홈이라. 此 物上結合의 特點을 擧ᄒ면 左와 如ᄒ니라.
　一 共同ᄒᆞᆫ 君主를 有ᄒᆞᆯ 事
　二 外部에 對ᄒᄂᄂ 代表를 共同히 ᄒᆯ 事
　三 條約에 依ᄒᆞ야 直接으로 結合 關係를 成ᄒᄂᄂ 者가 안이오 各國의
國法으로써 直接의 結合關係를 定ᄒᆯ 事
　聯邦과 物上結合의 殊異ᄒᆞᆫ 點을 擧ᄒ면 聯邦은 一箇의 國家를 成홈이
오 物上結合은 國際上 一箇의 人格이 有홈에 止홈이니 國法上으로 言ᄒ

면 一箇의 國家를 成혼 者에 不在ᄒ니라.

物上結合의 實例를 擧ᄒ면 瑞典 諾威 及 墺地利, 匈牙利니라.

◎ 各國 憲法의 沿革 及 年代 參考의 大略,
〈대한학회월보〉 제6호, 1908.7. (법학, 헌법)

今에 左記 沿革 及 年代를 列記ᄒ기 前에 憲法이란 意義를 略說코져
ᄒ니 盖 憲法이라 汎稱홀진ᄃᆡ 法治國만 謂홈이 아니오 雖 專制國이라도
特定혼 憲章을 依ᄒ야 統治를 行ᄒᄂᆞᆫ 者ᄂᆞᆫ 皆此를 謂홈이라. 然이나 現世
에 憲法이라 ᄒᄂᆞᆫ 것은 法治國에셔 國會의 協贊과 統治者의 裁可가 有혼
後에 一定혼 方式에 依ᄒ야 公布ᄒᄂᆞᆫ 者이니 其 制定權의 所在와 成立된
性質 及 方式과 變更의 容易 與否를 因ᄒ야 左數種의 名稱이 有홈.

一. 欽定憲法와 民定憲法

欽定憲法이라 홈은 專獨히 規定홈과 機關의 協贊을 經홈을 不問ᄒ고
君主制定에 在혼 者를 稱홈이오. 民定憲法이라 홈은 直接 或 間接으로
國民制定에 係혼 者를 謂홈이니 國民의 間接制定에 係ᄒ다 홈은 民選議
會에서 議定홈이라. 普魯土,墺地利, 日本과 갓혼 憲法은 欽定에 屬ᄒ고
白耳義, 佛蘭西, 瑞西와 갓혼 憲法은 民定에 屬ᄒ니라.

此外에 學者들이 合意的 憲法과 片意的 憲法으로 區別ᄒ야 說明ᄒ나
片意的 憲法이라 홈은 一人 或 數人의 意思로 成立혼 者를 謂홈이니
畢竟 欽定憲法을 指稱홈이오. 合意的 憲法이라 홈은 或 關係人民이던지
或 關係國家의 合意를 依ᄒ야 成立혼 者를 謂홈이라. 西曆 一千八百七
十一年에 成立되 獨逸 憲法과 同 一千七百八十七年에 成立된 北米合衆
國 憲法과 갓홈이니 民定憲法과 大同小異ᄒ니라.

二. 成文憲法과 不文憲法

成文憲法이라 홈은 其典章의 單數와 多數를 不問ㅎ고 明文으로 成立된 者를 稱홈이오. 不文憲法이라 홈은 慣習과 條理와 判決例와 約束 等으로 成立되 者를 指홈이니 英國憲法과 如흔 者가 不文憲法에 屬ㅎ니라.

三. 固定憲法과 可動憲法

此는 憲法 變更홀 時에 節次의 形式을 鄭重히 ㅎ야 變更을 容易케 못ㅎ는 者는 固定 憲法이라 ㅎ니 極端으로 論ㅎ는 者는 固定憲法은 何如흔 境遇이라도 永久히 變更을 不得이라 ㅎ며 不然ㅎ야 其 變更을 容易케 ㅎ야 通常의 法律 變更과 同一히 ㅎ는 者는 可動憲法이라 名ㅎ니라.

以上 諸種의 憲法이 名稱이 多有ㅎ나 上古에 在ㅎ야는 世界에 何國을 勿論ㅎ고 擧皆專制의 制度를 用ㅎ더니 今에 在ㅎ야는 東洋의 韓淸과 歐洲의 俄羅斯와 亞弗利加土人의 數個 小國 外에는 專制의 國이 殆히 絶無ㅎ니 文化의 一變홈을 可知홀지라. 然ㅎ나 各國의 憲法 制定흔 歷史가 極히 近世에 在ㅎ나 玆로 從ㅎ야 參考ㅎ기 爲ㅎ야 其 沿革과 制定 年代를 表示코져 ㅎ노라.

英國, 英國이 成文憲法은 비록 不在ㅎ나 不文憲法이 萌芽됨은 世界 列國 中에 最早ㅎ야 遂히 歐米 諸邦의 模範이 된지라. 大憲章은 西曆 一二一五年(檀君紀元 三六四八年) 卽 距今 六百九十三年前에 權利請願은 同 一六三八年(我朝開國 二四七年) 卽 距今 二百七十年前에 人身保護律은 同 一六七九年(我開國 二八八年) 卽 距今 二百二十九年前에 權利之宣言은 同 一六八八年(我開國 二九七年) 卽 距今 二百二十年前에 成立되니 當時에 大陸 諸國은 다 中央 集權으로써 專制 政治를 行ㅎ거늘 惟獨 此島國에서 能히 立憲政體를 用ㅎ야 議院을 設ㅎ며 三權을 分ㅎ야 恣橫因循ㅎ는 種種의 弊害를 矯正ㅎ얏시니 今日 世界에 強國을 數ㅎ는 者ㅣ 英國으로써 第一指를 屈케 ㅎ야 海上權을 宇內에 振ㅎ며

六流到處에 英國 領地가 無호 處가 無홈에 至호얏시니 엇디 其偶然에 歸호리오.

米國, 西曆 一七七六年에 聯合 殖民地에서 獨立 聯合 團體을 組織 公佈호고 同 一七七九年에 聯合 條款을 制定호얏시나 當時 同地에서 英國人의 重税苛政과 無限호 束縛을 因호야 人心은 一層憤鬱호나 猶히 完全호 國家를 成立홈에 未及호얏더니 西曆 一七八七年(我開國 三九六年)에 至호야 華盛頓이 各州 委員會 會長이 되야 現行 美國 憲法을 起草 公布호야 世界 立憲 制度中에 第一 優美호 功效를 奏호얏시니 實노 華翁은 東西 古今의 偉人이라. 後에 殘弱 國民族이 當時 米國과 又호 境遇에 在호 者는 皆 華翁의 當年 事蹟을 取호야 腦髓에 銘홀디니 距今 一百二十一年前에 在호니라.

佛國, 同國 大革命이 有호 再明年에 三權分立說과 民約說로써 基礎를 採호야 비로소 憲法의 制定이 始有호니 西曆 一七九一年(我開國 三九二年) 卽 距今 一百十七年 前이오. 又 明年에 共和國이 된 故로 一院制의 憲法을 發布호얏시나 實施치 못호고 同 一七九五年에 一院制를 改호야 二院制로 成立호 憲法을 發布호고 同 一七九九年에 新憲法을 發布호고 一八○二年, 一八○四年에 又 多少 改正이 有호얏시나 此時는 奈巴倫一世가 勢力을 得호야 專斷을 行호 故로 專制政體와 無異호고 쏘 共和國이 變호야 帝國이 되얏고 同 一八一四年에 至호야 立憲 君主的으로 制定호 憲法이 發布되얏시나 總히 議會의 發案權을 奪호야 專制的이 太甚호 故로 同 一八三○年에 改正이 有호고 同 一八四八年에 至호야 第三革命이 有홈을 因호야 又 憲法改正이 有호얏는듸 一院制와 普通 選擧法을 採用호얏고 奈巴翁三世가 末年에 人望을 失홈을 因호야 又幾分의 改正을 加호얏고 同 一八七五年(我開國 四七六年)에 至호야 三典章으로 成立호 憲法을 發布호니 卽 佛國 現行 憲法이라. 距今 三十三年前이라.

普魯西, 國王과 及政府의 有力호 當路者가 國會 設立호기를 不肯호는 故로 南獨逸諸邦보다 最後에 憲法이 成立호디라. 西曆 一八四七年(我開國 四五七年)에 至호야 비로소 州會 聯合를 招集호얏고 明年 佛國 第三 革命이 有홈에 際호야 國中에 憲法制定 熱이 倍加호야 憲法草案을 制定 호야 公布호얏시나 不完全호 故로 다시 憲法 制定會 代議士를 選擧호야 草案을 更起호야 同 一八五0年에 發布호니 即 普國 現憲法이라. 我 開國 四百六十年이오. 距今 五十七年前이라.

獨逸帝國, 西曆 一八七一年에 獨逸 帝國이 再興홈에 際호야 北獨逸聯 合 憲法을 基因호야 南獨逸 各邦과 協議 制定호되 普魯西가 盟主되야 北獨 二十二邦 委員으로 더부러 議定호니 則 獨逸帝國 憲法이 是라. 距 令 三十六年前에 在호다.

白耳義, 西曆 一八三一年 距今 七十六年前 和蘭, 距今 八十二年前에 始定호야 數次 改正을 經호야 現行憲法이 되니 最後 改正은 二十年前 西班牙, 始로 距今 九十八年 前에 制定되야 六次 改正을 經호야 最後 發布된 者ㅣ 即 現行憲法이니 距今 三十一年前 葡萄牙, 距今 八十五年 前에 始호야 七次 改正增補호야 最近 者는 距今 十二年前

墺地利, 四十年前
瑞典, 四十一年前
撒遜, 七十六年前
巴威里, 八十九年前
巴丁, 八十九年前
伊太利, 五十三年前
那威, 八十三年前

10.15. 형벌론

◎ 監獄制度論, 張奎煥, 〈친목회 회보〉 제5호, 1897.9.26.

(형벌론)

10.16. 형법

◎ 刑法 意議의 畧論, 李冕宇, 〈친목회 회보〉 제5호, 1897.9.26.

◎ 刑法과 刑事訴訟法의 關係 如何, 〈서북학회월보〉 제16호(서우 속간), 1908.3. (법학)

*제15호 법학의 범위에 이어지는 글로 보임
*형법과 형사소송법의 관계 / 형법대전 반포 후 형사소송법 미비 현실을 비판함

刑法과 刑事訴訟法의 關係를 論홈에 當ᄒᆞ야 만져 兩法의 意義를 說明
홀 必要가 有ᄒᆞ니 大抵 刑法이라 홈은 犯罪와 刑罰을 規定ᄒᆞᆫ 法例ㅣ니
卽 國家가 一私人에게 對ᄒᆞ야 固有ᄒᆞᆫ 刑罰權의 施行을 規定ᄒᆞᆫ 條項을
云홈이오, 刑事訴訟法이라 홈은 刑法의 規定을 適用ᄒᆞᆫ 節次를 定ᄒᆞᆫ
規則이니 卽 犯罪者의 事實을 證明ᄒᆞ야 刑罰을 適用ᄒᆞᆫ 形式의 條項을
云홈이라. 盖 刑法에 罪로 認ᄒᆞᆫ 所爲를 犯ᄒᆞᆫ 者ㅣ 有ᄒᆞᆯ 時ᄂᆞᆫ 國家를
代表ᄒᆞᆫ 檢事가 犯證을 搜索ᄒᆞ며, 犯人을 逮捕ᄒᆞ야 반다시 其 制裁를 要
求홀지오. 被害人의 告訴를 待ᄒᆞ야 公訴를 提起홈은 아니며, 裁判官은
同一 事件에 罪의 有無를 審査ᄒᆞ야 科刑홈이니 其 犯罪를 實際에 證明
코저 홀진되 如何ᄒᆞᆫ 節次로 適用ᄒᆞᆫ지 其 規定이 必有홀지라. 故로 刑

事訴訟法의 制定이 必要혼 바라. 今에 兩法의 關係를 論홀진디 <u>刑法은 犯罪를 刑罰홈을 目的홈으로 主法</u>이라 謂하며, <u>刑事訴訟法은 刑罰을 科用ᄒᆞᄂᆞᆫ 手段이 됨으로 助法</u>이라 云ᄒᆞᄂᆞ니 此 二法을 區別홈은 其間에 輕重의 差異가 有홈이 아니오, 其 法律된 性質의 相殊홈을 隨ᄒᆞ야 此等의 名稱을 附與홈이오, 且 立法上으로 刑法과 刑事訴訟法의 主義를 同一히 ᄒᆞᄂᆞ니 만일 二法의 主義가 不同홀 時ᄂᆞᆫ 刑罰의 目的은 齟齬ᄒᆞ며 刑法은 空文이 되ᄂᆞᆫ 故로 刑法에 犯罪를 一私人에 對혼 行爲로 認홀 時ᄂᆞᆫ 刑事訴訟의 節次도 亦同一의 主義를 取홀지며, 此와 相反ᄒᆞ야 刑法에 犯罪를 國家에 對혼 行爲로 認홀 時ᄂᆞᆫ 刑事訴訟法의 節次도 亦然케 홀지니, 此를 由ᄒᆞ야 觀ᄒᆞ야도 二法은 實노 兄弟姉妹의 關係가 有ᄒᆞ도다.

盖 國家의 構成分子가 自身의 目的을 達ᄒᆞ기 爲ᄒᆞ야 相當혼 制裁를 必加홈으로 刑法은 社會의 安寧秩序를 保持홈에 必要홈은 多言을 不須홀지나 但히 刑法만 有ᄒᆞ야도 此를 實地 運用홈에 當ᄒᆞ야 <u>節次法이 無</u>ᄒᆞ면 其 效用을 完成ᄒᆞ기 不能홀지라. 詳言ᄒᆞ건디 刑法만 縱有ᄒᆞ고 訴訟法이 未備ᄒᆞ야 裁判의 作用을 裁判官의 臆斷에 一任ᄒᆞ면 其裁判이 正路를 失ᄒᆞ야 非常혼 危險을 惹起홀지니 然則 國民의 生命 財産은 犧牲에 供ᄒᆞ야 其結果가 無罪혼 者ᄂᆞᆫ 冤枉(원왕)에 陷홀, 有罪한 者ᄂᆞᆫ 도로혀 刑罰을 倖免(행면)홈에 至홀지라. 是以로 時代의 古今과 洋의 東西를 勿論ᄒᆞ고 國家에 刑法이 有ᄒᆞ면 其法의 完不完을 不拘ᄒᆞ고 此에 隨伴된 刑事訴訟法이 有홈을 確認홀지로다.

然이나 我國은 自來의 沿革과 現今의 商況을 見ᄒᆞ면 其刑法에 當ᄒᆞ야ᄂᆞᆫ 數百年來로 大明律과 大典會通을 適用ᄒᆞ다가 <u>近年에 至ᄒᆞ야 僅히 刑法大典을 頒布ᄒᆞ얏스</u>나 其編纂의 體와 法理가 完備치 못홈으로 現今 新進혼 法理에 不適홈을 未免홀지오, <u>刑事訴訟法에 至ᄒᆞ야ᄂᆞᆫ 可據홀 成典이 姑無</u>ᄒᆞ고 但時宜를 隨ᄒᆞ야 幾個條의 單行例가 有ᄒᆞ나 其實行을 難見홀 ᄲᅮᆫ더러, 裁判 節次ᄂᆞᆫ 裁判官의 意向에 放任되얏던 故로 往往히 權利의 侵奪을 當ᄒᆞ야도 敢히 對抗치 못ᄒᆞ고 冤限만 徒含ᄒᆞᄂᆞ니 國民

이 엇지 如此흔 法律下에 一日인들 安全生活흠을 可得ㅎ리오. 且 刑法
은 犯罪者 一人에 關흠이나 刑事訴訟法은 犯罪에 關係가 無흔 良民이라
도 證人審問과 所有物의 執留의 書信의 開披 等 特別 處分을 受흠을
未免ㅎ는 故로 規式 制限을 分明히 흘지니 刑事訴訟法의 制定이 時急흠
은 法律를 稍解ㅎ는 者의 希望ㅎ는 바어니와 一國 刑法이 有흔 以上은
刑事訴訟法이 必有흘지오, 刑事訴訟法이 有흔 以上은 刑法에 缺點된 部
分을 相補흘지니 此 二法은 其關係가 密接ㅎ야 須臾라도 可히 相離치
못흘지로다.

10.17. 형사법

◎ 刑事訴訟法의 沿革,
   劉昌熙, 〈친목회 회보〉 제5호, 1897.9.26.

11.
사회

순번	연대	학회보명	필자	제목	수록 권호	분야	세분야
1	1906	조양보	편집국	사회와 국가의 직접 관계론	제1호	사회	사회론
2	1906	소년한반도	이인직	社會/社會學	제1~5호	사회	사회학
3	1909	기호흥학회월보	김봉진	빈민에 대한 교육관념	제11, 12호	사회	사회현상
4	1897	친목회회보	장호익	사회경쟁적	제6호	사회	진화론
5	1907	대한유학생회 학보	윤태진	경쟁론	제2호	사회	진화론
6	1908	대한협회회보	심의성	경쟁하는 삼대력의 여유한 관계	제3호	사회	진화론

11.1. 사회론

◎ 社會와 國家의 直接 關係論, 〈조양보〉 제1호.

*사회계약설 차원에서의 사회와 국가관 제시/ 국가〉단체〉사회 (사회 = 단체)

大凡 人의 强弱을 勿論ᄒ고 血氣ㅣ 不通ᄒᆫ 者ᄂᆫ 必死ᄒ며 國의 大小를 無論ᄒ고 民氣ㅣ 不通ᄒᆫ 者ᄂᆫ 必亡ᄒᄂ나니 社會者ᄂᆫ 何也오, 曰 通之而已니라.

人의 職業이 不同 故로 其情意ㅣ 往往 相背ᄒ니 是로 以ᄒᆞ야 오즉 社會ㅣ 能히 各業의 人을 聚ᄒᆞ야 使之同情同感ᄒᆞ야 有機體의 目的을 達케 ᄒ리니 盖 國家者ᄂᆫ 乃人格과 有機體의 合集ᄒᆞ야 成ᄒᆫ 者이니라.

富貴貧賤의 迹이 不能融和者ᄂᆫ 習俗이 使之然也ㅣ니 融化의 道ᄂᆫ 社會의 籌款과 如ᄒᆫ 者ㅣ 無ᄒ니 盖學校를 共建ᄒᆞ야 京鄕의 童子로 ᄒᆞ야금 同等의 敎育을 受케 ᄒᆞ야 習處ㅣ 旣久ᄒ면 富貴貧賤의 迹이 忘於不覺ᄒᄂ나니 則以個人의 利益으로 爲目的者ㅣ 맛당히 變ᄒᆞ야 共公의 利益으로써 爲目的矣리라.

盖感憂情이 有ᄒᆫ 後에야 事業이 有ᄒᄂ나니 是ᄂᆫ 情이 中에 激ᄒ고 氣ㅣ 外에 奮ᄒᆫ 緣故ㅣ라. 是以로 事業者ᄂᆫ 情感의 支配라 謂ᄒᄂ나니 惟富貴貧賤은 勢의 至極히 不平홈이 됨으로 必欲平之ᄒ니 富貴者ᄂᆫ 恣意壓抑ᄒ고 貧賤者ᄂᆫ 肆力抵抗ᄒᆞ야 互相 衝突이 從此而起할가 恐ᄒᆞ야 반다시 <u>社會로 由ᄒᆞ야 制限ᄒ며 調和ᄒᄂ나니 所謂 制限이란 者ᄂᆫ 法律이 是也오, 所謂 調和란 者난 倫理 道德이 是也ㅣ</u>니라.

日本 明治初年에 貧民을 爲ᄒᆞ야 專設學校ᄒᄃᆡ 其費用은 皆出於公用

이로딕 猶貧者ㅣ 終不顧入ㅎ니 此亦情感衝突의 所致라. 同十九年에 此等의 學校를 廢去ㅎ고 富貴貧賤의 子弟를 合ㅎ야 敎育흔 後에야 能히 調和의 主意를 實行ㅎ니라.

　古之敎育은 一身을 善ㅎ난딕 不過而已러니, 今之敎育은 全國의 民族을 造成치 못ㅎ면 不能立也ㅣ며 古之國家는 一二의 英雄豪傑을 董恃而已(동시이이)러니 今之國家는 民族 全體의 才能을 合치 못ㅎ면 不能興也ㅣ니 民族을 興코져 할진딕 반다시 學校를 設흘 거시오, 學校를 興코져 할진딕 반다시 團體를 結흘 거시오, 團體를 結코져 할진딕 반다시 社會를 立흘지니 故로 古之敎는 重私德이오 今之敎는 重公德이니 夫公德이란 者는 通之之意也ㄴ뎌.

11.2. 사회학

◎ 社會學, 李人稙, 〈소년한반도〉 제1~5호.

> *이 시기 '사회학'이라는 용어가 정립되지 않았음. 따라서 교과로서의 '사회학'
> 은 존재하지 않았으며, 주로 단체, 정치 등과 관련한 교과서가 발행되었음.

〈내용〉

▲ 제1호 社會 (1) 사회의 개념 ▲ 제2호 社會學 (2) 사회학의 개념,
사회는 무엇인가. ▲ 제3호 社會學(3) 1) 사회 진화론, 자연 도태설 /
2) 국가: 사회 단체의 하나로, 사회 진화 과정의 중요한 단위 ▲ 제4
호 社會學 (4) 개인의 연구에 사회적 요소 유각 / 사회의 개인적 연구
▲ 제5호 社會學 - 경제적인 것은 사회학적 기초 / 언어의 연구

▲ 〈소년한반도〉 제1호 李人稙 社會(1), 1906.11.01.

1) 사회=단체: 공동생활을 하는 모든 사람들의 단체(철도 내, 열차 내, 연설장에 모인 사람들을 모두 단체, 사회로 규정함)
2) '사회'와 '문화'를 동일시하여, '사회'라는 용어가 다의적으로 쓰인다고 규정하고, 현재 구미에서는 기독교 문화에 복종하는 것을 사회로 본다고 설명함
3) 유기체설: 오인은 사회의 일 분자.

社會라 ᄒᆞᄂᆞᆫ 거슨 多少 恒久ᄒᆞᆫ 關係로 共同生活ᄒᆞᄂᆞᆫ 諸人의 一團體라 定義홈을 可히 得홀지라. 大抵 人이 科學上 目的에 相同ᄒᆞᆫ 者를 包括ᄒᆞ고 不然ᄒᆞᆫ 者를 排斥ᄒᆞᄂᆞᆫ 諸部類의 下에 團結을 得ᄒᆞᄂᆞᆫ지라. 然而此 團體ᄂᆞᆫ 但思想家의 心中에 存在홀 ᄯᅮᆫ이오 一 社會난 아니라. 是에 反ᄒᆞ야 鐵道 列車內에 集合은 가장 雜多ᄒᆞᆫ 性質을 包含ᄒᆞ야 其 關係가 甚히 偶然ᄒᆞ나 一種의 社會를 連結ᄒᆞᆺ고 且演說場裡에ᄂᆞᆫ 비록 暫時間이ᄂᆞ 演說者ᄂᆞᆫ 聽衆의 共同 興味를 結合홈도 一社會라.

然則 數代間에 同一ᄒᆞᆫ 生活을 永續ᄒᆞᄂᆞᆫ 家族도 一社會오 瞬時 集合도 ᄯᅩᄒᆞᆫ 一社會라 稱홀 者도 有ᄒᆞᆫ지라. 故로 社會란 거슨 長ᄒᆞ던지 短ᄒᆞ던지 共通生活을 分擔ᄒᆞᄂᆞᆫ 諸人의 一團體를 指홈이라. 然而其發展ᄒᆞ야 一定의 職能을 遂ᄒᆞᄂᆞᆫ 小社會와 此等 小社會를 包含ᄒᆞᄂᆞᆫ 大社會의 間에ᄂᆞᆫ 重要ᄒᆞᆫ 差別이 有홈으로써 某 學者ᄂᆞᆫ 是等 小社會를 指ᄒᆞ야 '社會的 機關' 或은 '社會的 團體'라 稱ᄒᆞ얏스니 此ᄂᆞᆫ 진실노 個人과 個人에 屬ᄒᆞᆫ 大社會 中間에 位ᄒᆞᆫ 者인ᄃᆡ 其 社會의 骨骼(골격)되고 構造된 者ㅣ니라. 生物學上의 語를 藉ᄒᆞ야 말홀진ᄃᆡ 其機關이라 稱홀 만ᄒᆞᆫ 者라.

然則 社會라 ᄒᆞᄂᆞᆫ 말은 其中에 諸社會的 團體가 存在ᄒᆞᆫ 大形體를 指홈이니 社會가 此等 小團體와 異홈은 確定ᄒᆞᆫ 一職能을 遂ᄒᆞ기를 爲ᄒᆞ야 存在ᄒᆞᆫ 거시 아니라 故로 社會ᄂᆞᆫ 其任務를 竭ᄒᆞ기보다 차라리 小團體의 任務를 竭케 ᄒᆞᄂᆞᆫ 者라.

社會ᄂᆞᆫ 彼都市와 其他 地方的 團體와 或 國民 政治的 團體가 一致됨

을 謂홈이라. 其範圍가 <u>地球上 民族이라는 語와 同一호나니</u> 泛言(범언)
호건뒤 社會는 文化의 型式과 一致홀지라.

盖社會라 호는 語는 其意味가 各히 不同흔 者 有호니 猶太人은 '헤색
리에' 人種을 意味호얏스며 希臘人은 希臘 文化로붓허 統理되고 且 其
直接 進步에 貢獻홀 만흔 거스로 意味호얏고 羅馬人은 羅馬 世界에 卽
羅馬의 管轄을 承認흔 것으로 意味호얏는지라. 然則 今日의 <u>歐米에서</u>
<u>社會라 호는 것은 其語의 用途가 一層 廣大호야 基督敎 文明의 勢力에</u>
<u>服從흔 者를 意味흔지라.</u>

吾人은 一層 廣大흔 人種的 團體가 一社會의 部門이라 看做홀 時가
有흠을 可히 豫見홀지라. 昔의 家族社會 時代로 由호야 觀홀진뒤 其 進
運을 可見호리로다.

然則 社會라 흔 語는 一切 地球上 人類를 通稱홈이오 某 社會라 호면
一團體를 指홈이라. 吾人은 社會의 一分子이라. 衆分子의 型式이 社會
影響에 表著호며 分子에 反照호나니라. (未完)

▲ 〈소년한반도〉 제2호 李人稙 社會學(2), 1906.12.01.

　　1) 사회학: 사회에 대한 학문적 관점
　　2) 사회: 유기체설
　　3) 스펜서, 루슬로(매슬로우?), 미국 사회학 이론 도입

社會學이라 호는 거슨 社會에 關흔 吾人의 智識을 包含흔 것인뒤 混
沌흔 諸材料의 團塊에 附흔 名稱이라. 經濟學은 社會學의 一部門이오
神學은 社會 改善의 新宗敎로붓터 說敎홈이라. 然而 斯新科學 第十九世
紀 末葉에 當호야 法律 及 道德은 社會의 眞正흔 基礎를 有호고 國家는
眞正흔 職能을 解호고 家族은 眞正흔 意義를 曉홈에 至흔지라. 然호느
其形式은 오히려 變轉不定호야 즉 純粹흔 一科學됨에 不及호고 似而非
흔 科學의 一係되는 推察이 有흔지라. <u>스밴사는 社會는 語 로써 社會的</u>

制度의 起原 及 發展에 就ᄒ야 硏究ᄒᄂ 者라 ᄒ얏고 루쓸노ᄂ 社會的 起始의 硏究라 ᄒ얏ᄂ듸 此를 擴張ᄒ야 人種學, 人類學의 大部를 包ᄒ 얏스니 若是히 衆說의 異가 許多ᄒ며 且 亞米利加에셔ᄂ 此 名稱을 甚 히 混亂錯雜케 使用ᄒ고 社會의 革新을 目的ᄒ며 社會的 狀의 態 一切 硏究를 指示ᄒ얏ᄂ지라. 然則 맛당이 其科學 領域을 確定ᄒ며 他의 諸 科學과 決定치 아니ᄒ면 不可ᄒ지라. 故로 社會學 攻究ᄂ 社會的 團體 가 何物인지 此를 確定ᄒ며 社會現象의 特殊ᄒ 部類를 考察ᄒ야 尋究홈 이 可ᄒ다 ᄒ노라.

社會者ᄂ 何也오: 社會學은 社會의 科學될 것을 要求ᄒ지라. 然則 次의 疑問이 卽起ᄒᄂ니 曰 社會란 것은 무엇이며 攻究홀 만ᄒ 對象되ᄂ 社 會라 ᄒᄂ 것은 무엇인고. 現時 幾多 論者가 社會라 ᄒᄂ 語를 任意로 用ᄒ야 一處에셔ᄂ 人類를 意味ᄒ고 又 家族을 意味ᄒ고 或 人種을 意 味ᄒ고 又 社交를 意味ᄒ 者도 有ᄒ도다.
　夫 社會로써 一 有機體라 思惟ᄒᄂ 者도 事項에 就ᄒ야 가장 不注意 가 有홈이 아니냐. 其所謂 有機體란 것은 有時로 世界 全體를 包括ᄒ며 且 或 其意義의 變更을 注意지 아니ᄒ고 此로써 一定의 目的을 爲ᄒ야 結合ᄒ 諸人의 小團體라 ᄒ얏스니 夫如此홈으로 讀者로 ᄒ여곰 混雜 不明에 陷케 ᄒᄂ지라.

▲ 〈소년한반도〉 제3호 李人稙 社會學(3), 1907.01.01.

　　1) 사회 진화론, 자연 도태설
　　2) 국가: 사회 단체의 하나로, 사회 진화 과정의 중요한 단위

　社會라 ᄒᄂ 거슨 多少 恒久ᄒ 關係로 共同生活ᄒᄂ 諸人의 一團體 라 定義홈을 可히 得홀지라. 大抵 人이 科學上 目的에 相同ᄒ 者를 包括 ᄒ고 不然ᄒ 者를 排斥ᄒᄂ 諸部類의 下에 團結을 得ᄒᄂ지라. 然而此

團體는 但思想家의 心中에 存在홀 쑨이오 ― 社會난 아니라. 是에 反ᄒ야 鐵道 列車內에 集合은 가장 雜多ᄒᆫ 性質을 包含ᄒ야 其 關係가 甚히 偶然ᄒ나 一種의 社會를 連結ᄒ얏고 且演說場裡에는 비록 暫時間이느 演說者는 聽衆의 共同 興味를 結合홈도 一社會라.

然則 數代間에 同一ᄒᆫ 生活을 永續ᄒᆫ 家族도 一社會오 瞬時 集合도 쏘ᄒᆫ 一社會라 稱홀 者도 有ᄒᆫ지라. 故로 社會란 거슨 長ᄒ던지 短ᄒ던지 共通生活을 分擔ᄒᆫ 諸人의 一團體를 指홈이라. 然而其發展ᄒ야 一定의 職能을 遂ᄒᆫ 小社會와 此等 小社會를 包含ᄒᆫ 大社會의 間에 는 重要ᄒᆫ 差別이 有홈으로써 某 學者는 是等 小社會를 指ᄒ야 '社會的 機關' 或은 '社會的 團體'라 稱ᄒ얏스니 此는 진실노 個人과 個人에 屬ᄒᆫ 大社會 中間에 位ᄒᆫ 者인딕 其 社會의 骨骼(골격)되고 構造된 者ㅣ니라. 生物學上의 語를 藉ᄒ야 말홀진딕 其機關이라 稱홀 만ᄒᆫ 者라.

然則 社會라 ᄒᆫ 말은 其中에 諸社會的 團體가 存在ᄒᆫ 大形體를 指홈이니 社會가 此等 小團體와 異홈은 確定ᄒᆫ 一職能을 遂ᄒ기를 爲ᄒ야 存在ᄒᆫ 거시 아니라 故로 社會는 其任務를 竭ᄒ기보다 차라리 小團體의 任務를 竭케 ᄒᆫ 者라.

社會는 彼都市와 其他 地方的 團體와 或 國民 政治的 團體가 一致됨을 謂홈이라. 其範圍가 地球上 民族이라는 語와 同一ᄒ나니 泛言(범언)ᄒ건딕 社會는 文化의 型式과 一致ᄒᆫ지라.

盖社會라 ᄒᆫ 語는 其意味가 各히 不同ᄒᆫ 者 有ᄒ니 猶太人은 '헤쑤리에' 人種을 意味ᄒ얏스며 希臘人은 希臘 文化로붓허 統理되고 且 其 直接 進步에 貢獻홀 만ᄒᆫ 거스로 意味ᄒ얏고 羅馬人은 羅馬 世界에 卽 羅馬의 管轄을 承認ᄒᆫ 것으로 意味ᄒ얏는지라. 然則 今日의 歐米에셔 社會라 ᄒᆫ 것은 其語의 用途가 一層 廣大ᄒ야 基督敎 文明의 勢力에 服從ᄒᆫ 者를 意味ᄒᆫ지라.

吾人은 一層 廣大ᄒᆫ 人種的 團體가 一社會의 部門이라 看做홀 時가 有홈을 可히 豫見홀지라. 昔의 家族社會 時代로 由ᄒ야 觀홀진딕 其 進運을 可見ᄒ리로다.

然則 社會라 혼 語는 一切 地球上 人類를 通稱흠이오 某 社會라 흐면 一團體를 指흠이라. 吾人은 社會의 一分子이라. 衆分子의 型式이 社會 影響에 表著흐며 分子에 反照흐나니라. (未完)

▲ 〈소년한반도〉 제4호 李人稙 社會學(4), 1907.02.02.

個人의 研究에 社會的 要素 遺却: 法律, 哲學, 宗敎는 個人으로써 社會的 單位를 삼음히 甚重흐야 諸個人의 緊要흔 連關을 遺却흐며 心理學은 此 個人으로 原子을 삼는 攻究의 結果를 示흐얏는듸 此는 舊派 心理學也라. 然而 新派 舊派를 無論흐고 心理學은 皆 個人的 心意의 攻究로써 終흠이라. 但 新派가 舊派와 異흔 바는 心意로써 物的 外圍에 物的 有機體를 삼아셔 此로써 科學的 方法을 應用흠에 在흐고 心意에 由흔 心意의 外圍를 重視치 아니흐며 心理的 外圍에 發展흐는 人間的 能力을 看過흐려는 傾向이 有흐도다.

大抵 心理學者는 個人의 攻究에 說明키 難흔 바를 補키 爲흐야 內在的 觀念의 說을 案出흠이라.

且 以爲言語는 宗敎로써 成흐얏다 흐며 或 神의 賜흠이라 흐며 或 狡獪흔 人士의 發明흠이라 흐얏스며 人種의 最高흔 理想, 眞善美는 理想으로 써 흐얏다 흐며 人世 以上의 力에 由흐야 個人의게 賦與흔 直學이라 흐얏는지라.

盖 此等은 本來 人이 社會的 存在로 遺傳흔 者이느 心理學者는 全혀 此를 剝脫흐야 去흐얏도다.

夫 裸體흔 人類의 心意는 肉體上에 其所欲이 衣裳을 纏(전)흠에 不外흔지라. 然而 各 個人은 社會 內에 存在흔 者인듸 眞正흔 個人의 攻究에 其 習慣과 理想과 知能的 活動이 總히 個人을 成員흔 團體의 心的 生活에 依存흘 줄로 認치 아니흠이 不可흐도다.

社會의 個人的 研究: 前回 云흔 바 思想家 等이 個人을 攻究흠에 當흐야

社會的 要素를 遺却홈은 오히려 可히 恕ㅎ려니와 現時갓치 個人主義 時代에 社會를 構成ㅎ는 個人보다 其 以上에 看到홈이 無ㅎ고 社會를 了解홈을 求ㅎ는 方法에 至ㅎ야는 終乃 可히 恕치 못홀지라.

今에 數學의 二問題로 兒意의게 試問ㅎ되 斗落田에 二十五斗의 小麥을 收得ㅎ엿스니 六斗落田에셔 生ㅎ는 小麥이 幾何인가. 且 一人이 一日內로 一脚의 机를 造홈을 得ㅎ엿슨즉 十人이 幾脚의 机를 造ㅎ깃느냐 問홀진듸 算術 初步의 兒童은 此를 能히 答지 못ㅎ리니 盖 十人의 集合體로 勞働ㅎ야 得홈인듸 單位를 攻究ㅎ야도 또호 其團體의 製造ㅎ는 바를 足히 決定치 못홀지라. 經濟學上 所謂 '形式的의 人'되는 者는 社會的 本能을 有호다 定義ㅎ느 만일 生産 分配 等에 對호 諸機關을 精細히 檢覈(검핵)치 아니ㅎ면 經濟學은 一面에 偏홀 쑨이라. 且 政治學도 全人類의 自由 平等으로써 始ㅎ느 然ㅎ느 其同胞됨을 遺却홀즉 假令 幾多의 貢獻이 有ㅎ야도 其結果가 科學的 眞正홈을 能히 要求치 못ㅎ느니라. (未完)

▲ 〈소년한반도〉 제5호 李人稙 社會學, 1907.03.01.

經濟的은 社會學的 基礎: 經濟學에 就ㅎ야 觀ㅎ건듸 盖人은 惟一의 欲望(卽 富)으로부터 支配된 者이라. 臆定ㅎ엿는듸 此 單位로부터 社會的 構成을 添附ㅎ야써 經濟的 社會의 '機制論'을 槪論홈이라.

夫如是호 社會에 結合과 分離와 和睦과 敵對를 皆 同一호 原理로 說明홈이 世界의 形成과 天象의 現狀이 皆 天體的 機制論의 一原理로 說明홈과 如호지라. 如斯히 槪論호 經濟的 社會는 十九世紀의 前半에 英國 商業界의 狀態에 酷似홈이 可히 奇타 謂홀지라. 因ㅎ야 此等 預言者는 他國에셔는 尋常히 置ㅎ나 英國에셔는 知言者라 名譽를 可得홀지라.

盖 經濟的 團體 機關은 一社會的 團體 機關이라. 其 存在 及 發展의 原理는 一般 社會的 機關을 可히 攻究ㅎ야 知홀지라. 故로 經濟的 進步는 卽 社會 進步也라. 然而 社會學은 經濟學 及 其他 社會的 現象의 特殊

흔 部分을 攻究ㅎ는 科學보다 一層 廣汎ㅎ고 一層 具體的과 基礎的되는 빈라. 然而 是等 諸科學은 更히 其 演繹ㅎ는 一般 原理에 依存치 아니흠이 不可ㅎ니 卽 社會에셔 諸人의 生活을 支配ㅎ는 一般 原理가 社會의 經濟的 生活에 關혼 理論을 建設ㅎ는 經濟學의 基礎를 삼은 바니라.

言語의 硏究: 社會에 本質에 關혼 理論의 必要혼 것과 其 正確혼 理論의 重要혼 거슨 言語學에 就ㅎ야 觀ㅎ건디 一層 明瞭혼지라. 挽近에 至토록 言語의 硏究는 唯其諸材料의 團塊를 蒐集흠에 止흘 쑨이라. 眞正혼 排列의 原理가 存在치 못흠으로 精純혼 演繹에 難ㅎ니 然흠으로 進化 觀念의 及혼 效果와 比較的 方法上의 應用에 變化가 生흔지라. 於是乎 <u>文法上 形式이 今에 進化ㅎ야 字典家는 言語의 意義를 蒐集ㅎ야 本源的 語根을 簡便혼 意義로부터 各種의 意義 進化를 討索케 ㅎ니 進化는 卽 傳來에 不外</u>혼지라. 然而 其 問題ㅎ는 바는 言語에 就ㅎ야 根과 枝의 關係로부터 其 根本에 遡흘 짜름이라. (未完)

11.3. 사회현상

◎ 貧民에 對혼 敎育觀念, 김봉진, 〈기호흥학회월보〉 제11호, 1909.6. (사회교육, 계몽론)

　　*빈민이 되는 원인 = 개인적 차원(주색, 도박, 포기, 나타 등---)
　　*이 논설은 빈민의 원인을 개인적 차원으로 돌리고, 교화의 중요성을 강조하는
　　　논설임 / 2회 연재

▲ 제11호

俚言에 有ㅎ니 曰 貧者 鈍, 曰 貧則盜라 ㅎ는 此等의 語는 旣히 閭巷

鄕曲間에 流來 傳布된 者이니, 此를 救濟홈에 對ᄒ야 硏究가 有ᄒᆫ 前人우ㅣ 已行 方法이 宜多언마는 本邦에 在ᄒ야는 今에 一事도 可見ᄒᆫ 者ㅣ 無ᄒ니 엇지 貧民이 貧民된 其原因이 此를 由ᄒᆫ 者라 不謂ᄒ리오.

--

▲ 제12호

議論보다 腕力을 尊히 ᄒ며 喧譁로서 談話라 知홈으로 新聞紙 第三面 記事로 揭載ᄒᆫ 者ㅣ 若其 殺傷이 아니면 乃是 盜賊 等이니 罪惡의 十中八九ᄂᆫ 是等 下級界의 人을 由ᄒ야 演出되는 者ㅣ라 云ᄒ야도 過當의 語라 不謂홈은 囹圄에 拘禁된 懲丁(징정)으로써 可히 證明홀 者ㅣ라 홀지라도. --

11.4. 진화론

◎ 社會競爭的, 張浩翼, 〈친목회 회보〉 제6호, 1898.4.9.

*사회 진화론, 경쟁론 관련 논설
*전체 입력 후 독해 필요

天下의 大勢 紛紛홈이 如此ᄒ도ᄃᆞ. 國이 强ᄒᆫ 者ᄂᆞᆫ 恒常 耽耽ᄒ고 兵이 强ᄒᆫ 者ᄂᆞᆫ 恒常 蹇蹇ᄒ도ᄃᆞ. 大槪 地球의 廣褒홈은 自古로 有限ᄒ고 生靈의 繁殖홈은 制限이 無홈애 個人生活上으로 見ᄒ야도 蠢食 併呑(준식병탄)ᄒᄂᆞᆫ 業을 不已ᄒᄂᆞ니 故로 相爭相奪홈은 國君의 貪心을 由ᄒᄂᆞᆫ 거시 아니라. 或 其 種族의 餌食 需用을 因홈이로ᄃᆞ. 大氣가 地球를 抱含ᄒᆫ 거시라 云ᄒᄂᆞ 地球 一局 部分 盛衰의 變은 無ᄒᄃᆞ 홈이 能치

302

못ᄒ도ᄃ. 嗚呼라. 近世 開化라 云ᄒ은 物質上 豊乏에 關ᄒ야 其不足ᄒ 者를 求ᄒ며 其 缺乏ᄒ 者를 充ᄒᄂ도ᄃ. 人類의 居住地ᄂ 彌彌 狹隘ᄒ 되 日日히 繁殖ᄒᄂ 生靈은 衣ᄒ며 食ᄒᄂ 故로 生活의 競爭은 月과 日을 隨ᄒ야 劇甚ᄒ리로ᄃ. 此時에 至ᄒ야 生民의 爭心을 制抑ᄒ은 何 를 以ᄒ야 防禦ᄒ고. 嗚呼 各國이 戰具를 備ᄒ은 優勝劣敗의 勢를 由ᄒ 야 人力으로 天則을 制ᄒ이로ᄃ. 優勝의 勝敗ᄂ 스스로 招ᄒᄂ 바이니 人力으로 天則을 制치 못ᄒ고 웃지 口로 此를 罵(매)ᄒ며 웃지 心으로 此를 惡ᄒ리오. 故로 歐洲 諸國은 競爭의 勢에 先覺ᄒ야 社會에 老ᄒ 人類가 多ᄒ며 邦境을 限ᄒ야 民族이 集ᄒ며 巧智 進ᄒ야 武力이 長ᄒ 지라. 如此ᄒ고 隆暑冽寒한(융서열한)의 地와 汗下剪劣의 位를 離ᄒ야 優高安榮의 地에 入ᄒ은 民族의 固有ᄒ 本心이오, 自然의 趨勢(추세)라. 웃지 軍旗를 擁護ᄒ야 仇敵을 拂攘(불양)치 아니리오. 嗚呼라. 內에 鬩 (격)ᄒᄂ 外侮를 恐ᄒ지어다. 弱國이 强國의 餌되야 優勝劣敗의 禍가 一朝의 火炎ᄀ치 急ᄒ 時에 眼下에 敵國이 無ᄒ다 ᄒᄂ 强暴ᄒ 者 我同 胞 生靈에게 웃지ᄒ리오. 暴戾 侵略ᄒ 軍을 以ᄒ야 仁義 任俠ᄒ 師를 稱ᄒ며 天下의 是非를 不顧ᄒ야 耽耽ᄒ 强暴를 遂ᄒ며 兵器의 銳利를 賴ᄒ야 名義의 如何를 不問ᄒ고 日에 寸을 進ᄒ며 月에 尺을 得ᄒ야 策은 반ᄃ시 占領에 有ᄒ고 政은 반ᄃ시 强硬에 有ᄒ야 陰險 譎詐(휼사) ᄒ 術을 施ᄒ리로ᄃ. <u>前後에 狼虎가 耽視ᄒ야 左右로 衝突ᄒᄂ 其中에 兀然 獨立ᄒ고 從容 悠悠ᄒ야 進取의 策을 能定ᄒᄂ 者ᄂ 오직 勇壯義 烈의 民이 後循에 有ᄒ고 修交 通商과 外交 政略을 期ᄒᄂ 者 中央에 有ᄒ</u>이로ᄃ. 嗚呼라. 唯 我 同胞의 代表된 者여. 制度 法律은 <u>暗黑時代</u> 에 滿目腐朽(만목부후)ᄒ 舊制를 慕ᄒ며 政權은 朋黨 排擠ᄒᄂ디 從事 ᄒ야 朝夕變改ᄒ며 當局 執事者ᄂ 强國을 賴ᄒ야 權勢를 依ᄒ고 <u>獨立 自主</u>에 經綸이 無ᄒ야 權利가 何物인지 自由가 何物인지 不分ᄒ며 <u>民族</u>은 貪官汚吏의 膏澤을 浚(준)ᄒᄂ디 無氣無力ᄒ야 愛國精神이 乏 <u>絶</u>ᄒ며 兵力은 邦內 一部의 凶徒를 鎭定ᄒ 威力이 無ᄒ며 敵國을 接ᄒ 境界와 海岸에 一個 軍卒과 一隻 艦舶의 豫備가 無ᄒ며 財政은 國庫에

豫備金이 盡乏ᄒ고 歲入歲出의 定額이 無ᄒ야 朝夕으로 窘蹙(군축)ᄒ 며 道路는 鐵道 航海의 交通機關이 專無ᄒ야 工商 貿易 等이 未達ᄒ 쑨 아니라 全國을 回示ᄒ야도 萬無一見이라. 此誠 危急ᄒ 秋이로ᄃ. 嗚 呼痛哉라. 臣民된 者 읏지 奮發치 아니리오. 唯我 同胞의 奮發心을 萬分 之一이라도 興起ᄒ을 希望ᄒ야 左에 <u>歐洲 諸國의 競爭勝利的과 文明實 效的을 略擧</u>ᄒ노라.

<u>露國</u>은 人民의 性質이 卑屈ᄒ야 自己의 行爲로 基礎를 成立치 못ᄒ더니 스간지늑비아 國人(로-릿구)가 露國에 入ᄒ야 土人으로 一王國을 稱名 ᄒ 後로 亞細亞 蒙古人의 侵ᄒ을 入을 不當ᄒ야 幣를 賄(회)ᄒ야 稱臣ᄒ 지 二百年 後에 彼得[1]이가 特出ᄒ야 少時에 獨, 蘭, 英 諸國에 遊ᄒ야 工匠의 造船術을 習ᄒ더니 歸國ᄒ 後에 專制的을 依ᄒ야 學者 士官 水 夫匠工을 聘ᄒ야 海軍 擴張ᄒ을 計ᄒ며 制度 文物 民情 風俗 改良ᄒ을 計ᄒ고 西歐 諸國 交際의 便利ᄒ을 因ᄒ야 聖彼得堡[2]에 一大 帝國都를 建基ᄒ고 海灣에 軍艦을 備ᄒ이 不便ᄒ을 因ᄒ야 土耳古[3]의 아소후 海 를 奪取ᄒ고 黑海에 進步ᄒ 後에 國運이 日노 盛大ᄒ야 波蘭[4]을 占領ᄒ 고 墺國[5]을 同盟ᄒ야 歐洲 東部에 雄示ᄒᄂ 威勢는 歐洲 全部의 恐懼ᄒ ᄂ 바오. <u>合衆國</u>은 葡萄牙人의 發見ᄒ 後 英佛 二國의 避刑ᄒ 者오 米洲 에 移住ᄒ야 寒氣凛冽(한기늠렬)과 土人 侵擊의 百態困難을 至誠으로 忍耐ᄒ야 自由를 期ᄒ더니 英 佛 兩國이 各各 殖民地를 占領ᄒ고 土地 多少를 相爭ᄒ야 米洲 全局에 英領이 十三國[6]이라. 英이 財利에 貪汚ᄒ

---

1) 피득(彼得): 피터 대제. 러시아의 황제(1672~1725, 재위 1682~1725). 서구화 정책을 추진 하는 한편, 영토 확장과 중앙 집권화 등의 정책으로 러시아의 근대화와 강국화를 동시에 이루었다. '표트르 대제(Pyotr大帝)'의 영어 이름이다.
2) 성피득보(聖彼得堡): 상트 페테르부르크.
3) 토이고(土耳古): 토이기. 터키.
4) 파란(波蘭): 폴란드.
5) 오국(墺國): 오스트리아.
6) 십삼국: 영국 관할의 미국 식민 주가 13개였음.

야 新殖民地에 政事를 暴戾ᄒᆞ야 德義를 損傷ᄒᆞ며 議會를 專斷ᄒᆞ야 租稅
를 增加ᄒᆞ며 商業을 拘束ᄒᆞ야 利益을 獨專ᄒᆞ며 兵力을 鎭壓ᄒᆞ야 自由權
을 抑奪ᄒᆞᄂᆞ 故로 殖民 怨心이 慘天ᄒᆞ더니 華盛頓이가 獨出ᄒᆞ야 新英人
의 獨立을 宣告ᄒᆞ고 殖民地 十三國을 倂ᄒᆞ야 合衆國이라 稱ᄒᆞ며 共和的
으로 主義ᄒᆞ고 公使를 各國에 使ᄒᆞ야 普佛 兩國의 援兵을 聯合ᄒᆞ야 英
國의 羈絆을 免ᄒᆞ고 一大 共和國을 成立ᄒᆞ얏시며, <u>伊太利</u>ᄂᆞ 墺國이 壓
制 政令을 施ᄒᆞ야 自由를 煙滅케 ᄒᆞ고 武斷 壓制를 用ᄒᆞ야 全國을 統御
ᄒᆞ며 神聖同盟主義를 諸州에 輸入ᄒᆞ야 凡百을 自由 抑制ᄒᆞ며 憲法을
制定ᄒᆞ고 諸州聯合一致를 妨害케 ᄒᆞ고 全半島人民을 牛羊ᄀᆞ치 順從케
홈으로 伊國 人民이 頭를 擡ᄒᆞ고 膝을 伸ᄒᆞ며 平和的을 主義ᄒᆞ야 革命
을 謀홀시 意中으로 謀合ᄒᆞ고 腦裡에 銘思 千八百五十三年에 (가부루)
伯[7]을 選擧ᄒᆞ야 萬般 政務를 委任ᄒᆞ고 伊 國 獨立 統一을 熱望ᄒᆞ며 晝
夜焦思ᄒᆞ야 時機를 苦待ᄒᆞ더니 同五十四年 英, 佛, 露 三國戰爭 時機를
因ᄒᆞ야 英佛 二大 强國을 同盟ᄒᆞ고 一邊으로ᄂᆞ 墺國을 孤立 境遇에 陷
케 ᄒᆞ며, 英佛을 比肩ᄒᆞ야 露國을 擊破ᄒᆞ고 歐洲에 講和會를 開ᄒᆞ야 平
和條約 四款을 定ᄒᆞ얏시니, 一은 歐洲 强國은 伊太利의 統一을 承認홈,
二ᄂᆞ 自由主義의 憲法을 制定ᄒᆞ야 外國의 妨害가 無케 홈, 三은 外國
軍隊ᄂᆞ 一齊 撤去홈, 四ᄂᆞ 各自 隨意의 行政組織을 設ᄒᆞ야 自今으로 同
一 組織을 成立케 홈. 此 條約을 制定ᄒᆞᆫ 後에 伊太利에 一大 帝國을 創
立ᄒᆞ얏시며 <u>佛國 奈破翁</u>[8]은 武斷的을 用ᄒᆞ야 內國 紛擾를 鎭撫ᄒᆞ고 外
敵을 拂攘ᄒᆞ야 和蘭, 西班牙를 合倂ᄒᆞ고 瑞西, 獨乙을 指揮ᄒᆞ며 墺國과
普魯士를 賓服ᄒᆞ야 歐洲 全國에 雄視ᄒᆞ야 皇帝를 尊稱ᄒᆞ얏시며, 英國의
<u>구롬우엘</u>[9]은 外交的을 主義ᄒᆞ야 蘇格蘭[10], 和蘭, 西班牙 等國을 賓服ᄒᆞ

---

7) 가부루 백: 이탈리아의 통일을 주도한 가리발디. 리소르지멘토(이탈리아어 il Risorgimento)
  는 이탈리아 반도에 할거한 여러 국가들을 하나의 통일된 국가인 이탈리아로 통일하자는
  정치적, 사회적 움직임이었다. 이탈리아의 통일운동이 시작된 시기와 그 끝이 언제인지에
  대해서는 의견이 분분하나, 많은 학자들은 대체적으로 나폴레옹 1세가 몰락하고 빈 체제
  가 시작된 1815년부터 프로이센-프랑스 전쟁이 끝난 1871년까지로 보고 있다.

8) 내파옹(奈破翁): 나폴레옹.

고 新敎諸國을 相合 同盟ᄒ야 英國으로 盟主를 定ᄒ고 舊敎諸國을 壓制
ᄒ야 制度를 寬柔케 ᄒ며 胸算을 廣遠히 ᄒ야 世界에 霸業을 成立홈은
千秋 歷史上에 不滅홈이니, 然則 읏지 歐洲 競爭 勝利的을 注意치 아니
리오. 歐洲 諸國은 文物의 進步 改良과 硏究 發見에 競進ᄒ야 海上을
發見홈으로 有無相通의 福利를 增進ᄒ며 陸地를 發見홈으로 金銀銅鐵
의 寶貨를 富饒케 ᄒ며 印刷를 發明ᄒ야 社會의 變動과 王權의 擴張을
助ᄒ며 汽船, 汽車를 發明하야 水陸 來往을 便利케 ᄒ며 物理, 化學을
硏究ᄒ야 無形으로 有形을 作ᄒᄂ니 歐洲 諸國의 文明 失效를 엇지 硏
究치 아니리오. 可畏로ᄃ. 歐洲 競爭 勝利的과 文明 實效的이 可畏로ᄃ.
國에 大小가 有ᄒ며 民에 黃白이 有ᄒ며 俗에 東西가 異ᄒ면 一團 同化
키는 難ᄒ리로ᄃ. 嗚呼라. 唯我 大韓國民은 精神을 振作ᄒ며 氣象을 奮
勵ᄒ야 我同胞의 保護를 爲ᄒ며 我祖國의 境土를 受ᄒ야 國家 觀念的
大義 大道를 通ᄒ고 區區ᄒ 自己의 私慾을 忘ᄒ야 協力一致ᄒ면 何를
畏ᄒ며 何를 依ᄒ리오. 吾人은 血을 注ᄒ고 肝을 刻ᄒ야 攻勢的 運動과
競爭的 動作을 注意ᄒ며 社會의 理況을 察ᄒ야 盛衰輸贏(성쇠수령)을
知ᄒ고 國民敎育과 邦土盛衰를 先要ᄒ며 環海都鄙에 壯丁을 募集ᄒ야
境土를 防衛ᄒ고 正正堂堂ᄒ 自國의 權을 飛揚ᄒ야 文明 世界에 共立ᄒ
진져.

---

9) 구롬우엘: 크롬웰.
10) 소격란(蘇格蘭): 스코틀랜드.

◎ 競爭論, 尹台鎭, 〈대한유학생회학보〉 제2호, 1907.4.
  (진화론, 생존경쟁)

▲ 제2호

今日 地球上에 處흔 吾人은 五大洲를 勿論ᄒᆞ고 世界萬國 間의 一大
生存競爭ᄒᆞᄂᆞᆫ 場裏에 生息ᄒᆞᄂᆞᆫ 一種의 軍兵이라 稱하야도 可ᄒᆞ도다 大
抵 人生이 生存ᄒᆞᄂᆞᆫ 사이에ᄂᆞᆫ 競爭心이 無흠을 得치 못ᄒᆞᆯ거이라 故로
吾曹가 何許事를 行ᄒᆞ며 何許業을 成흠에 至ᄒᆞ야 他人의게 心競力爭ᄒᆞ
야 不負흠 心이 在先起出흠은 凡 我人間 自然의 所發ᄒᆞᄂᆞᆫ 性情이라 然
이나 競爭心에도 學問競爭, 腕力競爭, 地位競爭, 金錢競爭, 心等屬之千
差萬別의 種類가 頗多ᄒᆞ야 可히 口筆로써 一一히 枚擧ᄒᆞ기ᄂᆞᆫ 難ᄒᆞ나
其 一部分과 一小例를 擧ᄒᆞ야 槪論코자 ᄒᆞ노라.

此에 對한 一例를 擧ᄒᆞ야 言흠진딕 甲乙 兩國이 此에 在흔데 先者에
ᄂᆞᆫ 好誼好言으로 相接티가 一朝一夕之間에 心機가 一變ᄒᆞ야 干戈로써
相見ᄒᆞᄂᆞᆫ 境遇에 至ᄒᆞᄂᆞᆫ거시 偶然흔 事가 아니오 쏘 何學校某學生이
同年級에서 逐目ᄒᆞ야 聯肩同修타가 一期一時의 試驗을 當ᄒᆞ야 優劣의
順序를 相爭ᄒᆞᄂᆞᆫ 바도 쏘흔 無心흔 事가 아니라 然則 此 兩國間 一朝一
夕之干戈相交와 學生問一期一時之優劣相爭의 原因을 硏究ᄒᆞ면 其結局
이 如何흔 思想에 在ᄒᆞ뇨 卽 競爭心 三字에 不外ᄒᆞ니 國無競爭心ᄒᆞ고
民無競爭力ᄒᆞ면 其 國의 版圖를 擴張ᄒᆞ며 海外의 勢力을 發展흠은 姑舍
ᄒᆞ고 自國의 疆土를 엇지 保全ᄒᆞ며 自國의 文明을 엇지 發達케 ᄒᆞ며
國民의 精神을 엇지 養成케 ᄒᆞ깃다 謂ᄒᆞ리오 由是觀之컨딕 從古及今로
록 國은 國과 競爭ᄒᆞ고 家ᄂᆞᆫ 家와 競爭ᄒᆞ며 人은 人과 競爭흠이 皆是此
生存競爭心으로 從ᄒᆞ야 起흠을 可히 推測흘지로다.

蓋吾儕가 如此흔 競爭世界에 處ᄒᆞ야ᄂᆞᆫ 비록 競爭치 아니코져 할지라

도 不然ᄒ고ᄂ 生存을 保全홀 道가 萬無홈으로 上古中昔에도 往往히 羣英諸傑이 互相競爭ᄒ야 戰爭의 時代를 成홈도 有ᄒ얏고쪼 或은 蠅頭의 名을 銜ᄒ며 蚊脚의 利를 貪ᄒ기 爲ᄒ야 頭을 萬斛之黃塵에 埋ᄒ고 志를 千丈之浮埃에 沈ᄒ야 勞勞不厭ᄒ매 汲汲不辭홈도 優劣을 相競ᄒ며 勝敗를 互爭홈도 有ᄒ 事ᄂ 吾人의 熟知ᄒᄂ 바어니와 現今世界에도 如此 等事가 東亞西歐之列國間에 非一非再ᄒ야 不可指數로ᄃ 時代의 變遷은 古今이 雖異ᄒ나 其原因則同一ᄒ니 生存競爭心이 是也로다. (未完)

(제3호에는 게재하지 않음)

◎ 競爭ᄒᄂ 三大力의 餘裕ᄒ 關係,
沈宜性, 〈대한협회회보〉 제3호, 1908.6. (경쟁론, 진화론)

抑吾人人類의 競爭ᄒᄂ 利器ᄂ 鳥獸와 如히 簡單치 안이ᄒ야 衣服飮食과 筋骨臟器와 學識智慮 等이 千差萬別ᄒ야 頗成複雜이나 其 中에 最히 生存競爭에 適當ᄒ 者를 抽籤ᄒ야 此를 大別ᄒ면 資力과 體力과 腦力의 三大力에 過ᄒ 者ㅣ 無ᄒ니라.
俗言에 金과 力의 分別이 有ᄒ다 謂ᄒ얏시나 余난 此를 摠稱ᄒ야 人類의 競爭力이라 名言ᄒ노라.
然則 吾人은 今에 人間社會의 競爭場裡에 立ᄒ야 優勝劣敗의 勢를 制코자 홀 ᄲᆞᆫ 不是라. 此 三力이 無ᄒ면 足히뼈 一身生存의 面目을 維持키 不能ᄒ고 且 此 各力의 餘裕가 無ᄒ면 競爭의 力이 發生키 不得ᄒ리니
凡 二物이 互相 衝突ᄒᄂ 境遇를 當ᄒ야 破損을 免코자 홀진ᄃ 其 間에 餘裕가 有홈을 要ᄒ나니 此 理난 有形無形을 勿論ᄒ고 皆 然ᄒ지라. 例컨ᄃ 先히 資力에 就ᄒ야 言하노니 一日의 收入으로뼈 다 當日 支出에 充用ᄒ면 一朝不虞의 支拂을 要할 同時에 忽然히 困窮을 免치 못ᄒ리니 若 此 際를 當ᄒ야 多少 金錢의 貯蓄이 有ᄒ든지 又ᄂ 株劵 或

其他 動産에 屬흔 者와 不動産에 屬흔 證券이 有ᄒ여야 苟且이라도 金
錢을 替ᄒ야 融通ᄒᆯ 餘裕가 有ᄒ면 可히 困窮을 免흠을 得ᄒ려니와 若
此와 反ᄒ야 資力의 餘裕가 無히 競爭의 時를 當ᄒ면 是ᄂᆫ 곳 他方의
餘裕흔 者로 ᄒ야금 一步의 進을 引導흠과 無異ᄒ니 然則 資力의 餘裕
가 存흔 者난 劣敗의 禍를 免ᄒ고 優勝의 勢를 制ᄒ난딕 必要흔 쥴 知흘
지니 是난 但히 商業界에만 發生ᄒᄂᆫ 觀念ᄲᆫ 안이라 人人家家에 恒在
흔 바이니 切近흔 事를 擧ᄒ야 例證ᄒ건딕 疾病의 幾用과 哀慶의 費用
이 가장 適切흔 故로 人人 日常에 直接 實驗ᄒᄂᆫ 바이니라.
體力에 就ᄒ야도 亦 斯와 如ᄒ니 例컨딕 今에 冒險的 事業을 企圖ᄒ기
爲ᄒ야 身體를 風雨寒暑에 曝ᄒ든지 或은 戰爭의 時를 當하야 日夜寢食
을 安全이 못ᄒ든지 或은 父母妻子와 朋友師弟를 爲ᄒ야 看病ᄒ든지
或은 傳染病이 流行ᄒ야 猖獗흔 時機等을 當흔 同時에 身體가 强健ᄒ고
體力이 餘裕ᄒ면 寧히 疲勞흘지언뎡 決코 困憊흔 境에난 至치안이 할
것이오 設或 困憊할 慮가 有흘지라도 疾病에 罹흘 理由난 絶無ᄒ련 이
와 若 此와 反ᄒ면 惡疾이 感染되기 容易흘 ᄲᆫ 不是라. 忍耐의 力이 不
足ᄒ야 事業前途에 障碍를 免치 못ᄒ리니 此를 推ᄒ야 換言ᄒ면 貧乏
은 資力의 疾病이오 疾病은 體力의 貧乏이라 可言흘 것이오. 風雨寒暑
를 冒ᄒᄂᆫ 것과 日夜寢食에 不安흔 것과 如흔 等 事ᄂᆫ 不時에 支出을
要흠과 無異ᄒ니라. 腦力에 至ᄒ야도 亦 此와 如ᄒ니 例를 擧ᄒ건딕 事
業의 失敗과 金錢의 損害와 父母妻子의 死亡과 侮辱詐計繫獄과 其他
處世에 衝突되ᄂᆫ 諸般事爲가 各 方面과 長時間을 據ᄒ야 種種의 障碍되
난 妨害災難을 遭遇흘 境遇에ᄂᆫ 智慮의 忍耐가 長遠ᄒ고 腦力의 餘裕가
綽綽ᄒ면 談笑之間에 處理가 得當ᄒ고 或은 自若히 長嘯吟詩ᄒᄂᆫ 中에
樂이 生ᄒ려니와 若 智慮 忍耐가 淺近ᄒ고 腦力의 餘裕가 缺乏ᄒ면 事
業의 狼狽ᄂᆫ 姑舍ᄒ고 落膽失望과 燥菀罔措로ᄡᅥ 精神病에 陷落흘 大患
을 免치 못ᄒ리라.
然則 吾人人類난 資力과 體力과 腦力의 三者가 不足ᄒ면 競爭場裡에
幷立ᄒ기 不能ᄒ니 若 競爭의 時를 當ᄒ야 優勝劣敗의 勢를 制ᄒ고져

홀진딕 此 三力이 共히 餘裕가 無ᄒ면 不可ᄒ 眞理를 思量홀지니 此 餘裕를 生出ᄒᄂ 道난 各 專門家에 就質ᄒ든지 或 書籍에 就ᄒ야 硏究ᄒ든지 余ᄂ 반다시 資力의 餘裕를 生ᄒᄂ 道ᄂ 養財에 在ᄒ고 體力의 餘裕를 生ᄒᄂ 道난 養體에 在ᄒ고 腦力의 餘裕를 生ᄒ난 道난 養神에 在ᄒ다 稱ᄒ고 此를 摠稱ᄒ야 養生이라 名言ᄒ노니 是吾人人類가 當然이 誠實ᄒ 마음으로 養生을 信賴홀 것인 고로 其 統系를 左表에 示ᄒ노라.

人類의 競爭力 { 資力 體力 腦力 } 餘裕 { 養財 養體 養神 } 養生

此를 由하야 觀홀진딕 養生은 生存競爭과 優勝劣敗이 原理의 根本이오 競爭力은 餘裕에셔 生ᄒ난 結果이오 其 目的은 競爭場裡에 立ᄒ야 劣敗의 禍를 免ᄒ고 優勝의 勢를 制홈을 期圖ᄒᄂ 바로 確認ᄒ노라.

12.
생물

순번	연대	학회보명	필자	제목	수록 권호	분야	세분야
1	1907	공수학보	박유병	진화론	제2호	생물	진화론
2	1907	야뢰	윤태영	진화론 대의	제5,6호	생물	진화론

◎ 進化論, 朴有秉, 〈공수학보〉 제2호, 1907.4. (생물학, 진화론)

　　*자연도태 / 인위도태

◎ 進化論 大義, 윤태영, 〈야회〉 제5호, 1907.6. (생물학)

▲ 제5호

▲ 제6호

　ᄅ막쓰(라마르크)의 所論에 疑訝가 多홈은 前號에 己述ᄒ얏거니와 變化의 部分이 次世代엣ᄭ지 遺傳ᄒᄂᆫ 事만 確實치 못홀 ᄲᅮᆫ 아니라 動植物 身體 中에ᄂᆫ 用不用에 不關ᄒ고 變化ᄒᄂᆫ 部分이 有ᄒ니 今其 實例를 擧論ᄒ면 鳥卵의 色과 班紋이라. 此ᄂᆫ 鳥의 種類를 因ᄒ야 相異ᄒ나 其種類 中에도 各種으로 變ᄒᄂ니 大抵 鳥卵의 色은 母鳥의 身體 中에 卵이 通行ᄒᄂᆫ 路 卽 輸卵管(수란관)에셔 生ᄒᄂ니 此 管中을 卵이 通行홀 時에 卵殼이 生ᄒ므로 其色과 班紋도 亦此 輸卵管 中에 分泌ᄒᄂᆫ 液體를 因ᄒ야 生ᄒᄂᆫ지라. 然而 此 鳥卵의 色과 班紋은 其 巢와 髣髴(방불)ᄒ니 此則保護色이라. 外界의 色과 恰似ᄒ나 此ᄂᆫ 用不用을 因ᄒ야 生ᄒ 거시 아니라.

　又 一例를 擧ᄒ면 蜜蜂은 群處ᄒᄂᆫ 動物이니 其群 中에 三種이 有ᄒ야 其一은 雄蜂이오 又一은 雌蜂 卽 女王이오 又一은 職蜂이라. 此 職蜂은 全혀 勞役에 從事ᄒᄂ니 元來ᄂᆫ 雌蜂이더니 生殖을 停止흔 것이어늘 此 職蜂도 次第로 變化ᄒᄂ니 然則 此蜂은 卵을 生치 아니ᄒᄂᆫ 故로 其變化의 理를 ᄅ막쓰의 說로ᄂᆫ 說明키 難흔지라. 卽 卵을 生치 아니ᄒᄂᆫ 故로 職蜂은 一生 中에 自己 身體의 部分을 使用ᄒ야 其 部分에 變化

가 生ᄒ야도 其變化가 次世代에 遺傳치 못ᄒ지라. 故로 ᄅ막스의 說이 有昧ᄒ나 攻擊을 多受ᄒ얏ᄂ니 其中에 最甚히 攻擊ᄒᄂ 이ᄂ 法國의 규베라 稱ᄒᄂ 學者라. 此學者가 라믁스의 說을 大攻駁ᄒᆷ으로 千八百年頃부터는 라믁스의 說이 信用을 大失ᄒ얏ᄂ니라.

其後에 前揭ᄒᆫ 다-빈 氏의 孫 잘레스 다-빈 氏가 大演論을 十分 發達케 ᄒ얏ᄂ니 此 다-빈 氏가 千八百五十九年에 進化論이라 稱ᄒᄂ 一大書를 著述ᄒᆫ지라. 此 다-빈 氏의 說도 本來ᄂ 라믁스의 說과 同一ᄒ나 然이나 兩氏의 說이 相異ᄒᆫ 바ᄂ 其變化를 說明ᄒᄂ 方法이 相異ᄒᆫ지라. 卽 다-빈 氏ᄂ 라믁스 氏와 同樣으로 第一 動植物이 變化ᄒᄂ 事를 立證ᄒᆫ지라. 然而 其 變化가 如何히 起ᄒᄂ 事ᄂ 說明치 아니ᄒ얏ᄂ 事實을 調査ᄒ면 如何ᄒᆫ 動植物이라도 皆變化ᄒᄂ 事ᄂ 明白ᄒ니 此變異가 有ᄒᆫ 스가 顯著ᄒᆫ 것은 吾人 人類라. 人類ᄂ 幾千幾百人이 集合ᄒ야도 其中에 全혀 相異ᄒᆫ 者ᄂ 一人도 無ᄒ고 第一 相似ᄒᆫ 것은 晩兒라. 此 晩兒ᄂ 一卵皮 中에 在ᄒᆫ 것과 二個 膜 中에 在ᄒᆫ 것이 有ᄒ니 一卵皮 中에 在ᄒᆫ 晩兒ᄂ 甚히 相似ᄒ야 身體ᄆ 同ᄒᆯ 쑨 아니라 男女 性도 同一ᄒ야 兩人이 皆 男이 아니면 皆 女가 되나니 如斯ᄒᆫ 晩兒ᄂ 實로 酷似ᄒ야 分別키 難ᄒᆫ 事가 有ᄒ니 玆에 一笑話가 有ᄒᆫ지라. (…하략…)

13.
수산

순번	연대	학회보명	필자	제목	수록 권호	분야	세분야
1	1907	서우	편집부	한국의 염업 일반	제11호	수산	염업
2	1908	서우	전재억	양리법	제15호, 제17호	수산	양어
3	1908	태극학보	학해주인	포경법	제25호	수산	

13.1. 염업

◎ 韓國의 鹽業 一斑, 〈서우〉 제11호, 1907.10. (수산업, 염업)

日本一技師가 韓國各地方에 巡回ᄒ야 東西兩岸의 鹽業主地를 踏査
ᄒ고 其 製鹽業에 關ᄒ 實況의 梗槪를 述홈이 如左ᄒ더라.

一. 鹽生産地

韓國에셔 生産ᄒᄂ 鹽은 唯一海鹽인ᄃᆡ 海水를 原料로ᄒ고 鹽田에셔
鹹水를 採取ᄒ야 此를 煑ᄒ야써 收得ᄒᄂ 것이라. 而其生産ᄒᄂ 地方은
其 區域이 頗廣大ᄒ야 京畿道, 慶尙南道, 慶尙北道, 全羅南道, 全羅北道,
江原道, 平安南道, 平安北道, 忠淸南道, 黃海道及咸鏡南北道의 十二道에
跨ᄒ고 獨海에 濱ᄒ 忠淸北道쑨 鹽田의 存在를 不見ᄒ니 要컨ᄃᆡ 韓國沿
岸全部ᄂ 所至에 鹽田의 存在를 見ᄒᄂᄃᆡ 只其面積規模에至ᄒ야ᄂ 大
小廣狹의 差가 有홀 而已러라.

二. 鹽田面積生産額

韓國鹽田所在의 地方이 前段所述과 如ᄒ니 其 面積도 亦決코 狹小치
아니홀지라. 然ᄒ나 數字로써 其 面積을 揭코져 호되 韓國에 整然ᄒ 統
計가 缺ᄒ야 調査를 施홈이 無ᄒ야 其 數字를 揭키 不能ᄒ니 此 遺憾이
大혼 바오 而其生産에 對ᄒᄂ 鹽의 數量도 亦不明인ᄃᆡ 韓國政府의 調査
혼 바를 依ᄒ면 一個年總産額이 約二百萬石이라더라.

三. 土壤地形幷鹽田의 築造

韓國에 鹽田은 東西兩岸을 通ᄒ야 殆乎全岸에 存在ᄒ고 而其土壤의

性質에 至ᄒᆞ야ᄂᆞᆫ 東西兩岸에 其 性狀이 全異ᄒᆞ니 郎 韓國의 南端을 界ᄒᆞ야 西岸은 北部滿洲의 境域에 至ᄒᆞ기ᄭᆞ지 一對純然ᄒᆞᆫ 粘土質인ᄃᆡ 其 粘土가 地下數尺의 深에 達ᄒᆞ니 現時存在ᄒᆞᆫ 鹽田에 不限ᄒᆞ고 鹽田附近의 土壤도 同質를 均有ᄒᆞ고 東岸에 至ᄒᆞ야ᄂᆞᆫ 北部의 咸鏡北道에 至ᄒᆞᆫ 沿岸이 一對砂質土壤인 其 沿岸에 存在ᄒᆞᆫ 鹽田도 亦砂質土壤이라. 故로 韓國에 鹽田土壤이 東西兩岸에 劃然相異ᄒᆞᆫ 二種土壤으로 成ᄒᆞᆫ 것러라.

韓國의 鹽田中西岸에 屬ᄒᆞᆫ 者ᄂᆞᆫ 堤塘이 不有ᄒᆞ고 東岸에 視察ᄒᆞᆫ 鹽田은 何處던지 堤塘을 設ᄒᆞ엿더라. 各地에 存ᄒᆞᆫ 港灣內部ᄂᆞᆫ 海水가 極爲靜穩ᄒᆞᆫ 故로 鹽田의 築造에 利便ᄒᆞ고 且其附近에ᄂᆞᆫ 岡阜山林이 無ᄒᆞ야 大槪 平闊홈으로 由ᄒᆞ야 通風이 甚佳良ᄒᆞ야 水分의 蒸散도 亦强大홈을 見ᄒᆞ깃더라.

四. 鹹水採收及製鹽의 方法

鹽田의 築造ᄂᆞᆫ 前段에 揭홈과 如ᄒᆞ야 東部沿岸에 在ᄒᆞ야ᄂᆞᆫ 堤塘을 設ᄒᆞ야 人爲的으로 海水를 鹽田內에 引入ᄒᆞ며 又排出ᄒᆞ고 西部沿岸에ᄂᆞᆫ 堤塘을 不有ᄒᆞ고 海水가 干滿의 自然的 作用으로 依ᄒᆞ야 鹽田面을 被ᄒᆞ며 又田面을 去ᄒᆞᄂᆞᆫ지라. 東部沿岸의 鹽田에ᄂᆞᆫ 鹽田內에 小ᄒᆞᆫ 溝渠를 設ᄒᆞ야 此에 海水를 湛ᄒᆞᄂᆞᆫ 毛細管引力의 作用으로 依ᄒᆞ야 海水를 鹽田面으로 上昇케 ᄒᆞ고 天日風力으로 依ᄒᆞ야 其 水分을 蒸散ᄒᆞ고 鹽分砂粒을 結晶케 ᄒᆞᆫ 後에 鹽砂를 把集ᄒᆞ야 此를 土製의 沼井에 入ᄒᆞ고 海水를 注加ᄒᆞ야 鹹水를 採ᄒᆞ고 西部沿岸의 鹽田에 在ᄒᆞ야 滿潮時에 海水가 自然히 鹽田面에 溢流ᄒᆞ야 田面으로 汎濫ᄒᆞ고 干潮時에 至ᄒᆞ면 去ᄒᆞ야 田面은 海水를 不存홈에 至ᄒᆞᄂᆞ니 於是에 田面의 鹽砂를 把集ᄒᆞ야 土製의 沼井에 投ᄒᆞ고 海水를 注加ᄒᆞ야 鹹水를 得ᄒᆞᄂᆞ니 鹽砂의 爬起及爬集ᄂᆞᆫ 一體로 牛를 用ᄒᆞ야 行ᄒᆞᄂᆞ니라.

然後에 其 採收ᄒᆞᆫ 鹹水를 釜中에 投ᄒᆞ고 煎熬ᄒᆞ야 鹽分을 結晶ᄒᆞ야 鹽을 製出ᄒᆞᄂᆞᆫ 것이니 其 方法은 東西兩岸의 鹽田이 更無所異오 煎熬에

供ᄒᆞᄂᆞᆫ 釜ᄂᆞᆫ 雖多以蠣灰로 製作이나 石釜를 用ᄒᆞᄂᆞᆫ 者도 有ᄒᆞ고 又近時에 至ᄒᆞ야 當業者仲葉鐵製釜를 用ᄒᆞᄂᆞᆫ 者도 有ᄒᆞ고 釜ᄂᆞᆫ 皆以鈎垂下ᄒᆞᄂᆞ니라.

釜屋은 各地何處던지 粗雜ᄒᆞᆫ 木造藁葺家屋인ᄃᆡ 屋上은 穿之ᄒᆞ야 水分의 分散에 便ᄒᆞ나 降雨의 時에 至ᄒᆞ야ᄂᆞᆫ 雨水가 屋內로 落下ᄒᆞ야 釜中에 入ᄒᆞᄂᆞᆫ 不利가 有ᄒᆞ고 釜에 對ᄒᆞ야 烟突을 設置 아니홈으로 因ᄒᆞ야 煤煙은 屋中에 充滿ᄒᆞ야 竈夫의 勞働에 苦홀 쑨 아니라 釜中에 黑烟이 落下ᄒᆞ야 鹽을 損홈을 免치 못ᄒᆞᄂᆞ니라.

鹹水煎熬에 用ᄒᆞᄂᆞᆫ 燃料ᄂᆞᆫ 石炭薪材가 欠홈으로 溫突에 使用ᄒᆞᄂᆞᆫ 萱藁又松葉을 用ᄒᆞᄂᆞᆫ 故로 煎熬用燃料의 高價가 可驚이라. 現今其最廉價ᄒᆞᆫ 者에 至ᄒᆞ야도 鹽一石에 對ᄒᆞ야 六十錢을 要ᄒᆞ고 其 最高價ᄒᆞᆫ 者에 至ᄒᆞ야ᄂᆞᆫ 二圓五十錢을 要ᄒᆞ니 普通燃料費가 約一圓五十錢이러라.

五. 鹽質

前段에 述홈과 如히 粗雜ᄒᆞᆫ 構造를 有ᄒᆞᆫ 釜屋에 煙突을 設置 아니홈으로 由ᄒᆞ야 其 色澤이 極惡ᄒᆞ야 一見에 鹽이 아닌 듯 ᄒᆞ나 然ᄒᆞ나 一度 鹽을 釜中에셔 採收ᄒᆞ면 곳 此를 居出場에 放置ᄒᆞ야 其 相當ᄒᆞᆫ 程度로 乾燥홈을 待ᄒᆞ야 販賣홈으로 爲例러라.

六. 天候

天候ᄂᆞᆫ 製鹽業에 至大ᄒᆞᆫ 關係가 有ᄒᆞ니 氣溫이 高ᄒᆞ고 晴天이 續ᄒᆞ고 風力이 强ᄒᆞ면 製鹽에 有利ᄒᆞ고 氣溫이 低ᄒᆞ고 雨天이 多ᄒᆞ고 風力이 弱ᄒᆞ면 製鹽에 無利ᄒᆞ니 天候ᄂᆞᆫ 鹹水의 採收에 關係가 最有ᄒᆞᆫ 者라. 韓國鹽業地에 天候가 甚히 良好ᄒᆞ야 製鹽에 利便이 有ᄒᆞ니 余의 巡回ᄒᆞ던 當時ᄂᆞᆫ 寒威猛烈ᄒᆞᆫ 冬季로되 西岸의 北部郭山으로 爲首ᄒᆞ야 南部薪島로브터 東岸蔚山을 經ᄒᆞ야 北部元山에 鹽田에 在ᄒᆞ야ᄂᆞᆫ 何處던지 鹹

水를 採收ᄒ고 其 濃度에 至ᄒ야도 母氏十八九度의 高度를 示ᄒ니 天候가 鹽業에 洽適ᄒ다 ᄒ기 足ᄒ니라.

七. 韓國鹽業의 缺點

韓國에 鹽業의 慨要ᄂ 前段에 次第畧述ᄒ엿거니와 而其鹽田築造의 方法으로브터 鹹水의 採收煎熬ᄒᄂ 裝置及方法에 至ᄒ기ᄭ지 缺點이 多有ᄒ니 左의 方案에 依ᄒ야 改良ᄒ면 所得이 少치 아니ᄒ지니라.

甲. 堤塘이 有ᄒ 砂質鹽田
　一. 溝渠의 數를 增加ᄒᄂ 事
　二. 撒砂量을 增加ᄒ 事
　三. 鹹水輸送의 裝置를 施設ᄒ 事
　四. 鹹水溜를 設ᄒ 事
　五. 釜를 銖製로ᄒ 事
　六. 竈에 溫突과 煙突를 設ᄒ 事
　七. 從ᄒ야 燃料를 石炭으로 改ᄒ 事

乙. 堤塘이 不有ᄒ 粘土質鹽田
　一. 釜竈와 燃料에 對ᄒ야ᄂ 前項과 如ᄒ 事
　二. 鹽田의 構造를 天日製鹽田으로 改ᄒ 事

以上의 方案이 果然 良果를 奏得ᄒ 時ᄂ 韓國의 鹽이 少費로써 多量ᄒ 良鹽을 製出ᄒᆷ을 得ᄒᆷ에 至ᄒ지오. 若天日製鹽이 果然 韓國에 成立ᄒ면 鹽田築造에 適ᄒ 地域이 甚爲廣大ᄒ고 從ᄒ야 多大ᄒ 生産을 得ᄒᆷ에 至ᄒ지오 又從來式의 鹽田에도 以上의 改良方案으로 良好ᄒ 結果를 得ᄒ면 二者相侯ᄒ야 韓國鹽業의 利益을 增進ᄒᆷ이 明ᄒ니라.

此與 漢陽報 第一號 實業部內의 韓國鹽業私見으로 對照參看이면 其 於鹽業에 思過半矣라. 夫鹽業은 是我韓의 一大利源인딕 現今悲境에 陷 ㅎ야 僅僅存在ㅎ니 其故는 何也오 製鹽의 方法이 大爲幼稚ㅎ야 採鹽費 의 多額과 燃料의 高價가 令人可驚이오 且 支那鹽의 輸入이 韓國鹽을 壓倒ㅎ야 年年增加ㅎ니 此時를 及ㅎ야 不爲改良ㅎ고 舊慣을 依然墨守 ㅎ면 韓國鹽業이 滅亡乃己니 寧不寒心이리오. 然ㅎ나 韓國鹽業을 韓國 人은 精査ᄒᆞᆫ 바 無ㅎ고 外人의 調查를 依據ㅎ야 言ㅎ니 豈惟鹽業而己리 오. 可愧可恨이 較莫大矣라 然ㅎ나 外人이 己調査如此여늘 本國人이 猶 依然夢夢이 可乎아. 凡我國同胞는 千萬明日注意ᄒᆞᆯ지어다.

13.2. 양어

◎ 養鯉法, 일본 伊崎吟二郞 著, 全載億 譯, 〈서북학회월보〉 제15 호(서우 속간), 1908.2. (어업)

▲ 제15호

親魚養成

鯉는 各種이 有ㅎ나 就中需用의 最多ᄒᆞᆫ 者를 眞鯉라 稱ᄒᆞᆷ이라 然ㅎ 나 此를 飼養ㅎ랴면 先히 其 親魚가 됨만ᄒᆞᆫ 者를 不可不養成ᄒᆞᆯ지니 此 를 養成ᄒᆞᆷ에는 最初 當歲魚를 飼ᄒᆞᆯ 時에 其中他보담 特秀히 成長ᄒᆞᆫ 者 를 撰ㅎ야 別히 飼養ㅎ야써 年을 經ㅎ야 此로 親魚를 合을지니라.
當歲魚의 成長은 平均三十五匁(卽 我國三兩五錢重) 許됨이 通常이라. 然ㅎ나 其中 或 五百匁(卽 十五兩重) 許ᄭᆞᆺ지 生長ㅎ는 者ㅣ 千尾에 五六 尾는 必有ㅎ며 又 此秀長ᄒᆞᆫ 者의 十中八九는 皆雌魚됨을 可知니라. 種 屬의 不正ᄒᆞᆫ 者를 親魚로 合을 時는 往往 緋鯉班鯉 等의 變種을 生ㅎ는

事ㅣ 有ᄒ니 此等의 種類ᄂ 全히 親魚로 ᄉᆷ을 價値ㄹ 不有ᄒ 者ㅣ니라. 但 此 種類라도 眞鯉로 브터 眞鯉ᄅ 取ᄒ야 三代后에 及ᄒ야 親鯉ᄅ ᄉᆷ으면 비로쇼 眞正의 眞鯉가 될지오. 決코 變種을 生ᄒᄂ 事無ᄒ나 然ᄒ나 恒常 其 變種과 一處에 混淆ᄒ야 飼養ᄒᆯ 時ᄂ 亦自然히 變化ᄒᆯ 憂慮ㅣ 有ᄒ 者니라.

親魚撰擇

親魚ᄂ 極히 良種을 擇치 아니ᄒ면 前述ᄒᆷ과 如히 緋鯉斑鯉 等을 産出ᄒᆯ지니 맛당히 注意ᄒᆯ 者ㅣ니라.

雌魚ᄂ 總히 八九年을 經ᄒ야 一貫目(百兩重) 以土에 達ᄒ 者ᄅ 良好ᄒ다 ᄒ며 其 産出ᄒ 卵은 少히 鼈甲色을 帶ᄒ고 透明ᄒ야 其質이 完全ᄒ여야 能히 無難히 孵卵ᄒᆯ ᄲᆫ 아니라 魚兒의 成長도 亦甚速ᄒᄂ니 若此에 反ᄒ야 아즉 前述의 年壽及 重量에 達치 아니ᄒ 者의 産ᄒ 卵은 少히 白色을 帶ᄒ고 其 質이 又不完全ᄒ야 腐敗키 易ᄒ니라. 然而其多少孵化치 아니ᄒᆷ은 아니나 魚兒가 軟弱ᄒ야 斃키 易ᄒ며 從ᄒ야 成長도 亦遲치 아니ᄒᆷ을 不得ᄒᄂ니라. 雌魚난 腹部가 細長ᄒ고 膨脹ᄒ 者의 産出ᄒ 卵은 善히 孵化ᄒ며 此와 反ᄒ야 腹部가 圓垂ᄒ고 膨脹ᄒ 者의 産出ᄒ 卵은 其 腐敗키 易ᄒᆷ은 多年 實驗에 依ᄒ야 知得ᄒ 바니 養鯉家ᄂ 宜이 注意ᄒᆯ 要點이니라. 産卵期가 迫ᄒᆯ 時ᄂ 腹의 下部가 非常히 柔軟ᄒ게 되야 恰似히 薄紙에 包ᄒ 水ᄅ 外部로 撫察ᄒᆷ과 如ᄒ 感이 有ᄒ며 又雄魚ᄂ 腹의 下部ᄅ 柔히 壓ᄒ면 精液을 必洩ᄒᆯ지니 其 아즉 此ᄅ 不洩ᄒᄂ 者ᄂ 尙히 時期에 不至ᄒᆷ으로 思量ᄒᆯ지니라. 非常히 肥滿ᄒ야 脂肪이 富ᄒ 親魚ᄂ 用ᄒᆷ이 不可ᄒ니 何者오 ᄒ면 其 産出ᄒ 卵은 擧皆腐敗ᄒ야 孵化치 아니ᄒᆷ이니라.

雄魚ᄂ 五六年을 經ᄒ야 五百匁(五十兩重) 前後에 至ᄒ 者ᄅ 可ᄒ다 ᄒᄂ니 其 雌雄은 別은 卽 雄魚ᄂ 肛門이 凹ᄒ고 雌魚ᄂ 扁平ᄒᆷ에 由ᄒ야 容易히 此ᄅ 辨知ᄒᆷ을 可得ᄒᆯ지니라. 雄魚ᄂ 頭가 短ᄒ고 胴이 狹ᄒ

며 鰭가 硬호야 下腹部에 膨흠이 無호며 雌魚는 頭가 長호고 胴이 平호
며 鰭가 柔호ᄂ니 特히 産卵期前에 至호야는 腹部가 一層肥大히 되ᄂ
니라.

産卵池

産卵池는 方七八尺으로호며 深은 水附홈이 一尺許로 作호고 底一面
을 石灰의 叩土로 호며 周回는 板으로 張흠이 宜호니라. 叩土의 (灰汁)
을 去흠에는 叩土上에 鹽 或은 明礬의 汁을 塗호고 一旦乾燥호 后 數回
水를 浸호야 流去케 호던지 又는 數日間 尿水를 浸置흘지라. 又更히 口
經六七分의 管으로 淨水를 引入흘지니 其淨水는 可成的 瀦水를 引入흠
이 宜호니 何者오 호면 流水는 冷호고 瀦水는 溫흠에 由흠이라. 蓋其水
가 冷흘 時는 産卵期에 迫호야도 踟躕호고 發卵흠을 不得호ᄂ니라.

孵化池

孵化池는 日當흠이 善호 處를 撰호야 方八九尺으로 深은 水附六寸許
로 作호고 底面은 叩土로 호고「灰汁」을 去흘지라.
又 粘土로써 衝堅호고 其上에 善히 洗호 細砂를 厚二寸許로 布호며
其周回는 板으로 張호고 口經五分許의 管으로 溫호 淨水를 引入흘지니
라. 孵化池는 可成的稚魚放養池에 接近호 處에 設흠이 便宜호니라.

稚魚放養池

稚魚放養池는 二十坪(四方百二十尺) 許로 作흘지니 凡苗代田(모짜
리)을 作흠과 如히 池中을 攪拌호고 二寸許의 泥土를 貯호고 其上에
六寸許로 水를 浸호고 又人糞四斗許를 撒布호야 置호라. 然흘 時는 十
五六日을 經호면 夥多히 微細호 小蟲을 發生흘지니 此ㅣ稚魚의 餌가

323

될 者ㅣ니라.

稚魚放養池는 地盤을 傾斜홈이 均히 ㅎ야 魚兒가 水와 供히 停滯홈이 無케 ㅎ며 排水키 易ㅎ도록 作홀지니라.

人糞을 撒布ㅎ면 池水의 腐敗를 隨ㅎ야 水는 鶩羽色을 帶ㅎ고 尙히 數日을 經홀 時는 池面一帶의 靑海苔와 如ㅎ 物로써 蔽홈에 至홀지라. 然ㅎ나 池底에 在ㅎ야는 能히 澄渡ㅎ는 其「小蟲」을 發生ㅎ는 者ㅣ니라.

稚魚放養池의 魚兒를 捕호 後에는 又善히 攪拌ㅎ야 一日間 日光에 曝ㅎ야 害蟲을 殺ㅎ고 又原과 如히 傾斜로 作ㅎ고 人糞二斗餘(最初의 半分)를 撒布ㅎ야 置홀지니 然ㅎ면 小蟲의 發生ㅎ는 事가 初와 如히 될지니라.

水는 蒸發ㅎ야 減耗ㅎ는 分量만 注入ㅎ고 少許도 換流치 안토록 注意홀지니라. 一般 養鯉家는 總히 人糞을 用홈이 通例나 予는 近來人糞 代에 牛糞二十貫目(卽 二百兩重)에〈23〉昧噲糟十貫目으로 用ㅎ니 如斯히 ㅎ야 小蟲의 發生ㅎ는 事가 大히 人糞에 優勝홈을 見홀지라.

當歲魚飼養池

池의 廣狹은 適宜히 홀지나 假令 此를 百坪으로ㅎ고 周回에 高二尺의 土堤를 築ㅎ야 水의 深을 三段으로 區分ㅎ니 卽 水入口에 接호 處의 三十坪餘는 深四尺으로 其次三十坪餘는 深六寸으로 水排口에 接호 處의 三十坪餘는 深八寸으로 홀지라. 然ㅎ나 鯉兒成長에 隨ㅎ야 凡三十日을 經홀 時마다 水排口에서 此를 加減ㅎ고 漸次로二寸許式深ㅎ게 ㅎ야 九月末에 至ㅎ야는 上段一尺二寸, 中段一尺四寸, 下段一尺六寸許의 水附로 홀지니라.

鯉兒를 放호 後 一個月間은 極少量의 水를 入ㅎ고 넘어 換流치 아니ㅎ도록 注意홀지라. 然ㅎ나 魚의 成長홈에 應ㅎ야 漸次 水量을 增ㅎ고 終에는 口經二寸 以上의 樋管으로 充分히 水를 注入홀지니라.

二歲魚飼養池

當歲魚飼養池와 如히 深을 三段으로 別ᄒ야 最初ᄂᆞᆫ 上段六寸, 中段一尺二寸, 下段一尺八寸許로 ᄒ고 漸次 水를 浸ᄒ야 十月에 至ᄒ야ᄂᆞᆫ 上段一尺三寸, 中段一尺九寸, 下段二尺五寸許의 深으로 홀지니라.

三歲魚飼養池

三歲魚飼養池ᄂᆞᆫ 深淺二段으로 別ᄒ야 其 淺은 一尺五寸深은 二尺五寸許로 홀지니 四歲以上의 魚라도 此보다 深히 홀 時ᄂᆞᆫ 其 成長에 有害ᄒᆫ 者ㅣ니라.

親魚飼養池

親魚飼養池ᄂᆞᆫ 假令長八間幅四間으로 作ᄒ고 深은 一尺五寸의 水를 浸ᄒ되 四月初旬에 至ᄒ야 竹簀과 如ᄒᆫ 者로써 池의 中央을 界劃ᄒ야 甲乙二所로 分ᄒ고 親魚를 悉히 捕ᄒ야 此를 甲所에 集ᄒ고 其 當日브터 餌를 與홀지니 如斯히 ᄒᆞᆫ 理由ᄂᆞᆫ 卽 池의 面積이 廣홀 時ᄂᆞᆫ 親魚가 餌를 平等으로 食키 不能홀 ᄲᅮᆫ 아니라 産卵池에 移홀 際에 此를 捕ᄒᆞᆫ 事도 亦不便ᄒᆞᆷ에 由ᄒᆞᆷ이니라. 乙池에ᄂᆞᆫ 임의 産卵ᄒᆫ 魚를 放홀지니라. 親魚放養池에ᄂᆞᆫ 恒常 一定의 水를 注홀지오 決코 各所의 水를 引入치 말지니 此ㅣ 變質의 水에 遇ᄒ면 直히 産氣를 催ᄒ야 飼養池에서 産卵을 終ᄒᆞᆫ 事ㅣ 有ᄒᆞᆷ이니라. 親魚飼養池에 雌雄을 混同ᄒ야 置ᄒ야도 不斷히 餌를 與ᄒ고 變質의 水를 入치 아니ᄒ면 六月下旬ᄭᅵ지 産卵ᄒᆞᆫ 事ㅣ 無ᄒ지라. 然ᄒ나 其 處所를 換ᄒ면 直히 産氣를 催ᄒᆞ니 故로 産卵池에 移키 前에 在ᄒ야ᄂᆞᆫ 決코 他池에 容ᄒ거나 又ᄂᆞᆫ 他池의 魚를 放ᄒ거나 或은 餌를 斷ᄒᆞᆫ 事ㅣ 不可ᄒ니라.

冬季貯藏池

冬季에 假令 一千貫의 鯉를 貯홈에는 方八九間許의 池에 深은 四尺以上의 水를 浸흐고 善히 換流케 흐야 葉 又는 樹木의 枝芽을 投置홀지니 但 水獺의 襲홀 恐이 有흔 地에 在흐야는 板垣을 設흐야 此를 豫防홀지니라. 凡 何地에 在흐든지 中央에 別段으로 方十尺前後의 凹所를 作흐고 薪柴의 類를 投置홀지니 魚는 恒常 此處를 潛伏所로 흐야 外物에 驚홀 時는 반다시 此에 逃匿흐며 又寒暑를 避흐는 所로도 흐느니라.

産卵

予가 養魚場의 氣候는 前十數年平均 極寒室外華氏 十四度五分 極暑 九十七度됨을 經驗흔지라. 故로 此 養鯉法은 總히 此 氣候에 基흐야 敍述코저 흐노라.

予는 每年四月十五日브터 六月上旬신지로써 産卵식임을 通例로 흐느니 先히 其 四月十五日로써 産卵식이려 홈에는 最初四月一日브터 引續흐야 十三日朝에 至흐기신지 親魚飼養池에서 其 親魚에 充分히 餌를 與홀지라. 然後 十四日朝에 至흐야 雌一雄二를 産卵池에 移흐고 魚巢(卵를 産附홀 草)를 繩에 挾흐야 池의 周邊에 浮置홀지니 然홀 時는 大槪 十五日의 曉明으로브터 發卵홀 者 l 니라.

雌魚가 魚巢에 體를 摩흐야 卵을 産附홀 時에 바양흐로 前後에 纏綿 追隨흐는 바 雄魚는 直히 其卵에 精液을 注射흐느니 此를 交尾라 稱흐느니라.

一貫目百兩重의 雌魚를 入홀 時는 四百兩重前後의 雄魚二尾를 入흐며 或은 三百貫目三百兩 重以上되는 者 三尾를 放홀지라. 雄魚의 大흔 者는 交尾際에 敏捷히 活潑흔 動을 不得爲흠으로써 卵에 精液이 不掛흐는 바 l 有흐느니 其 精液이 不掛흔 卵은 孵化흐는 事 l 無흔 者인즉 善히 注意홀지니라.

魚巢에 疎히 産卵의 附着홈을 見ᄒᆞ면 採ᄒᆞ야 速히 孵化池에 移ᄒᆞ고 其所에ᄂᆞᆫ 他 魚巢를 代挾ᄒᆞ야 置홀지라. 但産卵의 附着이 密에 過홀 時ᄂᆞᆫ 맛춤ᄂᆡ 腐敗ᄒᆞ고 孵化ᄒᆞᄂᆞᆫ 事ㅣ 少홈이니라. 雨天에 産出ᄒᆞᆫ 卵은 腐敗키 易ᄒᆞᄂᆞ니 故로 可成的 快晴의 日에 産卵식일지니라.

若 稚魚로 販賣홀 目的에 在홀 時ᄂᆞᆫ 四月中旬에 産卵식임을 良ᄒᆞ다 ᄒᆞ나 然이나 飼育홀 目的에 在ᄒᆞ면 五月初旬브터 産卵식임을 良ᄒᆞ다ᄒᆞ ᄂᆞ니 何者오 ᄒᆞ면 冷氣候에 在ᄒᆞ야ᄂᆞᆫ 損失이 多ᄒᆞ고 且四月中旬 或은 五月上旬에 孵化ᄒᆞᆫ 者라도 秋季에 至ᄒᆞ야ᄂᆞᆫ 同樣으로 成長ᄒᆞ야 少許도 異ᄒᆞᆫ 事ㅣ 無홈으로 以홈이니라. 其 産卵은 午前五時브터 始ᄒᆞᆫ다 홀지 면 凡午前十時ᄭᅡ지에 終ᄒᆞᄂᆞᆫ 者ㅣ니라. 其 旣 産卵ᄒᆞ야 終ᄒᆞ면 終ᄒᆞ면 更히 親魚를 取替ᄒᆞ야 放홀지니라.

孵化

産卵池로 브터 孵化池에 移ᄒᆞᆫ 魚巢ᄂᆞᆫ 水面에 不出ᄒᆞ도록 疎ᄒᆞ고 薄 ᄒᆞ게 泛置홀지오 반다시 厚히 말지니 若此를 厚히 홀 時ᄂᆞᆫ 其 腐敗키 易홀 ᄹᅮᆫ不是라. 因ᄒᆞ야 日光을 蔽遮홀 恐이 有ᄒᆞ니 此ㅣ日光이 不透ᄒᆞ ᄂᆞᆫ 處의 卵은 一兩日孵化가 遲ᄒᆞ며 從ᄒᆞ야 發生魚兒의 不齊를 生ᄒᆞᄂᆞ니 飼養上 不便이 不少홈으로 以홈이니라.

魚巢를 孵化池에 移ᄒᆞ야 三日을 經ᄒᆞ면 卵中에 極微細ᄒᆞᆫ 黑點二個를 生ᄒᆞᄂᆞ니 此ㅣ 魚兒의 眼될 者이라. 此 黑點의 見홈으로브터 又三日을 經ᄒᆞ면 비로소 孵化홈에 至ᄒᆞᄂᆞ니라.

五月中旬後에 至ᄒᆞ면 産卵後 五日以內에 盡히 孵化ᄒᆞᄂᆞ니라. 魚兒ᄂᆞᆫ 孵化後 三月間 魚巢를 不離ᄒᆞ다가 第其四月에 及ᄒᆞ야 비로소 池中에 游泳홈에 至ᄒᆞᄂᆞ니라.

一般의 養鯉家ᄂᆞᆫ 總히 魚巢를 離홈으로붓터 六七日間 孵化池에서 餌 를 與ᄒᆞ야 其餌에 附ᄒᆞᆫ 後小蟲의 發生ᄒᆞᆫ 池에 放홈을 通例로 홈이라 予도 亦從來此法을 用ᄒᆞ더니 近年에 至ᄒᆞ야 魚巢를 離ᄒᆞ면 直히 아즉

小蟲이 發生치 아니흔 池에 移흠이 利益되는 事를 發卵흔지라.

▲ 제17호 (〈서북학회월보〉 17호-서우 속간)

　前年에 魚兒가 魚巢를 離흠을 待ᄒ야 直히 其半數를 稚魚放養池에 移ᄒ고 殘半數는 例年과 如히 孵化池에 置ᄒ야 鷄卵의 黃味小蟲鳥獸糞의 血液等을 與흔지라 六日을 經ᄒ야 前後放養池에 移흔 者와 比較ᄒ니 放養池에 移흔 者는 殆히 二倍의 大나 成長ᄒ고 頗히 健全흠을 見ᄒ며 孵化池에 遺흔 分은 纔히 餌를 求食흠에 至ᄒ야 尙히 微弱흠을 見흔지라.

　孵化흘 際는 極히 薇細흔 小蟲鷄卵等의 餌는 自由로 食흠을 不得ᄒ나 小蟲의 아즉 不生흔 汚水에는 人目에야 不觸ᄒ나 一面으로 微細흔 動物이 生흠으로써 如何히 軟弱흔 魚兒라도 隨意로此를 食흠을 得흠이라 又此微細흔 動物이 日을 經ᄒ야 生長흘 時는 鯉兒도 亦此를 應ᄒ야 成長흠으로써 終에는 此를 喰盡흠에 至ᄒᄂ니라. 旣히 小蟲의 發生ᄒ는 池에는 此에 伴ᄒ야 害蟲도 亦多히 發生ᄒᄂ니 故로 薇細흔 魚兒를 此 中에 放흘 時는 害蟲을 因ᄒ야 斃ᄒ는 事ㅣ 不多ᄒ니라 然ᄒ나 小蟲과 害蟲이 共히 아즉 人目에 不觸흘 前에 魚兒를 放ᄒ면 總히 魚兒의 食餌가되며 害蟲의 發生으로 至少ᄒ니라 一尾의 親魚로써 矩合을 善히 ᄒ야 孵化식일 時는 凡八九萬의 魚兒를 得흠을 容易ᄒᄂ니라.

　孵化魚를 稚魚放養池에 移흠에는 孵化池排水口의 栓을 拔ᄒ고 其下에 桶으로 受ᄒ되 桶中에는 又目疎흔 寒冷紗로 作흔 摺鉢形의 裏을 箝ᄒ야 水가 其中에 落入케 흘지니 然ᄒ면 水는 溢去ᄒ고 魚兒는 其中에 集合흘지라 是時에 椀의 糞으로써 水와 共他桶에 汲出ᄒ야 稚魚放養池에 運흘지니라.

　稚魚放養池에 近接흔 處에셔는 桶을 架ᄒ야 流水케 흠도 亦可ᄒ니라.

　稚魚放養池에 移ᄒ야 凡二十日間을 經ᄒ면 更히 當歲魚餌養池에 移ᄒ던지 或은 此를 賣却흠을 得ᄒᄂ니라.

餌料

稚魚에는 小蟲(쑤무시)를 最上의 餌로ㅎ며 頃에는 小紅蟲(蚯蚓에 屬ㅎᄂ者인디 毛와 如히 微細者) 乾蛹의 粉, 麥粉, 米糖 等이라.

魚兒가 一寸以上에 至ᄒᆯ 頃은 新蛹을 得ᄒᆯ 時期됨으로써 此를 潰ᄒ야 與ᄒ되 常食으로ᄒᆯ지라 若蛹이 乏ᄒᆯ 時ᄂ 米麥을 碎ᄒ야 此에 小許의 鹽을 加ᄒ야 善히 煮熟ᄒ 後與ᄒ며 又味噌絀乾鰯 等을 善히 碎ᄒ야 投與ᄒᆷ도 可ᄒ니라.

多額의 鯉를 養ᄒᆷ에ᄂ 常用一定의 餌料가 無ᄒ면써 其目的을 達ᄒ기 不能ᄒᆯ지라 然而海邊에 在ᄒ야ᄂ 貝糞其他種種의 餌料에 富ᄒ나 其海가 遠ᄒ 地方에 在ᄒ야ᄂ 蠶蛹外에 適當의 餌料가 無ᄒᄂ니 故로 其蛹의 得이 難ᄒᆫ 地方에셔ᄂ써 多額의 魚를 養키 難ᄒ다 云ᄒ나 近年에ᄂ 到處에 養蠶家가 有ᄒ며 製絲家가 有ᄒ야 此를 需ᄒᆷ에 殆히 差悶이 無ᄒᆷ에 至ᄒᆷ과 如ᄒ니라(日本을 謂ᄒᆷ이라) 二歲以上의 魚에ᄂ 每年五月十五日붓터 六月十五日ᄭ지 烹熟ᄒ 麥을 每日少許式與ᄒ고 以後十月末頃에 至키ᄭ지ᄂ 成長의 度에 應ᄒ야 蛹을 適當히 投與ᄒ지라 然ᄒ나 十一月一日브터 漸次減小ᄒ야 十五日에 至ᄒ야ᄂ 全히 停止ᄒᆯ지며 四歲以上의 魚에ᄂ 四月中旬부터 此를 與ᄒᆷ이 可ᄒ니라.

麥은 前日붓터 水에 侵置ᄒ야 遠火로 緩緩히 燔ᄒᆯ 時ᄂ 其量이 四倍에 及ᄒᄂ니라.

其麥을 與ᄒᆷ은 此가 成長케ᄒᄂ 目的에 不在ᄒ고 唯其瘦瘠을 防ᄒᆯ ᄲᆫ에 在ᄒᆷ이라.

親魚의 餌ᄂ 十月中旬에 至ᄒ야 此를 停止ᄒ고 決코 十一月中旬ᄭ지 與치말지니 翌春에 至ᄒ야 脂肪이 滿ᄒᆷ으로 産卵에 有害ᄒᆷ이니라.

當歲二歲魚에ᄂ 凡十貫(六十二斤半)에 對ᄒ야 每日蚕蛹二升三歲以上의 魚에ᄂ 一升五合의 標準으로 與ᄒᆷ이 可ᄒ니라.

稚魚에ᄂ 蛹을 善히 搗ᄒ고 米糠又ᄂ 味噌糟를 混同ᄒ야 此를 與ᄒ며 二歲魚에ᄂ 蛹을 半潰ᄒ고 三歲魚에ᄂ 全体디로 其儘을 投與ᄒᆯ지니

라 餌는 可成的 數個所에셔 與홈이 良하다하느니 此ㅣ 一部分에셔만 此
를 與홀 時는 魚는 其所에만 集合하야 不去하는 故로 養池의 大흔 者라
도 其效用이 反히 小흔 養池와 異홈이 無흔 憾이 有하니라.

飯料는 尙히 種種이 有하나 價格이 低廉하고 多量히 易得흔 者는 無
흠으로써 皆省略하고 玆에 此를 不揭하노라.

飼養의 尾數及成長의 度

魚兒를 稚魚放養池로브터 當歲飼養池에 移홀 時는 一坪에 對하야 百
尾의 比例로써 放하고 每月一回式池中을 浚하야 成長이 遲흔 者는 取除
하며 (此際에 害蟲을 捕獲驅除홀지니라) 九月末에 至하야 一坪에 二十
尾의 前後로 存케 홀지니라.

成長이 遲흔 魚兒도 小蟲의 發生하는 池는 肥料氣가 有흔 稻田에 移
홀 時는 他의 魁魚兒에 追及하야 此와 同等으로 成長하느니라.

魚兒를 稻田에 放홈에는 一坪에 四尾를 適度로 홈이라 然하나 秋季
水를 排홀 頃에 至하야는 大槪一坪에 一尾半許의 比例로 減少홀지니
라 但 瘠薄흔 水田에는 放치말지니 此ㅣ 成長의 度가 頗히 低홈에 由홈
이니라.

二歲魚는 飼養池一坪에 對하야 十尾을 放하고 三歲魚는 一坪에 對하
야 七八尾乃至十尾를 放하야 餌를 與하면셔 此를 販賣홀지라 然하나
四歲신지 養하야 置홈은 全히 不利益이 되느니라 當七歲魚는 十月末에
至하야 二十匁乃至三十匁(一匁我國一錢重에 相當홈)에 至하고 二歲魚
는 七十匁乃至四百匁에 至하며 又三歲魚는 百五十匁乃至五百五十匁에
至하느니라.

四百匁以上五百匁以下의 魚는 平均一年에 百八十匁許식 增加하고
五百匁以上六百匁許의 魚는 平均一年에 百三十匁許식 增加하야 漸次
重量이 加홈에 從하야 成長의 度가 減少하느니라.

每月成長의 度를 試驗ᄒ니 其成績이 如左홈

二歲魚十貫(百九十五尾)을 六月十五日 面積十八坪의 池에 放ᄒ니

魚의 重量 增加表

調査月日	重量	每月增加의 重量
七月十五日	十三貫三百匁	三貫三百匁
八月十五日	十七貫百匁	三貫八百匁
九月十五日	二十二貫	四貫九百匁
十月十五日	廿七貫六百匁	五貫六百匁
十一月十五日	廿九貫三百匁	一貫六百匁

右의 成績에 依ᄒ면 六月十五日에 十貫을 放ᄒᆫ 者가 十一月十五日에 至ᄒ야 二十九貫二百匁에 達ᄒ지라 然ᄒ나 其中間調査等을 不爲ᄒ고 飼養ᄒ면 반다시 三十貫以上에 及홈이 事事無疑ᄒ니 此ㅣ 調査홀 時마다 多少其魚를 損傷ᄒᄂ 事ㅣ 有홈으로 其成長上關係를 及ᄒᄂ 故ㅣ니라.

害敵

獸糞에 在ᄒ야ᄂ 水獺, 田鼠, 水鼠의 害敵되ᄂ 事ᄂ다 人의 所知이나 然ᄒ나 通常鼠도 亦水鼠보다 劣홈이 無ᄒ고 游泳自在ᄒ야 冬季魚兒의 集合홈과 如홀 時ᄂ 容易히 此를 捕食ᄒᄂ니라.
僻陬의 地에 在ᄒ야ᄂ 狸도 亦巧히 池魚를 掠去ᄒ다 ᄒᄂ니라.
鳥糞에 在ᄒ야ᄂ 翡翠, 鷺糞이요 其他水禽은 槪害敵됨을 知홀지니라.
如斯ᄒ 鳥獸의 捕獲方法은 種種有ᄒ나 第一此를 銃殺홈이 便ᄒ다ᄒ ᄂ 其中肥鷺와 如ᄒ 者ᄂ 夜間에 來襲홈으로 銃殺홈이 固難ᄒ지라 如此ᄒ 者ᄂ 釣의 餌를 附ᄒ야 彼가 來ᄒᄂ 要所에 投置ᄒ야 鉤獲홀 策을

施흠이 可ᄒ니라.

蟲糞에 在ᄒ야는 剪刀蟲(數種이 有흠) 龜蟲, 蛭其他種種의 害敵이 有ᄒ나 到處에 各其名稱이 異ᄒ야 一般으로 通키 難흔지라 玆에 說明을 省略ᄒ노니 養魚家는 宜히 實地에 就ᄒ야 經驗ᄒ고 適當흔 方法을 設ᄒ야써 其驅除撲滅을 努흘지니라.

稗魚放養池와 水際에 倒히 附着ᄒ야 有흔 小動物은 總히 害蟲됨을 知흘지니라.

蟲糞보다 尙히 可恐흘 者는 鮏糞이니 卽石秘魚(모로고) 等의 捿息ᄒ는 池에 稗魚을 放흘 時는 恰似히 稗魚가 小蟲를 食흠과 如히 此를 食ᄒᄂ니라

魚病

魚病은 種種이 有ᄒ나 其中鯉魚가 最히 多斃ᄒ는 者는 泥冠病이 是라 然而此에는 二種이 有ᄒ니 一은 外部로붓터 發ᄒ고 一은 內部로붓터 發ᄒ니 何者던지 魚體에 泥土와 如흔 者를 帶흠으로 因ᄒ야 此泥冠의 名이 有ᄒ니라 外見으로는 此二種의 病質이 毫末도 區別이 無흠과 如ᄒ나 實際上全히 相異흔 바ㅣ 有ᄒ니라.

外部로부터 發ᄒ는 者는 槪冬季는 春日이 아즉 溫暖치 아니흘 前에 其魚를 粗略히 管理흠에 起因흠이라 總히 魚鱗에는 滑흔 粘液을 被ᄒᄂ니 此을 粗暴흔 取扱籠桶等에셔 身體을 磨擦흘 時는 直히 其部分의 粘液을 失ᄒ며 特히 氣候가 冷흘 時는 魚의 勢力이 無ᄒ고 池底에 靜息흠으로써 粘이 無흔 部分에는 自然水垢附着흠으로 此

所가 腐敗ᄒ야 遂히 死에 至ᄒ는 事ㅣ 有ᄒᄂ니 故로 此病으로 斃ᄒ는 者는 大槪五月以前에 有ᄒ니라 因ᄒ야 飼養흘 魚는 冷氣候에 取扱치 말지니라.

此外部로부터 發ᄒ는 泥冠病이 延ᄒ야 五月以后에 亘ᄒ는 者는 或快復ᄒ는 事ㅣ 有ᄒ니라.

內部로붓터 發生ᄒᆞ는 者는 氣候寒冷ᄒᆞᆯ 頃에 餌를 與ᄒᆞᆷ에 起因ᄒᆞᆷ이라 三月中으로부터 乾桶과 如ᄒᆞᆫ 者를 與ᄒᆞ면 五月上旬에 至ᄒᆞ야반다시 此病을 發치아니ᄒᆞᆷ이 無ᄒᆞᄂᆞ니 其少히 灰色을 帶ᄒᆞ고 鱗에 光澤이 無ᄒᆞᆫ 者는 旣히 此病에 罹ᄒᆞᆫ 者됨을 可知니 故로 體의 各部가 腐爛ᄒᆞ야 遂히 死에 至ᄒᆞᄂᆞ니라.

池中에 此病에 罹ᄒᆞᆫ 魚가 有ᄒᆞᆷ을 認ᄒᆞᆯ 時는 直히 池水를 排ᄒᆞ고 魚를 悉捕ᄒᆞ야 一一檢査ᄒᆞᆫ 後無病ᄒᆞᆫ 者만 採ᄒᆞ야 一且別池에 移置ᄒᆞ고 涸ᄒᆞᆫ 魚病池에는 人糞을 撒布ᄒᆞ야 一日間日光에 曝ᄒᆞ며 又水를 浸ᄒᆞ고 前에 檢査ᄒᆞ야 置ᄒᆞᆫ바 魚를 取ᄒᆞ야 更히 一尾式再檢ᄒᆞᆫ 後此에 放ᄒᆞᆯ지라 如斯히 ᄒᆞ고 餌를 五六日間停止ᄒᆞ야 與ᄒᆞ면 病根을 絶ᄒᆞᆷ을 得ᄒᆞᄂᆞ니라.

此病魚를 淨水에 放ᄒᆞᆯ 時는 病勢益熾ᄒᆞ야 愈愈蔓延ᄒᆞ는 者이니 旣히 一次此病에 罹ᄒᆞᆫ 以上은 決코 快復ᄒᆞ는 事ㅣ 無ᄒᆞᆷ과 如ᄒᆞᆷ이라 但此病은 二歲魚에 多ᄒᆞ고 三歲魚에 鮮ᄒᆞ며 四歲以上은 絶無ᄒᆞ니라.

二歲三歲魚에 對ᄒᆞ야 冷氣候붓터 乾蛹을 與ᄒᆞ면 前述과 如ᄒᆞᆫ 泥冠病에 罹ᄒᆞ는 者ㅣ라 但年數를 經ᄒᆞᆫ 親魚는 此病에 罹ᄒᆞ는 事ㅣ 無ᄒᆞ니라 然ᄒᆞ나 交尾際에 至ᄒᆞ야 雄魚는 少히 茶褐色을 帶ᄒᆞᆫ 精液을 發ᄒᆞ고 雌魚는 一見에 異ᄒᆞᆷ이 無ᄒᆞ다 ᄒᆞ나 其産卵은 皆腐敗ᄒᆞ야 孵化ᄒᆞ는 事ㅣ 無ᄒᆞ니라.

又一種眼球의 突出ᄒᆞ는 病이 有ᄒᆞ니 此는 水가 充分히 換치아니ᄒᆞ는 池에셔 多量의 餌를 與ᄒᆞᆷ에 起因ᄒᆞᆷ이라 是亦不治의 病이니 當歲魚에 多ᄒᆞ고 二歲魚에는 槪少ᄒᆞ니라.

魚體에 針金蟲(蚯蚓과 如히 細長ᄒᆞᆫ 者)의 生ᄒᆞᆷ이 有ᄒᆞ니 此는 水의 交代不充分ᄒᆞᆫ바 處에 多數의 魚를 容ᄒᆞᆷ이 原因ᄒᆞᆷ이라 此蟲이 最初는 鱗間에 生ᄒᆞ야 血液을 吸收ᄒᆞ나 漸次皮肉에 食入ᄒᆞ야 마참ᄂᆡ 魚를 斃케 ᄒᆞᄂᆞ니라 然ᄒᆞ나 魚가 아직 羸瘦키 前에 水가 善히 交代ᄒᆞ는 池에 移ᄒᆞ면 自然此蟲이 絶ᄒᆞᆷ이 有ᄒᆞ니라 盖此蟲의 蟄伏ᄒᆞᆫ 部分은 鱗에 紫色을 帶ᄒᆞ고 少히 膨起ᄒᆞᆷ을 認ᄒᆞᄂᆞ니 其膨起ᄒᆞᆫ 處를 指頭로 壓ᄒᆞ면 蟲은 鱗外로 出ᄒᆞᆷ으로 容易히 取得ᄒᆞᄂᆞ니라.

魚가 口를 自由로 開閉치 못ᄒᄂ 者鰓에 故障이 有ᄒ 難治病을 有ᄒ 者로 知ᄒᆯ지니 此病은 恒常魚를 捕ᄒᆯ 時網絲에 魚ㅣ 掛ᄒ야 擦傷ᄒᆷ으로 因ᄒ야 起ᄒᄂ 者이라.

魚病에 尙히 種種이 有ᄒ나 其重ᄒ 者ᄂ 前述外에 無ᄒᆷ으로 他ᄂ 此에 省略ᄒ노라.

13.3. 미분류

◎ 捕鯨法, 학해 주인, 〈태극학보〉 제25호, 1908.10. (어업)

我國은 三面이 皆海라. 東北으로ᄂ 世界 三大 漁區라 稱ᄒᄂ 오콕 海를 連ᄒ고 東海가 有